本書の構成とレッスン内容

※接続記号の表示：N→名詞、V→動詞、A→形容詞

UNIT	単元名	単元内容	機能と練習
	인사표현 / 교실용어	・あいさつのことば ・教室のことば	・基本的なあいさつ表現の練習 ・教室でよく使われる用語の練習
	文字と発音編		
1	韓国語と文字	1．韓国語の系統と特徴 2．ハングル文字 3．ハングル文字の構成 4．ハングル文字の仕組み	・韓国語の特徴の理解 ・ハングルの構成 ・ハングルの組合せ
2	基本母音字	・ㅏ ㅑ ㅓ ㅕ ㅗ ㅛ ㅜ ㅠ ㅡ ㅣ	・基本母音字とその発音を覚える ・間違いやすい母音の発音練習
3	基本子音字（1）	・ㄱ ㄴ ㄷ ㄹ ㅁ	・基本子音字とその発音を覚える
4	基本子音字（2）	・ㅂ ㅅ ㅇ ㅈ ㅎ	
5	基本子音字（3）	・ㅊ ㅋ ㅌ ㅍ	・激音と平音の比較練習
6	合成子音字	・ㄲ ㄸ ㅃ ㅆ ㅉ	・濃音と激音と平音の比較練習
7	合成母音字	・ㅐ ㅒ ㅔ ㅖ ㅘ ㅙ ㅚ ㅝ ㅞ ㅟ ㅢ	・合成母音字とその発音を覚える
8	終声（パッチム）	1．終声規則 2．1文字パッチム 3．2文字パッチム	・終声（パッチム）の読み方と発音を覚える
9	連音化	1．1文字パッチムの連音化 2．2文字パッチムの連音化	・パッチムの連音時の発音要領を覚える
	文法と表現編		
10	저는 학생입니다. わたしは学生です。	1．인칭대명사 2．N＋는 / 은 3．자기소개 4．N＋입니다、N＋입니까？	・人称代名詞を覚える ・N＋は：助詞「는 / 은」の機能を覚える ・自己紹介の表現練習 ・N＋です、N＋ですか 肯定文・疑問文練習
11	이것은 무엇입니까？ これは何ですか。	1．이것, 그것, 저것, 무엇 2．여기, 거기, 저기, 어디 3．N＋도 4．N＋이 / 가 아닙니다	・物と場所を表す指示代名詞の練習 ・N＋も：並列、列挙の助詞「도」の機能を覚える ・N＋ではありません 否定表現の練習
12	이 사람은 누구입니까？ この人はだれですか。	1．N＋의 2．이분, 그분, 저분, 어느 분 3．이, 그, 저, 어느＋N 4．것	・N＋の：所有、関係の助詞「의」の機能を覚える ・この方、その方、あの方、どの方 人称代名詞を覚える ・この、その、あの、どの＋N 「이, 그, 저, 어느」の指示語練習 ・もの：依存名詞「것」の機能を覚える ・家族名称を覚える
13	복 습 10課・11課・12課の復習	1．文型練習 2．復習問題	・10課・11課・12課の文型と文法事項の総合復習
14	교실에 무엇이 있습니까？ 教室に何がありますか。	1．N＋이 / 가 2．있다 / 없다 3．N（場所）＋에 4．N＋와 / 과	・N＋が：主格の助詞「이 / 가」の機能を覚える ・ある、いる / ない、いない 存在の表現「있다 / 없다」を覚える ・N＋に：場所を表す助詞「에」の機能を覚える ・位置・方位の表現練習 ・N＋と：並列の助詞「와 / 과」の機能と表現練習

15	무엇을 합니까? 何をしますか。	1．N＋을／를 2．V/A＋ㅂ니다／습니다 V/A＋ㅂ니까？／습니까？ 3．N＋에＋가다／오다 4．N＋에서 5．V/A＋지 않습니다	・N＋を：目的の助詞「를／을」の機能を覚える ・用言＋ます／です、用言＋ますか／ですか 語尾活用と丁寧形の表現を覚える ・N（場所）＋に＋行く／来る：目的地を表す助詞「에」の表現練習 ・N（場所）＋で：場所の助詞「에서」の機能を覚える ・V＋ません／A＋くありません：用言の否定形練習
16	어디에 가십니까? どこへ行かれますか。	1．요일 2．N（時間）＋에 3．V＋(으)시＋다 4．ㄹ탈락 5．V＋(으)러	・曜日と時間関係のことばを覚える ・名詞（時間）＋に：時間の助詞「에」の機能を覚える ・尊敬形の作り方と敬語表現の練習 ・ㄹ（リウル）脱落：用言の活用練習 ・動詞＋に：動作の目的を表す語尾とその表現の練習
17	복 습 14課・15課・16課の復習	1．文型練習 2．復習問題	・14 課・15 課・16 課の文型と文法事項の総合復習
18	어제 무엇을 했습니까? 昨日何をしましたか。	1．V/A+ 았／었／였＋습니다 2．N＋이었＋습니다 N＋였＋습니다 3．V＋(으)셨＋습니다 4．V＋고 5．V/A+ 지만	・V+ました／A＋かったです N+でした、V+（ら）れました 過去形の作り方、過去形の表現を練習 ・V+て：連結語尾「고」の機能と表現を練習 ・V/A+ けれども、が 連結語尾「지만」の機能と表現を練習
19	시험이 언제입니까? 試験はいつですか。	1．일，이，삼，사，오，육，칠… 2．년／월／일 3．N＋부터 4．N＋에서 5．N＋보다	・一、二、三、四、五、六、七…… 漢字語の数詞を覚える ・年月日の読み方、電話番号の読み方練習 誕生日を聞いて答える ・N（時間）＋から：起点の助詞「부터」の表現練習 ・N（場所）＋から：出発点の助詞「에서」の表現練習 ・N＋より：助詞「보다」の機能と比較の表現練習
20	지금 몇 시입니까? いま何時ですか。	1．하나，둘，셋，넷，다섯… 2．시／분 3．N＋까지 4．N＋(으)로	・一つ、二つ、三つ、四つ、五つ…… 固有語の数詞を覚える ・時／分：時間・時刻の表現を覚える 年齢の言い方練習、一日の日課を話す ・N＋まで：限度、到着点の助詞「까지」の表現練習 ・N＋で：手段、方法、材料などを表す助詞「(으)로」の機能と表現を練習する
21	복 습 18課・19課・20課の復習	1．文型練習 2．復習問題	・18 課・19 課・20 課の文型と文法事項の総合復習
22	얼마예요? いくらですか。	1．V/A+ 아요／어요／여요 2．N＋예요／이에요 3．V＋(으) 세요 4．안＋V/A 5．단위명사	・V＋ます／A＋です、N＋です、V＋(ら)れます 丁寧形の作り方、非格式体語尾の活用練習 ・V＋ません／A＋ないです 「안」否定形の作り方と表現練習 ・単位名詞（助数詞）を覚える 個数と値段の言い方、買い物の表現練習
23	뭘 먹을까요? 何を食べましょうか。	1．V＋(으)ㄹ까요？ 2．V＋(으) ㅂ시다 3．V＋고 싶다／V＋고 싶어 하다 4．V/A+ (으)니까 5．V/A+ 겠＋어요 6．V＋(으)세요／(으)십시오	・V＋ましょうか：提案・勧誘表現の練習 ・V＋ましょう：勧誘表現の練習 ・V＋たい／V＋たがる：希望・願望の表現の練習 ・V／A＋から：理由の表現の練習 ・V／A＋ます／でしょう：意志、推量の表現の練習 ・V＋てください：丁寧な命令・勧誘の表現の練習
24	복 습 22 課・23 課の復習	1．文型練習 2．復習問題	・22 課・23 課の文型と文法事項の総合復習

改訂版

しくみで学べるテキスト

韓国語へ旅しよう

初級

李 昌圭

朝日出版社

『改訂版　韓国語へ旅しよう　初級』HP　URL

https://text.asahipress.com/text-web/korean/kaiteitabisiyousyokyu/index.html

音声ダウンロード

音声再生アプリ「リスニング・トレーナー」（無料）

朝日出版社開発のアプリ、「リスニング・トレーナー（リストレ）」を使えば、教科書の音声をスマホ、タブレットに簡単にダウンロードできます。どうぞご活用ください。

まずは「リストレ」アプリをダウンロード

› App Store はこちら

› Google Play はこちら

アプリ【リスニング・トレーナー】の使い方

❶ アプリを開き、「**コンテンツを追加**」をタップ

❷ QRコードをカメラで読み込む

❸ QRコードが読み取れない場合は、画面上部に 55711 を入力し「Done」をタップします

装丁：　森田幸子
イラスト：　メディアアート

まえがき

本書は、初めて韓国語を学ぶ入門期の学習者を対象に、大学などで１年間週２回の授業に使われることを想定して構成されたテキストです。週２コマ程度の限られた授業時間の中で初めて学ぶ外国語をどの程度のレベルまで覚えられるかは学習者のモチベーションによってかなり違ってきますが、このテキストでは詰め込み式の無理をせず、入門期の学習項目の説明と練習をリンクさせ、わかりやすく学習できるように構成しています。

外国語を学ぶには単語と文法を覚える地道な努力と根気が要ります。それがいやで外国語が嫌いになる人も多いのですが、幸い韓国語は日本語と言葉の順序や語彙、文法的にも似ているところが多く、その仕組みさえ理解できればどの外国語よりも早く簡単に覚えられる言語です。

本書はこのような言語的な特徴を踏まえ、特に以下のような点に留意して構成しています。

- ❑ 入門期のレベルで必要とされる文字と発音、文法事項と表現だけを厳選し、１年間で無理なく学習できるように24課に分けて段階的に提示しています。
- ❑ 入門課程ではまずハングルの文字と発音をしっかり覚えることが大切です。本書では１課～９課までを「文字と発音」編とし、説明と練習を見開きのページで配置して十分な時間をかけて文字と発音の練習ができます。
- ❑ 各課の学習項目はその意味と接続、活用の仕組みがひと目でわかるように表を使って示しています。また各課の学習項目は見開きで練習問題とリンクさせ、その意味と活用が効率的に定着できるようにしています。
- ❑「文法と表現」編では３課ごとに「復習」の課を設けています。学習した文型や文法事項を再度確認して、理解度を高めながら進められます。
- ❑ 各課の「本文」、「用例文」、「文型練習」の音声はすべてストリーミング音声とリスニング・トレーナーアプリから配信し、正確な発音と聞き取りの練習に役立てるようにしています。
- ❑ 巻末の付録編に助詞一覧、発音規則解説、用言の活用表を載せ、正確な発音と文法事項の確認ができるようにしています。「韓日単語目録」、「日韓単語目録」は、本書に出てきた単語を가나다順とあいうえお順で整理し、辞書代わりに使えるようにしています。

外国語を学習することは単にことばを覚えるだけではなく、その国の人たちと文化を理解する作業でもあります。韓国語との出会いをきっかけにことばは勿論、韓国の人々や韓国文化に対する関心と理解がより広くより深くなることを願っています。

李　昌圭

目　次

文字と発音編

資料

付録

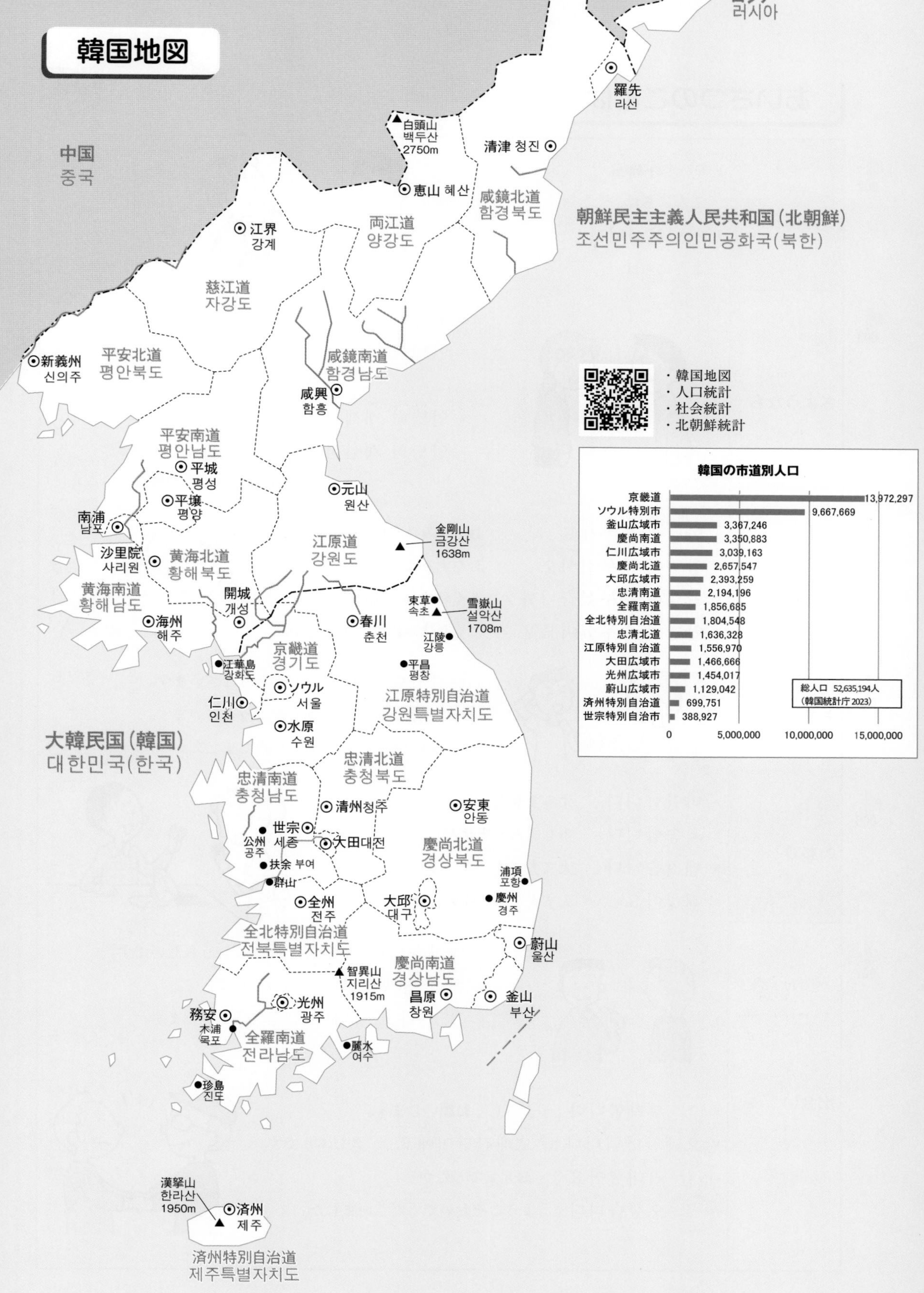
韓国地図
ロシア
러시아
中国
중국
羅先
라선
白頭山
백두산
2750m
清津 청진
恵山 혜산
咸鏡北道
함경북도
朝鮮民主主義人民共和国（北朝鮮）
조선민주주의인민공화국(북한)
江界
강계
両江道
양강도
慈江道
자강도
新義州
신의주
平安北道
평안북도
咸鏡南道
함경남도
咸興
함흥
・韓国地図
・人口統計
・社会統計
・北朝鮮統計
平安南道
평안남도
平城
평성
平壌
평양
南浦
남포
元山
원산
沙里院
사리원
黄海北道
황해북도
黄海南道
황해남도
江原道
강원도
金剛山
금강산
1638m
開城
개성
海州
해주
春川
춘천
束草
속초
雪嶽山
설악산
1708m
江陵
강릉
京畿道
경기도
江華島
강화도
平昌
평창
ソウル
서울
仁川
인천
江原特別自治道
강원특별자치도
水原
수원
大韓民国（韓国）
대한민국(한국)
忠清北道
충청북도
忠清南道
충청남도
清州청주
安東
안동
世宗
세종
公州
공주
大田대전
慶尚北道
경상북도
扶余 부여
群山
浦項
포항
全州
전주
大邱
대구
慶州
경주
全北特別自治道
전북특별자치도
蔚山
울산
智異山
지리산
1915m
慶尚南道
경상남도
昌原
창원
釜山
부산
光州
광주
務安
木浦
목포
全羅南道
전라남도
麗水
여수
珍島
진도
漢拏山
한라산
1950m
済州
제주
済州特別自治道
제주특별자치도
韓国の市道別人口
京畿道 13,972,297
ソウル特別市 9,667,669
釜山広域市 3,367,246
慶尚南道 3,350,883
仁川広域市 3,039,163
慶尚北道 2,657,547
大邱広域市 2,393,259
忠清南道 2,194,196
全羅南道 1,856,685
全北特別自治道 1,804,548
忠清北道 1,636,328
江原特別自治道 1,556,970
大田広域市 1,466,666
光州広域市 1,454,017
蔚山広域市 1,129,042
済州特別自治道 699,751
世宗特別自治市 388,927
0
5,000,000
10,000,000
15,000,000
総人口 52,635,194人
（韓国統計庁 2023）

あいさつのことば

002	こんにちは	▶ 안녕하세요？（アンニョンハセヨ） こんにちは。 ▶ 안녕하십니까？（アンニョンハシムニカ） こんにちは。  
003	さようなら	 ▶ 안녕히 가세요．（アンニョンイ カセヨ） さようなら。 ▶ 안녕히 가십시오．（アンニョンイ カシプシヨ） さようなら。 （残っている人が先に去っていく人に） ▶ 안녕히 계세요．（アンニョンイ ケセヨ） さようなら。 ▶ 안녕히 계십시오．（アンニョンイ ケシプシヨ） さようなら。 （去っていく人が残っている人に）
004	寝起き	▶ 안녕히 주무세요．（アンニョンイ チュムセヨ） おやすみなさい。 ▶ 안녕히 주무십시오．（アンニョンイ チュムシプシヨ） おやすみなさい。 ▶ 안녕히 주무셨습니까？（アンニョンイ チュムショッスムニカ） よくお休みになれましたか。 ▶ 안녕히 주무셨어요？（アンニョンイ チュムショッソヨ） よくお休みになれましたか。 
005	お礼	 ▶ 감사합니다．（カムサハムニダ） ありがとうございます。 ▶ 고맙습니다．（コマプスムニダ） ありがとうございます。 ▶ 천만에요．（チョンマネヨ） どういたしまして。
 006	おわび	▶ 미안합니다．（ミアナムニダ） すみません。 ▶ 죄송합니다．（チュェソンハムニダ） 申し訳ありません。 ▶ 괜찮습니다．（クェンチャンスムニダ） 大丈夫です / 構いません。 ▶ 괜찮아요．（クェンチャナヨ） 大丈夫です / 構いません。 
007	出会い	  ▶ 반갑습니다．（パンガプスムニダ） （お会いできて）うれしいです。 ▶ 처음 뵙겠습니다．（チョウム ペケッスムニダ） はじめまして。 ▶ ○○○라고 합니다．（ラゴ ハムニダ） ○○○といいます。 ▶ 잘 부탁합니다．（チャル プタカムニダ） よろしくお願いします。 ▶ 오래간만입니다．/ 오래간만이에요．（オレガンマニムニダ / オレガンマニエヨ） 久しぶりです。 ▶ 잘 지내셨어요？（チャル ジネショッソヨ） お元気でしたか。 ▶ 잘 오셨습니다．（チャル オショッスムニダ） ようこそおいでくださいました。 

別れ	ト マンナプシダ　ト マンナヨ ▸ 또 만납시다 . / 또 만나요 .　また会いましょう。 ト ペケッスムニダ ▸ 또 뵙겠습니다 .　またお目にかかります。 スゴハシプシオ ▸ 수고하십시오 .　頑張ってください。 スゴハセヨ ▸ 수고하세요 .　頑張ってください。	008
食事	チャル モケッスムニダ　チャル モケッソヨ ▸ 잘 먹겠습니다 . / 잘 먹겠어요 . いただきます。 チャル モゴッスムニダ　チャル モゴッソヨ ▸ 잘 먹었습니다 . / 잘 먹었어요 . ごちそうさまでした。 マニ トゥシプシオ　マニ トゥセヨ ▸ 많이 드십시오 . / 많이 드세요 . どうぞ召し上がってください。	009
訪問	オソ オシプシオ ▸ 어서 오십시오 .　いらっしゃいませ。 オソ オセヨ ▸ 어서 오세요 .　いらっしゃいませ。 シルレハムニダ ▸ 실례합니다 .　失礼します。 シルレヘッスムニダ ▸ 실례했습니다 .　失礼しました。	010
「はい」と「いいえ」	ネ クロスムニダ　ネ クレヨ ▸ 네 , 그렇습니다 . / 네 , 그래요 .　はい、そうです。 アニョ　アニムニダ ▸ 아뇨 . / 아닙니다 .　いいえ。 ネ アルゲッスムニダ ▸ 네 , 알겠습니다 .　はい、わかりました。 アニョ モルゲッスムニダ ▸ 아뇨 , 모르겠습니다 .　いいえ、わかりません。	011
お祝い	チュカハムニダ　チュカヘヨ ▸ 축하합니다 . / 축하해요 . おめでとうございます。 セヘ ボン マニ パドゥシプシオ ▸ 새해 복 많이 받으십시오 . 明けましておめでとうございます。	012
名前	ソンハミ オトケ トェセヨ　オトケ トェシムニカ ▸ 성함이 어떻게 되세요 ? / 어떻게 되십니까 ? お名前はなんとおっしゃいますか。 イルミ オトケ トェセヨ ▸ 이름이 어떻게 되세요 ? お名前は何ですか。	013
年（年齢）	ナイガ オトケ トェセヨ ▸ 나이가 어떻게 되세요 ?　お年はおいくつですか。 ヨンセガ オトケ トェセヨ ▸ 연세가 어떻게 되세요 ?　お年はおいくつでいらっしゃいますか。	014
呼びかけ	ヨボセヨ ▸ 여보세요 .　もしもし。 チャムカンマン キダリセヨ ▸ 잠깐만 기다리세요 .　ちょっと待ってください。	015
外出	タニョオセヨ ▸ 다녀오세요 .　行ってらっしゃい。 タニョオゲッスムニダ ▸ 다녀오겠습니다 . 行ってきます。	016

教室のことば

017

始め

終わり

▸ 출석을 부르겠습니다 .
出席を取ります。

▸ 수업을 시작하겠습니다 .
授業を始めます。

▸ 수업을 마치겠습니다 .
授業を終わります。

▸ 오늘은 여기까지 하겠습니다 .
今日はここまでにします。

▸ 수고했습니다 .
ご苦労様でした。

▸ 내일 만납시다 .
明日（また）会いましょう。

018

聞く

発音する

読む

▸ 잘 들어 보십시오 .
よく聞いてください。

▸ 따라하십시오 .
あとについてやってください。

▸ 발음해 보십시오 .
発音してみてください。

▸ 같이 발음해 봅시다 .
一緒に発音してみましょう。

▸ 같이 읽어 봅시다 .
一緒に読んでみましょう。

▸ 읽어 보십시오 .
読んでみてください。

019

書く

練習する

言う

▸ 써 보십시오 .
書いてみてください。

▸ 연습해 보십시오 .
練習してみてください。

▸ 차례대로 해 보십시오 .
順番にやってみてください。

▸ 잘 듣고 대답해 보십시오 .
よく聞いて答えてください。

▸ 말해 보십시오 .
言ってみてください。

指示	▸ 책을 보십시오 . 本を見てください。 ▸ 책을 보지 마십시오 . 本を見ないでください。 ▸ 여기를 보십시오 . ここを見てください。 ▸ 다 같이 . みんなで一緒に。 ▸ 한번 더 / 다시 한번 もう一度 ▸ 큰 소리로 大きな声で	020
確認	▸ 알겠습니까 ? わかりますか。 ▸ 네 , 알겠습니다 . はい、わかります。 ▸ 네 , 잘 알겠습니다 . はい、よくわかりました。 ▸ 아니요 , 잘 모르겠습니다 . いいえ、わかりません。	021
評価	▸ 좋습니다 . 良いですね。 ▸ 아주 좋습니다 . とても良いです。 ▸ 잘 했습니다 . よくできました。 ▸ 아뇨 , 틀립니다 . いいえ、違います。 ▸ 틀렸습니다 . 間違っています。 ▸ 아닙니다 . 違います。	022
質問	▸ 질문이 있습니까 ? 質問ありますか。 ▸ 네 , 있습니다 . はい、あります。 ▸ 아니요 , 없습니다 . いいえ、ありません。 ▸ 질문 있습니다 . 質問があります。	023
宿題	▸ 숙제입니다 . 宿題です。 ▸ 숙제를 내 주십시오 . 宿題を出してください。	024

文字と発音編

『改訂版　韓国語へ旅しよう　初級』HP　URL

제 1 과 韓国語と文字

1-1 韓国語の系統と特徴

日本語とは語順が同じで類型上の特徴が似ている点が多いが、系統上の関係性は究明されていない。

❶ **系統**：韓国語はその系統がいまだ明らかにされていないが、モンゴル語やトルコ語などのアルタイ語族に属する可能性が高いと見られている。典型的な膠着語で母音調和があり、語頭に「r」音が来ないなどアルタイ諸語との共通の特徴をもっている。

❷ **特徴**：韓国語は助詞や語尾、敬語表現が発達しているなど日本語と類似した特徴を持っている。

1）助詞によって名詞の役割が決まる。

ナ 나	ヌン 는	ド 도	ルル 를	ワ 와	エ ゲ 에게	ボ ダ 보다	マン 만	エ 의
私	は	も	を	と	に	より	だけ	の

2）文末の語尾が発達している。

ナ 나	ヌン 는	ハクセン 학생	イ ダ 이다	イムニ ダ 입니다	イ ア ニ ダ 이 아니다	イ アニムニ ダ 이 아닙니다
私	は	学生	だ	です	ではない	ではありません

3）動詞と形容詞は文末に置く。

ハ ヌル 하늘	イ 이	プ ル ダ 푸르다
空	が	青い

ハッキョ 학교	エ 에	カン ダ 간다
学校	へ	行く

4）修飾語は被修飾語の前に置く。

プルン 푸른	パ ダ 바다	ガ 가	ボインダ 보인다
青い	海	が	見える

ソ ウル 서울	エ ソ 에서	マンナン 만난	サ ラム 사람
ソウル	で	会った	人

5）敬語表現が発達している。

イッ タ 있다	ケ シ ダ 계시다
いる	いらっしゃる

モク タ 먹다	チャプ ス シ ダ 잡수시다
食べる	召し上がる

マ ラ ダ 말하다	マルスム ハ シ ダ 말씀하시다
言う	おっしゃる

1-2 ハングル文字

❶ **ハングル**：「ハングル」は韓国語の文字の名称である。日本では「ハングル」が言語名として使われる例も見られるが、日本語を「仮名語」と言わないのと同じく正しい使い方ではない。

❷ **訓民正音**：「ハングル」は1443年に当時の朝鮮王朝4代目の国王「世宗（セジョン）」と「集賢殿」という研究所の学者らによって創られ、1446年に「訓民正音」の名で公布された。「ハングル」という名称が使われるようになったのは20世紀に入ってからである。

❸ **文字の形**：「ハングル」文字の形は、子音字は発音するときの舌の形、歯の形、喉の形など口の中の構造を模して作られ、母音字は天（・）、地（一）、人（丨）を基本に作られたものである。

発音が似ているものは文字の形も似るように工夫して作られている。

1-3 ハングル文字の構成

ハングル文字は子音字と母音字で構成されている。母音字は基本母音字が 10 文字、合成母音字が 11 文字の計 21 文字、子音字は基本子音字が 14 文字、合成子音字が 5 文字の計 19 文字で構成されている。

❑ 基本母音字（10 文字）

ㅏ [a]	ㅓ [ʌ]	ㅗ [o]	ㅜ [u]	ㅡ [ɯ]
ㅑ [ja]	ㅕ [jʌ]	ㅛ [jo]	ㅠ [ju]	ㅣ [i]

❑ 合成母音字（11 文字）

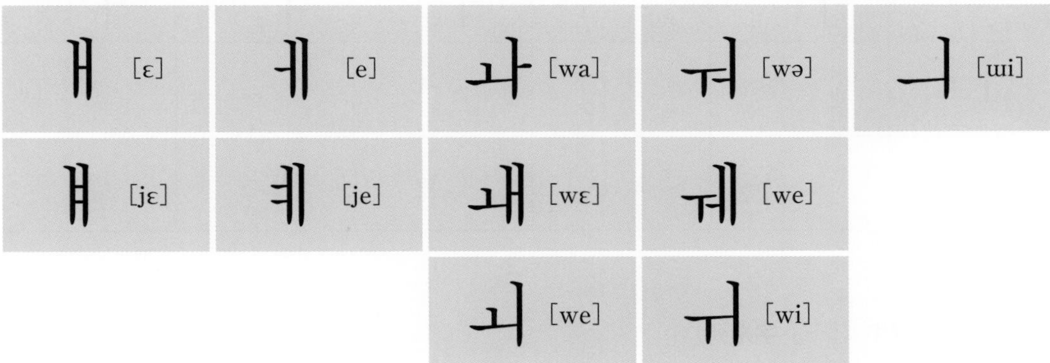

ㅐ [ɛ]	ㅔ [e]	ㅘ [wa]	ㅝ [wə]	ㅢ [ɯi]
ㅒ [jɛ]	ㅖ [je]	ㅙ [wɛ]	ㅞ [we]	
		ㅚ [we]	ㅟ [wi]	

❑ 基本子音字（14 文字）

ㄱ [k/g]	ㄴ [n]	ㄷ [t/d]	ㄹ [r/l]	ㅁ [m]	ㅂ [p/b]	ㅅ [s]
ㅇ [-/ŋ]	ㅈ [tʃ/dʒ]	ㅊ [tʃ^h]	ㅋ [k^h]	ㅌ [t^h]	ㅍ [p^h]	ㅎ [h]

❑ 合成子音字（5 文字）

ㄲ [k']	ㄸ [t']	ㅃ [p']	ㅆ [s']	ㅉ [tʃ']

1-4 ハングル文字の仕組み

ハングル文字は音素文字で、子音字と母音字の組み合わせによって１音節を表記する仕組みになっている。組み合わせの形は「子音字＋母音字」と「子音字＋母音字＋子音字」の二通りの形がある。

❶ 子音字＋母音字（「ㅣ」字系列）

「ㅏ, ㅑ, ㅓ, ㅕ, ㅣ」のように縦棒の長い「ㅣ」字系列の母音字は子音字の右側に書く。

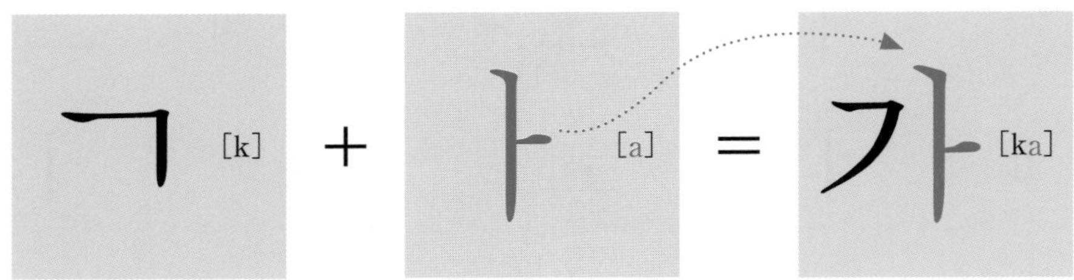

母音字 / 子音字	ㅏ [a]	ㅑ [ja]	ㅓ [ʌ]	ㅕ [jʌ]	ㅣ [i]
ㄱ [k]	가	갸	거	겨	기
ㄴ [n]	나	냐	너	녀	니

❷ 子音字＋母音字（「ㅡ」字系列）

「ㅗ, ㅛ, ㅜ, ㅠ, ㅡ」のように横棒の長い「ㅡ」字系列の母音字は子音字の下のほうに書く。

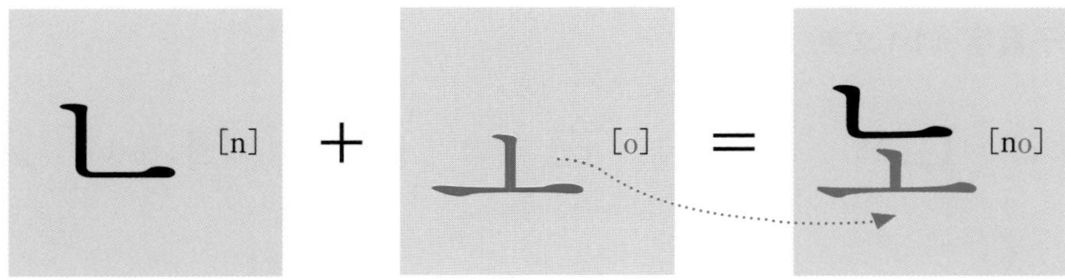

母音字 / 子音字	ㅗ [o]	ㅛ [jo]	ㅜ [u]	ㅠ [ju]	ㅡ [ɯ]
ㄱ [k]	고	교	구	규	그
ㄴ [n]	노	뇨	누	뉴	느

❸ 子音字＋母音字＋子音字

最後に来る子音字は上の「子音字＋母音字」の組み合わせの下半分のところに書く。

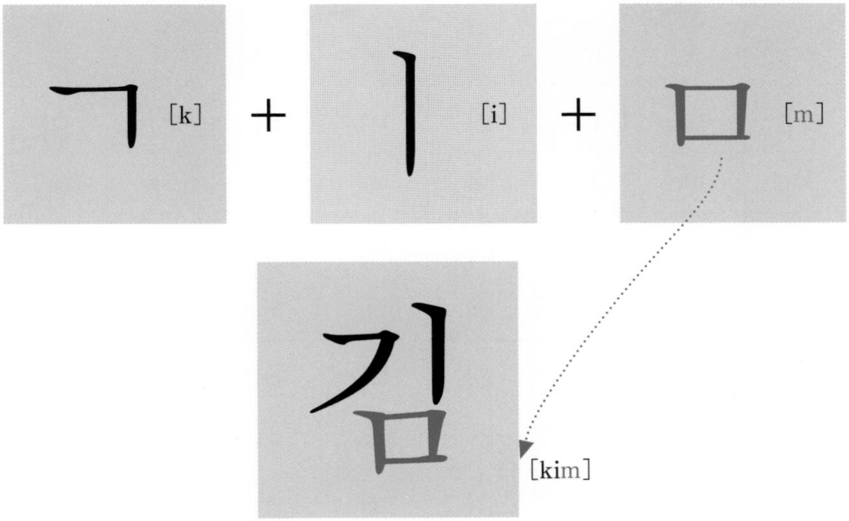

ㄱ [k] ＋ ㅣ [i] ＋ ㅁ [m]

김 [kim]

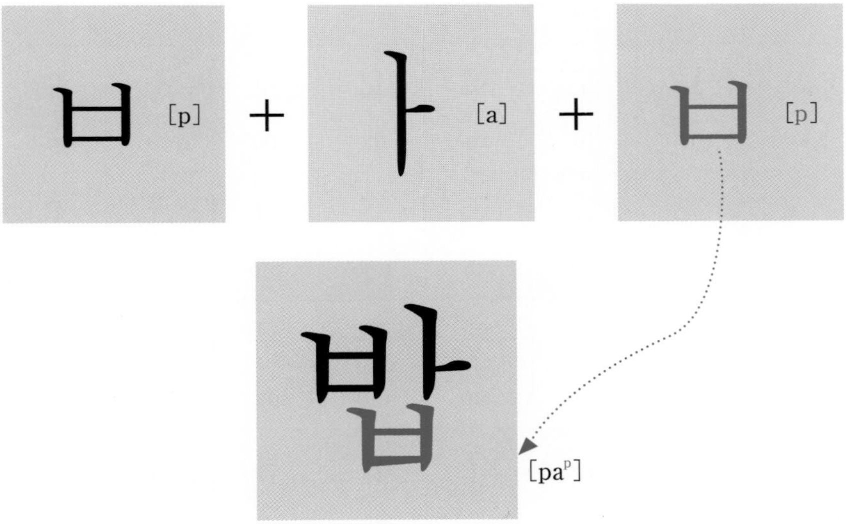

ㅂ [p] ＋ ㅏ [a] ＋ ㅂ [p]

밥 [paᵖ]

子音＋母音字 ＼ 子音字	ㄱ [k]	ㄴ [n]	ㄷ [t]	ㄹ [l]	ㅁ [m]
가 [k＋a]	각	간	갇	갈	감
나 [n＋a]	낙	난	낟	날	남
다 [t＋a]	닥	단	닫	달	담

한 글 표

子音 / 母音	ㄱ k/g	ㄴ n	ㄷ t/d	ㄹ r/l	ㅁ m	ㅂ p/b	ㅅ s	ㅇ -	ㅈ tʃ/dʒ
ㅏ a	가 ka	나 na	다 ta	라 ra	마 ma	바 pa	사 sa	아 a	자 tʃa
ㅑ ja	갸 kja	냐 nja	댜 tja	랴 rja	먀 mja	뱌 pja	샤 sja	야 ja	쟈 tʃa
ㅓ ʌ	거 kʌ	너 nʌ	더 tʌ	러 rʌ	머 mʌ	버 pʌ	서 sʌ	어 ʌ	저 tʃʌ
ㅕ jʌ	겨 kjʌ	녀 njʌ	뎌 tjʌ	려 rjʌ	며 mjʌ	벼 pjʌ	셔 sjʌ	여 jʌ	져 tʃʌ
ㅗ o	고 ko	노 no	도 to	로 ro	모 mo	보 po	소 so	오 o	조 tʃo
ㅛ jo	교 kjo	뇨 njo	됴 tjo	료 rjo	묘 mjo	뵤 pjo	쇼 sjo	요 jo	죠 tʃo
ㅜ u	구 ku	누 nu	두 tu	루 ru	무 mu	부 pu	수 su	우 u	주 tʃu
ㅠ ju	규 kju	뉴 nju	듀 tju	류 rju	뮤 mju	뷰 pju	슈 sju	유 ju	쥬 tʃu
ㅡ ɯ	그 kɯ	느 nɯ	드 tɯ	르 rɯ	므 mɯ	브 pɯ	스 sɯ	으 ɯ	즈 tʃɯ
ㅣ i	기 ki	니 ni	디 ti	리 ri	미 mi	비 pi	시 si	이 i	지 tʃi

① 「ハングル表」はハングルを子音字と母音字順に組み合わせて配列した字母表である。「反切表」ともいう。
② 韓国語辞書の見出し語の配列、本の索引などの配列は가나다順（ハングル表の一行目の左から右への矢印の順番）になっている。

ハングル表

ㅊ tʃ^h	ㅋ k^h	ㅌ t^h	ㅍ p^h	ㅎ h	ㄲ k’	ㄸ t’	ㅃ p’	ㅆ s’	ㅉ tʃ’
차 tʃ^{h}a	카 k^{h}a	타 t^{h}a	파 p^{h}a	하 ha	까 k’a	따 t’a	빠 p’a	싸 s’a	짜 tʃ’a
챠 tʃ^{h}a	캬 k^{h}ja	탸 t^{h}ja	퍄 p^{h}ja	햐 hja	꺄 k’ja	땨 t’ja	뺘 p’ja	쌰 s’ja	쨔 tʃ’a
처 tʃ^{h}ʌ	커 k^{h}ʌ	터 t^{h}ʌ	퍼 p^{h}ʌ	허 hʌ	꺼 k’ʌ	떠 t’ʌ	뻐 p’ʌ	써 s’ʌ	쩌 tʃ’ʌ
쳐 tʃ^{h}ʌ	켜 k^{h}jʌ	텨 t^{h}jʌ	펴 p^{h}jʌ	혀 hjʌ	껴 k’jʌ	뗘 t’jʌ	뼈 p’jʌ	쎠 s’jʌ	쪄 tʃ’ʌ
초 tʃ^{h}o	코 k^{h}o	토 t^{h}o	포 p^{h}o	호 ho	꼬 k’o	또 t’o	뽀 p’o	쏘 s’o	쪼 tʃ’o
쵸 tʃ^{h}o	쿄 k^{h}jo	툐 t^{h}jo	표 p^{h}jo	효 hjo	꾜 k’jo	뚀 t’jo	뾰 p’jo	쑈 s’jo	쬬 tʃ’o
추 tʃ^{h}u	쿠 k^{h}u	투 t^{h}u	푸 p^{h}u	후 hu	꾸 k’u	뚜 t’u	뿌 p’u	쑤 s’u	쭈 tʃ’u
츄 tʃ^{h}u	큐 k^{h}ju	튜 t^{h}ju	퓨 p^{h}ju	휴 hju	뀨 k’ju	뜌 t’ju	쀼 p’ju	쓔 s’ju	쮸 tʃ’u
츠 tʃ^{h}ɯ	크 k^{h}ɯ	트 t^{h}ɯ	프 p^{h}ɯ	흐 hɯ	끄 k’ɯ	뜨 t’ɯ	쁘 p’ɯ	쓰 s’ɯ	쯔 tʃ’ɯ
치 tʃ^{h}i	키 k^{h}i	티 t^{h}i	피 p^{h}i	히 hi	끼 k’i	띠 t’i	삐 p’i	씨 s’i	찌 tʃ’i

③　ハングルの［子音字＋母音字］と［子音字＋母音字＋子音字］の組み合わせで得られる文字の総数は11172字にのぼるが、実際にはそのすべてが使われているわけではない。ハングルを表すのに用いられている韓国の文字コード（KS X 1001）では2350字までが使用できる文字として定められている。

제 2 과　基本母音字

ハングルの母音字は、長い縦の棒と長い横の棒を中心に短い棒を縦横に結合した形になっているが、これらの構成要素はそれぞれ天（・）、地（一）、人（丨）を象徴しているものである。母音字は基本母音字 10 文字と合成母音字 11 文字に分けられるが、ここではまず基本母音字 10 文字と発音を覚えよう。

025

❑ 基本母音字（10 文字）

母音字	発音	発音のしかた
ㅏ	[a]	日本語の［ア］と同じく発音する。
ㅑ	[ja]	日本語の［ヤ］と同じく発音する。
ㅓ	[ʌ]	唇を突き出さずに 舌を奥のほうに引いて［ʌ］と発音する。 （日本語の［オ］にならないように注意。）
ㅕ	[jʌ]	唇を突き出さずに 舌を奥のほうに引きながら［jʌ］と発音する。 （日本語の［ヨ］にならないように注意。）
ㅗ	[o]	唇を丸めて突き出しながら［オ］と発音する。
ㅛ	[jo]	唇を丸めて突き出しながら［ヨ］と発音する。
ㅜ	[u]	唇を突き出しながらやや強く［ウ］と発音する。
ㅠ	[ju]	日本語の［ユ］と 同じく発音する。
ㅡ	[ɯ]	唇を横に引いて軽く ［ウ］と発音する。
ㅣ	[i]	日本語の［イ］と 同じく発音する。

母音の調音図

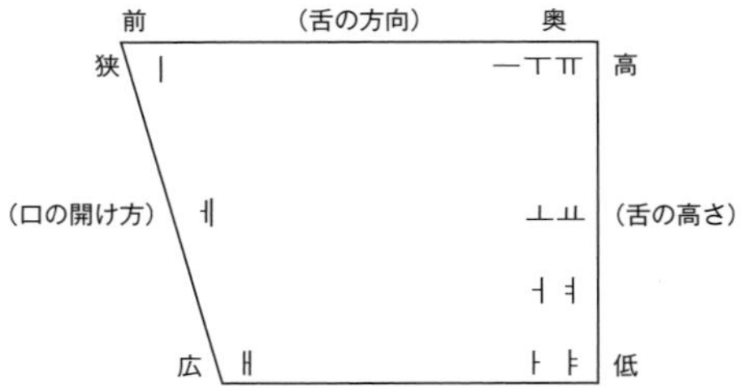

前　（舌の方向）　奥

狭　ㅣ　　ㅡㅜㅠ　高

（口の開け方）　ㅔ　　ㅗㅛ　（舌の高さ）

ㅓㅕ

広　ㅐ　　ㅏㅑ　低

練習ドリル

1 発音しながら書いて覚えよう。

ㅏ	[a]	ㅏ						
ㅑ	[ja]	ㅑ						
ㅓ	[ʌ]	ㅓ						
ㅕ	[jʌ]	ㅕ						
ㅗ	[o]	ㅗ						
ㅛ	[jo]	ㅛ						
ㅜ	[u]	ㅜ						
ㅠ	[ju]	ㅠ						
ㅡ	[ɯ]	ㅡ						
ㅣ	[i]	ㅣ						

文字と発音

026 **2-1 基本母音練習**

文字として機能するには「子音字＋母音字」の組み合わせが必要。
「ㅇ」は音価のない子音字なので、
母音字と結合しても母音字の音価に影響しない。

아	야	어	여	오	요	우	유	으	이
[a]	[ja]	[ʌ]	[jʌ]	[o]	[jo]	[u]	[ju]	[ɯ]	[i]

027 **2-2 間違いやすい発音**

舌の位置、口の形に注意して発音する。

어	오	여	요	우	으
[ʌ]	[o]	[jʌ]	[jo]	[u]	[ɯ]

028 **2-3 用例発音練習**

아이 [ai] 子供
아우 [au] 弟
여우 [jʌu] キツネ
여유 [jʌju] 余裕
오이 [oi] キュウリ
우아 [ua] 優雅
우유 [uju] 牛乳
유아 [jua] 幼児
이유 [iju] 理由

❑ 短母音と二重母音

韓国語の母音は、発音の仕方によって短母音と二重母音に分けられる。

❶ **短母音**：発音の途中に唇の形や舌の位置が固定されて動かず、発音の最初と最後が変わらない。

ㅏ ㅓ ㅗ ㅜ ㅡ ㅣ ㅐ ㅔ （ㅚ ㅟ）

❷ **二重母音**：発音の途中に舌の位置が動かされて発音の最初と最後が変わる。

ㅑ ㅕ ㅛ ㅠ ㅒ ㅖ ㅘ ㅙ ㅝ ㅞ ㅢ

※「ㅚ、ㅟ」は短母音として分類されるが、現状は二重母音の［we］,［wi］で発音されることが多い。

❑ 陽母音と陰母音

韓国語の母音は、音の与える感じによって陽母音と陰母音に分けられる。用言の活用時に重要な働きをする。

❶ **陽母音**：音の感じが明るく高い。

ㅏ ㅑ ㅗ ㅛ

❷ **陰母音**：音の感じが暗く低い。用言の活用の上ではㅏ・ㅑ・ㅗ・ㅛ 以外はすべて陰母音に属する。

ㅓ ㅕ ㅜ ㅠ ㅡ ㅣ

練習ドリル

子音字「ㅇ」は「ㅇ」の上に「'」点が付いているように見えるが、これは書体によるものである。「ㅇ」の上に点をつけないように注意。

2 発音しながら書いてみよう。

母音字	発音	間違いやすい発音				
어	[ʌ]	어				
오	[o]	오				
여	[jʌ]	여				
요	[jo]	요				
우	[u]	우				
으	[ɯ]	으				

3 発音しながら書いてみよう。

母音字	発音	用例練習			
아이	[ai] 子供	아이			
여우	[jʌu] キツネ	여우			
오이	[oi] キュウリ	오이			
우유	[uju] 牛乳	우유			
이유	[iju] 理由	이유			

課題

4 発音しながら書いて覚えよう。

아	야	어	여	오	요	우	유	으	이
[a]	[ja]	[ʌ]	[jʌ]	[o]	[jo]	[u]	[ju]	[ɯ]	[i]
아	야	어	여	오	요	우	유	으	이

5 覚えた基本母音字を順番通りに書いてみよう。

日本語の仮名文字対応のハングル表記は韓国の「外来語表記法」によって決められたものである。ただ「カ行」、「タ行」など実際の発音を正確に表記するのが難しいものも一部あり、あくまでも一つの目安として活用してほしい。

かなのハングル表記法

行		カナ対応ハングル				
ア行		ア아	イ이	ウ우	エ에	オ오
カ行	語頭	カ가	キ기	ク구	ケ게	コ고
	語中	카	키	쿠	케	코
サ行		サ사	シ시	ス스	セ세	ソ소
タ行	語頭	タ다	チ지	ツ쓰	テ데	ト도
	語中	타	치	쓰	테	토
ナ行		ナ나	ニ니	ヌ누	ネ네	ノ노
ハ行		ハ하	ヒ히	フ후	ヘ헤	ホ호
マ行		マ마	ミ미	ム무	メ메	モ모
ヤ行		ヤ야		ユ유		ヨ요
ラ行		ラ라	リ리	ル루	レ레	ロ로
ワ行		ワ와		ヲ오		ンㄴ
ガ行		ガ가	ギ기	グ구	ゲ게	ゴ고
ザ行		ザ자	ジ지	ズ즈	ゼ제	ゾ조
ダ行		ダ다	ヂ지	ヅ즈	デ데	ド도
バ行		バ바	ビ비	ブ부	ベ베	ボ보
パ行		パ파	ピ피	プ푸	ペ페	ポ포

カ行とタ行の文字は語頭（1文字目）に来るときと語中（2文字目以下）、語末に来るときの表記が異なるので注意。

行		カナ対応ハングル		
キャ行	語頭	キャ갸	キュ규	キョ교
	語中	캬	큐	쿄
シャ行		シャ샤	シュ슈	ショ쇼
チャ行	語頭	チャ자	チュ주	チョ조
	語中	차	추	초
ニャ行		ニャ냐	ニュ뉴	ニョ뇨
ヒャ行		ヒャ햐	ヒュ휴	ヒョ효
ミャ行		ミャ먀	ミュ뮤	ミョ묘
リャ行		リャ랴	リュ류	リョ료
ギャ行		ギャ갸	ギュ규	ギョ교
ジャ行		ジャ자	ジュ주	ジョ조
ビャ行		ビャ뱌	ビュ뷰	ビョ뵤
ピャ行		ピャ퍄	ピュ퓨	ピョ표

❶ **促音「ツ」はパッチム「ㅅ」で表記する。**
サッポロ→ 삿포로　トットリ→ 돗토리

❷ **撥音「ン」はパッチム「ㄴ」で表記する。**
シンカンセン→ 신칸센　センエン→ 센엔

❸ **長母音は表記しない。**
トウキョウ（東京）→ 도쿄
オオサカ（大阪）→ 오사카
キュウシュウ（九州）→ 규슈

❑ 私と家族の名前をハングルで書いてみよう。

나의 이름（私の名前）	가족의 이름（家族の名前）

❑ 住所をハングルで書いてみよう。

제 3 과　基本子音字（1）ㄱ ㄴ ㄷ ㄹ ㅁ

ハングルの子音字は基本子音字 14 文字と合成子音字 5 文字で構成されている。まず基本子音字 14 文字の発音と書き方を練習してみよう。

029

❑ 基本子音字（14 文字）

ㄱ	ㄴ	ㄷ	ㄹ	ㅁ	ㅂ	ㅅ	ㅇ	ㅈ	ㅊ	ㅋ	ㅌ	ㅍ	ㅎ
[k]	[n]	[t]	[r]	[m]	[p]	[s]	[-]	[tʃ]	[tʃʰ]	[kʰ]	[tʰ]	[pʰ]	[h]
가	나	다	라	마	바	사	아	자	차	카	타	파	하
[ka]	[na]	[ta]	[ra]	[ma]	[pa]	[sa]	[a]	[tʃa]	[tʃʰa]	[kʰa]	[tʰa]	[pʰa]	[ha]

030

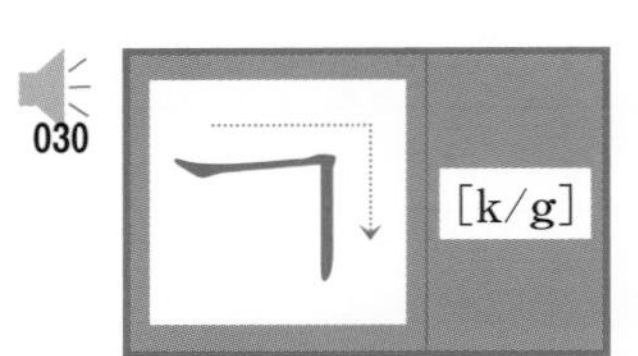

기역 [キヨㇰ]

→ 子音字はそれぞれ固有の名称がある。

舌の付け根の部分と喉を使って発音する。

語頭では [k]，語中・語末では有声音化して [g] で発音される。

→ 発音記号が二つ併記されている「ㄱ，ㄷ，ㅂ，ㅈ」は 2 文字目以降にくるときは若干有声音化（濁音化）される。〔k/g〕，〔t/d〕，〔p/b〕，〔tʃ/dʒ〕

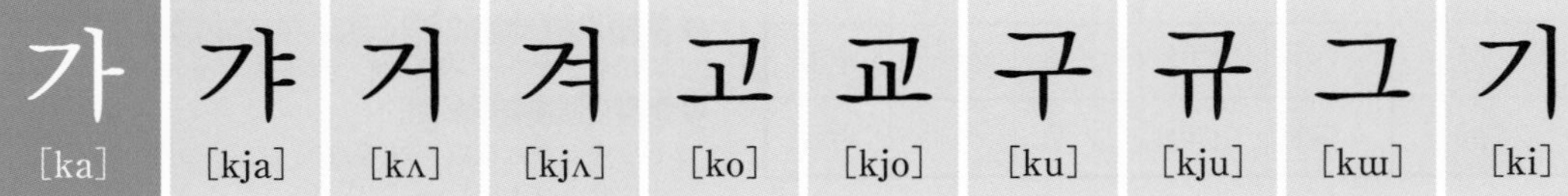

가구 [kagu] 家具　거기 [kʌgi] そこ　고기 [kogi] 肉　고교 [kogjo] 高校

031

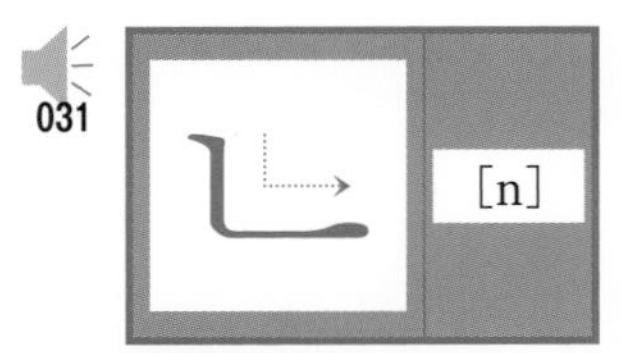

니은 [ニウン]

舌先を上の歯の裏につけて発音する。

日本語のナ行の子音と同じく発音する。

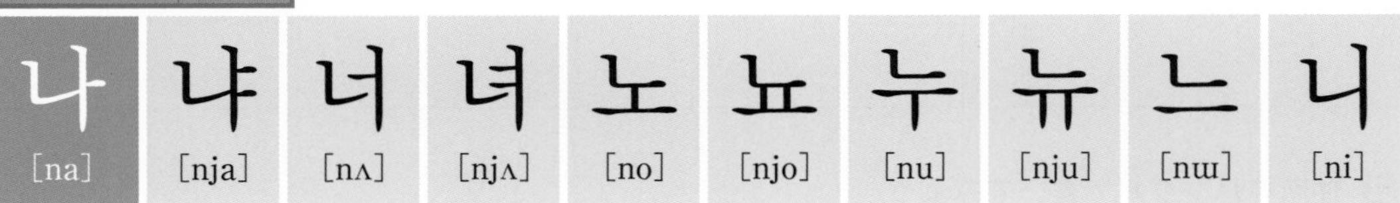

나이 [nai] 年、年齢　누구 [nugu] 誰　누나 [nuna] 姉　어느 [ʌnɯ] どの

練習ドリル

1 基本子音字 14 文字を発音しながら書いてみよう。

가	나	다	라	마	바	사
아	자	차	카	타	파	하

2 発音しながら書いて覚えよう。

「ㄱ」は縦棒の母音字の前では 40 度程度曲げて書く。
横棒の母音字の上ではほとんど曲げずに短い縦棒が真ん中に収まるように書く。

가	갸	거	겨	고	교	구	규	그	기

나	냐	너	녀	노	뇨	누	뉴	느	니

3 発音しながら書いてみよう。

가구	[kagu] 家具	가구			
고기	[kogi] 肉	고기			
누구	[nugu] 誰	누구			
누나	[nuna] 姉	누나			

文字と発音

032

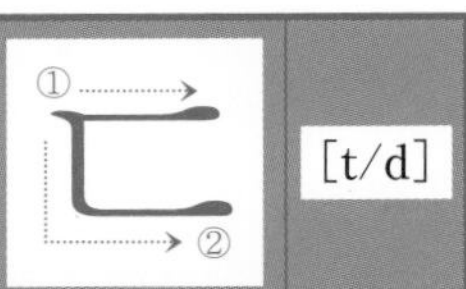

디귿 [ティグッ]
舌先を上の歯茎にあてて、柔らかくはじいて発音する。
語頭では [t]、語中・語末では有声音化して [d] で発音される。

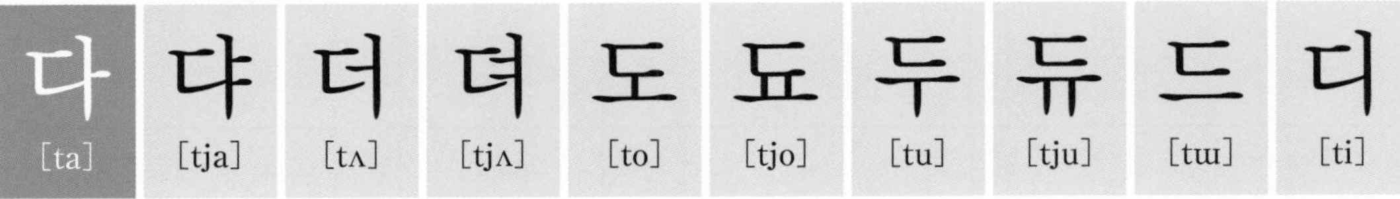

다	댜	더	뎌	도	됴	두	듀	드	디
[ta]	[tja]	[tʌ]	[tjʌ]	[to]	[tjo]	[tu]	[tju]	[tɯ]	[ti]

도구 [togu] 道具　고도 [kodo] 高度　구두 [kudu] くつ　어디 [ʌdi] どこ

033

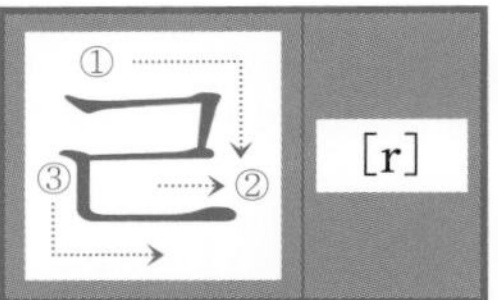

리을 [リウㇽ]
日本語のラ行の子音と同じく発音する。

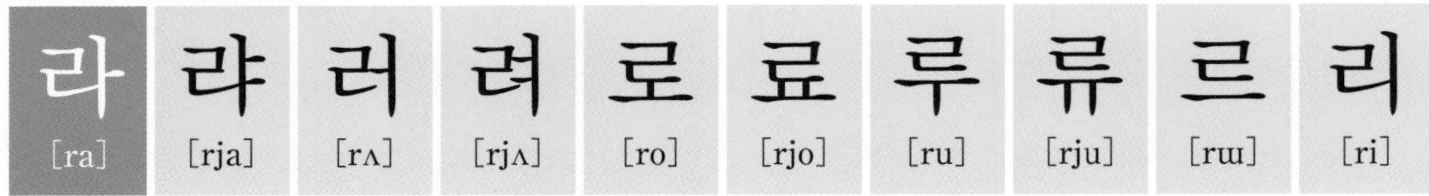

라	랴	러	려	로	료	루	류	르	리
[ra]	[rja]	[rʌ]	[rjʌ]	[ro]	[rjo]	[ru]	[rju]	[rɯ]	[ri]

우리 [uri] 私たち　나라 [nara] 国　다리 [tari] 脚、橋　라디오 [radio] ラジオ

韓国語では「라行」の /ㄹ/ は、外来語と一部の姓の表記を除いて語頭で現れることはない。

034

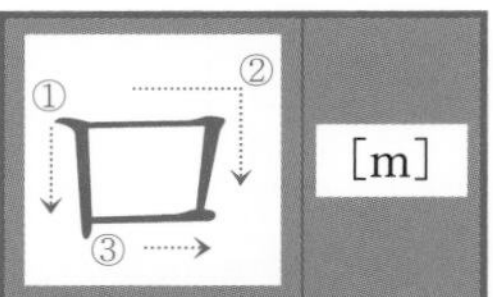

미음 [ミウㇺ]
日本語のマ行の子音と同じく発音する。

마	먀	머	며	모
[ma]	[mja]	[mʌ]	[mjʌ]	[mo]
묘	무	뮤	므	미
[mjo]	[mu]	[mju]	[mɯ]	[mi]

子音の調音図

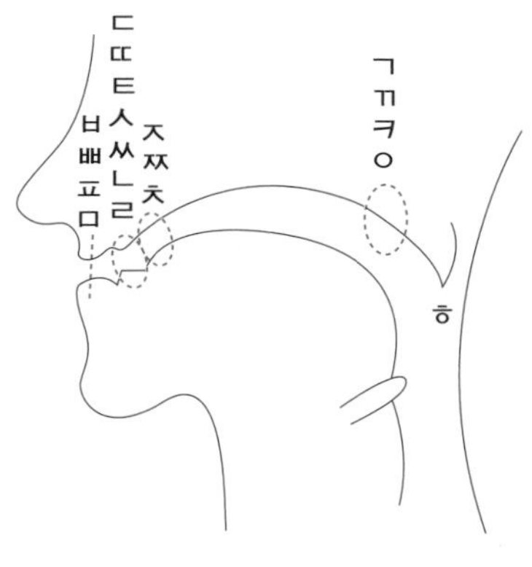

마루 [maru] 床　어머니 [ʌmʌni] 母
머리 [məri] 頭　나무 [namu] 木

練習ドリル

4 発音しながら書いて覚えよう。

다	댜	더	뎌	도	됴	두	듀	드	디

라	랴	러	려	로	료	루	류	르	리

마	먀	머	며	모	묘	무	뮤	므	미

5 発音しながら書いてみよう。

도구	[togu] 道具	도구			
구두	[kudu] くつ	구두			
우리	[uri] 私たち	우리			
다리	[tari] 脚、橋	다리			
머리	[mʌri] 頭	머리			
나무	[namu] 木	나무			

課題

6 発音記号をみてハングルを書いてみよう。

1	[kagu] 家具		8	[togu] 道具		15	[mʌri] 頭	
2	[kʌgi] そこ		9	[kudu] くつ		16	[namu] 木	
3	[kogi] 肉		10	[ʌdi] どこ		17	[radio] ラジオ	
4	[kogjo] 高校		11	[uri] 私たち		18	[nuna] 姉	
5	[nai] 年齢		12	[nara] 国		19	[mogi] 蚊	
6	[nugu] 誰		13	[tari] 脚、橋		20	[juri] ガラス	
7	[ʌnɯ] どの		14	[maru] 床		21	[ʌmʌni] 母	

7 発音記号をみてハングルを書いてみよう。

1	[uri]		8	[kʌgi]		15	[ʌmʌni]	
2	[togu]		9	[nugu]		16	[nai]	
3	[juri]		10	[nuna]		17	[radio]	
4	[maru]		11	[kagu]		18	[ʌdi]	
5	[namu]		12	[mogi]		19	[nara]	
6	[kudu]		13	[ʌnɯ]		20	[kogi]	
7	[tari]		14	[komo]		21	[mʌri]	

8 基本子音字 14 文字を発音しながら書いてみよう。

가	[ka]					
나	[na]					
다	[ta]					
라	[ra]					
마	[ma]					
바	[pa]					
사	[sa]					
아	[a]					
자	[tʃa]					
차	[$tʃ^h a$]					
카	[$k^h a$]					
타	[$t^h a$]					
파	[$p^h a$]					
하	[ha]					

제4과 基本子音字（2）ㅂ ㅅ ㅇ ㅈ ㅎ

ここでは基本子音字 14 文字中、「ㅂ、ㅅ、ㅇ、ㅈ、ㅎ」の発音と文字を覚えよう。

韓国語話者はほとんど意識しないが、
「ㄱ，ㄷ，ㅂ，ㅈ」は２音節目からやや有声音化（濁音化）する。
〔k/g〕，〔t/d〕，〔p/b〕，〔tʃ/dʒ〕

035

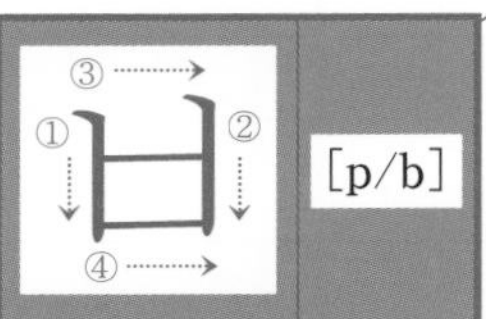

비읍［ピウㇷ］
上下の唇を使って空気をやわらかく破裂させて発音する。
語頭では［p］、語中・語末では有声音化されて［b］で発音する。

바	뱌	버	벼	보	뵤	부	뷰	브	비
[pa]	[pja]	[pʌ]	[pjʌ]	[po]	[pjo]	[pu]	[pju]	[pɯ]	[pi]

바다［pada］海　부부［pubu］夫婦　두부［tubu］豆腐　나비［nabi］蝶

036

시옷［シオッ］
日本語のサ行の子音と同じく発音する。

사	샤	서	셔	소	쇼	수	슈	스	시
[sa]	[sja]	[sʌ]	[sjʌ]	[so]	[sjo]	[su]	[sju]	[sɯ]	[si]

서리［sʌri］霜　소리［sori］声・音　소나무［sonamu］松　가수［kasu］歌手

037

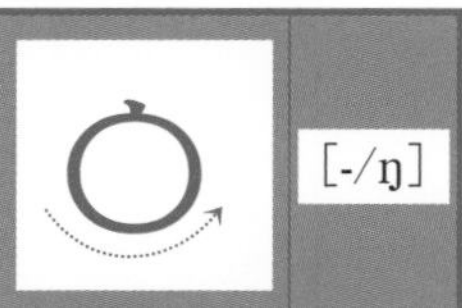

이응［イウン］
初声では音価がない。
終声字として使われるときは鼻音の［ŋ］の音価を持つ。

아	야	어	여	오	요	우	유	으	이
[a]	[ja]	[ʌ]	[jʌ]	[o]	[jo]	[u]	[ju]	[ɯ]	[i]

아기［agi］赤ちゃん　야구［jagu］野球　오리［ori］あひる　이마［ima］ひたい(額)

練習ドリル

1 発音しながら書いて覚えよう。

바	뱌	버	벼	보	뵤	부	뷰	브	비

사	샤	서	셔	소	쇼	수	슈	스	시

아	야	어	여	오	요	우	유	으	이

2 発音しながら書いてみよう。

바다	[pada] 海	바다			
두부	[tubu] 豆腐	두부			
나비	[nabi] 蝶	나비			
서리	[sʌri] 霜	서리			
소리	[sori] 声・音	소리			
가수	[kasu] 歌手	가수			
야구	[jagu] 野球	야구			

文字と発音

子音字「ス」は、「ㅈ」の形になることもあるが、これは活字書体によるものである。書くときは「ス」と書くのが正しい書き方である。

038

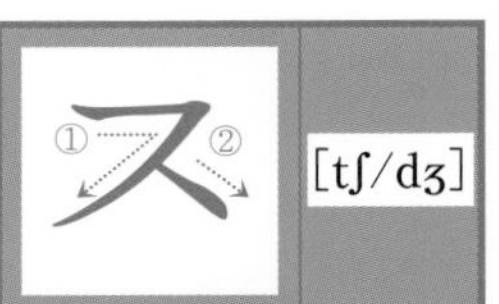

[tʃ/dʒ]

지읒［チウッ］
舌先で上の歯茎の後ろ側を軽くはじいて発音する。
語頭では［tʃ］、語中・語末では［dʒ］で発音される。
ただ、쟈、져、죠、쥬はそれぞれ자、저、조、주と同じく発音する。

자	쟈	저	져	조	죠	주	쥬	즈	지
[tʃa]	[tʃa]	[tʃʌ]	[tʃʌ]	[tʃo]	[tʃo]	[tʃu]	[tʃu]	[tʃɯ]	[tʃi]

자기［tʃagi］自分　부자［pudʒa］金持ち　주주［tʃudʒu］株主　지구［tʃigu］地球

破擦音 / ス / と結合する二重母音は単母音で発音される。
つまり「쟈, 져, 죠, 쥬」は［자］,［저］,［조］,［주］のように短母音で発音される。
この中で実際表記に使われるものは「져」と「죠」だけである。

039

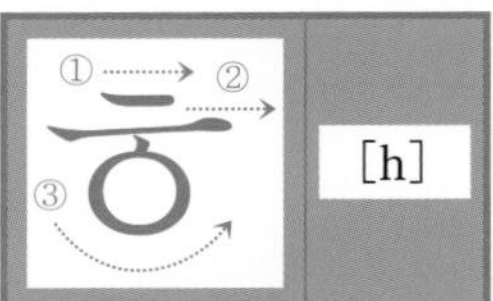

[h]

히읗［ヒウッ］
日本語のハ行の子音と同じく発音する。

하	햐	허	혀	호	효	후	휴	흐	히
[ha]	[hja]	[hʌ]	[hjʌ]	[ho]	[hjo]	[hu]	[hju]	[hɯ]	[hi]

하나［hana］一つ　허리［hʌri］腰　호수［hosu］湖　휴지［hjudʒi］ちり紙

子音字「ㅎ」は、「ㅇ」の上に「`」点が付いているように見えるが、
これは書体によるものである。
書くときは「ㅇ」の上に点をつけないように注意しよう。

❑ 基本子音字（14 文字）

ㄱ	ㄴ	ㄷ	ㄹ	ㅁ	ㅂ	ㅅ	ㅇ	ㅈ	ㅊ	ㅋ	ㅌ	ㅍ	ㅎ
[k]	[n]	[t]	[r]	[m]	[p]	[s]	[-]	[tʃ]	[tʃʰ]	[kʰ]	[tʰ]	[pʰ]	[h]
가	나	다	라	마	바	사	아	자	차	카	타	파	하
[ka]	[na]	[ta]	[ra]	[ma]	[pa]	[sa]	[a]	[tʃa]	[tʃʰa]	[kʰa]	[tʰa]	[pʰa]	[ha]

練習ドリル

3 発音しながら書いて覚えよう。

자	쟈	저	져	조	죠	주	쥬	즈	지

하	햐	허	혀	호	효	후	휴	흐	히

가	나	다	라	마	바	사	아	자	하

4 発音しながら書いてみよう。

부자	[pudʒa] 金持ち	부자			
주주	[tʃudʒu] 株主	주주			
지구	[tʃigu] 地球	지구			
하나	[hana] 一つ	하나			
허리	[hʌri] 腰	허리			
호수	[hosu] 湖	호수			

課題

5 発音記号をみてハングルを書いてみよう。

1	[pada] 海		8	[agi] 赤ちゃん		15	[nai] 年齢	
2	[pubu] 夫婦		9	[jagu] 野球		16	[nugu] 誰	
3	[tubu] 豆腐		10	[pudʒa] 金持ち		17	[ʌnɯ] どの	
4	[nabi] 蝶		11	[tʃudʒu] 株主		18	[kudu] くつ	
5	[sʌri] 霜		12	[tʃigu] 地球		19	[ʌdi] どこ	
6	[sori] 音		13	[hana] 一つ		20	[tari] 脚、橋	
7	[kasu] 歌手		14	[hosu] 湖		21	[namu] 木	

6 発音記号をみてハングルを書いてみよう。

1	[jagu]		8	[tʃigu]		15	[tʃudʒu]	
2	[sori]		9	[nugu]		16	[sʌri]	
3	[nara]		10	[nuna]		17	[pudʒa]	
4	[tubu]		11	[pada]		18	[ʌdi]	
5	[pubu]		12	[nabi]		19	[ʌmʌni]	
6	[kudu]		13	[ʌnɯ]		20	[kogi]	
7	[tari]		14	[hana]		21	[mʌri]	

7 基本子音字 14 文字を発音しながら書いてみよう。

가	[ka]	가				
나	[na]	나				
다	[ta]	다				
라	[ra]	라				
마	[ma]	마				
바	[pa]	바				
사	[sa]	사				
아	[a]	아				
자	[tʃa]	자				
차	[$tʃ^ha$]	차				
카	[k^ha]	카				
타	[t^ha]	타				
파	[p^ha]	파				
하	[ha]	하				

제 5 과　基本子音字（3）ㅊ ㅋ ㅌ ㅍ

ここでは基本子音字 14 文字中、「ㅊ、ㅋ、ㅌ、ㅍ」の発音と文字を覚えよう。この「ㅊ、ㅋ、ㅌ、ㅍ」の発音は強い息を伴って発音される破裂音で激音という。

のどや口内を緊張させて発音する激音（ㅋ，ㅌ，ㅍ，ㅊ）や濃音（ㄲ，ㄸ，ㅃ，ㅆ，ㅉ）に対して、のどや口内を緊張させずに発音するもの（ㄱ，ㄷ，ㅂ，ㅅ，ㅈ）を平音という。

040

平音	가 [ka]	다 [ta]	바 [pa]	자 [tʃa]
激音	카 [k^{h}a]	타 [t^{h}a]	파 [p^{h}a]	차 [tʃ^{h}a]

この激音の「ㅋ，ㅌ，ㅍ，ㅊ」は語中・語末に来ても有声音化しない。

041

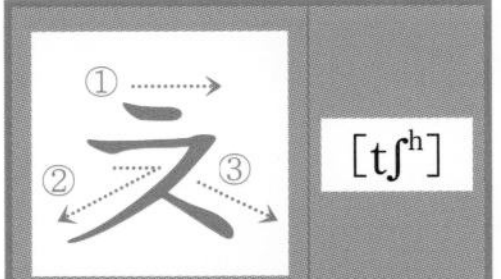

[tʃ^h]

치읓［チウッ］
「チャ、チュ、チョ」を強く息を吐き出すような要領で発音する。
ただ、챠、쳐、쵸、츄はそれぞれ차、처、초、추と同じく発音する。

차	챠	처	쳐	초	쵸	추	츄	츠	치
[tʃ^{h}a]	[tʃ^{h}a]	[tʃ^{h}ʌ]	[tʃ^{h}ʌ]	[tʃ^{h}o]	[tʃ^{h}o]	[tʃ^{h}u]	[tʃ^{h}u]	[tʃ^{h}ɯ]	[tʃ^{h}i]

차고［tʃ^{h}ago］車庫　처리［tʃ^{h}ʌri］処理　치마［tʃ^{h}ima］スカート　고추［kotʃ^{h}u］唐辛子

破擦音 / ㅊ / と結合する二重母音は単母音で発音される。
つまり「챠，쳐，쵸，츄」は［차］，［처］，［초］，［추］のように短母音で発音される。
この中で実際表記に使われるものは「쳐」だけである。

042

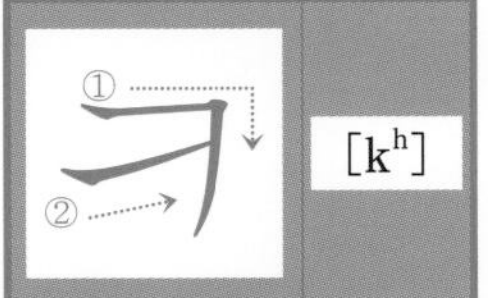

[k^h]

키읔［キウッ］
「カ行」の子音を強く息を吐き出すような要領で発音する。

카	캬	커	켜	코	쿄	쿠	큐	크	키
[k^{h}a]	[k^{h}ja]	[k^{h}ʌ]	[k^{h}jʌ]	[k^{h}o]	[k^{h}jo]	[k^{h}u]	[k^{h}ju]	[k^{h}ɯ]	[k^{h}i]

코［k^{h}o］鼻　크다［k^{h}ɯda］大きい　키［k^{h}i］背　노크［nok^{h}ɯ］ノック

練習ドリル

1 激音と平音を比較して発音しながら書いてみよう。

가	카	다	타	바	파	자	차

2 発音しながら書いて覚えよう。

차	챠	처	쳐	초	쵸	추	츄	츠	치

카	캬	커	켜	코	쿄	쿠	큐	크	키

3 発音しながら書いてみよう。

치마	[tʃ^{h}ima] スカート	치마			
고추	[kotʃ^{h}u] 唐辛子	고추			
코	[k^{h}o] 鼻	코			
크다	[k^{h}ɯda] 大きい	크다			

043

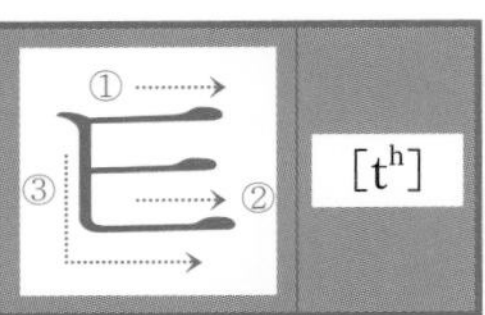

티읕［ティウッ］
「タ行」の子音を強く息を吐き出すような要領で発音する。

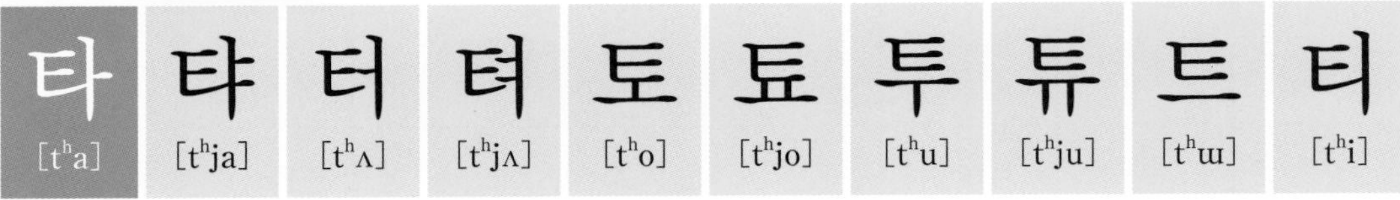

타	탸	터	텨	토	툐	투	튜	트	티
[tʰa]	[tʰja]	[tʰʌ]	[tʰjʌ]	[tʰo]	[tʰjo]	[tʰu]	[tʰju]	[tʰɯ]	[tʰi]

타자［tʰadʒa］打者　토마토［tʰomatʰo］トマト　토지［tʰodʒi］土地　투수［tʰusu］投手

044

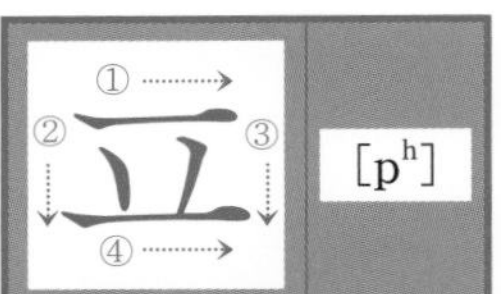

피읖［ピウッ］
日本語の「パ行」を強く息を吐き出すような要領で発音する。

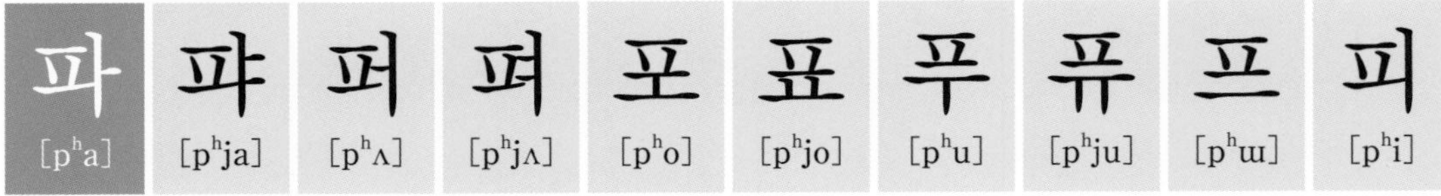

파	퍄	퍼	펴	포	표	푸	퓨	프	피
[pʰa]	[pʰja]	[pʰʌ]	[pʰjʌ]	[pʰo]	[pʰjo]	[pʰu]	[pʰju]	[pʰɯ]	[pʰi]

파도［pʰado］波　포도［pʰodo］ブドウ　우표［upʰjo］切手　커피［kʰʌpʰi］コーヒー

調音位置と方法による子音の分類

p.28の「子音の調音図」参照。

調音位置＼調音方法		閉鎖音	摩擦音	破擦音	鼻音	流音
両唇音	呼気が上下の唇に触れて調音される。	ㅂ, ㅃ, ㅍ 바, 빠, 파			ㅁ 마	
舌端音	舌端の前部と上の歯茎および歯の間で調音される。	ㄷ, ㅌ, ㄸ 다, 타, 따	ㅅ, ㅆ 사,싸		ㄴ 나	ㄹ 라
硬口蓋音	前舌面と硬口蓋の間で調音される。			ㅈ, ㅊ, ㅉ 자, 차, 짜		
軟口蓋音	奥舌面と軟口蓋との間で調音される。	ㄱ, ㅋ, ㄲ 가, 카, 까				
声門音	左右両声帯の間で調音される。		ㅎ 하			

練習ドリル

4 発音しながら書いてみよう。

타	탸	터	텨	토	툐	투	튜	트	티

파	퍄	퍼	펴	포	표	푸	퓨	프	피

5 発音しながら書いてみよう。

타자	[t^hadʒa] 打者	타자			
토마토	[t^homat^{h}o] トマト	토마토			
토지	[t^hodʒi] 土地	토지			
투수	[t^husu] 投手	투수			
파도	[p^hado] 波	파도			
포도	[p^hodo] ブドウ	포도			
우표	[up^{h}jo] 切手	우표			
커피	[k^hʌp^{h}i] コーヒー	커피			
차표	[tʃ^{h}ap^{h}jo] 乗車券	차표			

課題

6 発音記号をみてハングルを書いてみよう。

1	[tʃ^{h}ima] スカート		8	[t^{h}adʒa] 打者		15	[up^{h}jo] 切手	
2	[tʃigu] 地球		9	[tʃudʒu] 株主		16	[k^{h}ʌp^{h}i] コーヒー	
3	[k^{h}o] 鼻		10	[t^{h}odʒi] 土地		17	[p^{h}ado] 波	
4	[k^{h}ɯda] 大きい		11	[tʃ^{h}ap^{h}jo] 乗車券		18	[pada] 海	
5	[kasu] 歌手		12	[pudʒa] 金持ち		19	[tari] 脚、橋	
6	[kotʃ^{h}u] 唐辛子		13	[tubu] 豆腐		20	[t^{h}omat^{h}o] トマト	
7	[p^{h}odo] ブドウ		14	[t^{h}usu] 投手		21	[namu] 木	

7 次のハングルの読みを仮名で書いてみよう。

1	마구로		8	후구		15	이쿠라	
2	아유		9	아나고		16	호야	
3	다이		10	나마즈		17	샤코	
4	우나기		11	아지		18	우바가이	
5	이사키		12	사요리		19	하마구리	
6	하모		13	키비나고		20	샤치	
7	사바		14	우니		21	이루카	

8 激音と平音を比較して発音しながら書いてみよう。

가	카	다	타	바	파	자	차

9 次のハングルの読みを仮名で書いてみよう。

この練習では「か行」、「た行」の文字の語頭・語中での表記を「かなのハングル表記法」に従わず、便宜上「카, 키, 쿠, 케, 코」、「타, 치, 츠, 테, 토」として表記している。（以降の練習も同じ）

1	나수		7	토우가라시		13	고마	
2	오쿠라		8	니라		14	하쿠사이	
3	우도		9	큐우리		15	고보우	
4	모야시		10	카보차		16	하토무기	
5	토마토		11	토우모로코시		17	쇼우가	
6	아시타바		12	야마이모		18	수이카	

10 次の仮名の読みをハングルで書いてみよう。

1	うさぎ		5	しまりす		9	あなぐま	
2	おしどり		6	うし		10	いのしし	
3	ひぐま		7	いぬ		11	ふくろう	
4	はやぶさ		8	やぎ		12	あおばと	

제 6 과 合成子音字

合成子音字「ㄲ、ㄸ、ㅃ、ㅆ、ㅉ」の５文字は、基本子音字「ㄱ、ㄷ、ㅂ、ㅅ、ㅈ」をそれぞれ二つずつ並べて書く。発音は息を出さずに、喉を緊張させて発音するのが特徴で濃音という。

045 ❑ 平音・激音・濃音の発音比較

平音	가 [ka]	다 [ta]	바 [pa]	사 [sa]	자 [tʃa]
激音	카 [kʰa]	타 [tʰa]	파 [pʰa]	—	차 [tʃʰa]
濃音	까 [k'a]	따 [t'a]	빠 [p'a]	싸 [s'a]	짜 [tʃ'a]

→この濃音の「ㄲ，ㄸ，ㅃ，ㅆ，ㅉ」は語中・語末に来ても有声音化しない。

046 ①②ㄲ [k']

쌍기역［サンギヨㇰ］
促音を伴った「ッカ、ッキ、ック、ッケ、ッコ」の要領で息を出さずに発音する。

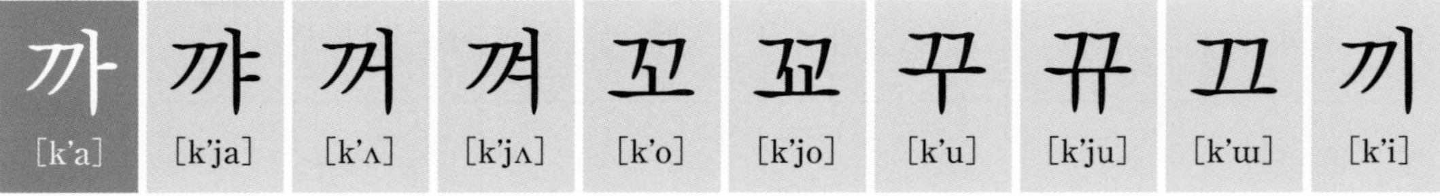

까치［k'atʃʰi］かささぎ　토끼［tʰok'i］うさぎ　꼬리［k'ori］尻尾　끄다［k'ɯda］消す

047 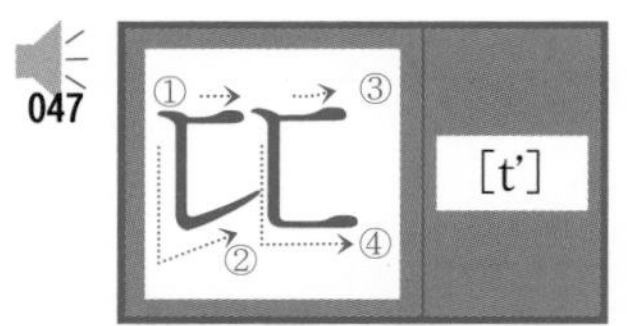

쌍디귿［サンディグッ］
促音を伴った「ッタ、ッテ、ット」の要領で発音する。

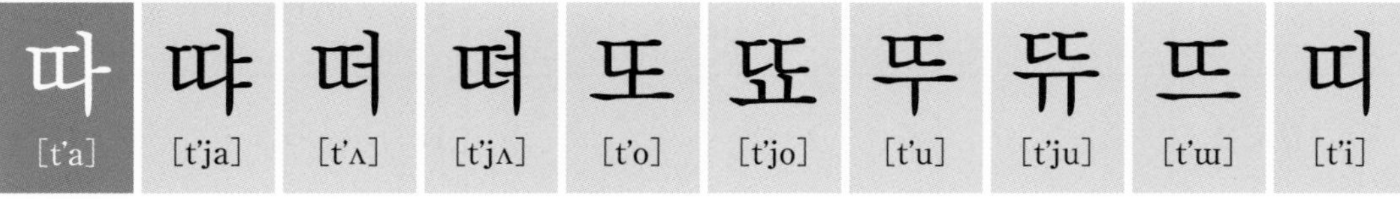

따다［t'ada］摘む　보따리［pot'ari］包み　떠나다［t'ʌnada］発つ　허리띠［hʌrit'i］ベルト

練習ドリル

1 濃音と激音と平音を比較して発音しながら書いてみよう。

가		다		바		사		자	
카		타		파				차	
까		따		빠		싸		짜	

2 発音しながら書いて覚えよう。

「ㄲ」は縦棒の母音字「ㅏ, ㅑ, ㅓ, ㅕ, ㅣ」と結合すると、一見「ㄱ」の中に「ノ」の形が付いた「刀」のように見えるが、合成子音字なのでしっかりと「ㄱ」を２回書くように注意する。

까	꺄	꺼	껴	꼬	꾜	꾸	뀨	끄	끼

따	땨	떠	뗘	또	뚀	뚜	뜌	뜨	띠

3 発音しながら書いてみよう。

까치	[k'atʃ^{h}i] かささぎ	까치			
토끼	[t^{h}ok'i] うさぎ	토끼			
꼬리	[k'ori] 尻尾	꼬리			
보따리	[pot'ari] 包み	보따리			
허리띠	[hʌrit'i] ベルト	허리띠			

048

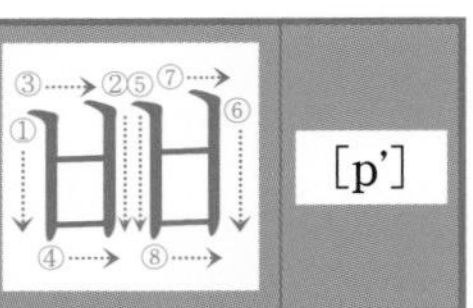

쌍비읍［サンビウㇷ゚］
促音を伴った「ッパ、ッピ、ップ、ッペ、ッポ」の要領で発音する。

빠	뺘	뻐	뼈	뽀	뾰	뿌	쀼	쁘	삐
[p'a]	[p'ja]	[p'ʌ]	[p'jʌ]	[p'o]	[p'jo]	[p'u]	[p'ju]	[p'ɯ]	[p'i]

아빠 [ap'a] パパ　오빠 [op'a] 兄（妹から見ての）　뿌리 [p'uri] 根　삐다 [p'ida] くじく

049

쌍시옷［サンシオッ］
促音を伴った「ッサ、ッシ、ッス、ッセ、ッソ」の要領で発音する。

싸	쌰	써	쎠	쏘	쑈	쑤	쓔	쓰	씨
[s'a]	[s'ja]	[s'ʌ]	[s'jʌ]	[s'o]	[s'jo]	[s'u]	[s'ju]	[s'ɯ]	[s'i]

싸다 [s'ada] 安い　비싸다 [pis'ada] 高い　쓰다 [s'ɯda] 書く　아저씨 [adʒʌs'i] おじさん

破擦音 / ㅉ / と結合する二重母音は単母音で発音される。つまり「쨔, 쪄, 쬬, 쮸」は［짜］,［쩌］,［쪼］,［쭈］のように短母音で発音される。この中で実際表記に使われるものは「쪄」だけである。

050

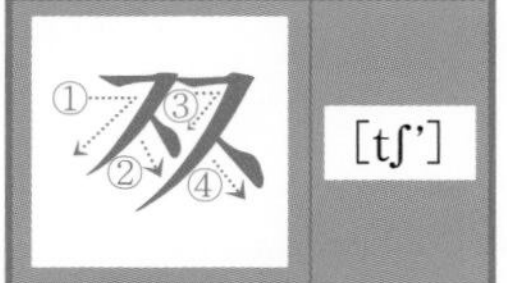

쌍지읒［サンジウッ］
促音を伴った「ッチャ、ッチ、ッツ、ッチェ、ッチョ」の要領で発音する。
ただ、쨔、쪄、쬬、쮸はそれぞれ짜、쩌、쪼、쭈と同じく発音する。

짜	쨔	쩌	쪄	쪼	쬬	쭈	쮸	쯔	찌
[tʃ'a]	[tʃ'a]	[tʃ'ʌ]	[tʃ'ʌ]	[tʃ'o]	[tʃ'o]	[tʃ'u]	[tʃ'u]	[tʃ'ɯ]	[tʃ'i]

짜다 [tʃ'ada] 塩辛い　가짜 [katʃ'a] 偽物　쪼가리 [tʃ'ogari] かけら　찌꺼기 [tʃ'ik'ʌgi] かす

練習ドリル

4 発音しながら書いて覚えよう。

빠	뺘	뻐	뼈	뽀	뾰	뿌	쀼	쁘	삐

싸	쌰	써	쎠	쏘	쑈	쑤	쓔	쓰	씨

짜	쨔	쩌	쪄	쪼	쬬	쭈	쮸	쯔	찌

5 発音しながら書いてみよう。

아빠	[ap'a] パパ	아빠			
오빠	[op'a] 兄	오빠			
싸다	[s'ada] 安い	싸다			
비싸다	[pis'ada] (値段が)高い	비싸다			
아저씨	[adʒʌs'i] おじさん	아저씨			
짜다	[tʃ'ada] 塩辛い	짜다			
가짜	[katʃ'a] 偽物	가짜			

課題

6 発音記号をみてハングルを書いてみよう。

1	[katʃ'a] 偽物		8	[t^{h}ok'i] うさぎ		15	[s'ada] 安い	
2	[t^{h}odʒi] 土地		9	[op'a] 兄		16	[ap'a] パパ	
3	[k'atʃ^{h}i] かささぎ		10	[tʃ^{h}ap^{h}jo] 乗車券		17	[up^{h}jo] 切手	
4	[tʃ^{h}ima] スカート		11	[p^{h}odo] ブドウ		18	[adʒʌs'i] おじさん	
5	[k'ori] 尻尾		12	[t^{h}usu] 投手		19	[k^{h}ʌp^{h}i] コーヒー	
6	[pot'ari] 包み		13	[tʃ'ada] 塩辛い		20	[tʃ'ik'ʌgi] かす	
7	[kotʃ^{h}u] 唐辛子		14	[t^{h}adʒa] 打者		21	[pis'ada] 高い	

7 次のハングルの読みを仮名で書いてみよう。

1	아사가오		8	사쿠라		15	햐쿠니치 소우	
2	아지사이		9	바라		16	오시로이 바나	
3	유리노키		10	유리		17	오니아자미	
4	나노하나		11	슈로		18	시바자쿠라	
5	야마부키		12	모미지		19	야부츠바키	
6	사루비아		13	요모기		20	하나미즈키	
7	쿠치나시		14	하고로모		21	샤쿠야쿠	

8 濃音と激音と平音を比較して発音しながら書いてみよう。

가		다		바		자	
카		타		파		차	
까		따		빠		짜	

9 次のハングルの読みを仮名で書いてみよう。

1	아자라시		7	이모리		13	쿠지라	
2	나키우사기		8	히츠지		14	카모시카	
3	우미호타루		9	시마우마		15	나마코	
4	야마아라시		10	아리쿠이		16	타누키	
5	하리모구라		11	라쿠다		17	오타마자쿠시	
6	야도카리		12	토나카이		18	마무시	

10 次の仮名の読みをハングルで書いてみよう。

1	にいがた		5	かごしま		9	しずおか	
2	あおもり		6	みやぎ		10	さいたま	
3	やまぐち		7	あきた		11	ふくい	
4	なごや		8	ひろしま		12	やまがた	

제 7 과　合成母音字

合成母音字は基本母音字を二つ、または三つを組み合わせて構成されたもので、全部で 11 個の合成母音字がある。

結合された母音字の字面をよく見て発音する。

051
❑ 合成母音字一覧（11 文字）

ㅐ	ㅒ	ㅔ	ㅖ	ㅘ	ㅙ	ㅚ	ㅝ	ㅞ	ㅟ	ㅢ
[ɛ]	[jɛ]	[e]	[je]	[wa]	[wɛ]	[we]	[wʌ]	[we]	[wi]	[ɯi]
ㅏ＋ㅣ	ㅑ＋ㅣ	ㅓ＋ㅣ	ㅕ＋ㅣ	ㅗ＋ㅏ	ㅗ＋ㅐ	ㅗ＋ㅣ	ㅜ＋ㅓ	ㅜ＋ㅔ	ㅜ＋ㅣ	ㅡ＋ㅣ
애	얘	에	예	와	왜	외	워	웨	위	의

052

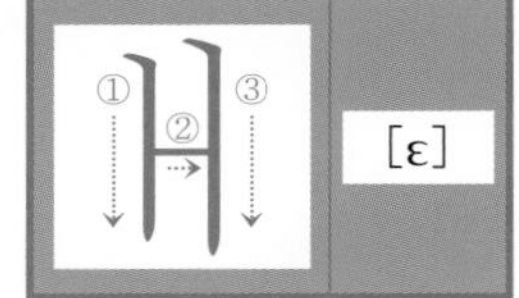

[ㅏ＋ㅣ＝ㅐ]
日本語の「エ」より口をやや大きく開け、下唇を横に引きながら発音する。

개 [kɛ] 犬　개구리 [kɛguri] 蛙　새 [sɛ] 鳥　매미 [mɛmi] 蝉　개미 [kɛmi] 蟻

053

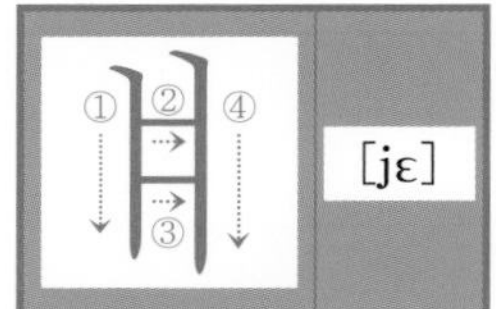

[ㅑ＋ㅣ＝ㅒ]
이と애を続けて速く発音する。使用例は「얘（この子）、걔（その子）、얘기（話）、하얘요（白いです）」の 4 語程度で少ない。

얘 [jɛ] この子　걔 [kjɛ] その子　얘기 [jɛgi] 話

054

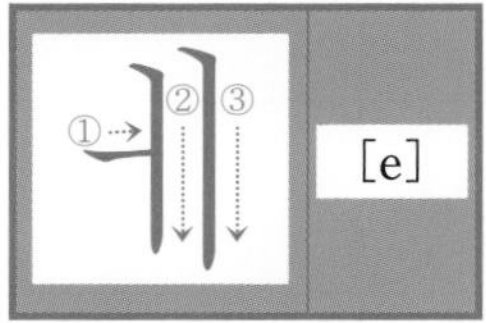

[ㅓ＋ㅣ＝ㅔ]
日本語の「エ」と同じく発音する。

게 [ke] かに　모레 [more] あさって　가게 [kage] 店　어제 [ədʒe] 昨日

練習ドリル

1 発音しながら書いて覚えよう。

애	[ɛ]	애			
개	[kɛ] 犬	개			
개구리	[kɛguri] 蛙	개구리			
새	[sɛ] 鳥	새			
매미	[mɛmi] 蝉	매미			
개미	[kɛmi] 蟻	개미			
배	[pɛ] 腹、船、梨	배			
얘	[jɛ]	얘			
걔	[kjɛ] その子	걔			
얘기	[jɛgi] 話	얘기			
에	[e]	에			
게	[ke] カニ	게			
모레	[more] あさって	모레			
가게	[kage] 店	가게			
어제	[ədʒe] 昨日	어제			

055

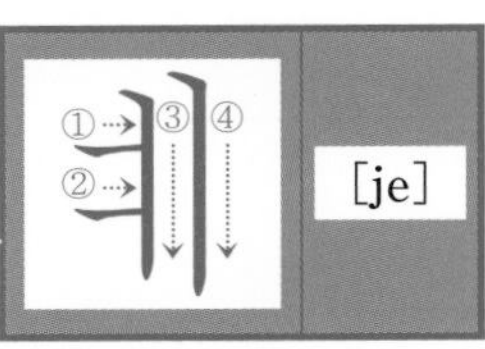

[ㅕ＋ㅣ＝ㅖ]
이と에を続けて速く発音する。

①예리 [jeri] 鋭利　　서예 [səje] 書道　　수예 [suje] 手芸
ただ、子音と結合すると [e] と発音される。
②계보 [kebo] 系譜　　세계 [sege] 世界　　시계 [sige] 時計

056

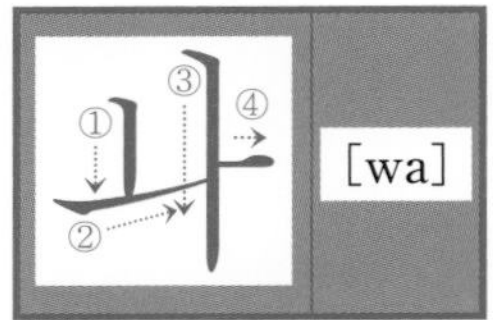

[ㅗ＋ㅏ＝ㅘ]
日本語の「ワ」と同じく発音する。

화가 [hwaga] 画家　사과 [sagwa] りんご　기와 [kiwa] 瓦　과자 [kwadʒa] お菓子

057

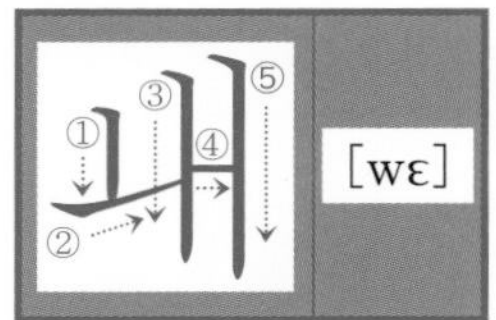

[ㅗ＋ㅐ＝ㅙ]
日本語の「ウェ」のつもりで口を大きく開けながら発音する。

왜 [wɛ] なぜ　　돼지 [twɛdʒi] 豚　　괘도 [kwɛdo] 掛け図　　쇄도 [swɛdo] 殺到

058

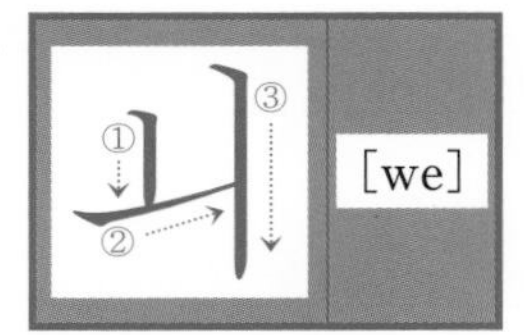

[ㅗ＋ㅣ＝ㅚ]
唇を軽く前に突き出して発音する。

「ㅚ」は短母音 [ø] か、二重母音 [we] で発音できるが、一般的には二重母音 [we] として発音されることが多い。
외교 [øgjo]/[wegjo] 外交、회사 [høsa]/[hwesa] 会社

외교 [wegjo] 外交　외래어 [werɛə] 外来語　회사 [hwesa] 会社　해외 [hɛwe] 海外

練習ドリル

2 発音しながら書いて覚えよう。

예	[je]	예			
예리	[jeri] 鋭利	예리			
시계	[sige] 時計	시계			
와	[wa]	와			
화가	[hwaga] 画家	화가			
사과	[sagwa] りんご	사과			
기와	[kiwa] 瓦	기와			
과자	[kwadʒa] お菓子	과자			
왜	[wɛ]	왜			
돼지	[twɛdʒi] 豚	돼지			
괘도	[kwɛdo] 掛け図	괘도			
쇄도	[swɛdo] 殺到	쇄도			
외	[we]	외			
회사	[hwesa] 会社	회사			
해외	[hɛwe] 海外	해외			

059
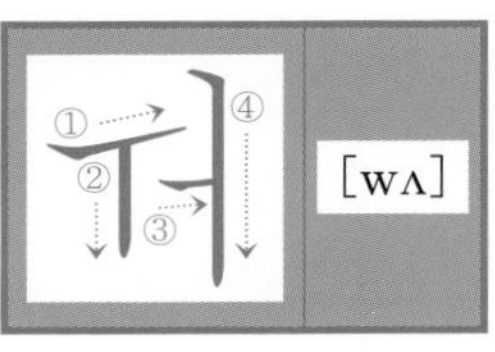

[ㅜ＋ㅓ＝ㅝ]
우と어を続けて速く発音する。

더워요［tʌwʌjo］暑いです　추워요［tʃʰuwʌjo］寒いです

060
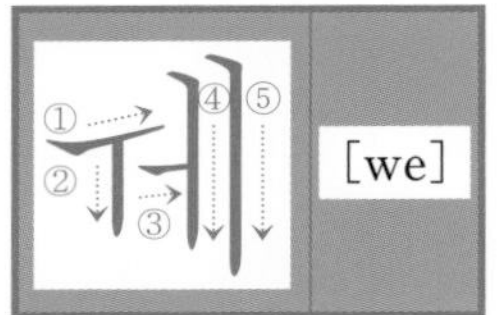

[ㅜ＋ㅔ＝ㅞ]
日本語の「ウェ」のつもりで、最後は唇をあまり開かないように発音する。

웨이터［weitʰʌ］ウェイター　궤도［kwedo］軌道　스웨터［sɯwetʰʌ］セーター

061
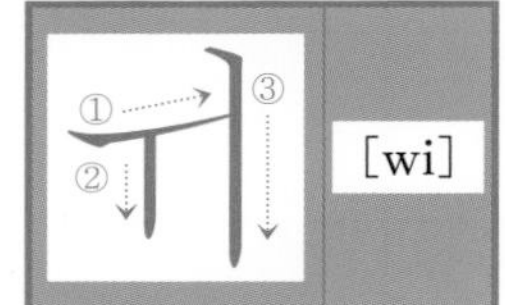

[ㅜ＋ㅣ＝ㅟ]
唇を軽く突き出して「ウィ」のつもりで発音する。

위［wi］上　위치［witʃʰi］位置　귀［kwi］耳　가위［kawi］ハサミ
쉬다［swida］休む

062
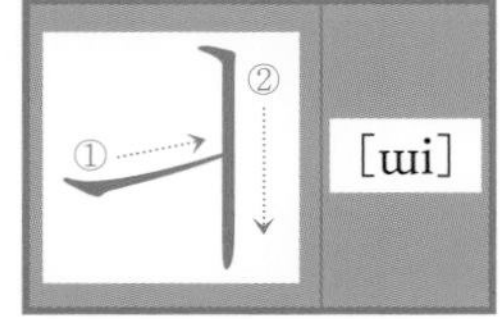

[ㅡ＋ㅣ＝ㅢ]
으と이を続けて速く発音する。
ただ、의は子音と結合するか、または語中・語末にくる場合は이［i］と発音される。

①의지［ɯidʒi］意志　의미［ɯimi］意味
②예의［jei］礼儀　유의［jui］留意　호의［hoi］好意
③희소［hiso］稀少　띄어쓰기［t'iʌs'ɯgi］分かち書き
また助詞として用いられる場合は에［e］とも発音する。
④나라의［narae］国の　누구의［nugue］誰の　우리의［urie］私たちの

練習ドリル

3 発音しながら書いて覚えよう。

워	[wʌ]	워			
더워요	[tʌwʌjo] 暑いです	더워요			
추워요	[tʃʰuwʌjo] 寒いです	추워요			
웨	[we]	웨			
웨이터	[weitʰʌ] ウェイター	웨이터			
궤도	[kwedo] 軌道	궤도			
위	[wi]	위			
위치	[witʃʰi] 位置	위치			
귀	[kwi] 耳	귀			
가위	[kawi] ハサミ	가위			
쉬다	[swida] 休む	쉬다			
의	[ɯi]	의			
의미	[ɯimi] 意味	의미			
예의	[jei] 礼儀	예의			
희소	[hiso] 希少	희소			

課題

4 発音記号をみてハングルを書いてみよう。

1	[mɛmi] 蝉		8	[kɛguri] 蛙		15	[witʃ^{h}i] 位置	
2	[ɯimi] 意味		9	[kwɛdo] 掛け図		16	[hwesa] 会社	
3	[jeɯi] 礼儀		10	[kɛmi] 蟻		17	[kawi] ハサミ	
4	[more] あさって		11	[ʌdʒe] 昨日		18	[hwaga] 画家	
5	[mwʌjo] 何ですか		12	[swida] 休む		19	[sagwa] りんご	
6	[kage] 店		13	[jeri] 鋭利		20	[kiwa] 瓦	
7	[kwedo] 軌道		14	[twɛdʒi] 豚		21	[kwadʒa] お菓子	

5 次のハングルの読みを仮名で書いてみよう。

1	사메		8	메바루		15	카와하기	
2	아와비		9	와카사기		16	사와라	
3	히라메		10	사케		17	수루메이카	
4	와카메		11	시샤모		18	사쿠라에비	
5	호타테		12	사자에		19	아이나메	
6	이와시		13	히메마수		20	에도하제	
7	메다카		14	야마메		21	메지나	

6 合成母音字をすべて発音しながら書いてみよう。

애	[ɛ]	애				
얘	[jɛ]	얘				
에	[e]	에				
예	[je]	예				
와	[wa]	와				
왜	[wɛ]	왜				
외	[we]	외				
워	[wʌ]	워				
웨	[we]	웨				
위	[wi]	위				
의	[ɯi]	의				

7 次の仮名の読みをハングルで書いてみよう。

1	きつねそば		4	なめこじる	
2	わけぎのぬた		5	かれいのからあげ	
3	わかたけに		6	いしかりなべ	

제 8 과　終声（パッチム）

ハングルの組み合わせは、「子音字＋母音字」と「子音字＋母音字＋子音字」の二つのパターンがある。音節の最初にくる子音を初声、次にくる母音を中声、最後にくる子音を終声、またはパッチムという。終声として使われる子音字は「初声子音字＋中声母音字」の下の位置に書く。

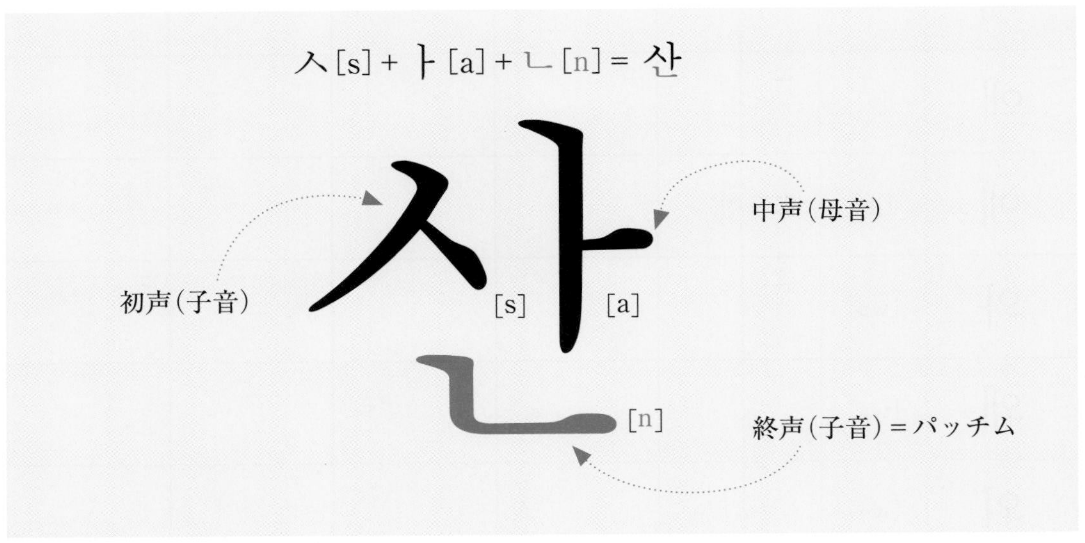

8-1　終声規則

終声（パッチム）として使われている１文字の子音字は１６文字、２文字の子音字は１１文字あるが、発音するときは次の７種類の音のいずれか（代表音）で発音される。

代表音		終声子音字	代表音		終声子音字
ㄱ	[k]	ㄱ, ㅋ, ㄲ (ㄳ, ㄺ)	ㅁ	[m]	ㅁ (ㄻ)
ㄴ	[n]	ㄴ (ㄵ, ㄶ)	ㅂ	[p]	ㅂ, ㅍ (ㅄ, ㄿ)
ㄷ	[t]	ㄷ, ㅌ, ㅅ, ㅆ, ㅈ, ㅊ, ㅎ	ㅇ	[ŋ]	ㅇ
ㄹ	[l]	ㄹ (ㄼ, ㄽ, ㄾ, ㅀ)			

8-2 1文字パッチム

063

ㄱ	[k]	ㄱ, ㅋ, ㄲ	舌を奥に寄せて緊張させて「マッカ」の「ッ」のように「k」を発音する。

국 [ku^{k}] スープ　약 [ja^{k}] 薬　책 [tʃ^{h}ɛ^{k}] 本　부엌 [puʌ^{k}] 台所　밖 [pa^{k}] 外

ㄴ	[n]	ㄴ	舌先を上の歯茎の裏側につけたまま、「カンダ」の「ン」のように「n」を発音する。

눈 [nun] 目　돈 [ton] お金　산 [san] 山　손 [son] 手　한국 [hangu^{k}] 韓国

ㄷ	[t]	ㄷ, ㅌ, ㅅ, ㅆ, ㅈ, ㅊ, ㅎ	舌先を上の歯茎の裏側につけたまま、息を止めて「ヤッタ」の「ッ」のように「t」を発音する。

낮 [na^{t}] 昼　맛 [ma^{t}] 味　옷 [o^{t}] 服　끝 [kɯ^{t}] 終わり　꽃 [k'o^{t}] 花

ㄹ	[l]	ㄹ	舌先をややそらせて上の歯茎から少し離れたところに軽くつけたまま、「l」の発音をする。

물 [mul] 水　딸 [t'al] 娘　팔 [p^{h}al] 腕　얼굴 [ʌlgul] 顔　가을 [kaɯl] 秋

ㅁ	[m]	ㅁ	唇を閉じたまま、「サンマ」の「ン」のように「m」を発音する。

김치 [kimtʃ^{h}i] キムチ　밤 [pam] 夜　봄 [pom] 春　마음 [maɯm] 心　여름 [jərɯm] 夏

ㅂ	[p]	ㅂ, ㅍ	唇を閉じたまま、「ラッパ」の「ッ」のように「p」を発音する。

앞 [a^{p}] 前　입 [i^{p}] 口　밥 [pa^{p}] ご飯　지갑 [tʃiga^{p}] 財布　잎 [i^{p}] 葉

ㅇ	[ŋ]	ㅇ	舌を奥に寄せて息を抜きながら「マンガ」の「ン」のように「ŋ」を発音する。

사랑 [saraŋ] 愛　방 [paŋ] 部屋　창문 [tʃ^{h}aŋmun] 窓　안경 [angjʌŋ] 眼鏡

練習ドリル

1 発音しながら書いて覚えよう。

국	[kuᵏ] スープ	국			
책	[tʃʰɛᵏ] 本	책			
부엌	[puʌᵏ] 台所	부엌			
밖	[paᵏ] 外	밖			
눈	[nun] 目	눈			
돈	[ton] お金	돈			
손	[son] 手	손			
맛	[maᵗ] 味	맛			
낮	[naᵗ] 昼	낮			
꽃	[k'oᵗ] 花	꽃			
끝	[kɯᵗ] 終わり	끝			
물	[mul] 水	물			
얼굴	[ʌlgul] 顔	얼굴			
김치	[kimtʃʰi] キムチ	김치			
마음	[maɯm] 心	마음			

2 発音しながら書いて覚えよう。

여름	[jərɯm] 夏	여름			
앞	[a^{p}] 前	앞			
밥	[pa^{p}] ご飯	밥			
지갑	[tʃiga^{p}] 財布	지갑			
사랑	[saraŋ] 愛	사랑			
창문	[tʃ^{h}aŋmun] 窓	창문			
안경	[angjʌŋ] 眼鏡	안경			

3 次の単語を読んで日本語で書いてみよう。

1	클래식		8	콘서트		15	캠퍼스	
2	호텔		9	침팬지		16	뮤지컬	
3	컴퓨터		10	챔피언		17	바이올린	
4	월드컵		11	악센트		18	배드민턴	
5	인터넷		12	디자인		19	킥복싱	
6	볼링		13	트럼펫		20	플라스틱	
7	논픽션		14	텔레비전		21	쇼핑센터	

8-3 2文字パッチム

それぞれ違った子音字からなる２文字の終声子音字（パッチム）は、発音するときはどちらか一方の子音字だけを発音する。２文字の終声子音字には次の１１文字がある。

左側の子音字を発音する	右側の子音字を発音する
ㄳ, ㄵ, ㄶ, ㄼ, ㄽ, ㅀ, ㄾ, ㅄ	ㄺ, ㄿ, ㄻ

064

ㄱ	[k]	ㄳ, ㄺ

「넋」は［넉］、「닭」は［닥］と発音する。

넋［nʌ^k］魂　삯［sa^k］賃金　암탉［amt^{h}a^k］めんどり　읽다［i^{k}t'a］読む

ただ、「ㄺ」の場合、子音「ㄱ」で始まる語尾の前では［l］と発音される。

맑고［malk'o］晴れて　읽고［ilk'o］読んで

韓国語では子音と子音が続くと発音が変化することが多い。発音規則の詳細はp.204からの「主要発音規則」を随時参考にしてほしい。

ㄴ	[n]	ㄵ, ㄶ

「앉」は［안］、「많」は［만］と発音する。

많다［mant^{h}a］多い　앉다［ant'a］座る　얹다［ʌnt'a］載せる

언짢다［ʌntʃ'ant^{h}a］気が滅入る

ㄹ	[l]	ㄼ, ㄽ, ㄾ, ㅀ

「넓」は［널］、「곬」は［골］、「훑」は［훌］、「앓」は［알］と発音する。ただ、「밟다」（踏む）１語だけは［밥］と発音する。

여덟［jʌdʌl］八　곬［kol］一定の方向　잃다［ilt^{h}a］なくす

ㅁ	[m]	ㄻ

「굶」は［굼］と発音する。

굶다［kumt'a］飢える　젊다［tʃʌmt'a］若い　삶［sam］生　삶다［samt'a］ゆでる

ㅂ	[p]	ㄿ, ㅄ

「없」は［업］、「읊」は［읍］と発音する。

값［ka^p］値段　없다［ʌ^{p}t'a］ない　읊조리다［i^{p}tʃ'orida］詠ずる

練習ドリル

4 発音しながら書いて覚えよう。

넋	[nʌ^k] 魂	넋			
암탉	[amt^{h}a^k] めんどり	암탉			
많다	[mant^{h}a] 多い	많다			
앉다	[ant'a] 座る	앉다			
여덟	[jʌdʌl] 八つ	여덟			
잃다	[ilt^{h}a] なくす	잃다			
삶	[sam] 生	삶			
값	[ka^p] 値段	값			
없다	[ʌ^{p}t'a] ない	없다			

5 次のハングルの読みを仮名で書いてみよう。

1	아멤보		8	각코우		15	시치멘쵸우	
2	받타		9	겐고로우		16	큐우칸쵸우	
3	이토톰보		10	민민제미		17	몬시로쵸우	
4	덴덴무시		11	오니얌마		18	멘후쿠로우	
5	온부받타		12	단고무시		19	카부토무시	
6	페리칸		13	카나분		20	텐토우무시	
7	인코		14	우콕케이		21	얀바루쿠이나	

課題

6 次の単語を読んで日本語で書いてみよう。

1	콜롬비아		8	덴마크		15	뉴질랜드	
2	캄보디아		9	브라질		16	미얀마	
3	바티칸		10	볼리비아		17	네팔	
4	우간다		11	앙골라		18	스리랑카	
5	핀란드		12	싱가포르		19	이집트	
6	스웨덴		13	멕시코		20	포르투갈	
7	베트남		14	필리핀		21	헝가리	

7 次の単語を読んで日本語で書いてみよう。

1	에어컨		8	베테랑		15	렌터카	
2	스케줄		9	아스팔트		16	립스틱	
3	올림픽		10	비타민		17	애드벌룬	
4	프로그램		11	페인트		18	캠페인	
5	헬리콥터		12	마라톤		19	넥타이	
6	캥거루		13	인터폰		20	칵테일	
7	킬로미터		14	알레르기		21	콘센트	

8 子音字の名称を書いて発音しながら覚えよう。

ㄱ	기역	기역			
ㄴ	니은	니은			
ㄷ	디귿	디귿			
ㄹ	리을	리을			
ㅁ	미음	미음			
ㅂ	비읍	비읍			
ㅅ	시옷	시옷			
ㅇ	이응	이응			
ㅈ	지읒	지읒			
ㅊ	치읓	치읓			
ㅋ	키읔	키읔			
ㅌ	티읕	티읕			
ㅍ	피읖	피읖			
ㅎ	히읗	히읗			
ㄲ	쌍기역	쌍기역			
ㄸ	쌍디귿	쌍디귿			
ㅃ	쌍비읍	쌍비읍			
ㅆ	쌍시옷	쌍시옷			
ㅉ	쌍지읒	쌍지읒			

제 9 과 連音化

9-1 1文字パッチムの連音化

065

終声（パッチム）の次に音価のない字母「ㅇ」で始まる母音音節が続くと、終声（パッチム）はその母音の初声として発音される。この現象を連音化という。

봄이 ⇒보+ㅁ+이⇒ [보미]

❏ 連音化用例

〈表記〉		〈実際の発音〉
국어 →	구+ㄱ+어 →	[구거] 国語
단어 →	다+ㄴ+어 →	[다너] 単語
발음 →	바+ㄹ+음 →	[바름] 発音
음악 →	으+ㅁ+악 →	[으막] 音楽
답안 →	다+ㅂ+안 →	[다반] 答案
옷이 →	오+ㅅ+이 →	[오시] 服が
꽃이 →	꼬+ㅊ+이 →	[꼬치] 花が
끝에 →	끄+ㅌ+에 →	[끄테] 終わりに

〈表記〉		〈実際の発音〉
책임 →	채+ㄱ+임 →	[채김] 責任
일본어 →	일보+ㄴ+어 →	[일보너] 日本語
발육 →	바+ㄹ+육 →	[바륙] 発育
금요일 →	그+ㅁ+요일 →	[그묘일] 金曜日
입이 →	이+ㅂ+이 →	[이비] 口が
낮에 →	나+ㅈ+에 →	[나제] 昼に
부엌에 →	부+어+ㅋ+에 →	[부어케] 台所に
잎이 →	이+ㅍ+이 →	[이피] 葉が

→ 連音化によってすべてのパッチムは元の音価通りに発音されるようになる。

注意 **連音化に注意が必要な場合**

❶ パッチム「ㅇ」は連音しない。

방이 → [방이] 部屋が　영어 → [영어] 英語　형이 → [형이] 兄が
고양이 → [고양이] 猫　강아지 → [강아지] 子犬　종이 → [종이] 紙

❷ パッチム「ㅎ」は次に母音音節が続くと発音されず無音化する。

좋아요 → 조+ㅎ+아요 → 조+아요 → [조아요] 良いです
놓아요 → 노+ㅎ+아요 → 노+아요 → [노아요] 置きます

練習ドリル

1 連音化した発音通りに書いてみよう。

국어	国語		음악	音楽	
발음	発音		책임	責任	
단어	単語		금요일	金曜日	
답안	答案		일본어	日本語	
꽃이	花が		발육	発育	
옷이	服が		줄이다	減らす	
부엌에	台所に		입이	口が	
끝에	終わりに		낮에	昼に	
잎이	葉が		입원	入院	
종이	紙		안약	目薬	
강아지	子犬		직업	職業	
좋아요	良いです		고양이	猫	
봄에	春に		영어	英語	
눈이	目が		놓아요	置きます	
발을	足を		손이	手が	
목요일	木曜日		십오일	十五日	
일요일	日曜日		월요일	月曜日	

066

9-2 2文字パッチムの連音化

２文字の終声子音字の場合は、左側の子音字は終声として残り、右側の子音字だけが次の音節の初声として連音される。この連音化によって２文字の終声子音字もそれぞれの本来の音価ですべて発音できるようになる。

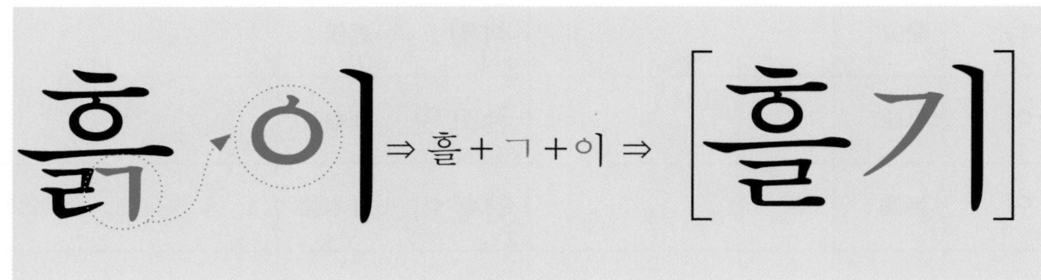

❑ 連音化用例

〈表記〉			〈実際の発音〉	
넓이	→	널＋ㅂ＋이	→ ［널비］	広さ
흙이	→	흘＋ㄱ＋이	→ ［흘기］	土が
얇아	→	얄＋ㅂ＋아	→ ［얄바］	薄い
읽은	→	일＋ㄱ＋은	→ ［일근］	読んだ
삶은	→	살＋ㅁ＋은	→ ［살믄］	茹でた
없어	→	업＋ㅅ＋어	→ ［업서］	ない

〈表記〉			〈実際の発音〉	
닭을	→	달＋ㄱ＋을	→ ［달글］	鶏を
여덟이	→	여덜＋ㅂ＋이	→ ［여덜비］	八が
짧아요	→	짤＋ㅂ＋아요	→ ［짤바요］	短いです
앉아서	→	안＋ㅈ＋아서	→ ［안자서］	座って
젊은이	→	절＋ㅁ＋으＋ㄴ＋이	→ ［절므니］	若者
값은	→	갑＋ㅅ＋은	→ ［갑슨］	値段は

→連音化によってすべてのパッチムは元の音価通りに発音されるようになる。

注意 連音化に注意が必要な場合

❶「ㄶ・ㅀ」は右側の「ㅎ」が母音音節の前で発音されず無音化し、残りの左側の子音「ㄴ・ㄹ」が次の音節の初声として連音される。

많아요 → 만＋ㅎ＋아요 → 만＋아요 → ［마나요］ 多いです
끓어요 → 끌＋ㅎ＋어요 → 끌＋어요 → ［끄러요］ 沸きます

❷「ㄲ・ㅆ」は二文字のように見えるが、合成子音字で１文字なのでそのまま連音する。

밖에 → 바＋ㄲ＋에 → 바＋께 → ［바께］ 外へ
있어요 → 이＋ㅆ＋어요 → 이＋써요 → ［이써요］ あります

練習ドリル

2 連音化した発音通りに書いてみよう。

넓이	広さ		흙이	土が	
닭을	鶏を		젊은이	若者	
읽은	読んだ		삶은	茹でた	
값은	値段は		얇아요	薄いです	
넋을	魂を		없어지다	無くなる	
밟은	踏んだ		읽었다	読んだ	
앉은	座った		짧아요	短いです	
여덟이	八が		외곬으로	一筋に	
많이	たくさん		잃어버린	なくした	
깎아요	削る		갔어요	行きました	
앉아서	座って		없어요	ないです	
많아요	多いです		끓어요	沸きます	
밖에	外へ		있어요	あります	
짧은	短い		많은	多い	
읽어서	読んで		밟아서	踏んで	
닭이	鶏が		삶아서	ゆでて	
흙을	土を		넓은	広い	

課 題

3 次の単語を読んで日本語で書いてみよう。

1	패스트 푸드		8	애플파이		15	케첩	
2	오렌지 주스		9	프라이드 치킨		16	핫도그	
3	레모네이드		10	펩시콜라		17	햄버거	
4	프렌치 토스트		11	샌드위치		18	베이컨	
5	팬케이크		12	샐러드		19	오믈렛	
6	짬뽕		13	초콜릿		20	디저트	
7	도넛		14	팝콘		21	아이스크림	

4 読んでみよう。

1

하나　둘　셋　넷　다섯

一つ　二つ　三つ　四つ　五つ

일　이　삼　사　오

一　二　三　四　五

12345

육　칠　팔　구　십

六　七　八　九　十

678910

2

멍멍

ワンワン

꼬꼬댁 꼭꼭꼭

コケコッコー

음매

モーモー

개굴 개굴

ゲロゲロ

韓国の童謡

❏ 字を読んで歌ってみよう。

・野ウサギ
・誕生日の歌
・韓国の童謡

067

산토끼

［野うさぎ］

作詞、作曲：이일래

アメリカのHill姉妹作詞作曲の「Good Morning to All」から由来したこの曲は、韓国では次のように訳して歌われている。
最後の「당신의 생일을 축하합니다.」は「사랑하는［　　］의 생일 축하합니다.」（愛する［名前］のお誕生日おめでとう）に変えて歌うのが一般的だ。

068

생일 축하 노래

［誕生日のお祝いの歌］

韓国の基本情報

国名	言語と文字	位置
大韓民国（韓国） Republic of Korea（ROK）	言語：韓国語 文字：ハングル	北緯 33〜44 度、 東経 124〜132 度の間
国旗：太極旗（태극기）	**国花：ムクゲ**（무궁화）	**南北の分断**
		● 1945〜1950：1950 年の朝鮮戦争勃発までの 5 年間は北緯 38 度線を中心に分断。 ● 1953〜現在：朝鮮戦争が休戦になった 1953 年からは休戦協定によって設定された（軍事境界線：DMZ）に沿って分断。
人口	**面積**	**首都**
韓国：約 5100 万人 人口密度（人 /㎢）：516.18	韓国：約 100,000㎢ 北朝鮮：約 122,200㎢	ソウル特別市（北緯 37 度） 面積：605㎢、人口：約 942 万人

行政区分

17 の広域自治体

- 1 特別市（특별시）：ソウル特別市（서울특별시）
- 6 広域市（광역시）：釜山広域市（부산광역시）、大邱広域市（대구광역시）、仁川広域市（인천광역시）、光州広域市（광주광역시）、大田広域市（대전광역시）、蔚山広域市（울산광역시）
- 6 道（도）：京畿道（경기도）、忠清北道（충청북도）、忠清南道（충청남도）、全羅南道（전라남도）、慶尚北道（경상북도）、慶尚南道（경상남도）
- 3 特別自治道（특별자치도）：済州特別自治道（제주특별자치도）、江原特別自治道（강원특별자치도）、全北特別自治道（전북특별자치도）
- 1 特別自治市（특별자치시）：世宗特別自治市（세종특별자치시）

※下位の行政単位としては、市（시）、郡（군）、区（구）、邑（읍）、面（면）、洞（동）、里（리）がある。

首都圏人口

ソウル 942 万人、仁川 296 万人、京畿道 1359 万人の計 2597 万人。全人口の半分以上が首都圏に集中。

政治体制		教育
・大統領制：直接選挙により選出 大統領の任期：5 年単任制 ・大法院（最高裁）：院長と13名の判事で構成。任期 6 年 ・憲法裁判所：裁判官 9 名で構成。任期 6 年	・国会：単院、任期：4 年 選挙方式：小選挙区比例代表並立制 議員定数：300 名 （選挙区 253 名＋比例 47 名） ・17 の広域自治体、226 の基礎自治体の長と議員の任期：4 年	学制：小中高大学の 6・3・3・4 制 義務教育：9 年 学費：小学校から高校まで無償 大学進学率：男子：70.3%、 女子：77.4% 新学期：3 月 2 日から

宗教（全人口比）	兵役
基督教：新教 20%・旧教 11%、 仏教 17%、その他 2%、無宗教 51%	徴兵制（男子）：19 歳で徴兵検査、20 歳で入隊 兵役期間：陸軍 18 か月、空軍 21 ヶ月、海軍 20 か月

5大姓氏（全人口比）	平均寿命	平均結婚年齢	合計特殊出生率
김（金）：21%　이（李）：14%　박（朴）：8% 최（崔）：4%　정（鄭）：4% ※同じ姓でも「本貫」（姓の発祥地）によって区別する。 ※八親等内の血族間の結婚はできない。 ※夫婦は別姓、子供の姓は婚姻届を提出する際に父母のどちらかの姓の選択ができる。	男性：80.6 歳 女性：86.6 歳	男子：33.4 歳 女子：31.1 歳	0.78

祝祭日

1 月 1 日：新正月 1 月 1 日（旧暦）：旧正月（ソルラル） 3 月 1 日：独立運動記念日 5 月 5 日：こどもの日	4 月 8 日（旧暦）：釈迦誕生日 6 月 6 日：戦没者慰霊日 8 月 15 日：独立記念日 8 月 15 日（旧暦）：秋夕（チュソク）	10 月 3 日：建国記念日 10 月 9 日：ハングルの日 12 月 25 日：クリスマス

ソウルの月別平均気温

区分	1月	2月	3月	4月	5月	6月	7月	8月	9月	10月	11月	12月
最高気温（℃）	1	4	10	17	23	26	28	29	25	19	11	4
最低気温（℃）	−6	−3	3	9	14	19	22	23	17	11	4	−3

・2024 年現在

文法と表現編

『改訂版　韓国語へ旅しよう　初級』HP　URL

基本文法用語解説

1 体言：文の主語や目的語になりうるものを体言という。名詞・代名詞・数詞が体言に属する。

❶ 母音体言	最終音節が母音で終わる体言をいう。
	나 私　우리 私たち　나라 国　친구 友だち
❷ 子音体言	最終音節が子音で終わる体言をいう。
	일 一　십 十　이름 名前　한국 韓国

2 用言：時制活用があり、文の述語になれるものを用言という。動詞・形容詞がこれに属する。

❶ 動詞	事物の動作・存在・状態を表すもので、基本形が「가다」「오다」のように「-다」で終わる。
	가다 行く　오다 来る　보다 見る　먹다 食べる
❷ 形容詞	物事の性質・状態を表すもので、基本形が「차다」「멀다」のように「-다」で終わる。韓国語は動詞も形容詞も基本形は同じく語尾「-다」で終わるのが特徴である。
	차다 冷たい　멀다 遠い　맵다 辛い　덥다 暑い

3 語幹：用言の基本形から語尾「-다」を取り除いた変化しない部分を語幹という。

가＋다 行く　오＋다 来る　달＋다 甘い　춥＋다 寒い

❶ 母音語幹	語幹が母音で終わっているものをいう。
	가＋다 行く　오＋다 来る　보＋다 見る　차＋다 冷たい
❷ 子音語幹	語幹が子音（パッチム）で終わっているものをいう。
	먹＋다 食べる　읽＋다 読む　맵＋다 辛い　춥＋다 寒い
❸ ㄹ語幹	語幹が「ㄹ」で終わっているものをいう。
	살＋다 住む　놀＋다 遊ぶ　길＋다 長い　멀＋다 遠い
❹ 陽母音語幹	語幹の最終音節に陽母音「ㅏ, ㅗ」が含まれているものをいう。
	가＋다 行く　오＋다 来る　사＋다 買う　달＋다 甘い
❺ 陰母音語幹	語幹の最終音節に陽母音「ㅏ, ㅗ」以外の母音が含まれているものをいう。
	피＋다 咲く　배우＋다 学ぶ　추＋다 踊る　심＋다 植える

4 語尾：活用によって変化する単語の語末の部分を語尾という。

❶ 連結語尾	前の文と後続の文を対等・従属などの関係で接続させる語尾をいう。
	가고, 가니까, 가려고, 가지만, 가면, 가면서 行って、行くから、行こうと、行くが、行けば、行きながら
❷ 終結語尾	文を終結させる語尾をいう。平叙、疑問、命令、勧誘形などがある。
	갑니다, 갑니까?, 갑시다, 가십시오, 갈까요? 行きます、行きますか、行きましょう、行ってください、行きましょうか
❸ 連体形語尾	後続の体言を修飾させる語尾をいう。
	가는＋N, 간＋N, 갈＋N 行く＋N、行った＋N、行くつもりの＋N

제 10 과 저는 학생입니다.

・アリラン1
・アリラン2

学習のポイント

❶ 인칭대명사　人称代名詞
❷ N + 는 / 은　N + は
❸ 자기소개　自己紹介
❹ N + 입니다.　N + です
N + 입니까?　N + ですか

1 069

지혜　: 안녕하세요?
저는 이지혜**라고 합니다**.
다나카 : 안녕하세요? 저는 다나카**입니다**.
만나서 반갑습니다.

2 070

지혜　: 다나카 씨**는** 일본 사람**입니까**?
다나카 : **네**, 저는 일본 사람**입니다**.
지혜 씨는 회사원입니까?
지혜　: 아니요, 저는 학생입니다.

発音の練習

071

❶ 라고 합니다 → [라고 함니다]
입니까? → [임니까?]
입니다 → [임니다]

p.204 ページの「鼻音化1」を参照。
잡념→[잠념]雑念　십년→[심년]十年

❷ 반갑습니다 → [반갑씀니다]

p.205 の「濃音化1」を参照。
접시→[접씨]皿　엽서→[엽써]葉書
접속→[접쏙]接続

❸ 일본 사람입니까? → [일본 사라밈니까?]
일본 사람입니다 → [일본 사라밈니다]

単語と語句

ㄱㄴㄷㄹ
가수　：歌手
나　：私
네　：はい
는 (은)　：は
대학생　：大学生
라고 합니다：といいます

ㅁㅂㅅ
만나서　：お会いできて
미국 사람　：アメリカ人
반갑습니다：うれしいです
배우　：俳優
씨　：～さん、氏

ㅇ
아니요　：いいえ
안녕하세요?：こんにちは
영국 사람　：イギリス人
우리　：私たち
일본 사람　：日本人
입니까?　：ですか
입니다　：です

ㅈㅊㅍ
저　：わたくし
저희　：わたくしたち
중국 사람　：中国人
친구　：友だち
프랑스 사람：フランス人

ㅎ
학생　：学生
한국 사람　：韓国人
회사원　：会社員

文法と表現

韓国語では英語の「You」のように一般的に使える２人称代名詞がない。
「당신」も夫婦の間や公告文など限定された場面でしか使われない。

韓国語の１人称代名詞は男女による使い分けはない。
「저」と「저희」は「나」と「우리」の謙譲語。

10-1 人称代名詞

人称	単数		複数	
1人称	나	私、僕、俺	우리	我々、私たち
	저	私、わたくし	저희	わたくしたち、私ども
2人称	너	きみ、お前	너희（들）	きみたち、お前ら
	당신	あなた	여러분	みなさん
3人称	그	彼	그들	彼ら
	그녀	彼女	그녀들	彼女ら
	이분	この方	이분들	この方たち
	그분	その方	그분들	その方たち
	저분	あの方	저분들	あの方たち

「그、그녀」は文章語で話し言葉では使われない。
最近は男女区別なく「그」を使う場合が多い。

072

10-2

名詞の最後の文字にパッチムがあるかないかに注目する。
パッチムがないと母音で終わる名詞（母音体言）、
パッチムがあると子音で終わる名詞（子音体言）になる。

母音で終わる名詞 ＋는 子音で終わる名詞 ＋은	名詞 ＋は

意味 **助詞** 名詞に付いて主題を表す。

接続 母音で終わる名詞には「는」、子音で終わる名詞には「은」の形で接続する。

母音で終わる名詞＋는				子音で終わる名詞＋은			
나＋는	私は	우리＋는	我々は	학생＋은	学生は	책＋은	本は
저＋는	私は	저희＋는	私どもは	사람＋은	人は	신문＋은	新聞は
의자＋는	いすは	지우개＋는	消しゴムは	책상＋은	机は	연필＋은	鉛筆は

나는　　한국 사람은　　일본 사람은　　영국 사람은
우리는　　중국 사람은　　미국 사람은　　프랑스 사람은

「子音で終わる名詞＋은」の形ではすべて連音化が起きる。
ただ、パッチムが「ㅇ」の場合は連音しない。
「사람+은」→［사라믄］,「책+은」→［채근］,「신문+은」→［신무는］

073

10-3 自己紹介の表現

母音で終わる名前 ＋라고 합니다 子音で終わる名前 ＋이라고 합니다	名前 ＋といいます

①안녕하세요？ → ほかに「はじめまして」は韓国語では「처음 뵙겠습니다.」という。

저는 이민준**이라고 합니다**.

②안녕하세요？ 저는 다나카 유미**라고 합니다**.

만나서 반갑습니다. 잘 부탁합니다.

→ 韓国人同士の自己紹介の場面ではこの表現は使われないが、
日本人なら日本的な表現として使っても差し支えない。

練習ドリル

1 助詞 - 는 /- 은の接続を練習しなさい。

母音で終わる名詞＋는 / 子音で終わる名詞＋은					
학생	学生		의자	いす	
친구	友だち		책상	机	
나	わたし		의사	医者	
선생님	先生		저	私	
가수	歌手		미국	米国	
한국 사람	韓国人		아빠	パパ	
우리	私たち		엄마	ママ	
일본 사람	日本人		중국	中国	
배우	俳優		책	本	

2 보기（例）のように自己紹介の練習をしなさい。

보기 이영민 , 스즈키
➡ 안녕하세요 ? 저는 **이영민**이라고 합니다 .
－안녕하세요 ? 저는 **스즈키**라고 합니다 .
만나서 반갑습니다 .

イヨンミン、鈴木
➡ こんにちは。私は**イヨンミン**といいます。
－こんにちは。私は**鈴木**といいます。
お会いできてうれしいです。

（1）나카무라 , 박혜영
➡

（2）사사키 , 정미윤
➡

（3）요시다 , 최민구
➡

文法と表現

074 10-4

名詞 ＋입니다	名詞 ＋です
名詞 ＋입니까？	名詞 ＋ですか

意味 **語尾** 名詞に付いて丁寧な断定の意を表す。「입니다」は叙述形として、「입니까？」は疑問形として使われる。

名詞＋입니다		名詞＋입니까？	
학생＋**입니다**	学生です	학생＋**입니까**？	学生＋ですか
의사＋**입니다**	医者です	의사＋**입니까**？	医者＋ですか
가수＋**입니다**	歌手です	가수＋**입니까**？	歌手＋ですか
회사원＋**입니다**	会社員です	회사원＋**입니까**？	会社員＋ですか

発音は［임니까］。疑問文には必ずクエスチョンマーク「？」をつける。

「ㄴ」の前のパッチム「ㅂ」が［ㅁ］に鼻音化されて［임니다］と発音する。
パッチムのある名詞と接続すると連音化が起きる。
「회사원＋입니다」→［회사워님니다］

①학생**입니까**？
－네，나는 학생**입니다**．

②의사**입니까**？
－네，저는 의사**입니다**．

③일본 사람**입니까**？
－네，저는 일본 사람**입니다**．

「日本＋人」のように「〜人」は「国名＋사람」、「国名＋인」の形で表す。
「国名＋사람」は口語体で、
「国名＋인」は主に文語体で使われる。

일본→ 일본 사람 / 일본인　日本人
한국→ 한국 사람 / 한국인　韓国人
미국→ 미국 사람 / 미국인　アメリカ人
중국→ 중국 사람 / 중국인　中国人
영국→ 영국 사람 / 영국인　イギリス人

肯定の意を示すことばは「네」、
または「예」という。

④대학생**입니까**？
－아니요，저는 회사원**입니다**．

⑤선생님**입니까**？
－아니요，저는 학생**입니다**．

⑥한국 사람**입니까**？
－아니요，저는 일본 사람**입니다**．

「아니요」は縮約形「아뇨」の形でもよく使われる。

練習ドリル

活字では「~입니까?」の「까」の子音字がくっついて
「刀」のように見えるが、これは合成子音字の「ㄲ」なので、
「ㄱ」を2回しっかり書くように注意。

3 보기（例）のように質問と応答文を作りなさい。

보기 학생
➡ 학생**입니까**？
－**네**，학생**입니다**.

学生
➡ 学生**ですか。**
－**はい、**学生**です。**

以下、イラストを見て
該当の韓国語の単語を書く練習をしてみよう。

（1）일본 사람
➡

日本人

（2）회사원
➡

会社員

（3）가수
➡

歌手

（4）선생님
➡

先生

（5）미국 사람
➡

アメリカ人

4 보기（例）のように質問と応答文を作りなさい。

보기 대학생，회사원
➡ 대학생**입니까**？
－**아니요**，회사원**입니다**.

大学生、会社員
➡ 大学生**ですか。**
－**いいえ、**会社員**です。**

（1）중국 사람，한국 사람
➡

中国人、韓国人

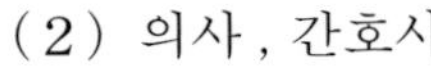

（2）의사，간호사
➡

医者、看護師

（3）가수，배우
➡

歌手、俳優

（4）선생님，학생
➡

先生、学生

（5）영국 사람，미국 사람
➡

イギリス人、アメリカ人

課題

5 次の文を声を出して読んで訳しなさい。

▸ 안녕하세요？ 만나서 반갑습니다．
저는 다나카 유스케라고 합니다． 일본 사람입니다．대학생입니다．
잘 부탁합니다．

6 次の文を韓国語に訳しなさい。

「日韓単語目録」がp.213に収録されている。日韓辞書の代わりに活用してほしい。

（1）学生ですか。－はい、学生です。
➡

（2）会社員ですか。－いいえ、大学生です。
➡

（3）日本人ですか。－はい、私は日本人です。
➡

（4）医者ですか。－いいえ、看護師です。
➡

（5）先生は韓国人ですか。－はい、韓国人です。
➡

（6）こんにちは。私は田中といいます。
➡

（7）アメリカ人ですか。－いいえ、私はイギリス人です。
➡

（8）ミンスさんは歌手ですか。－いいえ、ミンスさんは俳優です。
➡

（9）田中さんは中国人ですか。－いいえ、田中さんは日本人です。
➡

（10）マリさんは会社員ですか。－いいえ、私は学生です。
➡

韓国語の入力方法

■ 入力環境の設定

スマホ	iPhone	Home 画面の「設定」➡ 設定画面の「一般」➡ 一般画面の「キーボード」➡ キーボード画面の「キーボード」➡「新しいキーボードを追加…」➡ 言語選択画面の「韓国語」➡ 入力方式は「標準」を選択して「完了」の順にタップすると「キーボード」画面に「韓国語（標準）」が追加される。	
	Android	❶ Galaxy のように韓国語のキーボードが入っている場合は、設定 ➡ 一般管理 ➡ 言語キーボード ➡ キーボードの選択画面の順にタップして韓国語のキーボードを選択する。 ❷ Android 本体に韓国語キーボードが入っていない場合は、「Google Play」から「Gboard」をインストールして、❶と同じ要領で韓国語のキーボードを追加する。	
パソコン	Windows	❶ デスクトップ画面左下の Windows マークのスタートボタンか、デスクトップ画面右下の言語バーの「あ」を右クリック ➡「設定」➡「時刻と言語」➡「言語と地域」➡ 優先する言語の「言語の追加」の順にクリックして韓国語を選択する。 ❷ デスクトップ画面右下の言語バーの「Ⓙ」マークをクリック ➡「韓国語」を選択して入力。もし「韓国語」の言語バーで文字が「A」になっている場合はクリックして「가」に変更して入力する。	

※最新情報は随時ネットで検索して活用しよう。

■ 韓国語キーボードの配列

韓国語のキーボードは、スマートフォンもパソコンも左側半分が子音字、右側半分が母音字の配列になっている。日本で発売されているパソコンのキーボードは「ハングル」が表示されていないので、市販のハングルのキーボードシールやステッカーを貼って使うことをお薦めしたい。

■ 韓国語の入力要領

韓国語キーボードの入力要領は、基本的にパソコンもスマホも同じである。

❶ ハングルは、子音字＋母音字＋パッチムの順に入力する。
【入力例】 일본 사람：ㅇ➡ㅣ➡ㄹ➡ㅂ➡ㅗ➡ㄴ➡ SPACE ➡ㅅ➡ㅏ➡ㄹ➡ㅏ➡ㅁ

❷ キーの上段の合成子音字は、Shift キーを押して入力する。
【入力例】 Shift キー＋ㄱ, ㄷ, ㅂ, ㅅ, ㅈ / ㅐ, ㅔ ➡ ㄲ, ㄸ, ㅃ, ㅆ, ㅉ / ㅒ, ㅖ

❸ 合成母音字の入力は基本母音字の組合せの順に入力する。
【入力例】 외, 위, 왜：ㅇ➡ㅗ➡ㅣ＝외, ㅇ➡ㅜ➡ㅣ＝위, ㅇ➡ㅗ➡ㅐ＝왜

❹ キーの上段の合成母音字「ㅒ, ㅖ」は、Shift キーを押して入力する。
【入力例】 Shift キー＋ㅐ, ㅔ ➡ ㅒ, ㅖ

❺ 漢字変換：パソコンの場合は変換したい文字の後にカーソルを置いて「Ctrl」キーを押して漢字を選択する。スマホの場合はアプリショップから「한자 한글 키보드」をインストールして使用できる。

ソウル圏鉄道路線図

・ソウル地下鉄
・高速鉄道 KTX
・仁川国際空港

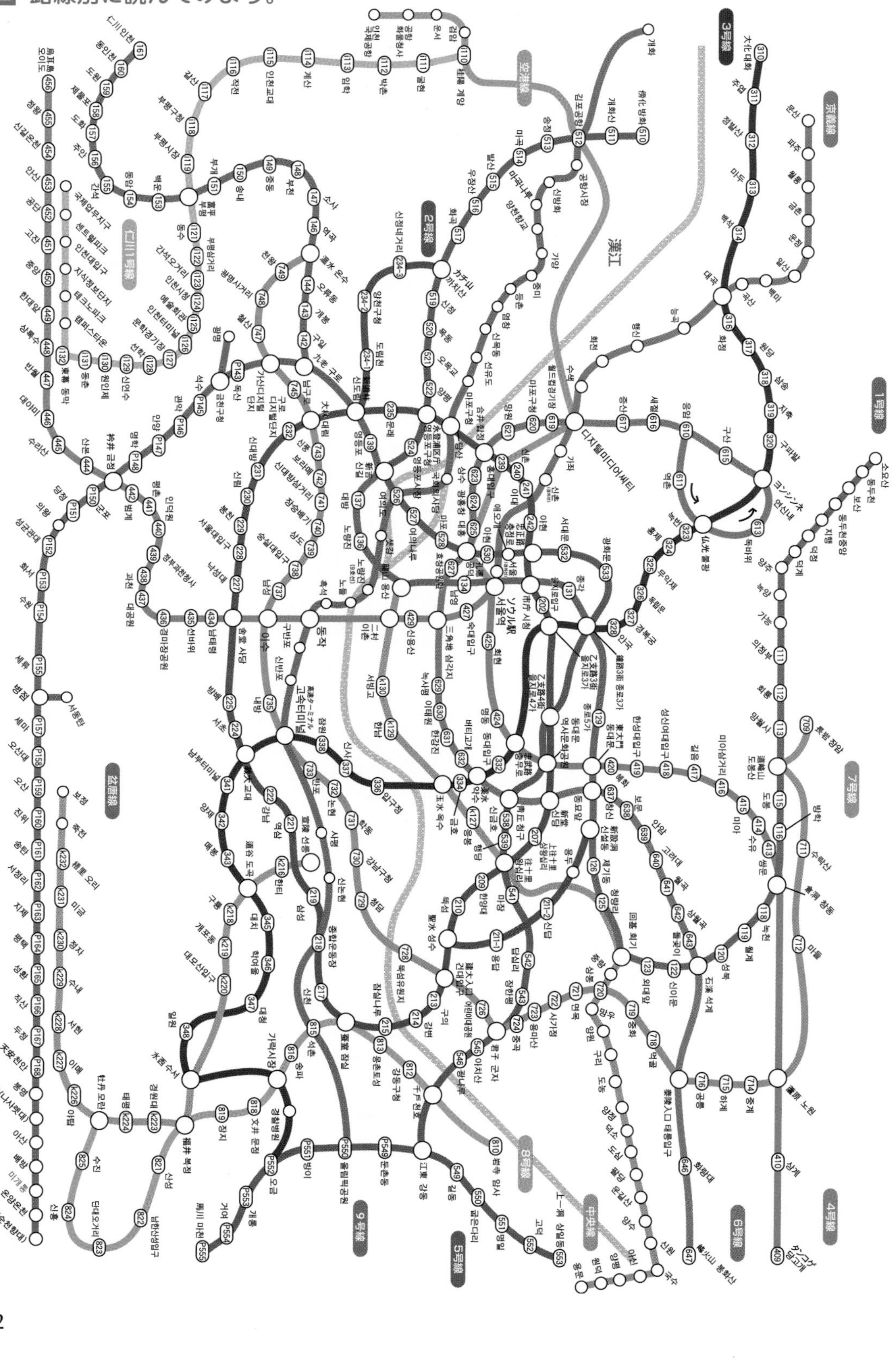

❏ 路線別に読んでみよう。

제 11 과 이것은 무엇입니까?

・世界文化遺産
・世界自然遺産
・24 節気

学習のポイント

❶	이것, 그것, 저것, 어느 것	これ、それ、あれ、どれ	❸	N + 도	N + も
❷	여기, 거기, 저기, 어디	ここ、そこ、あそこ、どこ	❹	N + 이 / 가 아닙니다	N + ではありません

1 영민 : **이것**은 **무엇**입니까?

미나 : **그것**은 책입니다.

영민 : 이것**도** 책입니까?

미나 : 아니요, 그것은 책**이 아닙니다**. 공책입니다.

076

2 준호 : **저기**는 은행입니까?

유미 : 아니요, **저기**는 은행이 아닙니다.

우체국입니다.

준호 : 도서관은 **어디**입니까?

유미 : 도서관은 저기입니다.

077

発音の練習

078

p.205 の「濃音化 1」を参照。
학교→[학꾜]学校　약국→[약꾹]薬局
육교→[육꾜]歩道橋
잡지→[잡찌]雑誌　답장→[답짱]返事
갑자기→[갑짜기]急に

❶ 이것은 → [이거슨]
무엇입니까? → [무어심니까?]
그것은 → [그거슨]
책입니다 → [채김니다]
책이 아닙니다 → [채기 아님니다]
우체국입니다 → [우체구김니다]
도서관은 → [도서과는]

❷ 이것도 → [이걷또]
잡지 → [잡찌]
대학교 → [대학꾜]

単語と語句

このテキストに出てくる単語はすべて p.208 の「韓日単語目録」に収録されている。韓日辞書の代わりに活用してほしい。

ㄱㄷ
공책 : ノート
교실 : 教室
구두 : くつ
그것 : それ
도 : も
도서관 : 図書館

ㅁㅂㅅㅇ
모자 : 帽子
무엇 : 何
바지 : ズボン
병원 : 病院
볼펜 : ボールペン
사전 : 辞典、辞書
시계 : 時計
신문 : 新聞
어느 것 : どれ
어디 : どこ
여기 : ここ
연필 : 鉛筆
우체국 : 郵便局
은행 : 銀行
의자 : 椅子
이/가 아닙니다 : ではありません
이것 : これ

ㅈㅊㅋㅎ
잡지 : 雑誌
저기 : あそこ
책 : 本
책상 : 机
컴퓨터 : パソコン
한국어 : 韓国語
화장실 : トイレ
휴게실 : 休憩室

文法と表現

079

11-1

이것 , 그것 , 저것 , 어느 것	これ、それ、あれ、どれ

意味 **指示代名詞** 事物を指し示すのに用いられる。

	近称	中称	遠称	選択	疑問
指示代名詞（事物）	이것 これ	그것 それ	저것 あれ	어느 것 どれ	무엇 何

①**이것**은 **무엇**입니까?
－**그것**은 시계입니다.
②**저것**은 **무엇**입니까?
－**저것**은 컴퓨터입니다.
③한국어 사전은 **어느 것**입니까?
－**이것**입니다.

「どれ」に該当する「어느 것」は、冠形詞「어느」と依存名詞「것」の組み合わせ。一つの単語ではないので「어느」と「것」の間は半角あけて分かち書きをする。

080

11-2

여기 , 거기 , 저기 , 어디	ここ、そこ、あそこ、どこ

意味 **指示代名詞** 場所を指し示すのに用いられる。

	近称	中称	遠称	疑問 / 選択
指示代名詞（場所）	여기 ここ	거기 そこ	저기 あそこ	어디 どこ

①**여기**는 **어디**입니까?
－**여기**는 도서관입니다.
②**저기**는 병원입니까?
－네, **저기**는 병원입니다.
③화장실은 **어디**입니까?
－화장실은 **저기**입니다.

練習ドリル

1 보기のように質問と応答文を作りなさい。

> **보기** 책
> ➡ **이것은 무엇입니까**?
> －책**입니다**.
>
> 
> 
>
> 本
> ➡ **これは何ですか。**
> －本**です**。

（1）책상

➡

机

（2）의자

➡

椅子

（3）연필

➡

鉛筆

（4）컴퓨터

➡

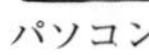
パソコン

（5）사전

➡

辞書

2 보기のように質問と応答文を作りなさい。

> **보기** 도서관
> ➡ **여기는 어디입니까**?
> －도서관**입니다**.
>
> 
>
> 図書館
> ➡ **ここはどこですか。**
> －図書館**です**。

（1）휴게실

➡

休憩室

（2）교실

➡

教室

（3）식당

➡

食堂

（4）은행

➡

銀行

（5）우체국

➡

郵便局

文法と表現

081 11-3

名詞 +도	名詞 +も

意味 **助詞** 名詞に付いて並列や列挙、追加などの意を表す。

名詞＋도			
나＋**도**	わたし＋も	민수 씨＋**도**	ミンスさん＋も
이것＋**도**	これ＋も	우리＋**도**	私たち＋も
그것＋**도**	それ＋も	여기＋**도**	ここ＋も

①이것**도** 연필입니까 ?
　－네 , 그것**도** 연필입니다 .
②민수 씨**도** 대학생입니까 ?
　－네 , 민수 씨**도** 대학생입니다 .

082 11-4

母音で終わる名詞 +가 아닙니다 子音で終わる名詞 +이 아닙니다	名詞 +ではありません

意味 **助詞＋形容詞** 名詞に付いてその名詞を否定する意を表す。
接続 母音で終わる名詞には「-가 아닙니다」、子音で終わる名詞には「-이 아닙니다」の形で接続する。

母音で終わる名詞＋가 아닙니다		子音で終わる名詞＋이 아닙니다	
가수＋**가 아닙니다**	歌手＋ではありません	회사원＋**이 아닙니다**	会社員＋ではありません
잡지＋**가 아닙니다**	雑誌＋ではありません	신문　＋**이 아닙니다**	新聞＋ではありません
의자＋**가 아닙니다**	椅子＋ではありません	교실　＋**이 아닙니다**	教室＋ではありません
시계＋**가 아닙니다**	時計＋ではありません	사무실＋**이 아닙니다**	事務室＋ではありません

①이것도 신문입니까 ?
　－아니요 , 그것은 신문**이 아닙니다** . 잡지입니다 .
②회사원입니까 ?
　－아니요 , 저는 회사원**이 아닙니다** . 학생입니다 .
③저기는 교실입니까 ?
　－아니요 , 저기는 교실**이 아닙니다** . 사무실입니다 .

練習ドリル

3 보기のように質問と応答文を作りなさい。

보기 가방
➡ **이것도** 가방**입니까**?
–**네, 그것도** 가방**입니다**.

かばん
➡ **これも**かばん**ですか。**
–**はい、それも**かばん**です。**

(1) 신문
➡

新聞

(2) 모자
➡

帽子

(3) 시계
➡

時計

(4) 구두
➡

くつ

(5) 바지
➡

ズボン

4 보기のように質問と応答文を作りなさい。

보기 학생, 회사원
➡ 학생**입니까**?
–**아니요**, 학생**이 아닙니다**. 회사원**입니다**.

学生、会社員
➡ 学生**ですか。**
–**いいえ、**学生**ではありません。**
会社員です。

(1) 일본 사람, 한국 사람
➡

日本人、韓国人

(2) 선생님, 학생
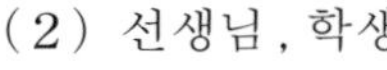
➡

先生、学生

(3) 가수, 배우
➡

歌手、俳優

(4) 연필, 볼펜
➡

鉛筆、ボールペン

(5) 책, 사전
➡

本、辞書

課題

083

5 声を出して読んで訳しなさい。

①이것은 연필입니다 . 볼펜이 아닙니다 .
②이것도 공책입니까 ?
　－아니요， 그것은 공책이 아닙니다 . 사전입니다 .
③저기는 은행입니다 . 우체국이 아닙니다 .
④여기도 교실입니까 ?
　－아니요 , 여기는 교실이 아닙니다 . 휴게실입니다 .

6 韓国語に訳しなさい。

（1）それは鉛筆ですか。－いいえ、ボールペンです。
➡

（2）トイレはどこですか。－あそこです。
➡

（3）これも時計ですか。－はい、それも時計です。
➡

（4）いいえ、それは雑誌ではありません。
➡

（5）私は学生ではありません。会社員です。
➡

（6）ここは図書館です。 郵便局ではありません。
➡

（7）いいえ、そこは教室ではありません。事務室です。
➡

（8）これは韓国語辞典ではありません。
➡

（9）これは本ではありません。ノートです。
➡

（10）いいえ、あそこは郵便局ではありません。銀行です。
➡

私の部屋

시계
옷
전등
창문
문
옷장
컴퓨터
노트
책
사전
구두
책상
가방
텔레비전
의자
책장
모자
연필
바지
잡지
지우개
거울
양말
안경
신문
지갑
손수건
침대
전화
소파
탁자

学習に有用なアプリ＆サイト

インターネットやスマートフォンのアプリを通して韓国語の学習に有用なツールや様々な情報を得ることができる。好きなジャンルのアプリやサイトを利用して楽しみながら韓国語を学習してみよう。

	名称	内容	
【1】韓国語辞書			
	NAVER 辞書	NAVER で提供している「韓日辞典」、「日韓辞典」のアプリ。 ハングル入力機能、手書き入力機能もあり、手軽に韓国語、 日本語の単語が検索できる。	
	Daum Dictionary 다음사전	Kakao で提供している「韓日辞典」、「日韓辞典」のアプリ。 百科事典の検索、翻訳機能の活用もできる。	
【2】韓国文化院			
	駐日韓国文化院	各種講座とイベントの開催、様々な情報の発信を通して、韓国文化を幅広く紹介している。HP で以下の最新情報が確認できる。 ①舞台公演、映画上映会、講演会などの開催、②伝統工芸、絵画、現代美術など、様々な分野の韓国美術の展示、③韓国語と韓国文化体験講座、④韓国関連図書と映像の貸し出しや閲覧サービス情報など。 文化院が設置されていない地域では「駐日韓国教育院」が文化院の機能を代行する。	
【3】韓国語学習アプリ			
	韓国語学習アプリ	スマホには隙間時間を活用して手軽に韓国語が学べる韓国語学習アプリが多い。文字の練習から単語、文法、簡単な会話までさまざまなものがあるが、それぞれのアプリの語学のレベルや学習の仕方、使い勝手などをチェックして自分に合うものを探して試してみよう。	
【4】韓国のラジオを聞いてみよう			
	KBS kong	韓国の公共放送、KBS（韓国放送公社）が提供するラジオアプリ。 5つのチャンネルが提供する音楽やニュースなどの番組が聴取できる。	
	SBS 고릴라	民間放送局 SBS（ソウル放送）の公式ラジオアプリ。 「LOVE FM」、「POWER　FM」、「ゴリララジオ」など3つのチャンネルの放送が聴取できる。	
	MBC mini	MBC（文化放送）の公式ラジオアプリ。 3つのチャンネルを通してニュースやトーク、音楽番組などが聴取できる。	
【5】観光スポット			
	Visit Seoul - ソウル旅行のすべて	ソウル市の公式観光アプリ。ソウルの観光名所、グルメなどの情報、 天気、旅行の Tip、楽しみ方など観光に役立つ情報を提供。	
	Visit Korea : Official Guide	韓国の観光スポットやグルメ、宿泊施設、ショッピングやお祭りなど、 さまざまな観光情報を提供して韓国の旅をサポートするアプリ。 公共交通機関情報、両替、緊急連絡先などの情報も提供している。	
	Subway Korea - 韓国地下鉄路線図	Android 対応の韓国の地下鉄アプリ。地下鉄路線図や駅情報、 運行情報など、地下鉄利用に必要な情報を提供。	
	コネスト韓国地図	韓国旅行に便利な日本語版の韓国地図アプリ。 日本語 / 韓国語の両方で検索可能。人気観光エリア、 観光スポット情報なども提供。	

※最新の情報はアプリ更新やネットでの検索で確認してください。

제 12 과 이 사람은 누구입니까?

・カヤグム
・コムンゴ
・韓国国楽

学習のポイント

❶	N＋의	N＋の	❹	N(의)＋것	N (の) ＋もの
❷	이분, 그분, 저분	この方、その方、あの方	❺	가족호칭	家族の呼称
❸	이, 그, 저, 어느	この、その、あの、どの			

1 영민 : 그것은 무엇입니까? 084

미나 : 이것은 가족 사진입니다.

영민 : **이분**은 **누구**입니까?

미나 : 제 아버지입니다.

2 준호 : 이것은 누구**의** 모자입니까? 085

유미 : 그것은 제 언니**의** 모자입니다.

준호 : 이 모자도 언니**의 것**입니까?

유미 : 아니요. 그 모자는 여동생**의 것**입니다.

韓国語では兄と姉は性別によって呼び方が異なる。(p.97「家族・親族の呼称」を参照)
男性(弟)の場合 : 형(兄), 누나(姉)
女性(妹)の場合 : 오빠(兄), 언니(姉)

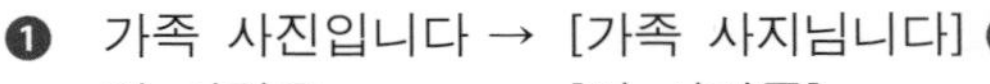

発音の練習

086

❶ 가족 사진입니다 → [가족 사지님니다]
이 사람은 → [이 사라믄]
이분은 → [이부는]

❷ 누구의 모자입니까?→ [누구에 모자임니까?]
제 언니의 → [제 언니에]
언니의 것입니까?→ [언니에 거심니까?]
여동생의 것입니다 → [여동생에 거심니다]

単語と語句

ㄱㄴ
가방 : かばん
가족 : 家族
건물 : 建物
것 : もの
그 : その
그분 : その方
나라 : 国
누구 : 誰

ㄷㅁㅂㅅ
딸 : 娘
모자 : 帽子
바지 : ズボン
사람 : 人
사진 : 写真
선수 : 選手
손수건 : ハンカチ
시계 : 時計

ㅇ
아내 : 妻
아들 : 息子
아이 : 子、子ども
아주머니 : おばさん
안경 : 眼鏡
야구 : 野球
양말 : 靴下
언니 : 姉
여동생 : 妹
오빠 : 兄
옷 : 服
우리 : 私の、私たちの
우산 : 傘
의 : の
이 : この
이분 : この方

ㅈㅊㅎ
저 : あの
저분 : あの方
제 : 私の
지갑 : 財布
지우개 : 消しゴム
축구 : サッカー
한국어 : 韓国語
할머니 : おばあさん

文法と表現

087

12-1

名詞 +의	名詞 +の

意味 **助詞** 体言に接続して所有、所属、関係などの意を表す。日本語と違ってその前後関係からみて所有、所属などの関係性がはっきりしている場合は省略されることが多い。

名詞＋의＋名詞		名詞＋名詞　(省略例)	
친구＋**의**＋가방	友達のかばん	친구＋가방	友達のかばん
누구＋**의**＋모자	誰の帽子	누구＋모자	誰の帽子
언니＋**의**＋시계	姉の時計	언니＋시계	姉の時計

①이것은 누구**의** 모자입니까?
　－어머니**의** 모자입니다.
②저것은 누구**의** 시계입니까?
　－저것도 언니**의** 시계입니다.

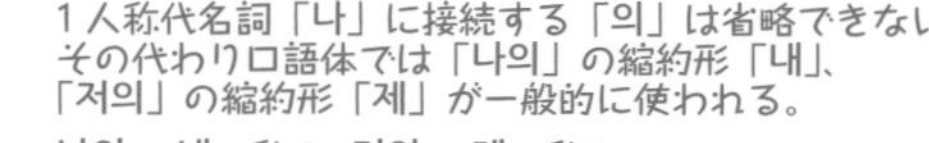
1人称代名詞「나」に接続する「의」は省略できない。
その代わり口語体では「나의」の縮約形「내」、
「저의」の縮約形「제」が一般的に使われる。

나의→ 내　私の　저의→ 제　私の
나의 시계→ × 나 시계　○ 내 시계　私の時計
저의 시계→ × 저 시계　○ 제 시계　私の時計

③이것은 **할머니 가방**입니다.
④이것은 **할아버지 안경**이 아닙니다.

088

12-2

이분, 그분, 저분, 어느 분	この方、その方、あの方、どの方

意味 **指示代名詞** 3人称の人を丁寧に指し示すのに用いられる。

3人称代名詞（単数）					3人称代名詞（複数）		
이분	그분	저분	어느 분	누구	이분들	그분들	저분들
この方	その方	あの方	どの方	誰	この方たち	その方たち	あの方たち

①**이분**은 누구입니까?
　－제 어머니입니다.
②**저분**은 누구입니까?
　－**저분**은 제 친구 아버지입니다.
　－**저분**은 한국어 선생님입니다.

練習ドリル

1 보기のように文を作りなさい。

보기 이것 , 언니 , 책
➡ 이것**은** 언니**의** 책**입니다** .

これ、姉、本
➡ これは姉の本です。

（1）저것 , 친구 , 우산

➡

あれ、友達、傘

（2）그것 , 아주머니 , 지갑

➡

それ、おばさん、財布

（3）저것 , 아저씨 , 시계

➡

あれ、おじさん、時計

（4）저 사람 , 나 , 친구

➡

あの人、私、友達

（5）이 사람 , 저 , 아내

➡

この人、わたくし、妻

2 보기のように質問と応答文を作りなさい。

보기 이분 , 할머니
➡ 이분**은** **누구입니까** ?
－**제** 할머니**입니다** .

この方、おばあさん
➡ この方は誰ですか。
－私の祖母です。

（1）이 아이 , 딸

➡

この子、娘

（2）저 사람 , 형 / 오빠

➡

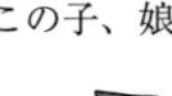

あの人、兄

（3）저 학생 , 아들

➡

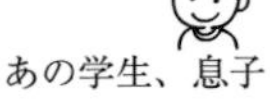
あの学生、息子

（4）이분 , 남편

➡

この方、夫

（5）저분 , 할아버지

➡

あの方、おじいさん

文法と表現

089

12-3

이 , 그 , 저 , 어느　+ 名詞	この、その、あの、どの　+ 名詞

意味 **連体詞** 人や物事を表す名詞の前でその名詞を指し示す意を表す。

指示連体詞			用例			
近称	**이**	この	**이**+ 사람	この+人	**이**+ 연필	この+鉛筆
中称	**그**	その	**그**+ 사람	その+人	**그**+ 시계	その+時計
遠称	**저**	あの	**저**+ 사람	あの+人	**저**+ 사전	あの+辞書
疑問・選択	**어느**	どの	**어느**+ 사람	どの+人	**어느**+ 신문	どの+新聞

①**저** 사람은 **어느** 나라 사람입니까 ?
　－**저** 사람은 미국 사람입니다 .
②**그** 아이는 누구입니까 ?
　－**이** 아이는 제 딸입니다 .
③**저** 건물은 무엇입니까 ?
　－**저** 건물은 은행입니다 .

090

12-4

名詞（人）（의）＋것	名詞（人）（の）＋もの

意味 **依存名詞** 前に一度出てきたものの代用として所有物を表す。
接続 ここでは人を表す名詞に助詞「의」を介して接続するが、助詞「의」は会話体では省略されるのが一般的である。

名詞＋（의）＋ 것		名詞＋ 것　(省略例)	
친구+의+ **것**	友達のもの	친구+ **것**	友達のもの
어머니+의+ **것**	母のもの	어머니+ **것**	母のもの
아버지+의+ **것**	父のもの	아버지+ **것**	父のもの

①이 우산은 **누구 것**입니까 ?
　－그 우산은 우리 **언니 것**입니다 .
②이 사전은 **누구 것**입니까 ?
　－우리 **오빠 것**입니다 .
　－우리 **아버지 것**입니다 .

「우리」は「私たち」のように複数形としての意味以外に、自分の家族や自分の所属する団体、地域などを指す場合に「우리」が連体詞的によく使われる。日本語の「うち(の)～」に相当する。
우리 엄마　うちの母　　우리 학교　うちの学校
우리 회사　うちの会社　우리 동네　うちの地元

練習ドリル

3 보기のように文を変えなさい。

보기 이것**은** 여동생 연필**입니다**.
➡ **이** 연필**은** 여동생 **것입니다**.

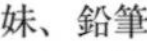

妹、鉛筆
これは妹の鉛筆です。
➡ この鉛筆は妹のものです。

（1）이것은 아버지 양복입니다.

➡

（2）저것은 어머니 옷입니다.

➡

（3）그것은 형 / 오빠 구두입니다.

➡

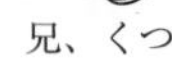

（4）이것은 언니 / 누나 손수건입니다.

➡

（5）그것은 동생 지우개입니다.

➡

4 보기のように質問と応答文を作りなさい。

보기 우산, 어머니
➡ **이** 우산**은 누구 것입니까**?
　－**우리** 어머니 **것입니다**.

傘、母
➡ この傘は誰のものですか。
　－うちの母のものです。

（1）안경, 형 / 오빠

➡

（2）가방, 선생님

➡

（3）구두, 아버지

➡

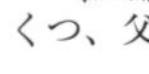

（4）컴퓨터, 아들

➡

（5）손수건, 할머니

➡

課題

5 声を出して読んで訳しなさい。

①이분은 학생이 아닙니다. 우리 선생님입니다.
②이것은 내 모자입니다. 할머니 모자가 아닙니다.
③저 사람은 야구 선수가 아닙니다.
　축구 선수입니다. 제 친구입니다.

④이 사전은 내 것이 아닙니다. 우리 오빠 것입니다.

6 韓国語に訳しなさい。

（1）これは私の家族写真です。
➡

（2）そのかばんは私のものではありません。
➡

（3）あの建物は銀行です。
➡

（4）あの方は野球選手ではありません。
➡

（5）この時計は父のものではありません。
➡

（6）あの子は私の娘です。
➡

（7）これは兄のくつです。
➡

（8）あれは母のハンカチです。
➡

（9）この人は私の友だちです。
➡

（10）それはおばあさんの眼鏡です。
➡

家族・親族の呼称

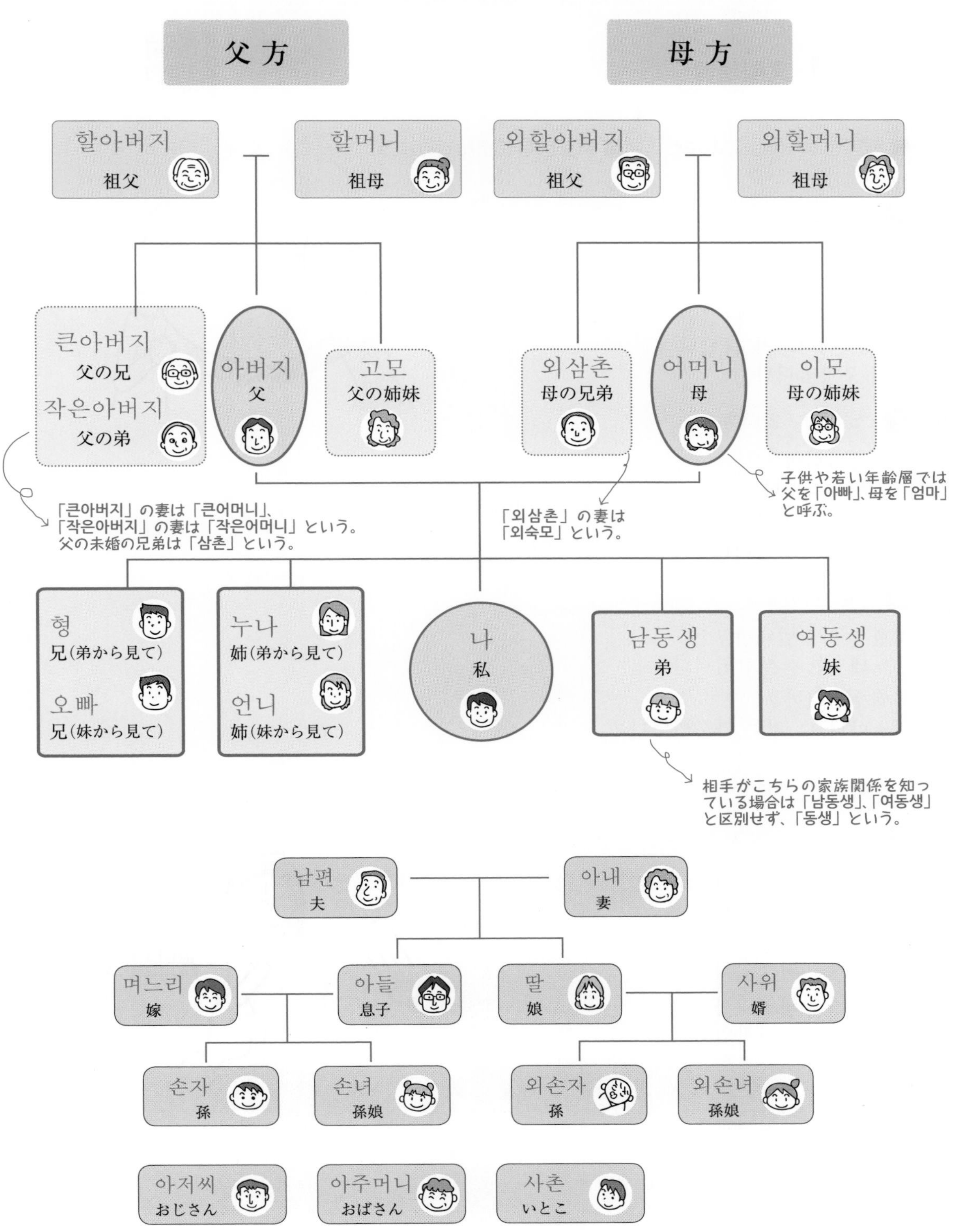

父方
母方
할아버지
祖父
할머니
祖母
외할아버지
祖父
외할머니
祖母
큰아버지
父の兄
작은아버지
父の弟
아버지
父
고모
父の姉妹
외삼촌
母の兄弟
어머니
母
이모
母の姉妹
「큰아버지」の妻は「큰어머니」、
「작은아버지」の妻は「작은어머니」という。
父の未婚の兄弟は「삼촌」という。
「외삼촌」の妻は
「외숙모」という。
子供や若い年齢層では
父を「아빠」、母を「엄마」
と呼ぶ。
형
兄（弟から見て）
오빠
兄（妹から見て）
누나
姉（弟から見て）
언니
姉（妹から見て）
나
私
남동생
弟
여동생
妹
相手がこちらの家族関係を知っている場合は「남동생」、「여동생」と区別せず、「동생」という。
남편
夫
아내
妻
며느리
嫁
아들
息子
딸
娘
사위
婿
손자
孫
손녀
孫娘
외손자
孫
외손녀
孫娘
아저씨
おじさん
아주머니
おばさん
사촌
いとこ

제 13 과 복 습 (10 課・11 課・12 課の復習)

13-1 文型練習

・国立合唱団
・韓国伝統舞踊
・韓国現代舞踊

■ 音声をよく聞いてみよう。／■ 声を出して読んでみよう。

092

1 自己紹介

①안녕하세요 ?
이경희**라고 합니다** .

②안녕하세요 ?
저는 시미즈**라고 합니다** .
잘 부탁합니다 .

093

2 입니다 / 입니까 ?

①학생**입니까** ?
－학생**입니다** .

②일본 사람**입니까** ?
－일본 사람**입니다** .

094

3 네 / 아니요

①한국 사람입니까 ?
－**네** , 한국 사람입니다 .

②배우입니까 ?
－**아니요** , 저는 가수입니다 .

③미국 사람입니까 ?
－**아니요** , 저는 영국 사람입니다 .

095

4 이것 / 그것 / 저것 / 무엇

①**이것**은 무엇입니까 ?
－**그것**은 연필입니다 .

②**그것**은 무엇입니까 ?
－**이것**은 시계입니다 .

③**저것**은 무엇입니까 ?
－**저것**은 도서관입니다 .

096

5 도

①이것**도** 잡지입니까 ?
－네 , 그것**도** 잡지입니다 .

②나오코 씨**도** 일본 사람입니까 ?
－네 , 저**도** 일본 사람입니다 .

6 여기 / 거기 / 저기 / 어디

097

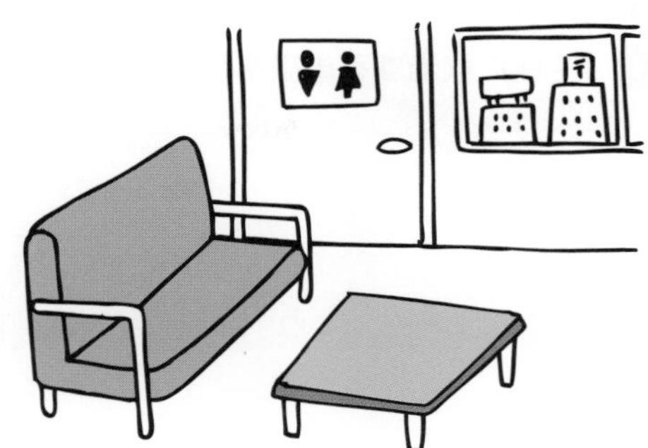

①**여기**는 **어디**입니까?
 －**여기**는 휴게실입니다.

②화장실은 **어디**입니까?
 －화장실은 **저기**입니다.

③**저기**는 병원입니까?
 －네, **저기**는 병원입니다.

④**여기**는 은행입니까?
 －아니요, **여기**는 우체국입니다.

7 가 / 이 아닙니다

①이것은 시계입니까?
 －아니요, 그것은 시계**가 아닙니다**.

②여기는 교실입니까?
 －아니요, 여기는 교실**이 아닙니다**.
 휴게실입니다.

8 이분 / 그분 / 저분 / 누구

①**이분**은 **누구**입니까?
 －제 친구입니다.

②**저분**은 **누구**입니까?
 －제 동생입니다.

9 의

①이것은 누구**의** 책입니까?
 －그것은 민수 씨**의** 책입니다.

②저것은 누구**의** 모자입니까?
 －저것은 선생님**의** 모자입니다.

10 것

①이 우산은 누구 **것**입니까?
 －제 친구 **것**입니다.

②이 손수건은 누구 **것**입니까?
 －지혜 씨 **것**입니다.

11 家族の呼称

①저분은 영희 씨 **언니**입니까?
 －아니요, 저분은 영희 씨 **언니**가 아닙니다.

②이분은 영희 씨 **오빠**입니까?
 －아니요, 이분은 우리 **오빠**가 아닙니다.

13-2 復習問題

1 空欄に該当する単語を書きなさい。

～は	～も	～の	～ではありません	これ	それ
あれ	**どれ**	**何**	**ここ**	**そこ**	**あそこ**
どこ	**この**	**その**	**あの**	**どの**	**だれ**

2 （　　　）のなかに適当なことばを書き入れなさい。

보기 여기（ 는 ）도서관입니다.　　ここ（は）図書館です。

（1）저는 스즈키（　　　　　）. 일본 사람（　　　）.　日本人

（2）이것（　　）공책（　　）아닙니다.　ノート

（3）저기（　　）교실（　　　）?　教室

（4）이것（　　）책（　　　）?
　－네, 그것（　　）책（　　　）.　本

（5）이것（　　）한국어 사전（　　　）?
　－아니요, 그것（　　）한국어 사전（　　　　　）.　韓国語の辞書

（6）저기（　　）은행（　　　）?
　－아니요, 저기（　　）은행（　　　　　）. 우체국（　　　）.

銀行、郵便局

（7）그 우산（　　）우리 언니（　　　　）.

傘、姉

（8）그 손수건（　　）우리 어머니 것이（　　　　　）.

ハンカチ、母

（9）저것은（　　）의 시계（　　　）?

時計

3 보기のように文を変えなさい。

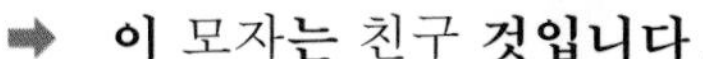

보기 이것**은** 친구 모자**입니다**.
➡ **이** 모자**는** 친구 **것입니다**.

友だちの帽子
これは友だちの帽子です。
➡ この帽子は友だちのものです。

(1) 그것은 아저씨 지갑입니다.
➡

おじの財布

(2) 이것은 아주머니 시계입니다.
➡

おばの時計

(3) 저것은 내 책입니다.
➡

私の本

(4) 저것은 할아버지 안경입니다.
➡

祖父の眼鏡

(5) 이것은 우리 아버지 양말이 아닙니다.
➡

私の父の靴下

4 韓国語に訳しなさい。

(1) ここはどこですか。－ここは図書館です。
➡

(2) あそこは教室ではありません。休憩室です。
➡

(3) これは誰の時計ですか。－私の時計です。
➡

(4) あの人はサッカー選手ではありません。
➡

(5) その帽子はうちの兄のものではありません。
➡

(6) この辞書も弟の辞書です。私のものではありません。
➡

(7) この財布は私のものです。母のものではありません。
➡

分かち書きの要領

韓国語の文章は「分かち書き」をする。「分かち書き」とは、文が読みやすく、意味に誤解が生じないように、文節ごとに半角空けて表記することをいう。次は主な「分かち書き」の要領をまとめたものである。

❶	**単語と単語は分かち書きをする。**	
	・푸른 바다 ・구름 하나 없는 맑은 하늘	青い 海 雲 一つ ない 晴れた 空
❷	**助詞はその前の語に続けて書く。**	
	・사과가 맛있다 . ・학교에 갑니다 . ・언니보다 키가 크다 .	りんごが 美味しい。 学校に 行きます。 姉より 背が 高い。
❸	**依存名詞は分かち書きをする。**	
	・엄마 것은 저것이다 . ・나도 할 수 있다 . ・저것은 언니 것이다 .	母の ものは あれだ。 私も する ことが できる。 あれは 姉の ものだ。

❹ **単位を表わす依存名詞は分かち書きをする。**

・두 개 ・개 한 마리 ・한 잔	2 個 犬 1 匹 1 杯	옷 한 벌 열아홉 살 세 시간	服 1 着 19 歳 3 時間

∴ただ、年月日、時刻、順序を表わす場合の依存名詞は続けて書くことができる。

・천구백구십칠 년➡ 천구백구십칠년 ・시 월 이십 일➡ 시월 이십일 ・한 시 십오 분➡ 한시 십오분 ・(제)일 과 ➡ (제)일과 ・삼 층 ➡ 삼층	1997 年 10 月 20 日 1 時 15 分 (第)1 課 3 階

∴ただ、数を表わす「개년 , 개월 , 시간 , 일(간)：か年、か月、時間、日(間)」は続けて書かない。

일 (개)년 삼 개월 십구 일간 체류하였다 .	1 (か)年 3 か月 19 日(間) 滞在した。

∴ただ、アラビア数字の後に付く依存名詞はすべて続けて書くことができる。

50 원 7 미터 402 호	50 ウォン 7 メートル 402 号	12 개 1 년 321 번	12 個 1 年 321 番	1988 년 3 개월 19 일간	1988 年 3 か月 19 日間

❺	**数を書くときは「万」単位で分かち書きをする。**	
	이천삼백사십오만 육천칠백팔십구	2345 만 6789
❻	**補助用言は分かち書きをする。**	
	서울에 가 보았다 . 빵을 다 먹어 버렸다 . 아버지를 도와 드린다 .	ソウルへ 行って みた。 パンを 全部 食べて しまった。 父を 手伝って あげる。
	∴ただ、補助用言は場合によっては続けて書くことも許容される。	
	서울에 가보았다 . 빵을 다 먹어버렸다 .	ソウルへ 行ってみた。 パンを 全部 食べてしまった。
❼	**姓と名は続けて書き、これにつける呼称語、職名などは分かち書きをする。**	
	김영민 , 이미영 , 정지훈	김영민 씨(氏)　이미영 선생님(先生) 정지훈 사장님(社長)
	∴ただ、姓と名前をはっきり区分する必要がある場合は分かち書きができる。	
	김영민➡김 영민　이미영➡이 미영　정지훈➡정 지훈	

第14과 교실에 무엇이 있습니까?

・チマチョゴリ
・伝統韓服
・アクセサリー

学習のポイント

❶	N+이/가	N+が	❸	N+에 ①	N+に
❷	있다/없다	ある・いる/ない・いない	❹	N+와/과	N+と

1 영민 : 교실**에** 무엇**이 있습니까**?
미나 : 책상**과** 의자**가 있습니다**.
영민 : 교실에 **누가** 있습니까?
미나 : 교실에는 아무도 **없습니다**. 103

2 준호 : 학교는 어디에 있습니까? 104
유미 : 저 공원 **뒤**에 있습니다.
준호 : 학교 근처에 우체국도 있습니까?
유미 : 아니요, 우체국은 없습니다.

p.205の「濃音化1」を参照。
웃습니다→[욷씀니다]笑います　있습니다→[읻씀니다]あります
학생→[학쌩]学生　약속→[약쏙]約束
학교→[학꾜]学校　약국→[약꾹]薬局
접시→[접씨]皿　엽서→[엽써]葉書　접속→[접쏙]接続

発音の練習

105

❶
교실에 → [교시레]
무엇이 → [무어시]
우체국은 → [우체구근]
우체국입니다 → [우체구김니다]

❷
있습니까? → [읻씀니까?]
책상과 → [책쌍과]
없습니다 → [업씀니다]
학교는 → [학꾜는]
우체국도 → [우체국또]

単語と語句

ㄱㄴㄷㅁ
고양이 : 猫
공원 : 公園
교실 : 教室
근처 : 近く
나무 : 木
남자 : 男
누가 : だれが
뒤 : 後ろ
문 : 門、ドア
밑 : 下

ㅂㅅㅇ
밖 : 外
방 : 部屋
비누 : 石けん
사이 : 間
새 : 鳥
수건 : タオル
시간 : 時間
식당 : 食堂
아무것도 : 何も
아무도 : 誰も
안 : 中
앞 : 前
없습니다 : ありません
에 : に
옆 : 隣、横
와/과 : と
왼쪽 : 左
우리 집 : 我が家
위 : 上
이/가 : が
있습니까? : ありますか
있습니다 : あります

ㅈㅊㅌㅎ
전화기 : 電話機
종이 : 紙
주소 : 住所
집 : 家
창문 : 窓
책상 : 机
텔레비전 : テレビ
학교 : 学校
현관 : 玄関

文法と表現

14-1

106

p.198、「助詞一覧」の1「이/가」を参考。

母音で終わる名詞 +가 子音で終わる名詞 +이	名詞 +が

意味 **助詞** 名詞に付いて動作・存在・状況の主体を表す。

接続 母音で終わる名詞には「가」、子音で終わる名詞には「이」が接続する。

母音で終わる名詞 + 가				子音で終わる名詞 + 이			
아이 + **가**	子ども + が	사과 + **가**	りんご + が	어른 + **이**	大人 + が	과일 + **이**	果物 + が
가게 + **가**	店 + が	주소 + **가**	住所 + が	시장 + **이**	市場 + が	우리 집 + **이**	我が家 + が

①식당**이** 어디입니까?
　－식당은 저기입니다.
②저분**이** 혜영 씨 어머니입니까?
　－네, 저분**이** 혜영 씨 어머니입니다.
③이것**이** 민수 씨 주소입니까?
　－네, 그것**이** 우리 집 주소입니다.

누구(誰)、언제(いつ)、무엇(何)、어디(どこ)、어느 것(どれ)などの疑問詞が含まれている会話の導入部の最初の疑問文では、助詞は「이/가」が用いられるのが一般的だ。この場合の「이/가」は助詞「は」に対応する。
이름이 무엇입니까?　名前は何ですか。
화장실이 어디입니까?　トイレはどこですか。
생일이 언제입니까?　誕生日はいつですか。

注意 1人称代名詞「나, 저」は助詞「가」の前で「내, 제」に変わり、疑問代名詞「누구」は助詞「가」の前で「구」が脱落して接続する。

나 + 가→**내** + 가	私 + が	**저** + 가→ **제** + 가	私 + が	**누구** + 가→ **누** + 가	誰 + が

①**내가** 이지혜입니다.
②이 사진은 **제가** 아닙니다.
③교실에 **누가** 있습니까?

「나가」、「저가」、「누구가」の形では決して使われないので注意。

14-2

107

日本語の「ある、いる」のような対象による使い分けはない。

있습니다 / 없습니다 있습니까? / 없습니까?	あります・います／ありません・いません ありますか・いますか／ありませんか・いませんか

意味 **用言** 存在の有無を表す。

「存在詞」といわれることもあるが、学校文法では単に動詞、形容詞として扱っている。

①무엇이 있습니까?
　－나무가 **있습니다**.
②개도 있습니까?
　－네, 개도 **있습니다**.
③한국 친구가 **있습니까**?
　－아니요, 한국 친구는 **없습니다**.

練習ドリル

1 次の助詞を接続させなさい。

名詞		가 / 이 ～が	는 / 은 ～は	도 ～も
친구	友達			
남자	男			
가족	家族			
꽃	花			
나무	木			
소	牛			
새	鳥			
산	山			

2 보기のように文を作りなさい。

보기 책 , 잡지

➡ **무엇이 있습니까**? －책**이 있습니다**.
잡지**도 있습니까**? －**아니요**, 잡지**는 없습니다**.

本、雑誌
➡ 何がありますか。
－本があります。
雑誌もありますか。
－いいえ、雑誌はありません。

(1) 연필 , 지우개

➡

鉛筆、消しゴム

(2) 우산 , 구두

➡

傘、くつ

(3) 개 , 고양이

➡

犬、猫

(4) 시계 , 컴퓨터

➡

時計、パソコン

(5) 지갑 , 손수건

➡

財布、ハンカチ

108
14-3

名詞（場所） ＋에 ①	名詞（場所） ＋に

意味 **助詞** 名詞に付いて場所を表す。

体言＋에							
어디＋**에**	どこ＋に	방 안＋**에**	部屋の中＋に	집 앞＋**에**	家の前＋に	왼쪽＋**에**	左側＋に
집＋**에**	家＋に	책상 위＋**에**	机の上＋に	꽃집 옆＋**에**	花屋の隣＋に	오른쪽＋**에**	右側＋に

位置関係のことばの前で助詞「의」は使わない。
× 책상의 위　○ 책상 위　机の上
× 창문의 밖　○ 창문 밖　窓の外

①화장실이 어디**에** 있습니까?
－현관 옆**에** 있습니다.
②집**에** 누가 있습니까?
－집**에**는 아무도 없습니다.
③방 안**에** 무엇이 있습니까?
－방 안**에**는 아무것도 없습니다.

109
14-4

パッチムのある名詞につく助詞は母音で始まるものがほとんどだが、この「와, 과」は反対になっているので注意しよう。

母音で終わる名詞 ＋와 子音で終わる名詞 ＋과	名詞 ＋と

意味 **助詞** 名詞に付いて並列、羅列の意を表す。
接続 母音で終わる名詞には「와」、子音で終わる名詞には「과」の形で接続する。

母音で終わる名詞＋와		子音で終わる名詞＋과	
종이＋**와**＋연필	紙と鉛筆	연필＋**과**＋종이	鉛筆と紙
카메라＋**와**＋사진	カメラと写真	사진＋**과**＋카메라	写真とカメラ
모자＋**와**＋손수건	帽子とハンカチ	손수건＋**과**＋모자	ハンカチと帽子

p.199、「助詞一覧」の13「와 / 과」、14「하고」を参照。

①여기에 종이**와** 연필이 있습니다.
②학교 앞에 은행**과** 우체국이 있습니다.
③책상 위에 컴퓨터**와** 전화기가 있습니다.

参考 会話体では「와 / 과」と同じ意味の助詞「하고」がよく使われる。
「하고」は前の名詞が子音で終わっているか母音で終わっているかに関係なく接続する。

名詞＋하고			
구두＋**하고**＋양말	靴＋と＋靴下	수건＋**하고**＋비누	タオル＋と＋石鹸
양말＋**하고**＋구두	靴下＋と＋靴	비누＋**하고**＋수건	石鹸＋と＋タオル

①가방 속에 구두**하고** 양말이 있습니다.
②화장실에 수건**하고** 비누가 있습니다.

練習ドリル

3 보기のように質問と応答文を作りなさい。

보기 책상 위 , 책
➡ 책상 위**에 무엇이 있습니까**?
－책**이 있습니다**.

机の上、本
➡ 机の上に何がありますか。
－本があります。

（1）문 옆 , 우산

➡

ドアの横、傘

（2）의자 밑 , 구두

➡

椅子の下、くつ

（3）창문 밖 , 나무

➡

窓の外、木

（4）시계 왼쪽 , 컴퓨터

➡

時計の左側、パソコン

（5）나무 위 , 새

➡

木の上、鳥

4 次の助詞を接続しなさい。

名詞		와 / 과 ～と	名詞		와 / 과 ～と
수건	タオル		책상	机	
남자	男		시계	時計	
은행	銀行		식당	食堂	
꽃	花		모자	帽子	
나무	木		손수건	ハンカチ	
사진	写真		개	犬	
연필	鉛筆		지갑	財布	
종이	紙		고양이	猫	

課題

5 보기のように質問と応答文を作りなさい。

보기 우체국 옆 , 극장 , 백화점
➡ 우체국 옆**에 무엇이 있습니까**?
　－극장**과** 백화점**이 있습니다**.

郵便局の隣、映画館、デパート
➡ 郵便局の隣に何がありますか。
　－映画館とデパートがあります。

(1) 은행 옆 , 우체국 , 식당
➡

銀行の隣、郵便局、食堂

(2) 병원 앞 , 꽃집 , 편의점
➡

病院の前、花屋、コンビニ

(3) 현관 밖 , 개 , 고양이
➡

玄関の外、犬、猫

(4) 책상 위 , 연필 , 지우개
➡

机の上、鉛筆、消しゴム

(5) 집 뒤 , 세탁소 , 빵집
➡

家の後ろ、クリーニング屋、パン屋

6 보기のように質問と応答文を作りなさい。

보기 학교 , 저 공원 , 뒤
➡ 학교**는 어디에 있습니까**?
　－저 공원 뒤**에 있습니다**.

学校、あの公園、後ろ
➡ 学校はどこにありますか。
　－あの公園の後ろにあります。

(1) 은행 , 역 , 앞
➡

銀行、駅、前

(2) 병원 , 저 건물 , 안
➡

病院、あの建物、中

(3) 사전 , 가방 , 속
➡

辞書、かばん、中

(4) 구두 , 의자 , 밑
➡

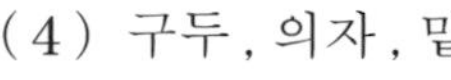

くつ、いす、下

(5) 세탁소 , 빵집 , 옆
➡

クリーニング屋、パン屋、隣

7 次の文を声を出して読んで訳しなさい。

①내 방에는 책상과 의자가 있습니다.
컴퓨터와 라디오도 있습니다.
전화기와 텔레비전은 없습니다.

②우리 학교는 저 공원 뒤에 있습니다.
학교 근처에는 우체국이 있습니다.
은행과 병원도 있습니다. 백화점은 없습니다.

8 次の文を韓国語に訳しなさい。

（1）部屋の中に誰がいますか。
➡

（2）家には誰もいません。
➡

（3）学校の近くに何がありますか。
➡

（4）机の上に本と辞書があります。
➡

（5）ここに鉛筆と消しゴムがあります。
➡

（6）トイレに石けんはありません。
➡

（7）タオルはどこにありますか。
➡

（8）学校の近くに公園と図書館があります。
➡

（9）門の前には犬と猫がいます。
➡

（10）机の上にパソコンと電話機があります。
➡

位置関係のことば

「밑」は「아래」に比べて「すぐ下」という意味合いが強い。

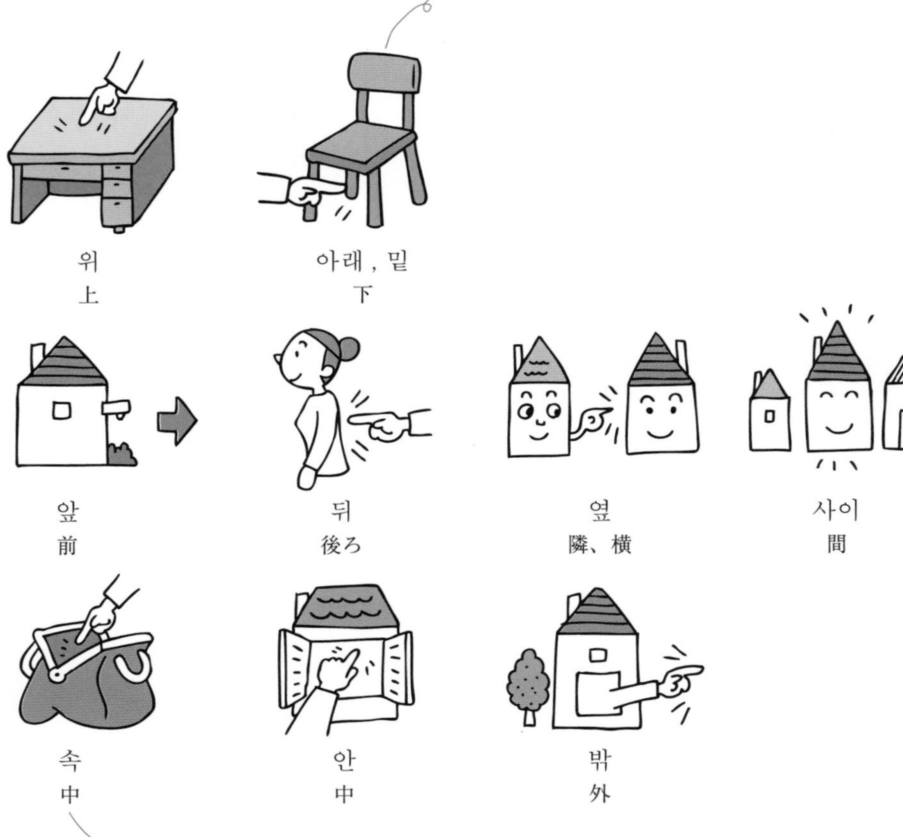

위
上

아래 , 밑
下

앞
前

뒤
後ろ

옆
隣、横

사이
間

속
中

안
中

밖
外

「속」は人間が活動できない狭い空間や物質の中に、
「안」は人間が活動できる広い空間や範囲の中に使われる。

「속」→가방 속　かばんの中、책상 속　机の中、물 속　水の中
「안」→교실 안　教室の中、방 안　部屋の中、담 안　塀の内側

왼쪽
左

가운데
真ん中

오른쪽
右

동쪽
東

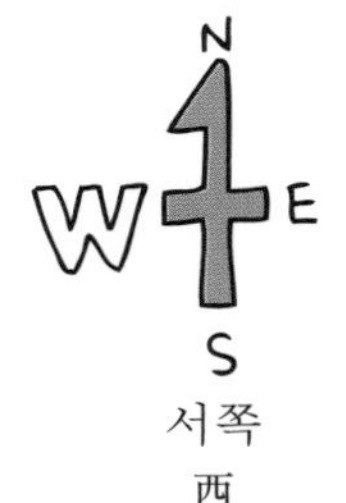

서쪽
西

남쪽
南

북쪽
北

제 15 과 무엇을 합니까?

・韓国の四季
・韓国の自然
・韓国の山

学習のポイント

❶	N＋을／를	N＋を	❸	N＋에 ②	N＋に、へ
❷	V/A＋ㅂ니다／ㅂ니까？	V/A＋ます・です	❹	N＋에서 ①	N＋で
	V/A＋습니다／습니까？	V/A＋ますか・ですか	❺	V/A＋지 않습니다	V/A＋ません

1 민수：오후에 무엇**을 합니까**？ 111

미호：도서관**에 갑니다**.

민수：도서관**에서** 무엇을 합니까？

미호：한국어 숙제**를** 합니다.

2 준호：언제 일본에 갑니까？ 112

유미：내일 갑니다.

준호：일본 날씨는 어떻습니까？

유미：좋**지 않습니다**. 비가 많이 옵니다.

発音の練習

113

p.205の「濃音化1」を参照。
맥주→［맥쭈］ビール
학자→［학짜］学者
걱정→［걱쩡］心配

❶ 무엇을 합니까？ → ［무어슬 합니까？］
도서관에 갑니다 → ［도서과네 감니다］
많이 옵니다 → ［마니 옴니다］

❷ 한국어 숙제를 → ［한구거 숙쩨를］

❸ 어떻습니까？ → ［어떠씀니까？］
좋지 않습니다 → ［조치 안씀니다］

p.204の「激音化」を参照。
平音「ㄱ，ㄷ，ㅂ，ㅈ」の前後に「ㅎ」がくると、「ㄱ，ㄷ，ㅂ，ㅈ」は激音「ㅋ，ㅌ，ㅍ，ㅊ」で発音される。

単語と語句

ㄱㄴㄷ
가게：店
가다：行く
공부：勉強
공부하다：勉強する
과일：果物
극장：映画館
날씨：天気
내일：明日
눈：雪
닫다：閉める
달：月
따뜻하다：暖かい

ㅁㅂㅅ
마시다：飲む
만나다：会う
많이：たくさん
맛있다：美味しい
문：ドア、門
문제：問題
밝다：明るい
배우다：学ぶ
별로：さほど
보다：見る
비：雨
비빔밥：ビビンバ
사다：買う
숙제：宿題
시장：市場

ㅇ
어떻다：どうだ
어렵다：難しい
언제：いつ
에：に
에서：で
영어：英語
영화：映画
오다：来る、降る
오후：午後
을／를：を
일찍：早く
읽다：読む

ㅈㅊㅋㅍㅎ
전혀：全然
점심：昼食
제일：いちばん
좋다：良い
지 않습니다：～ません
차：お茶
춥다：寒い
카페：カフェ
편의점：コンビニ
하다：する
한국어：韓国語
회사：会社

文法と表現

114

15-1

母音で終わる用言の語幹 +ㅂ니다 子音で終わる用言の語幹 +습니다	用言 +ます / です
母音で終わる用言の語幹 +ㅂ니까？ 子音で終わる用言の語幹 +습니까？	用言 +ますか / ですか

意味 **語尾** 用言の語幹に付いて、聞き手・読み手に対する丁寧な気持ちを表す。「ㅂ니다、습니다」は叙述形として、「ㅂ니까、습니까」は疑問形として使われる。

接続 「ㅂ니다、ㅂ니까」は母音で終わる語幹に、「습니다、습니까」は子音で終わる語幹に接続する。

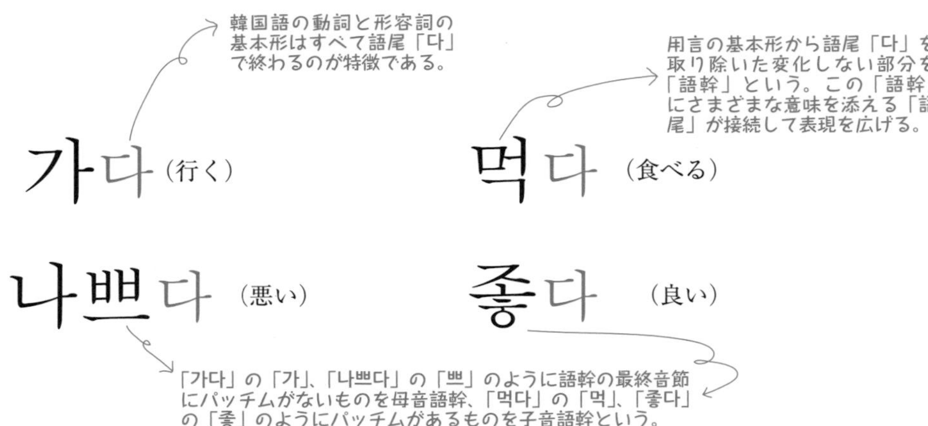

❶ ㅂ니다・습니다

母音で終わる語幹＋ㅂ니다			子音で終わる語幹＋습니다		
가다	行く	가＋ㅂ니다→갑니다	읽다	読む	읽＋습니다→읽습니다
오다	来る、降る	오＋ㅂ니다→옵니다	먹다	食べる	먹＋습니다→먹습니다
마시다	飲む	마시＋ㅂ니다→마십니다	웃다	笑う	웃＋습니다→웃습니다
나쁘다	悪い	나쁘＋ㅂ니다→나쁩니다	많다	多い	많＋습니다→많습니다
싸다	安い	싸＋ㅂ니다→쌉니다	좋다	良い	좋＋습니다→좋습니다

❷ ㅂ니까？・습니까？

母音で終わる語幹＋ㅂ니까？			子音で終わる語幹＋습니까？		
보다	見る	보＋ㅂ니까？→봅니까？	읽다	読む	읽＋습니까？→읽습니까？
마시다	飲む	마시＋ㅂ니까？→마십니까？	먹다	食べる	먹＋습니까？→먹습니까？
나쁘다	悪い	나쁘＋ㅂ니까？→나쁩니까？	많다	多い	많＋습니까？→많습니까？
싸다	安い	싸＋ㅂ니까？→쌉니까？	좋다	良い	좋＋습니까？→좋습니까？

練習ドリル

1 次の用言の丁寧形を作りなさい。

基本形		語幹＋ㅂ니다 / 습니다	語幹＋ㅂ니까 ?/ 습니까 ?
오다	来る、降る		
공부하다	勉強する		
마시다	飲む		
읽다	読む		
타다	乗る		
입다	着る		
쉬다	休む		
기다리다	待つ		
듣다	聞く		
사다	飼う		
씻다	洗う		
만나다	会う		
있다	ある、いる		
크다	大きい		
조용하다	静かだ		
좋다	良い		
바쁘다	忙しい		
작다	小さい		
싸다	安い		
맵다	辛い		

文法と表現

115
15-2

母音で終わる名詞 ＋를 子音で終わる名詞 ＋을	名詞 ＋を

意味 **助詞** 名詞に付いて動作の目的・対象を表す。

接続 母音で終わる名詞には「를」、子音で終わる名詞には「을」が接続する。

母音で終わる名詞＋를				子音で終わる名詞＋을			
차＋를	お茶を	김치＋를	キムチを	책＋을	本を	국＋을	スープを
잡지＋를	雑誌を	우유＋를	牛乳を	신문＋을	新聞を	물＋을	水を
사과＋를	りんごを	불고기＋를	焼肉を	과일＋을	果物を	밥＋을	ご飯を

①무엇을 합니까？ －차를 마십니다.
－한국어를 공부합니다.
② －문을 닫습니다.
－밥을 먹습니다.
－신문을 읽습니다.

注意 次のように動作の相手・対象、目的を表す場合も助詞「을／를」が使われる。

①누구를 만납니까？ －친구를 만납니다.
②무엇을 탑니까？ －버스를 탑니다.
③무엇을 합니까？ －여행을 갑니다.
－등산을 갑니다.

主に「動作性名詞＋를／을 가다」の形で使われる。
낚시를 가다　釣りに行く
소풍을 가다　遠足に行く

116
15-3

名詞（場所） ＋에 ②＋가다／오다	名詞（場所） ＋に、へ＋行く／来る

意味 **助詞** 従来の動詞とともに用いられて、移動の目的地・方向を表す。

名詞＋에							
학교＋에	学校に	식당＋에	食堂に	우체국＋에	郵便局に	약국＋에	薬局に
회사＋에	会社に	편의점＋에	コンビニに	은행＋에	銀行に	시장＋에	市場に

①어디에 갑니까？ －학교에 갑니다.
－편의점에 갑니다.
－도서관에 갑니다.

練習ドリル

2 助詞「을 / 를」を接続しなさい。

母音で終わる名詞＋를 / 子音で終わる名詞＋을					
차	お茶		책	本	
물	水		우유	牛乳	
국	スープ		김치	キムチ	
잡지	雑誌		신문	新聞	
밥	ご飯		불고기	焼肉	

3 보기のように質問と応答文を作りなさい。

보기 음악 , 듣다
➡ 무엇**을 합니까**？－음악**을** 듣**습니다** .

音楽、聴く
➡ 何をしますか。
－音楽を聴きます。

本、読む

(1) 책 , 읽다
➡

ご飯、食べる

(2) 밥 , 먹다
➡

コーヒー、飲む

(3) 커피 , 마시다
➡

映画、見る

(4) 영화 , 보다
➡

한국어

韓国語、学ぶ

(5) 한국어 , 배우다
➡

4 보기のように質問と応答文を作りなさい。

보기 산
➡ 어디**에 갑니까**？－산**에 갑니다** .

山
➡ どこに行きますか。
－山に行きます。

銀行

市場

(1) 은행
➡

(2) 시장
➡

郵便局

(3) 우체국
➡

文法と表現

15-4

117

名詞（場所） ＋에서 ①	名詞（場所） ＋で

意味 **助詞** 名詞に付いて動作の行われる場所を表す。

名詞＋에서							
회사＋**에서**	会社で	학교＋**에서**	学校で	집＋**에서**	家で	공항＋**에서**	空港で
가게＋**에서**	店で	여기＋**에서**	ここで	식당＋**에서**	食堂で	극장＋**에서**	映画館で

①도서관**에서** 무엇을 합니까？
　－책을 읽습니다．
②식당**에서** 무엇을 합니까？
　－밥을 먹습니다．
③극장**에서** 무엇을 합니까？
　－영화를 봅니다．

指示代名詞「여기，거기，저기，어디」に接続するときは、「서」に縮約されて使われることが多い。
여기＋에서→ 여기＋서　ここで
거기＋에서→ 거기＋서　そこで
저기＋에서→ 저기＋서　あそこで
어디＋에서→ 어디＋서　どこで

15-5

118

用言の語幹 ＋지 않습니다	動詞 ＋ません 形容詞 ＋くありません

意味 用言の語幹に付いて丁寧な否定の意を表す。

基本形		用言の語幹＋지 않습니다	
오다	来る、降る	오＋**지 않습니다**	来ません、降りません
배우다	学ぶ	배우＋**지 않습니다**	学びません
웃다	笑う	웃＋**지 않습니다**	笑いません
춥다	寒い	춥＋**지 않습니다**	寒くありません
어렵다	難しい	어렵＋**지 않습니다**	難しくありません

①한국어를 배웁니까？
　－아니요，배우**지 않습니다**．
②눈이 옵니까？
　－아니요，오**지 않습니다**．
③날씨가 춥습니까？
　－아니요，별로 춥**지 않습니다**．
④문제가 어렵습니까？
　－아니요，전혀 어렵**지 않습니다**．

韓国語では
날씨가 덥다　天気が暑い
날씨가 춥다　天気が寒い
という表現を使う。

練習ドリル

5 보기のように質問と応答文を作りなさい。

보기 극장 , 영화 , 보다
➡ 극장**에서 무엇을 합니까** ?
－영화**를 봅니다** .

映画館、映画、見る
➡ 映画館で何をしますか。
－映画を見ます。

（1）카페 , 친구 , 만나다
➡

カフェ、友達、会う

（2）도서관 , 잡지 , 읽다
➡

図書館、雑誌、読む

（3）식당 , 점심 , 먹다
➡

食堂、昼食、食べる

（4）시장 , 과일 , 사다
➡

市場、果物、買う

（5）학교 , 한국어 , 배우다
➡

学校、韓国語、学ぶ

6 보기のように質問と応答文を作りなさい。

보기 커피 , 마시다
➡ 커피를 마**십니까** ?
－**아니요** , 마시**지 않습니다** .

コーヒー、飲む
➡ コーヒーを飲みますか。
－いいえ、飲みません。

（1）영화 , 보다
➡

映画、見る

（2）책 , 읽다
➡

本、読む

（3）밥 , 먹다
➡

ご飯、食べる

（4）비 , 오다
➡

雨、降る

（5）날씨 , 덥다
➡

天気、暑い

課題

7 보기のように質問と応答文を作りなさい。

보기 빵, 먹다, 밥

➡ 빵**을** 먹**습니까**?

　－**아니요**, 빵**은** 먹**지 않습니다**.

　　밥**을** 먹**습니다**.

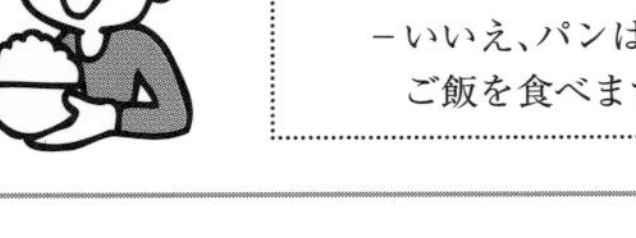

パン、食べる、ご飯

➡ パンを食べますか。

　－いいえ、パンは食べません。

　　ご飯を食べます。

(1) 친구, 만나다, 언니

➡

友達、会う、姉

(2) 책, 읽다, 잡지

➡

本、読む、雑誌

(3) 음악, 듣다, 뉴스

➡

音楽、聴く、ニュース

(4) 치마, 입다, 바지

➡

スカート、着る・はく、ズボン

(5) 문, 닫다, 창문

➡

ドア、閉める、窓

8 보기のように質問と応答文を作りなさい。

보기 달, 밝다, 어둡다

➡ 달**이** 밝**습니까**?

　－**아니요**, 밝**지 않습니다**.

　　어둡**습니다**.

月、明るい、暗い

➡ 月が明るいですか。

　－いいえ、明るくありません。

　　暗いです。

(1) 문제, 어렵다, 쉽다

➡

問題、難しい、易しい

(2) 강, 깊다, 얕다

➡

川、深い、浅い

(3) 값, 비싸다, 싸다

➡

値段、高い、安い

(4) 산, 높다, 낮다

➡

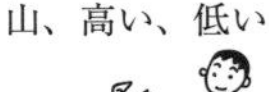

山、高い、低い

(5) 키, 크다, 작다

➡

背、高い、低い

9 声を出して読んで訳しなさい。

①학교에 갑니다 . 한국어를 배웁니다 .
도서관에서 한국어 숙제를 합니다 .
신문과 잡지는 읽지 않습니다 .

②점심은 학교 식당에서 먹습니다 .
학교 식당은 비빔밥이 맛있습니다 .
커피도 마십니다 . 친구와 이야기를 합니다 .

10 韓国語に訳しなさい。

（1）家で韓国語の宿題をします。
➡

（2）食堂でご飯を食べます。
➡

（3）この問題がいちばん難しいです。
➡

（4）映画館で映画を見ます。
➡

（5）カフェでコーヒーを飲みます。
➡

（6）この食堂はビビンバが美味しいです。
➡

（7）コンビニで雑誌を買います。
➡

（8）雨が降ります。
➡

（9）天気は寒くありません。
➡

（10）雪は降りません。
➡

体の名称

머리(털)（髪）	머리（頭）	이마（額）	얼굴（顔）	눈（目）	귀（耳）
코（鼻）	뺨（ほお）	입（口）	턱（あご）	목（首）	어깨（肩）
팔（腕）	손（手）	손가락（手の指）	가슴（胸）	배（お腹）	허리（腰）
등（背中）	엉덩이（お尻）	무릎（ひざ）	다리（脚）	발（足）	발가락（足の指）

基本的な形容詞

가깝다	近い	늦다	遅い	비싸다	(値段が)高い	적다	少ない
고맙다	ありがたい	달다	甘い	쉽다	容易だ、易しい	좁다	狭い
기쁘다	うれしい	덥다	暑い	싫다	いやだ、嫌いだ	재미있다	面白い
길다	長い	많다	多い	싸다	安い	재미없다	つまらない
나쁘다	悪い	맛없다	まずい	안녕하다	元気だ、無事だ	좋다	良い、好きだ
낮다	低い	맛있다	美味しい	어렵다	難しい	죄송하다	申し訳ない
넓다	広い	멀다	遠い	없다	ない、いない	짜다	しょっぱい
높다	高い	미안하다	すまない	바쁘다	忙しい	차다	冷たい
감사하다	①感謝する、②ありがたい	예쁘다	きれいだ、かわいい	고프다	(腹が)空いている	춥다	寒い
괜찮다	構わない、大丈夫だ	같다	①同じだ、②～のようだ	아프다	痛い、(体の)具合が悪い	작다	①小さい、②(背が)低い
반갑다	懐かしい、うれしい	아니다	①違う、②(～では)ない	크다	①大きい、②(背が)高い	짧다	①短い、②足りない

제 16 과 어디에 가십니까?

・チャング
・サムルノリ
・民俗村

学習のポイント

❶	요일	曜日	❹	ㄹ탈락	リウル脱落
❷	N＋에 ③	N＋に	❺	V＋(으)러	V＋に
❸	V＋(으)시＋다	お＋V＋になる			

1 미호 : 어디에 가**십니까**? 120

민수 : 민속촌에 갑니다.

미호 : 민속촌은 **멉니까**?

민수 : 아니요, 그다지 멀지 않습니다.

2 준호 : **토요일에** 무엇을 하십니까?

121

유미 : 백화점에 갑니다.

준호 : 무엇을 사**러** 가십니까?

유미 : 생일 선물을 사**러** 갑니다.

発音の練習

122

p.204 の「激音化」を参照。
국화→[구콰] 菊
역할→[여칼] 役割
북한→[부칸] 北朝鮮

❶ 가십니까? → [가심니까?]
민속촌에 → [민속초네]
멉니까? → [멈니까?]
토요일에 → [토요이레]

❷ 멀지 않습니다 → [멀지 안씀니다]
백화점에 → [배콰저메]

❸ 생일 선물을 → [생일 선무를]

単語と語句

ㄱㄴㄷㄹ
가시다 : 行かれる
계시다 : いらっしゃる
과일 : 果物
그다지 : あまり
기다리다 : 待つ
길다 : 長い
께서는 : は
내일 : 明日
다음 주 : 来週
드시다 : 召し上がる
등산 : 登山
떠나다 : 出発する
떡 : 餅
～러 : ～に

ㅁㅂㅅ
만들다 : 作る
머리 : 髪、頭
멀다 : 遠い
모레 : あさって
무슨 요일 : 何曜日
민속촌 : 民俗村
백화점 : デパート
부엌 : 台所
부치다 : 出す
빌리다 : 借りる
사다 : 買う
산 : 山
살다 : 住む
생일 : 誕生日
선물 : プレゼント
쉬다 : 休む
씻다 : 洗う

ㅇ
아침 : 朝
알다 : わかる・知る
오늘 : 今日
오다 : 来る
오전 : 午前
오후 : 午後
음식 : 料理
일 : 仕事

ㅈㅊㅋㅌ
자다 : 寝る
주말 : 週末
주무시다 : お休みになる
지금 : いま
짧다 : 短い
책방 : 本屋
커피숍 : コーヒーショップ
토요일 : 土曜日

文法と表現

123 16-1

요일	曜日

월요일	화요일	수요일	목요일	금요일	토요일	일요일
月曜日	火曜日	水曜日	木曜日	金曜日	土曜日	日曜日

①오늘은 무슨 **요일**입니까?
　－**화요일**입니다.
②내일은 무슨 **요일**입니까?
　－**수요일**입니다.
③모레는 **금요일**입니까?
　－아니요, **금요일**이 아닙니다. **목요일**입니다.

124 16-2

名詞（時間） ＋에 ③	名詞（時間） ＋に

意味 **助詞** 時間を表す名詞に付いて時、時間を表す。

名詞（時間）＋에							
일요일＋**에**	日曜日に	주말＋**에**	週末に	낮＋**에**	昼に	밤＋**에**	夜に
금요일＋**에**	金曜日に	오전＋**에**	午前に	저녁＋**에**	夕方に	아침＋**에**	朝に

①언제 갑니까?
　－금요일**에** 갑니다.
②주말**에** 무엇을 합니까?
　－주말**에**는 산에 갑니다.
③일요일**에**는 무엇을 합니까?
　－일요일**에**는 집에서 쉽니다.

参考 時間関係のことば

년（年）		월・달（月）		주（週）		일（日）		시간（時間）			
작년	昨年	지난 달	先月	지난 주	先週	어제	昨日	아침	朝	오전	午前
올해	今年	이번 달	今月	이번 주	今週	오늘	今日	낮	昼	오후	午後
내년	来年	다음 달	来月	다음 주	来週	내일	明日	저녁	夕方	지금	今
						모레	明後日	밤	夜	매일	毎日

練習ドリル

1 보기のように文を作りなさい。

보기 목요일
➡ **오늘은 무슨 요일입니까**?
　−목요일**입니다**. 금요일**이 아닙니다**.

木曜日
➡ 今日は何曜日ですか。
　−木曜日です。
　　金曜日ではありません。

(1) 토요일
➡

土曜日

(2) 화요일
➡

火曜日

(3) 일요일
➡

日曜日

(4) 수요일
➡

水曜日

(5) 금요일
➡

金曜日

2 次のカレンダーを見て答えなさい。

일요일	월요일	화요일	수요일	목요일	금요일	토요일
7 영화	8 한국어 수업	9	10 친구	11	12 쇼핑	13 등산

(1) 언제 영화를 봅니까?
➡

映画、見る

(2) 언제 등산을 갑니까?
➡

登山、行く

(3) 언제 친구를 만납니까?
➡

友達、会う

(4) 한국어 공부는 언제 합니까?
➡

한국어
韓国語、勉強

(5) 쇼핑은 언제 갑니까?
➡

ショッピング、行く

文法と表現

16-3

125

語末語尾の前に来る語尾を「先語末語尾」(以前は補助語幹とも言われた)という。
先語末語尾は「-(으)시-」のほかに、過去の時制を表す「-았/었-」(p.136)、意志、推量を表す「-겠-」(p.188)などがある。
「오시다」の場合
→ 動詞の語幹「오」+先語末語尾「시」+語末語尾「다」の結合した形

母音で終わる動詞の語幹	+시+다	動詞	+(ら)れる
子音で終わる動詞の語幹	+으시+다	お+ 動詞	+になる

意味 **先語末語尾** 動詞に付いて尊敬の意を表す。

接続 母音語幹とㄹ語幹には「-시-」が、子音語幹には「-으시-」が接続する。「-(으)시-」に丁寧形語尾「-ㅂ니다/-ㅂ니까?」が接続すると「-(으)십니다/-(으)십니까?」の形になる。

母音語幹・ㄹ語幹+시+다				子音語幹+으시+다			
오다	来る	오**시**다	来られる	찾다	探す	찾**으시**다	お探しになる
가다	行く	가**시**다	行かれる	읽다	読む	읽**으시**다	お読みになる
사다	買う	사**시**다	買われる	앉다	座る	앉**으시**다	お座りになる
보다	見る	보**시**다	ご覧になる	닫다	閉める	닫**으시**다	お閉めになる
쓰다	書く	쓰**시**다	お書きになる	신다	履く	신**으시**다	お履きになる

①무엇을 하**십니까**?
　－책을 읽습니다.
②무슨 일을 하**십니까**?
　－일본어를 가르칩니다.
③할머니는 언제 오**십니까**?
　－내일 오**십니다**.
④할아버지는 무엇을 하**십니까**?
　－신문을 읽**으십니다**.

敬語動詞が別途ある単語は尊敬形で使われることはない。
먹다　食べる →× 먹으시다→○ 드시다
마시다　飲む →× 마시시다→○ 드시다

参考 尊敬語

動詞		敬語動詞		名詞/助詞		尊敬語	
먹다	食べる	잡수시다/드시다	召し上がる	밥	ご飯	진지	お食事
마시다	飲む	드시다	召し上がる	나이	年齢	연세	お年
있다	いる	계시다	いらっしゃる	이름	名前	성함	お名前
자다	寝る	주무시다	お休みになる	은/는	は	께서는	は
말하다	いう	말씀하시다	おっしゃる	이/가	が	께서	が
				에게	(人)に	께	(人)に

①아침에는 무엇을 **드십니까**?
②어머니는 집에 **계십니다**.
③할머니께서는 지금 **주무십니다**.

日本語では身内のことを外部の人に話す場合、身内に敬語を使うことはないが、韓国語では身内でも自分からみて敬語を使うべき対象の場合は聞き手に関係なく敬語を使う。

練習ドリル

3 보기のように質問と応答文を作りなさい。

보기 주말 , 영화 , 보다
➡ 주말**에 무엇을 하십니까**?
－영화를 **봅니다** .

週末、映画、見る
➡ 週末は何をなさいますか。
－映画を見ます。

（1） 아침 , 산책 , 하다
➡

朝、散歩、する

（2） 오전 , 신문 , 읽다
➡

午前、新聞、読む

（3） 오후 , 한국어 , 공부하다
➡

午後、韓国語、勉強する

（4） 다음 주 , 등산 , 가다
➡

来週、登山、行く

（5） 토요일 , 쇼핑 , 하다
➡

土曜日、ショッピング、する

4 보기のように質問に答えなさい。

보기 할아버지는 지금 무엇을 하십니까 ? (영화 , 보다)
➡ 영화**를** 보**십니다** .

おじいさんはいま何をなさっていますか。(映画、見る)
➡ 映画をご覧になっています。

（1） 선생님은 지금 무엇을 하십니까 ? (책 , 읽다)
➡

本、読む

（2） 어머니는 지금 무엇을 하십니까 ? (청소 , 하다)
➡

掃除、する

（3） 아버지는 지금 무엇을 하십니까 ? (자다)
➡

寝る

（4） 할머니는 지금 무엇을 하십니까 ? (밥 , 먹다)
➡

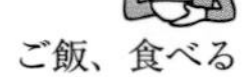
ご飯、食べる

（5） 할아버지는 지금 무엇을 하십니까 ? (커피 , 마시다)
➡

コーヒー、飲む

文法と表現

126
16-4

ㄹ탈락	ㄹ（リウル）脱落

接続 用言のㄹ語幹は丁寧形語尾「-ㅂ니다」の前、尊敬の補助語幹「-(으)시」の前ではㄹが脱落して接続する。

基本形		丁寧形語尾「-ㅂ니다」の前で		尊敬の補助語幹「-(으)시」の前で	
살다	住む	살＋ㅂ니다 → 삽니다	住んでいます	살＋시＋다 → 사시다	住んでいらっしゃる
열다	開ける	열＋ㅂ니다 → 엽니다	開けます	열＋시＋다 → 여시다	お開けになる
알다	知る	알＋ㅂ니다 → 압니다	知っています	알＋시＋다 → 아시다	ご存知だ
만들다	作る	만들＋ㅂ니다→만듭니다	作ります	만들＋시＋다→만드시다	お作りになる
길다	長い	길＋ㅂ니다 → 깁니다	長いです		
멀다	遠い	멀＋ㅂ니다 → 멉니다	遠いです		

ㄹ語幹の用言すべてにこの脱落が起こる。

①어디에 **사십니까**？
　－학교 근처에 **삽니다**.
②그분을 **아십니까**？
　－아니요, 모릅니다.
③무엇을 **만듭니까**？
　－떡을 **만듭니다**.
④머리가 **깁니까**？
　－아니요, 길지 않습니다. 짧습니다.

127
16-5

母音で終わる動詞の語幹 ＋러 子音で終わる動詞の語幹 ＋으러	動詞 ＋に

意味 **語尾** 「-(으)러 가다 / 오다」の形で使われて、動作の目的を表す。
接続 母音語幹、ㄹ語幹には「-러」、子音語幹には「-으러」が接続する。

母音語幹・ㄹ語幹＋러				子音語幹＋으러			
사**다**	買う	사＋**러**	買い＋に	먹**다**	食べる	먹＋**으러**	食べ＋に
만나**다**	会う	만나＋**러**	会い＋に	읽**다**	読む	읽＋**으러**	読み＋に
팔**다**	売る	팔＋**러**	売り＋に	씻**다**	洗う	씻＋**으러**	洗い＋に

ㄹ語幹の後には「-으러」の「-으」のような発音をしやすくするための調音素はつかない。
× 팔으러→　○ 팔러　売りに
× 열으면→　○ 열면　開けると

①어디에 가십니까？
　－책을 사**러** 책방에 갑니다.
②－친구를 만나**러** 커피숍에 갑니다.
　－점심을 먹**으러** 학생 식당에 갑니다.

練習ドリル

5 ㄹ脱落の練習

基本形		V/A +ㅂ니다　～ます・～です	V +시+다　～られる
살다	住む		
알다	わかる、知る		
열다	開ける		
만들다	作る		
울다	泣く		
놀다	遊ぶ		
팔다	売る		
달다	甘い		×　×
길다	長い		×　×
멀다	遠い		×　×

6 보기のように文を作りなさい。

보기 영화 , 보다 , 극장
➡ **어디에 가십니까**?
-영화**를** 보**러** 극장**에 갑니다**.

映画、見る、映画館
➡ どこに行かれますか。
-映画を見に映画館に行きます。

(1) 편지 , 부치다 , 우체국

手紙、出す、郵便局

(2) 친구 , 만나다 , 커피숍

友人、会う、コーヒーショップ

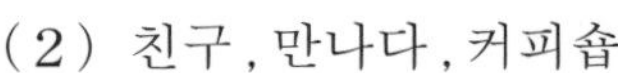

(3) 옷 , 사다 , 백화점

服、買う、デパート

➡

(4) 점심 , 먹다 , 식당

お昼、食べる、食堂

➡

(5) 책 , 빌리다 , 도서관

本、借りる、図書館

➡

課 題

7 보기のように質問と応答文を作りなさい。

보기 타다 , 지하철
➡ **무엇을** 타**십니까** ?
– 지하철**을 탑니다** .

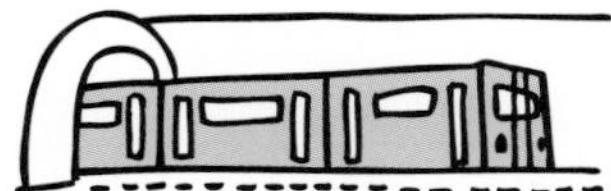

乗る、地下鉄
➡ 何に乗りますか。
–地下鉄に乗ります。

(1) 보다 , 텔레비전

➡

見る、テレビ

(2) 마시다 , 홍차

➡

飲む、紅茶

(3) 읽다 , 신문

➡

読む、新聞

(4) 만들다 , 떡

➡

作る、餅

(5) 먹다 , 냉면

➡

食べる、冷麺

8 보기のように文を作りなさい。

보기 선생님 , 말하다
➡ 선생님**이 말씀하십니다** .

先生、話す
➡ 先生がおっしゃいます。

(1) 어머니 , 커피 , 마시다

➡

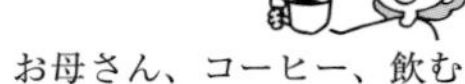
お母さん、コーヒー、飲む

(2) 할머니 , 빵 , 먹다

➡

おばあさん、パン、食べる

(3) 할아버지 , 차 , 마시다

➡

おじいさん、お茶、飲む

(4) 아버지 , 자다

➡

お父さん、寝る

(5) 아버지 , 집에 있다

➡

お父さん、家にいる

9 声を出して読んで訳しなさい。

①오전에 학교에 갑니다. 한국어를 배웁니다.
오후에 도서관에 갑니다. 한국어 숙제를 합니다.
신문과 잡지도 읽습니다.

②점심은 학교 식당에서 먹습니다.
비빔밥이 맛있습니다.
커피도 마십니다. 친구와 이야기를 합니다.

10 韓国語に訳しなさい。

(1) 土曜日は何をしますか。
➡

(2) おじいさんは家にいらっしゃいます。
➡

(3) お母さんはいつ来られますか。
➡

(4) きょうは水曜日ではありません。木曜日です。
➡

(5) 本を買いに本屋に行きます。
➡

(6) ご飯を食べに食堂に行きます。
➡

(7) 学校は遠いですか。いいえ、遠くありません。
➡

(8) その方は今どこにいらっしゃいますか。
➡

(9) ミンスさんの髪は長いですか。短いですか。
➡

(10) ソウルにいつ行かれますか。
➡

제 17 과　복 습（14 課・15 課・16 課の復習）

17-1 文型練習

・映画音楽
・韓国ドラマ
・韓国映画

■ 音声をよく聞いてみよう。／■ 声を出して読んでみよう。

129 **1** 있습니다 / 있습니까 ?

①도서관에 누가 **있습니까**?
　－학생들이 **있습니다**.

②시계는 어디에 **있습니까**?
　－텔레비전 옆에 **있습니다**.

130 **2** 없습니다

①한국 친구가 있습니까?
　－아니요, 한국 친구는 **없습니다**.

②학교 근처에 우체국도 있습니까?
　－아니요. 우체국은 **없습니다**.

③집에 누가 있습니까?
　－집에는 아무도 **없습니다**.

④방 안에 무엇이 있습니까?
　－방 안에는 아무 것도 **없습니다**.

131 **3** 과 / 와 / 하고

①책상 위에 무엇이 있습니까?
　－연필**과** 지우개가 있습니다.

②집 밖에 무엇이 있습니까?
　－개**와** 고양이가 있습니다.

③현관 옆에 무엇이 있습니까?
　－구두**하고** 우산이 있습니다.

132 **4** ㅂ니다・습니다 / ㅂ니까 ?・습니까 ?

①무엇을 **봅니까**?
　－영화를 **봅니다**.

②무엇을 **합니까**?
　－한국어 숙제를 **합니다**.

③무엇을 읽**습니까**?
　－책을 읽**습니다**.

133 **5** 에 갑니다 / 갑니까 ?

①어디**에 갑니까**?
　－학교**에 갑니다**.

②어디**에 갑니까**?
　－병원**에 갑니다**.

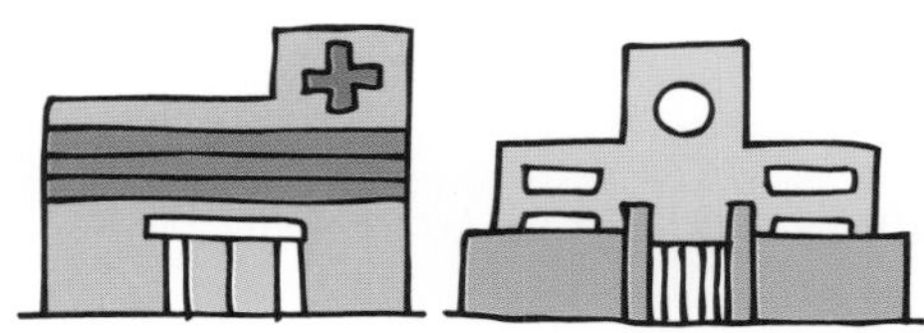

6 에서 ①

134

①어디**에서** 점심을 먹습니까?
－학교 식당**에서** 먹습니다.

②어디**에서** 차를 마십니까?
－커피숍**에서** 차를 마십니다.

7 –지 않습니다

135

①학교에 갑니까?
－아니요. 학교에 가**지 않습니다**.

②영어를 배웁니까?
－아니요, 영어는 배우**지 않습니다**.

8 날씨

136

①**날씨**가 어떻습니까?
－좋지 않습니다. 비가 옵니다.

②**날씨**가 춥습니까?
－**날씨**는 춥지는 않습니다. 따뜻합니다.

9 요일

137

①오늘은 무슨 **요일**입니까?
－**목요일**입니다.

②내일은 **금요일**입니까?
－아니요, **금요일**이 아닙니다. **토요일**입니다.

10 –십니다 / 십니까?

138

①어디에 가**십니까**?
－회사에 갑니다.

②언제 떠나**십니까**?
－내일 떠납니다.

11 ㄹ脱落

139

①어디에 **사십니까**?
－학교 앞에 **삽니다**.

②머리가 **깁니까**?
－아니요, 짧습니다.

12 –(으)러

140

①어디에 가십니까?
－옷을 사**러** 백화점에 갑니다.

②어디에 가십니까?
－점심을 먹**으러** 식당에 갑니다.

③어디에 가십니까?
－책을 빌리**러** 도서관에 갑니다.

17-2 復習問題

1 助詞の接続練習をしてみよう。

名詞		을 / 를 ～を	는 / 은 ～は	가 / 이 ～が	와 / 과 ～と
사과	りんご				
책	本				
우유	牛乳				
밥	ご飯				

2 語尾の接続練習をしてみよう。

基本形		-ㅂ니다 / -습니다 ～ます・～です	-ㅂ니까？ / -습니까？ ～ますか・～ですか	-지 않습니다 ～ません・～くありません
하다	する			
마시다	飲む			
먹다	食べる			
나쁘다	悪い			
좋다	良い			

3 語尾の接続練習をしてみよう。

基本形		-(으) 시+다 ～られる	-(으) 십니다 ～られます	-ㅂ니다 / -습니다 ～ます・～です
오다	来る			
보다	見る			
읽다	読む			
먹다	食べる			
있다	いる			
만들다	作る			
살다	住む			

4 보기から適当な助詞と語尾を選んで文を完成しなさい。

보기

에 , 과 / 와 , 을 / 를 , 에서 , -ㅂ니다 / 습니다 ,

-ㅂ니까 / 습니까 , -(으)십니다 , -(으)러

（に：에、で：에서、(し)に：-(으)러）

책상 위 (　　) 책 (　　) 사전이 (있다) .

➡ 에　과　있습니다

机の上（に）本（と）辞書が（あります）。

机の上、本、辞書

(1) 저는 학교 근처 (　　) (살다).

学校の近く、住む

(2) 책 (　　) (빌리다) 도서관 (　　) (가다).

本、借りる、図書館

(3) 카페 (　　) 친구 (　　) (만나다).

友達、会う

(4) 문 밖 (　　) 개 (　　) 고양이가 (있다).

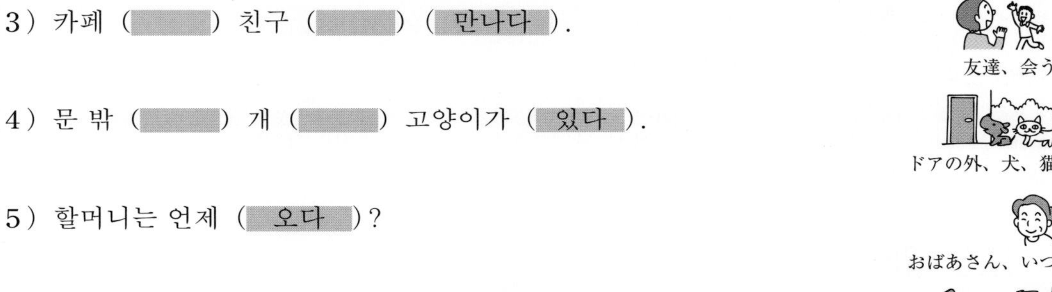

ドアの外、犬、猫

(5) 할머니는 언제 (오다)?

おばあさん、いつ

(6) 휴게실 (　　) 음악 (　　) (듣다).

休憩室、音楽、聴く

(7) 머리는 (길다)? – 아니요, 길지 (않다).

髪、長い

(8) 점심 (　　) (먹다) 학생 식당 (　　) (가다).

昼食、学生食堂

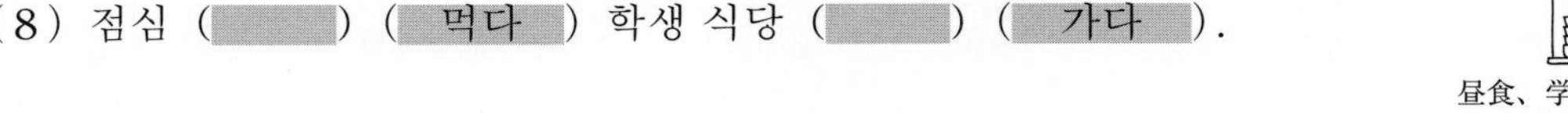

(9) 오늘은 금요일이 (아니다). 목요일 (이다).

金曜日、木曜日

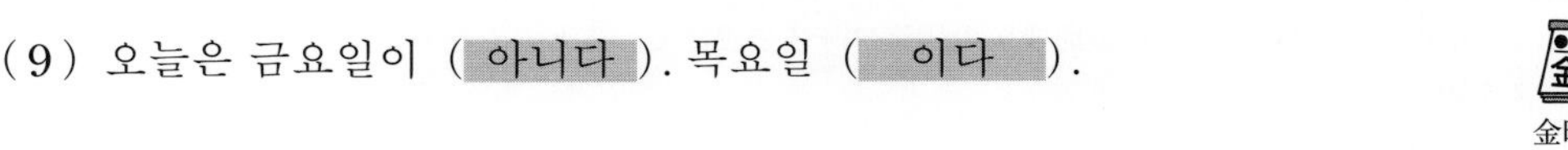

(10) 무엇 (　　) (먹다)?

何、食べる

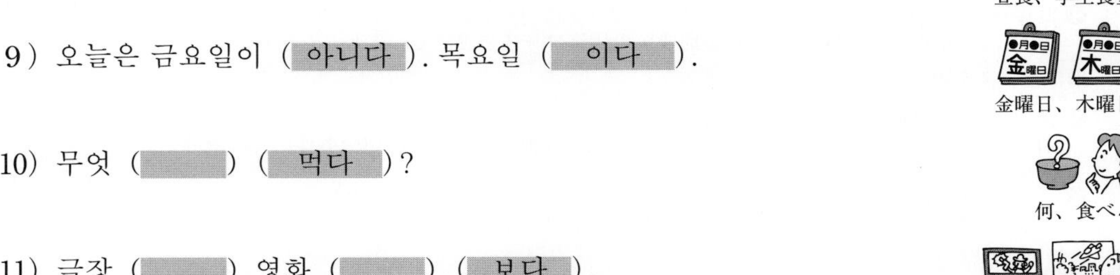

(11) 극장 (　　) 영화 (　　) (보다).

映画館、映画

(12) 편지 (　　) (부치다) 우체국 (　　) (가다).

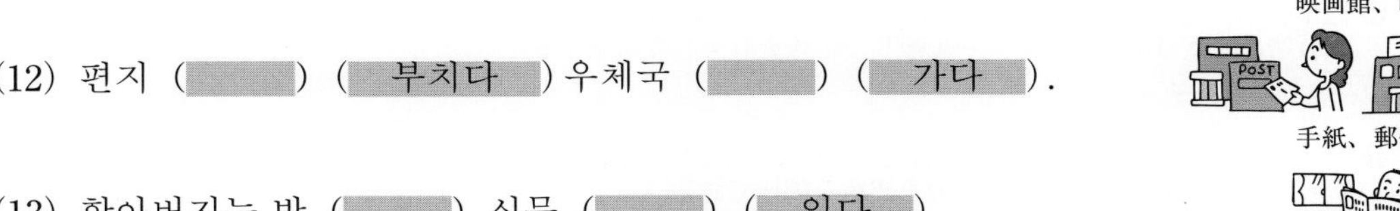

手紙、郵便局

(13) 할아버지는 방 (　　) 신문 (　　) (읽다).

おじいさん、部屋、新聞

韓国語の検定試験

日本国内で実施されている韓国語の検定試験には「ハングル能力検定試験」と「韓国語能力試験（TOPIK）」の二つの試験がある。試験の特徴と実施内容を確認し、意欲ある人は積極的にチャレンジしてみよう。

区分	ハングル能力検定試験	韓国語能力試験（TOPIK）
試験の概要	・日本語話者の学習到達度を測定するための試験で日本国内でのみ実施される。 ・日本語話者のための試験なので問題や問題の選択肢に日本語が含まれる。 ・試験は各級とも「筆記」と「聞き取り」に分けて実施される。	・世界の韓国語学習者を対象に韓国の教育省が実施する試験。世界90か国以上で実施されている。 ・試験結果は、韓国での就職や留学などに幅広く活用される。 ・試験は初級で「読解」と「聞き取り」、中上級で「読解」と「聞き取り」、「作文」に分かれて実施される。
試験実施日	【春季】６月第１日曜日、 【秋季】11 月第２日曜日の年２回実施	４月、７月、10 月の年３回実施
試験実施級	【初級レベル】５級、４級 【中級レベル】３級、準２級 【上級レベル】２級、１級	【初級レベル】TOPIK Ⅰ（１級、２級） 【中・上級レベル】TOPIK Ⅱ（３級、４級、５級、６級） ・試験で獲得した点数によって、１～２級、３～６級の各級が認定される。
試験の申込	「ハングル能力検定協会」の HP からオンラインで申し込む。	・日本での試験運営機関である「韓国教育財団」の HP からオンラインで申し込む。
試験の詳細	・試験の実施要項や実施会場などの最新情報は「ハングル能力検定協会」の HP で確認できる。 https://hangul.or.jp/	・試験の詳細や実施要項などの情報は「韓国教育財団」の HP で確認できる。 https://www.kref.or.jp/examination

語学留学

春夏の休みを利用した韓国語の短期研修への参加や一定期間の語学留学を考えている人のためにその準備過程を簡単に紹介しよう。

1	情報を収集する	
	❶ 大学の国際交流センターなど、留学・研修担当部署に相談して情報を収集する。 ❷ 留学や現地事情に詳しい担当教員に相談する。 ❸ インターネットを通じて韓国留学の情報を集める。実績のある韓国留学斡旋会社や韓国留学紹介サイトを通して、留学生のための韓国語コースを開設している大学や語学学校、募集時期、コースプラン、授業料、宿舎などの全般的な情報を集める。 ❹ 直接留学したい大学の HP から韓国語研修プランの有無を確認する。韓国の大学は留学生のための付設の語学教育センターで長短期韓国語研修コースを設けているところが多い。	
2	留学コースを選ぶ	
	❶ 韓国語コース開設の時期、期間、授業レベル、授業料、寄宿舎の有無、宿舎紹介の有無、交通の利便性、日本人学生の比率など、情報を取捨選択して、本人の留学条件に合う学校とコースを選ぶ。 ❷ ほとんどの場合、各大学や語学学校の HP から願書のダウンロードや申し込みができる。大学の留学担当部署に相談するか、必要あれば留学斡旋エージェントに代行してもらう。	
3	渡航準備をする	
	❶ 90 日以下の韓国滞在はビザが不要だが、３か月以上の留学はビザを取得する必要がある。 ❷ 語学留学、研修に出発するまでの準備は一般の海外旅行の準備手順と変わらない。航空券の予約、必要な旅行物品などはインターネットを通じて情報を収集して用意する。	
※	ワーキングホリデー	
	❶ ワーキングホリデーとは、協定締結国の青少年に対し、生活費を補う程度にアルバイトをしながら最大１年間自由に滞在するのを認める制度である。 ❷ 韓国とは 1999 年に協定が締結され、18 歳以上 25 歳以下の青少年を対象に実施されている。	

제 18 과　어제 무엇을 했습니까?

・インサドン
・パンソリ
・韓国の歌曲

学習のポイント

❶	V/A+았/었/였+습니다	V/A+ました	❸	V+(으)셨+습니다	V+(ら)れました
❷	N+이었+습니다/ N+였+습니다	N+でした	❹	V+고	V+て
			❺	V/A+지만	V/A+けれども

1 민수 : 오늘 무엇을 **했습니까**?
미호 : 친구하고 인사동에 **갔습니다**.
아주 **재미있었습니다**.
사진도 많이 **찍었습니다**.

141

2 준호 : 어제는 무엇을 하**셨습니까**?
유미 : 한국어 숙제를 하**고** 영화를 봤습니다.
준호 : 한국어는 어떻습니까?
유미 : 어렵**지만** 재미있습니다.

142

発音の練習

p.205 の濃音化1の「ㄷ(ㅅ, ㅆ, ㅈ, ㅊ, ㅌ)+ㅅ→ ㄷ+ㅆ」を参照。

143

❶ 무엇을 했습니까? → [무어슬 핻씀니까?]
인사동에 갔습니다 → [인사동에 갇씀니다]
재미있었습니다 → [재미이썯씀니다]
많이 찍었습니다 → [마니 찌걷씀니다]
무엇을 하셨습니까? → [무어슬 하셛씀니까?]
봤습니다 → [봗씀니다]

❷ 한국어 숙제 → [한구거 숙쩨]
어떻습니까? → [어떠씀니까?]
어렵지만 → [어렵찌만]

p.205 の濃音化1の「ㄱ+ㅈ→ ㄱ+ㅉ」、「ㅂ+ㅈ→ ㅂ+ㅉ」を参照。

単語と語句

ㄱㄴㄷ
갈이 : 一緒に
거의 : ほとんど
그저께 : おととい
남자 : 男
낫다 : 治る
노래방 : カラオケルーム
다 : すべて
닦다 : 磨く
돈 : お金

ㅁㅂㅅ
많다 : 多い
많이 : たくさん
바람 : 風
배우다 : 学ぶ
부자 : 金持ち
불다 : 吹く
사진 : 写真
산책 : 散歩
세수 : 洗顔
시작하다 : 始まる
시험 : 試験
식사 : 食事
싸다 : 安い
쓰다 : 使う

ㅇ
아까 : さっき
아주 : とても
-았/었습니다 : ~ました
약을 먹다 : 薬を飲む
어떻다 : どうだ
어렵다 : 難しい
어제 : 昨日
어젯밤 : 昨夜
언제 : いつ
여름 방학 : 夏休み
여자 : 女子
-(으)셨습니까? : ~られましたか
이 : 歯
-이/가 되다 : ~になる
인사동 : 仁寺洞(地)
일찍 : 早く

ㅈ
재미있다 : 面白い
적다 : 少ない
조금 : ちょっと
중학교 : 中学校
-지만 : ~けれども
찍다 : 撮る

文法と表現

144

18-1

用言の語幹 +았 / 었 / 였+습니다	名詞 +ました 形容詞 +かったです

意味 **先語末語尾** 用言の語幹に付いて過去の時制を表す。

接続 用言の語幹に接続する。❶用言の語幹の最終音節に母音「ㅏ，ㅗ」が含まれている場合は「-았-」、❷含まれていない場合は「-었-」、❸하다で終わっている用言の場合は「-였-」に接続する。

1 母音「ㅏ，ㅗ」が含まれている用言の語幹 +았+습니다

「ㅏ，ㅗ」が含まれている用言の語幹+았+습니다					
닫다	閉める	닫+**았**+다	閉めた	닫+**았**+습니다	閉めました
앉다	座る	앉+**았**+다	座った	앉+**았**+습니다	座りました
높다	高い	높+**았**+다	高かった	높+**았**+습니다	高かったです

→語幹にパッチムがある場合は縮約は起こらない。

縮約 パッチムのない「ㅏ，ㅗ」の母音語幹に「-았-」が接続すると縮約が起こる。

❶ ㅏ+았→ ㅆ

→声を出して早く発音してみると縮約のコツがつかみやすい。

가다（行く）→ 가+**았**+습니다 →（가+**았**）+습니다 = **갔**+습니다 行きました

사다（買う）→ 사+**았**+습니다 →（사+**았**）+습니다 = **샀**+습니다 買いました

싸다（安い）→ 싸+**았**+습니다 →（싸+**았**）+습니다 =**쌌**+습니다 安かったです

❷ ㅗ+았→ ㅘㅆ

오다（来る）→ 오+**았**+습니다 →（오+**았**）+습니다 = **왔**+습니다 来ました

보다（見る）→ 보+**았**+습니다 →（보+**았**）+습니다 = **봤**+습니다 見ました

나오다（出てくる）→ 나오+**았**+습니다 →나（오+**았**）+습니다 =나**왔**+습니다 出て来ました

2 母音「ㅏ，ㅗ」が含まれていない用言の語幹 +었+습니다

「ㅏ，ㅗ」が含まれていない用言の語幹+었+습니다					
읽다	読む	읽+**었**+다	読んだ	읽+**었**+습니다	読みました
먹다	食べる	먹+**었**+다	食べた	먹+**었**+습니다	食べました
입다	着る	입+**었**+다	着た	입+**었**+습니다	着ました

→語幹にパッチムがある場合は縮約は起こらない。

縮約 パッチムのない「ㅓ，ㅜ，ㅣ，ㅐ」の母音語幹に「-었-」が接続すると縮約が起こる。

❶ ㅓ+었→ ㅆ

→声を出して早く発音してみると縮約のコツがつかみやすい。

서다（立つ） → 서+**었**+습니다 →（서+**었**） +습니다 = **섰**+습니다 立ちました

건너다（渡る）→ 건너+**었**+습니다 →（건너+**었**）+습니다 = 건**넜**+습니다 渡りました

❷ ㅜ+었→ ㅝ

배우다（学ぶ） → 배우+**었**+습니다 → 배（**우**+**었**）+습니다 = 배**웠**+습니다 学びました
세우다（止める） → 세우+**었**+습니다 → 세（**우**+**었**）+습니다 = 세**웠**+습니다 止めました
바꾸다（変える） → 바꾸+**었**+습니다 → 바（**꾸**+**었**）+습니다 =바**꿨**+습니다 変えました

❸ ㅣ+었→ ㅕ

마시다（飲む） → 마시+**었**+습니다 → 마（**시**+**었**）+습니다 = 마**셨**+습니다 飲みました
보이다（見える） → 보이+**었**+습니다 → 보（**이**+**었**）+습니다 = 보**였**+습니다 見えました
다니다（通う） → 다니+**었**+습니다 → 다（**니**+**었**）+습니다 =다**녔**+습니다 通いました

❹ ㅐ+었→ ㅐ

보내다（送る） → 보내+**었**+습니다 → 보（**내**+**었**）+습니다 = 보**냈**+습니다 送りました
끝내다（終える） → 끝내+**었**+습니다 → 끝（**내**+**었**）+습니다 = 끝**냈**+습니다 終えました

3 「하다」で終わる用言の語幹+였+습니다 → 했+습니다　「하다」で終わっているすべての用言がこれに属する。

「하다」用言の語幹+**였**+습니다 → **했**+습니다.			
공부하다	勉強する	공부**하**+**였**+습니다 → 공부**했**+습니다	勉強しました
따뜻하다	暖かい	따뜻**하**+**였**+습니다 → 따뜻**했**+습니다	暖かかったです

参考 口語体では「하였」形はほとんど使われず、その縮約形「했」が使われるのが一般的である。
생각（하+**였**）+습니다 → 생각（**했**）+습니다　思いました
조용（하+**였**）+습니다 → 조용（**했**）+습니다　静かでした

①어제 무엇을 **했습니까**?
　－친구와 같이 노래방에 **갔습니다**.
②날씨가 어떻습니까?
　－어젯밤에 비가 많이 **왔습니다**.
　－오늘은 날씨가 **좋았습니다**.
③어디서 한국어를 **배웠습니까**?
　－ 학교에서 **배웠습니다**.
④영민 씨는 지금 무엇을 합니까?
　－영민 씨는 중학교 선생님이 **되었습니다**.

練習ドリル

1 過去形の作り方の練習をしてみよう。

動詞の語幹＋았 / 었＋습니다 〜ました			動詞の語幹＋았 / 었＋습니다 〜ました		
찾다	探す		오다	来る・降る	
놀다	遊ぶ		보다	見る	
받다	もらう		먹다	食べる	
살다	住む		벗다	脱ぐ	
알다	わかる		웃다	笑う	
앉다	座る		읽다	読む	
팔다	売る		입다	着る	
잡다	つかむ		있다	ある・いる	
놓다	置く		잊다	忘れる	
남다	残る		찍다	撮る	
타다	乗る		믿다	信じる	
자다	寝る		끊다	切る	
가다	行く		넣다	入れる	
사다	買う		걸다	かける	
떠나다	発つ・去る		붙다	付く	
만나다	会う		울다	泣く	
나가다	出かける		열다	開ける	

2 過去形の作り方の練習をしてみよう。

動詞の語幹＋았 / 었 / 였＋습니다 ～ました			形容詞の語幹＋았 / 었 / 였＋습니다 ～かったです / ～でした		
건너다	渡る		많다	多い	
서다	立つ		짧다	短い	
배우다	学ぶ		좁다	狭い	
바꾸다	変える		작다	小さい	
주다	くれる		밝다	明るい	
보이다	見える		좋다	良い	
마시다	飲む		높다	高い（高さ）	
이기다	勝つ		짜다	塩辛い	
기다리다	待つ		비싸다	高い（値段）	
다니다	通う		차다	冷たい	
다치다	怪我する		적다	少ない	
가지다	持つ		싫다	嫌いだ	
들리다	聞こえる		멀다	遠い	
끝내다	終える		길다	長い	
보내다	送る		느리다	遅い	
노래하다	歌う		조용하다	静かだ	
공부하다	勉強する		깨끗하다	清潔だ	

文法と表現

145 18-2

母音で終わる名詞 +였습니다 子音で終わる名詞 +이었습니다	名詞 +でした

意味 体言に付いて過去を表す。「이다」の語幹「이」に過去の語尾「-었-」が接続している。
接続 母音体言には「-였습니다」、子音体言には「-이었습니다」の形で接続する。

母音体言＋였＋습니다		子音体言＋이었＋습니다	
어제＋**였**습니다	昨日＋でした	어른＋**이었**습니다	大人＋でした
친구＋**였**습니다	友だち＋でした	생일＋**이었**습니다	誕生日＋でした
그저께＋**였**습니다	おととい＋でした	금요일＋**이었**습니다	金曜日＋でした

①생일이 언제입니까?
　－제 생일은 어제**였습니다**.
　－그저께가 내 생일**이었습니다**.
②그 지갑은 누구 것**이었습니까**?
　－그 지갑은 다나카 씨 것**이었습니다**.
③한국어 시험은 언제**였습니까**?
　－지난주 토요일**이었습니다**.

146 18-3

p.202 の「用言の活用表」を参照。

母音で終わる動詞の語幹 +셨+습니다 子音で終わる動詞の語幹 +으셨+습니다	動詞 + (ら)れました

意味 尊敬の語尾「-(으) 시-」に過去の語尾「-었-」が結合して過去の意を表す。
接続 母音語幹、ㄹ語幹には-셨습니다、子音語幹には（으）셨습니다の形で接続する。

母音語幹・ㄹ語幹＋셨＋습니다				子音語幹＋으셨＋습니다			
가다	行く	가＋**셨**＋습니다	行かれました	신다	履く	신＋**으셨**＋습니다	履かれました
오다	来る	오＋**셨**＋습니다	来られました	씻다	洗う	씻＋**으셨**＋습니다	洗われました
사다	買う	사＋**셨**＋습니다	買われました	읽다	読む	읽＋**으셨**＋습니다	読まれました

①어제는 무엇을 하**셨**습니까?
　－친구와 같이 영화를 보러 갔습니다.
②무슨 책을 읽**으셨**습니까?
　－한국어 책을 읽었습니다.
③여름 방학에는 뭘 하**셨**습니까?
　－여행을 했습니다.

練習ドリル

3 보기のように文を作りなさい。

보기 어제 , 일요일
➡ 어제는 일요일**이었습니다** .

昨日、日曜日
➡ 昨日は日曜日でした。

（1）내 생일 , 그저께
➡

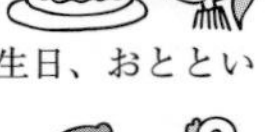

私の誕生日、おととい

（2）할머니 , 의사
➡

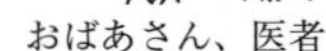
おばあさん、医者

（3）어제 , 어린이날
➡

昨日、子供の日

（4）아버지 , 교사
➡

お父さん、教師

（5）언니 , 가수
➡

姉、歌手

4 보기のように質問と応答文を作りなさい。

보기 누구 , 만나다 , 친구
➡ 누구를 만나**셨습니까** ?
−친구를 만**났습니다** .

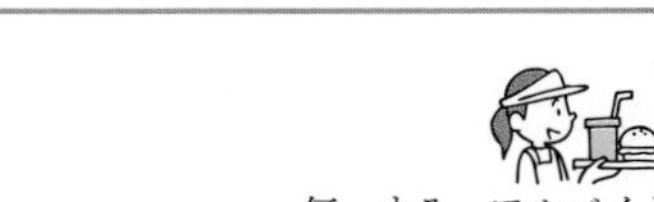
誰、会う、友達
➡ 誰にお会いになりましたか。
−友達に会いました。

（1）무엇 , 하다 , 아르바이트
➡

何、する、アルバイト

（2）언제 , 오다 , 그저께
➡

いつ、来る、おととい

（3）무슨 영화 , 보다 , 전쟁 영화
➡

何の映画、見る、戦争映画

（4）무엇 , 그리다 , 꽃
➡

何、描く、花

（5）무슨 책 , 빌리다 , 소설책
➡

何の本、借りる、小説

文法と表現

147
18-4

動詞の語幹 ＋고	動詞 ＋て

意味 **語尾** ある動作が継続、または引き続いて起こる意を表す。
接続 動詞の語幹に接続する。

動詞の語幹＋고							
하다	する	하＋**고**	して	신다	履く	신＋**고**	履いて
보다	見る	보＋**고**	見て	씻다	洗う	씻＋**고**	洗って
마시다	飲む	마시＋**고**	飲んで	읽다	読む	읽＋**고**	読んで

①무엇을 했습니까？
　－숙제를 하**고** 일찍 잤습니다．
　－점심을 먹**고** 산책을 했습니다．
②－이를 닦**고** 세수를 했습니다．
　－친구와 같이 식사를 하**고** 영화를 봤습니다．

「-고」は羅列の意でも用いられる。
이것은 싸고 좋아요．これは安くて良いです。
주말에는 청소도 하고 빨래도 합니다．週末は掃除もし、洗濯もします。

148
18-5

用言の語幹 ＋지만	用言 ＋けれども、が

意味 **語尾** 内容的に対立する事柄を対比的に結び付けて逆接の意を表す。
接続 用言の語幹に接続する。

用言の語幹＋지만							
가다	行く	가＋**지만**	行くけれども	어렵다	難しい	어렵＋**지만**	難しいけれども
마시다	飲む	마시＋**지만**	飲むけれども	좋다	良い	좋＋**지만**	良いけれども
있다	ある	있＋**지만**	あるけれども	맵다	辛い	맵＋**지만**	辛いけれども

①학교에 가**지만** 공부는 거의 하지 않습니다．
　바람은 불**지만** 비는 오지 않습니다．
②한국어는 재미있**지만** 어렵습니다．
　날씨는 좋**지만** 조금 춥습니다．

練習ドリル

5 보기のように文を作りなさい。

보기 옷 , 사다 / 점심 , 먹다
➡ 옷을 사**고** 점심을 먹**었습니다** .

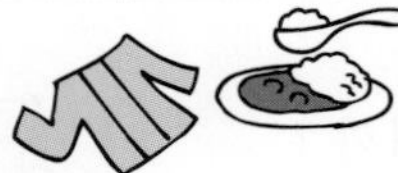

服、買う／昼食、食べる
➡ 服を買って昼食を食べました。

（1）이 , 닦다／ 세수 , 하다
➡

歯、磨く／洗顔、する

（2）점심 , 먹다／ 차 , 마시다
➡

昼食、食べる／お茶、飲む

（3）편지 , 부치다／ 친구 , 만나다
➡

手紙、出す／友達、会う

（4）식사 , 하다／숙제 , 하다
➡

食事、する／宿題、する

（5）책 , 사다／ 영화 , 보다
➡

本、買う／映画、見る

6 보기のように文を作りなさい。

보기 한국어 , 어렵다 / 재미있다
➡ 한국어는 어렵**지만** 재미있**습니다** .

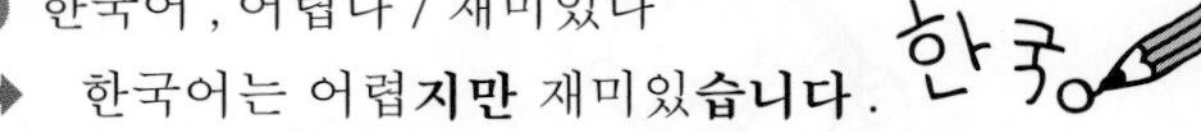

韓国語、難しい／面白い
➡ 韓国語は難しいが、面白いです。

（1）날씨 , 좋다 / 춥다
➡

天気、良い／寒い

（2）바람 , 불다 / 따뜻하다
➡

風、吹く／暖かい

（3）눈 , 오다 / 춥지 않다
➡

雪、降る／寒くない

（4）여자 , 많다 / 남자 , 적다
➡

女、多い／男、少ない

（5）오늘 , 토요일이다 / 학교 , 가다
➡

今日、土曜日／学校、行く

課題

7 보기のように質問と応答文を作りなさい。

보기 토요일 , 책 , 읽다
➡ 토요일**에 무엇을 했습니까**?
－책**을** 읽**었습니다**.

土曜日、本、読む
➡ 土曜日に何をしましたか。
－本を読みました。

(1) 일요일 , 영화 , 보다
➡

日曜日、映画、見る

(2) 금요일 , 그림 , 그리다
➡

金曜日、絵、描く

(3) 어제 , 한국어 , 공부하다
➡

한국어
昨日、韓国語、勉強する

(4) 오늘 , 축구 , 하다
➡

今日、サッカー、する

(5) 그저께 , 영화 , 보다
➡

おととい、映画、見る

8 보기のように質問と応答文を作りなさい。

보기 아침 , 이 , 닦다 , 세수 , 하다
➡ 아침**에 무엇을 했습니까**?
－이**를** 닦**고** 세수**를 했습니다**.

朝、歯、磨く、洗顔、する
➡ 朝、何をしましたか。
－歯を磨いて顔を洗いました。

(1) 주말 , 산책 , 하다 , 책 , 읽다
➡

週末、散歩、する、本、読む

(2) 일요일 , 식사 , 하다 , 영화 , 보다
➡

日曜日、食事、する、映画、見る

(3) 어제 , 한국어 , 공부하다 , 쉬다
➡

昨日、韓国語、勉強する、休む

(4) 어젯밤 , 저녁 , 먹다 , 숙제 , 하다
➡

昨夜、夕食、食べる、宿題、する

(5) 토요일 , 쇼핑 , 하다 , 친구 , 만나다
➡

土曜日、ショッピング、する、友達、会う

9 声を出して読んで訳しなさい。

①주말에는 집에서 청소를 하고 쉬었습니다.
어제는 인사동에 갔습니다.
②친구를 만났습니다.
같이 식사를 하고 영화를 봤습니다.

③오전에는 학교에서 한국어를 공부했습니다.
오후에는 도서관에서 한국어 숙제를 하고 한국 잡지를 읽었습니다.
한국어는 어렵지만 재미있습니다.

10 韓国語に訳しなさい。

（1）写真をたくさん撮りました。
➡

（2）友達とカラオケルームに行きました。
➡

（3）昨夜は雨がたくさん降りました。
➡

（4）食事をして歯を磨きました。
➡

（5）韓国語は難しいけれども、面白いです。
➡

（6）昨日は父の誕生日でした。
➡

（7）韓国語の試験はおとといでした。
➡

（8）日曜日は家で本を読んで休みました。
➡

（9）昨夜はテレビを見て早く寝ました。
➡

(10) ちょっと寒いですが、天気は良いです。
➡

母音縮約・脱落一覧

用言の母音語幹に～아，～어で始まる語尾が接続すると～아，～어が脱落したり、縮約されたりする現象が起こる。次の表を参考に語幹の母音と語尾の母音を早口で続けて発音して脱落と縮約のコツをつかんでみよう。

語幹の母音	語尾の母音	縮約	用例			
			基本形		語幹＋았 / 었 / 였＋다	語幹＋아요 / 어요 / 여요
아	－아	아＋아→아 아＋았→았	가다	行く	가＋았＋다 →갔다	가＋아요 →가요
			사다	買う	사＋았＋다 →샀다	사＋아요 →사요
오		오＋아→와 오＋았→왔	오다	来る	오＋았＋다 →왔다	오＋아요 →와요
			보다	見る	보＋았＋다 →봤다	보＋아요 →봐요
어	－어	어＋어→어 어＋었→었	서다	立つ	서＋었＋다 →섰다	서＋어요 →서요
			건너다	渡る	건너＋었＋다 →건넜다	건너＋어요 →건너요
우		우＋어→워 우＋었→웠	배우다	学ぶ	배우＋었＋다 →배웠다	배우＋어요 →배워요
			바꾸다	変える	바꾸＋었＋다 →바꿨다	바꾸＋어요 →바꿔요
			나누다	分ける	나누＋었＋다 →나눴다	나누＋어요 →나눠요
이		이＋어→여 이＋었→였	마시다	飲む	마시＋었＋다 →마셨다	마시＋어요 →마셔요
			기다리다	待つ	기다리＋었＋다 →기다렸다	기다리＋어요→기다려요
			가르치다	教える	가르치＋었＋다 →가르쳤다	가르치＋어요→가르쳐요
애		애＋어→애 애＋어→앴	보내다	送る	보내＋었＋다 →보냈다	보내＋어요 →보내요
			끝내다	終える	끝내＋었＋다 →끝냈다	끝내＋어요 →끝내요
에		에＋어→에 에＋었→엤	세다	数える	세＋었＋다 →셌다	세＋어요 →세요
			메다	詰まる	메＋었＋다 →멨다	메＋어요 →메요
으		으＋어→어 으＋었→었	쓰다	書く	쓰＋었＋다 →썼다	쓰＋어요 →써요
			크다	大きい	크＋었＋다 →컸다	크＋어요 →커요
하	－여	하＋여→해 하＋였→했	일하다	働く	일하＋였＋다 →일했다	일하＋여요 →일해요
			공부하다	勉強する	공부하＋였＋다 →공부했다	공부하＋여요→공부해요

제 19 과 시험이 언제입니까?

・交通カード
・地下鉄の乗り方
・九九

学習のポイント

❶	한자어 수사	漢字語の数詞	❸	N＋부터	N＋から
❷	년, 월, 일 전화번호 읽기	年、月、日 電話番号の読み方	❹	N＋에서 ②	N＋から
			❺	N＋보다	N＋より

1 민수：시험이 언제입니까?

미호：**6 월 17 일**입니다.

민수：방학은 언제**부터**입니까?

미호：**7 월 2 일부터**입니다.

150

2 준호：어디**에서** 오셨습니까?

에미：일본**에서** 왔습니다.

준호：일본 날씨는 어떻습니까?

에미：서울**보다** 따뜻합니다.

151

発音の練習

152

p.205 の「濃音化 1」を参照。
・ㄷ(ㅅ, ㅆ, ㅈ, ㅊ, ㅌ)＋ㅅ→ ㄷ＋ㅆ
웃습니다→ [욷씀니다] 笑います
있습니다→ [읻씀니다] あります

❶
시험이 → [시허미]
6 월 17 일입니다 → [유월 십치리림니다]
방학은 → [방하근]
7 월 2 일부터 → [치뤌 이일부터]
2 월 23 일에 → [이월 이십싸미레]

❷
오셨습니까? → [오셛씀니까?]
왔습니다 → [왇씀니다]
어떻습니까? → [어떠씀니까?]
따뜻합니다 → [따뜨탐니다]

p.204 の「激音化」を参照。
・ㄷ(ㅅ, ㅊ)＋ㅎ→ ㅌ
맏형→ [마텽] 長兄　몇 해→ [며태] 何年
몇 호→ [며토] 何号

単語と語句

ㄱㄴㄷ
과자：お菓子
귤　：みかん
날　：日
눈　：雪
달다：甘い
더　：もっと
돌아오다：帰ってくる

ㅁㅂㅅ
맛있다　：美味しい
맵다　：辛い
며칠　：何日
몇 번　：何番
몇 월　：何月
방학　：(学校の)休み
번호　：番号
보다　：より
부터　：から
손님　：お客さん
시작되다：始まる

ㅇㅈㅊㅋㅍㅎ
어떻다：どうだ
어린이：子ども
열리다：開かれる
올림픽：オリンピック
월　：月
일　：日
전화　：電話
제일　：いちばん
축구　：サッカー
키가 작다：背が低い
키가 크다：背が高い
휴대전화：携帯電話

文法と表現

153

19-1

한자어 수사	漢字語の数詞

語頭では［육］、ㄹパッチムと母音音節の後では［륙］、ㄹ以外のパッチムの後では［뉵］と発音する。

意味 日本語の漢字語の数詞「いち、に、さん…」にあたり、年月日、値段、長さ、重さなどを数えるときに用いられる。

1	2	3	4	5	6	7	8	9	10
一	二	三	四	五	六	七	八	九	十
일	이	삼	사	오	육	칠	팔	구	십
11	12	13	14	15	16	17	18	19	20
十一	十二	十三	十四	十五	十六	十七	十八	十九	二十
십일	십이	십삼	십사	십오	십육	십칠	십팔	십구	이십
30	40	50	60	70	80	90	100	1000	10000
三十	四十	五十	六十	七十	八十	九十	百	千	万
삼십	사십	오십	육십	칠십	팔십	구십	백	천	만

「십육」は［심뉵］と鼻音化して発音する。

154

❑ 년：年

1443 년	1945 년	1950 년	1988 년	2018 년
千四百四十三年	千九百四十五年	千九百五十年	千九百八十八年	二千十八年
천사백사십삼년	천구백사십오년	천구백오십년	천구백팔십팔년	이천십팔년

漢数詞の組み合わせ方は日本語と同じである。
１から 10 までと百、千、万、億（억）のハングルの単位を覚えると億単位までの数字は簡単に読むことができる。

155

❑ 월：月

1 월	2 월	3 월	4 월	5 월	6 월	7 월	8 월	9 월	10 월	11 월	12 월
一月	二月	三月	四月	五月	六月	七月	八月	九月	十月	十一月	十二月
일월	이월	삼월	사월	오월	유월	칠월	팔월	구월	시월	십일월	십이월

「육월」といわず「유월」、「십월」といわず「시월」ということに注意。

156

❑ 일：日

1 일	2 일	3 일	4 일	5 일	6 일	7 일	8 일	9 일	10 일
一日	二日	三日	四日	五日	六日	七日	八日	九日	十日
일일	이일	삼일	사일	오일	육일	칠일	팔일	구일	십일
11 일	12 일	13 일	14 일	15 일	16 일	17 일	18 일	19 일	20 일
十一日	十二日	十三日	十四日	十五日	十六日	十七日	十八日	十九日	二十日
십일일	십이일	십삼일	십사일	십오일	십육일	십칠일	십팔일	십구일	이십일
21 일	22 일	23 일	24 일	25 일	26 일	27 일	28 일	29 일	30 일
二十一日	二十二日	二十三日	二十四日	二十五日	二十六日	二十七日	二十八日	二十九日	三十日
이십일일	이십이일	이십삼일	이십사일	이십오일	이십육일	이십칠일	이십팔일	이십구일	삼십일

漢数詞の発音では連音や激音化など発音の変化に注意しよう。

「십육일」は［심뉴길］、「이십육일」は［이심뉴길］と発音。

練習ドリル

1 漢字語の数詞を覚えよう。

일	이	삼	사	오	육	칠	팔	구	십

2 次の数字の読みを書きなさい。

(1) 53 ➡

(2) 27 ➡

(3) 41 ➡

(4) 79 ➡

(5) 56 ➡

(6) 13 ➡

(7) 67 ➡

(8) 28 ➡

(9) 235 ➡

(10) 876 ➡

(11) 419 ➡

(12) 123 ➡

(13) 672 ➡

(14) 89 ➡

(15) 127 ➡

(16) 8,301 ➡

(17) 3,652 ➡

(18) 7,054 ➡

(19) 6,528 ➡

(20) 1,765 ➡

(21) 37,624 ➡

(22) 12,091 ➡

(23) 54,318 ➡

(24) 84,356 ➡

→ 100 は「백」、1,000 は「천」、10,000 は「만」と読む。「일백」、「일천」、「일만」とはいわない。

文法と表現

157

19-2

년, 월, 일	年、月、日

①오늘은 몇 월 **며칠**입니까?
　– **6 월 26 일** 수요일입니다.
②생일이 언제입니까?
　– **8 월 25 일**입니다.
③한국에서는 언제 비가 많이 옵니까?
　– **6 월과 7 월**에 비가 많이 옵니다.
④대학생입니까?
　– 네, **3 월**에 대학생이 되었습니다.
⑤어느 계절을 좋아합니까?
　– 나는 봄을 좋아합니다.
　　그래서 **4 월**과 **5 월**을 제일 좋아합니다.

「몇 월」の発音は[며뒬]。
p.207 の「絶音化」を参照。

変化の対象を表す「- 이 / 가 되다：～になる」は作文時、助詞を間違いやすいので注意。
오빠는 의사가 되었다. 兄は医師になった。
얼음이 물이 되었다. 氷が水になった。

「좋아하다」は普通「好きだ」と訳されて形容詞のように見えるが、「好む、好きだ、喜ぶ」の意の動詞である。従って「-을/를 좋아하다」の形で使われる。
× 여름보다 가을이 좋아합니다.
○ 여름보다 겨울을 좋아합니다.　夏より冬が好きです。

参考　「0」の読み方と電話番号の読み方

「0」は単独では「영」、電話番号や車のナンバーのように数字が並んでいるときは「공」と読む。

3対0	02－3705－9101	060－325－7230
삼대 **영**	**공**이에 삼칠**공**오에 구일**공**일	**공**육**공**에 삼이오에 칠이삼**공**
1対0	011－9080－0533	02－2260－1507
일대 **영**	**공**일일에 구**공**팔**공**에 **공**오삼삼	**공**이에 이이육**공**에 일오**공**칠

①집 전화 번호가 **몇 번**입니까?
　– 437-6234 입니다.
②휴대 전화 번호가 몇 번입니까?
　– 011-5032-4789 입니다.
③어제 축구는 영국이 이겼습니까?
　– 아뇨, **3 대 영**으로 졌습니다.

「－」は「에」または「의」とも読むが、発音はいずれも「에」と発音する。
01-234-5678
공일 (에 / 의) 이삼사 (에 / 의) 오육칠팔

「핸드폰」,「휴대폰」ともいう。

一般的に母音、または「ㄴ, ㅁ, ㅇ, ㄹ」の後に来る初声「ㅎ」は「ㅎ」の音が弱化し、連音化して発音されるが、「標準発音法」では元の音価通りに発音するのを原則としている。
전화→[전화]/[저놔]電話　번호→[번호]/[버노]番号
사회→[사회]/[사웨]社会　고향→[고향]/[고양]故郷

練習ドリル

3 家族と友人の生年月日と電話番号をハングル読みで書いてみよう。

이름（名前）	관계（関係）	생년월일（生年月日）
이름（名前）	관계（関係）	전화번호（電話番号）

p.97 の「家族・親族の呼称」を参照。

4 次のカレンダーを見て質問に答えなさい。

5 월	일	월	화	수	목	금	토
			1	2	3	4	5 어린이날
	6	7 내 생일	8 어버이날	9	10	11	12
	13	14	15 스승의 날	16	17 엄마 생일	18	19
	20 영화	21	22	23	24	25 한국어 시험	26

（1）한국어 시험은 언제입니까？

➡

韓国語の試験

誕生日

（2）내 생일은 언제입니까？

➡

（3）5 월 5 일은 무슨 날입니까？

➡

子供の日

（4）엄마 생일은 언제입니까？

➡

母の誕生日

（5）언제 영화를 보러 갑니까？

➡

映画、見る

文法と表現

158 19-3

名詞 +부터	名詞 +から

意味 **助詞** 主に時間を表す名詞と接続して時間や順序の起点を表す。

名詞＋부터			
어제＋**부터**	昨日＋から	월요일＋**부터**	月曜日＋から
오늘＋**부터**	今日＋から	아침＋**부터**	朝＋から

①여름 방학은 언제**부터**입니까? －6 월 30 일**부터**입니다.
②전시회는 언제**부터** 시작되었습니까? －지난주**부터** 시작되었습니다.
③언제 서울에 갑니까? －내일**부터** 1 주일 동안 서울에 갑니다.

159 19-4

場所を表す用法は p.116 の文法 15-4 を参考。

名詞 +에서 ②	名詞 +から

意味 **助詞** 主に場所を表す名詞と接続して場所の起点を表す。
接続 指示代名詞「여기, 거기, 저기, 어디」の後では縮約形「-서」が使われることが多い。

名詞＋에서			
집＋**에서**	家＋から	일본＋**에서**	日本＋から
여기＋（**에**）**서**	ここ＋から	어디＋（**에**）**서**	どこ＋から

①어디**에서** 오셨습니까? －미국**에서** 왔습니다.
②어제 누가 오셨습니까? －서울**에서** 손님이 오셨습니다.
③집이 여기**서** 멉니까? －아니요. 우리 집은 여기**서** 멀지 않습니다.

160 19-5

名詞 +보다	名詞 +より

意味 **助詞** 名詞に接続して比較基準を表す。

名詞＋보다			
귤＋**보다**	みかん＋より	과자＋**보다**	お菓子＋より
떡＋**보다**	もち＋より	밥＋**보다**	ご飯＋より

①지영 씨는 언니**보다** 키가 큽니까?－아니요. 언니**보다** 키가 작습니다.
②사과를 좋아하십니까? －아니요. 저는 사과**보다** 귤을 더 좋아합니다.
③서울은 날씨가 따뜻합니까? －아니요. 서울은 도쿄**보다** 더 춥습니다.

練習ドリル

5 보기のように質問に答えなさい。

보기 시험은 언제부터입니까 ? (5 월 23 일)
➡ 오월 이십삼일부터입니다 .

試験、いつ
試験はいつからですか。
➡ 5月23日からです。

(1) 내일은 며칠입니까 ? (6 월 17 일)

➡

明日、何日

(2) 생일이 언제입니까 ? (10 월 20 일)

➡

誕生日、いつ

(3) 어디에서 오셨습니까 ? (일본 도쿄)

➡

どこ、来る

(4) 언제부터 방학입니까 ? (다음 주 화요일)

➡

いつ、休み

(5) 언제부터 프로 야구가 시작됩니까 ? (3 월 28 일)

➡

プロ野球、始まる

6 보기のように文を作りなさい。

보기 이 방 , 내 방 , 좁다
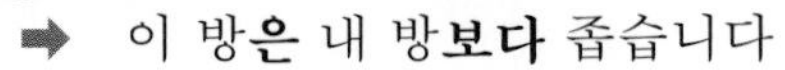
➡ 이 방**은** 내 방**보다** 좁습니다 .

私の部屋、狭い
➡ この部屋は私の部屋より狭いです。

(1) 형 , 나 , 키가 작다

➡

兄、背が低い

(2) 고추장 , 김치 , 맵다

➡

コチュジャン、キムチ、辛い

(3) 이 과자 , 그 과자 , 달다

➡

菓子、甘い

(4) 언니 , 나 , 머리가 길다

➡

姉、髪が長い

(5) 도쿄 , 서울 , 더 춥다

➡

もっと寒い

課題

7 보기のように質問に答えなさい。

보기 언제 일본에 오셨습니까？(3 월 24 일)
➡ 삼**월** 이십사**일에** 왔**습니다**.

日本、来る
いつ日本に来られましたか。
➡ 3月24日に来ました。

(1) 언제 민영 씨를 만납니까？(4 월 2 일)
➡

ミニョンさん、会う

(2) 언제 서울에 가십니까？(7 월 13 일)
➡

ソウル、行く

(3) 언제 미국에 갑니까？(8 월 11 일)
➡

アメリカ、行く

(4) 언제 그 영화를 보러 갑니까？(10 월 20 일)
➡

映画、見に行く

(5) 언제 일본에 오셨습니까？(11 월 23 일)
➡

日本、来る

8 次の数字の読みを書きなさい。

(1) 3 5 ➡
(2) 7 2 ➡
(3) 1 4 ➡
(4) 9 7 ➡
(5) 6 5 ➡
(6) 3 1 ➡
(7) 7 6 ➡
(8) 8 2 ➡
(9) 1 4 9 ➡
(10) 6 7 8 ➡
(11) 9 1 4 ➡
(12) 5 3 2 ➡
(13) 1 7 2 ➡
(14) 3, 8 0 2 ➡
(15) 6, 3 2 5 ➡
(16) 5, 0 4 7 ➡
(17) 1, 5 8 7 ➡
(18) 7 3, 4 2 6 ➡
(19) 1 9, 0 1 2 ➡
(20) 4 5, 1 8 3 ➡

9 声を出して読んで訳しなさい。

①어제는 7 월 12 일 화요일이었습니다 .
　오늘은 7 월 13 일 수요일입니다 .
②15 일 금요일부터 시험이 시작됩니다 .
　여름 방학은 다음 주 토요일부터입니다 .

③민수 씨는 한국에서 왔습니다 . 유학생입니다 .
　키가 큽니다 . 대학에서 일본어를 공부합니다 .

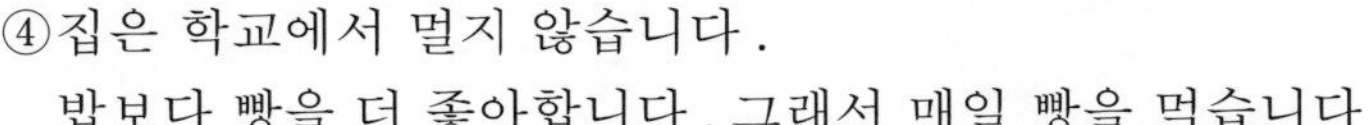

④집은 학교에서 멀지 않습니다 .
　밥보다 빵을 더 좋아합니다 . 그래서 매일 빵을 먹습니다 .

10 韓国語に訳しなさい。

（1）今日は何月何日ですか。
➡

（2）お誕生日はいつですか。
➡

（3）学校の電話番号は何番ですか。
➡

（4）夏休みは６月３０日からです。
➡

（5）昨日東京から来ました。
➡

（6）母は姉より背が低いです。
➡

（7）私は兄より背が高いです。
➡

（8）昨日から雪がたくさん降っています。
➡

（9）３月に会社員になりました。
➡

（10）東京はソウルより暖かいです。
➡

韓国の祝祭日

1月1日	旧暦1月1日	3月1日	旧暦4月8日	5月5日
신정（新正）	설날	삼일절（3・1節）	부처님 오신 날	어린이날
元日	旧正月	独立運動記念日	お釈迦様誕生日	こどもの日
6月6日	**8月15日**	**旧暦8月15日**	**10月9日**	**10月3日**
현충일（顕忠日）	광복절（光復節）	추석（秋夕）	한글날	개천절（開天節）
戦没者慰霊日	独立記念日	秋夕（チュソク）	ハングルの日	建国記念日
12月25日				
성탄절（聖誕節）	설날	추석	부처님 오신 날	어린이날
クリスマス				

❶「설날」と「추석」は前後日を含めて三日間の連休となる。
❷「설날」、「부처님 오신 날」、「추석」は旧暦を使う。
❸「신정」と「현충일」以外の祝日は振替休日が適用される。

ユンノリ（윷놀이）

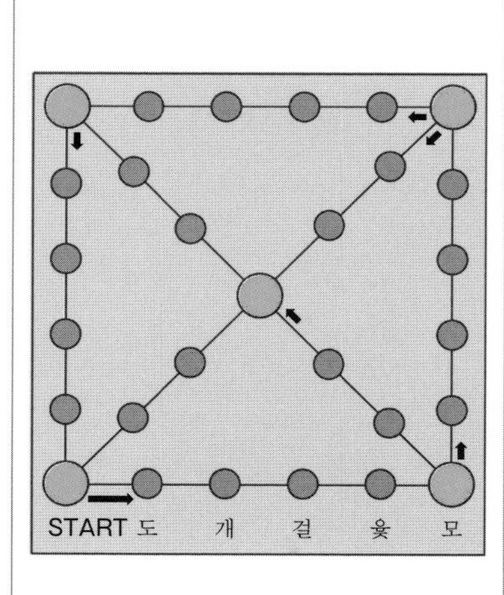

● 用意するもの
❶ 윷4個、❷ 말판（ユンノリ盤）、❸ 말（駒）

❶ 二人以上、または何人かでグループを作って遊べる。
❷ 投げる順番を決める。윷2個ずつを投げて数字が大きいほうが先攻。
❸ 相手の駒を捕まえた場合は윷をもう1回投げられる。
❹ 相手に捕まらないで最短コースでゴールインしたほうが勝利。

도	개	걸	윷	모
駒を1マス前進できる。	駒を2マス前進できる。	駒を3マス前進できる。	駒を4マス前進でき、もう1回윷が投げられる。	駒を5マス前進でき、もう1回윷が投げられる。

第20과 지금 몇 시입니까?

・ソウル観光地
・済州島
・慶州

学習のポイント

❶ 고유어 수사	固有語の数詞		N +부터～ N +까지	N +から～ N +まで
❷ 시, 분, 나이	時、分、年齢		N +에서～ N +까지	N +から～ N +まで
❸ N +까지	N +まで	❹	N +(으)로	N +で

1

민수 : 지금 몇 시입니까?

미호 : **8 시 30 분**입니다.

민수 : 한국어 수업은 몇 시**부터** 몇 시**까지**입니까?

미호 : **9 시**부터 **10 시 반**까지입니다.

162

2

준호 : 집에서 학교**까지**는 얼마나 걸립니까?

유미 : 전철**로** 한 시간쯤 걸립니다.

준호 : 역까지는 얼마나 걸립니까?

유미 : 자전거**로** 10 분쯤 걸립니다.

163

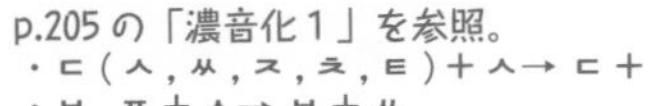

164

❶ 몇 시입니까? → [멷씨임니까?]
8 시 30 분입니다 → [여덜씨 삼십뿌님니다]
한국어 수업은 → [한구거 수어븐]
몇 시부터 몇 시까지 → [멷씨부터 멷씨까지]
9 시부터 10 시 반까지 → [아홉씨부터 열씨반까지]
얼마나 걸립니까? → [얼마나 걸림니까?]

❷ 학교까지는 → [학꾜까지는]
10 분쯤 → [십뿐쯤]

p.205の濃音化1の「ㄱ+ㄱ→ ㄱ+ㄲ」、「ㅂ,ㅍ+ㅂ→ ㅂ+ㅃ」を参照。

単語と語句

ㄱㄷ
걷다 : 歩く
걸리다 : かかる
공항 : 空港
그리다 : 描く
그림 : 絵
김치 : キムチ
까지 : まで
끝나다 : 終わる
듣다 : 聞く
떠나다 : 出発する
떡 : 餅

ㅁㅂㅅ
말하다 : 話す
매일 : 毎日
몇 살 : 何歳
몇 시 : 何時
무 : 大根
반 : 半
배추 : 白菜
볼펜 : ボールペン
부터 : から
분 : 分
사무실 : 事務室
사이 : 間
살 : 才
수업 : 授業
시 : 時
시간 : 時間
실례지만 : 失礼ですが
쌀 : 米
쓰다 : 書く

ㅇㅈㅍ
어떻게 : どのように
얼마나 : どのくらい
역 : 駅
올해 : 今年
운동 : 運動
(으)로 : で
음악 : 音楽
일하다 : 働く
입 : 口
자전거 : 自転車
전 : 前
전철 : 電車
지금 : いま
지하철 : 地下鉄
쯤 : くらい
편지 : 手紙

文法と表現

固有語の数詞は「스물, 서른, 마흔 …」と十単位ずつ数え方が違ってくるので、組み合わせの際は注意しよう。
１３→十三 열셋　２３→二十三 스물셋　３４→三十四 서른넷　４５→四十五 마흔다섯

165
20-1

고유어 수사	固有語の数詞

意味 日本語の固有語の数詞「一つ、二つ、三つ…」にあたり、９９まで数えられる。時間、年齢、個数、人数などを数えるときに用いられる。

1	2	3	4	5	6	7	8	9	10
一つ	二つ	三つ	四つ	五つ	六つ	七つ	八つ	九つ	十(とお)
하나(한)	둘 (두)	셋 (세)	넷 (네)	다섯	여섯	일곱	여덟	아홉	열
11	12	13	14	15	16	17	18	19	20
十一	十二	十三	十四	十五	十六	十七	十八	十九	二十
열하나 (열한)	열둘 (열두)	열셋 (열세)	열넷 (열네)	열다섯	열여섯	열일곱	열여덟	열아홉	스물 (스무)
30	40	50	60	70	80	90	100		
三十	四十	五十	六十	七十	八十	九十	百		
서른	마흔	쉰	예순	일흔	여든	아흔	백		

発音は열여섯→［열려섣］、열일곱→［열릴곱］、열여덟→［열려덜］、열아홉→［여라홉］

※１つ～４つ、２０などは単位名詞の前で（　）内の連体形「한, 두, 세, 네, 스무」が使われる。

パッチム「ㄹ」の後に「ㅎ」が続く場合は「ㄹ」を連音させながら「ㅎ」の混ざった音で発音する。
열하나［여라나］十一　열한시［여란시］十一時

166
❏시：時

1 시	2 시	3 시	4 시	5 시	6 시	7 시	8 시	9 시	10 시	11 시	12 시
一時	二時	三時	四時	五時	六時	七時	八時	九時	十時	十一時	十二時
한 시	두 시	세 시	네 시	다섯시	여섯시	일곱시	여덟시	아홉시	열 시	열한시	열두시

167
❏분：分

「～시（時）」は固有語の数詞に、「～분（分）」は漢字語の数詞に接続するので注意。

1 분	2 분	3 분	4 분	5 분	6 분	7 분	8 분	9 분	10 분
一分	二分	三分	四分	五分	六分	七分	八分	九分	十分
일 분	이 분	삼 분	사 분	오 분	육 분	칠 분	팔 분	구 분	십 분
11 분	12 분	13 분	14 분	15 분	16 분	17 분	18 분	19 분	20 분
十一分	十二分	十三分	十四分	十五分	十六分	十七分	十八分	十九分	二十分
십일 분	십이 분	십삼 분	십사 분	십오 분	십육 분	십칠 분	십팔 분	십구 분	이십 분
21 분	22 분	23 분	24 분	25 분	30 분	35 분	40 분	50 분	60 분
二十一分	二十二分	二十三分	二十四分	二十五分	三十分	三十五分	四十分	五十分	六十分
이십일분	이십이분	이십삼분	이십사분	이십오분	삼십 분	삼십오분	사십 분	오십 분	육십 분

「십육분」,「이십육분」の発音は［심뉵뿐］、［이심뉵뿐］。

「반」（半）ともいう。

練習ドリル

1 固有語の数詞の練習をしてみよう。

一つ	하나			六つ	여섯		
二つ	둘			七つ	일곱		
三つ	셋			八つ	여덟		
四つ	넷			九つ	아홉		
五つ	다섯			十	열		

2 次の数字の固有語の読みを書きなさい。

(1) 5 ➡

(2) 4 ➡

(3) 9 ➡

(4) 3 ➡

(5) 7 ➡

(6) 16 ➡

(7) 36 ➡

(8) 47 ➡

(9) 52 ➡

(10) 21 ➡

(11) 17 ➡

(12) 68 ➡

(13) 8 ➡

(14) 14 ➡

(15) 28 ➡

(16) 39 ➡

(17) 27 ➡

(18) 44 ➡

(19) 22 ➡

(20) 55 ➡

(21) 71 ➡

(22) 19 ➡

(23) 43 ➡

(24) 86 ➡

文法と表現

168

20-2

＿＿ 시 / ＿＿ 분	＿＿ 時 / ＿＿ 分

意味 時間を表す「時」は固有語の数詞で、「分」は漢字語の数詞で読む。

①지금 **몇 시**입니까?
　−**열두 시 오 분 전**입니다.
②**몇 시**에 떠납니까?
　−**한 시 반**에 떠납니다.
③수업은 **몇 시**에 시작합니까?
　−**오전 아홉 시**에 시작합니다.
④**몇 시**에 끝납니까?
　−**오후 네 시 십 분**에 끝납니다.
⑤**몇 시**에 친구를 만납니까?
　−**여섯 시**에 만납니다.

「何時、何分、何秒」は、「몇 시、몇 분、몇 초」という。

この「歳」は漢数詞に接続して使われることもある。その場合は「세」と読んで主に書き言葉として使われる。
20歳 이십 세　35歳 삼십오 세

参考 年齢

1歳	2歳	3歳	4歳	5歳	6歳	7歳	8歳	9歳	10歳
한 살	두 살	세 살	네 살	다섯 살	여섯 살	일곱 살	여덟 살	아홉 살	열 살
11歳	12歳	13歳	14歳	15歳	16歳	17歳	18歳	19歳	20歳
열한 살	열두 살	열세 살	열네 살	열다섯살	열여섯살	열일곱살	열여덟살	열아홉살	스무 살
30歳	40歳	50歳	60歳	70歳	80歳	90歳	100歳		
서른 살	마흔 살	쉰 살	예순 살	일흔 살	여든 살	아흔 살	백 살		

①생일이 언제입니까?
　− 11 월 23 일입니다.
②실례지만 올해 **몇 살**입니까?
　−**스무 살**입니다.
③민영 씨는 나이가 **몇 살**입니까?
　−**열아홉 살**입니다.

年齢を聞く言い方には他に次のような表現がある。①は若い年下の人に、②は年上か、年下に見えても丁寧な表現として、③は中年以上に見える人によく使われる。
① 나이가 몇 살이에요?　年はいくつですか。
② 나이가 어떻게 되세요?　年はおいくつですか。
③ 연세가 어떻게 되세요?　お年はおいくつになりますか。

練習ドリル

3 보기のように次の時刻の読みを書きなさい。

> **보기** 5：37
> ➡ 다섯 시 삼십칠 분
>
> 5：37
> ➡ 五時三十七分

(1) 4：06 ➡

(2) 3：20 ➡

(3) 7：40 ➡

(4) 2：43 ➡

(5) 6：08 ➡

(6) 11：34 ➡

(7) 5：38 ➡

(8) 7：11 ➡

(9) 8：53 ➡

(10) 12：30 ➡

(11) 9：17 ➡

(12) 4：18 ➡

(13) 2：35 ➡

(14) 1：49 ➡

(15) 6：04 ➡

(16) 8：07 ➡

(17) 12：25 ➡

(18) 9：31 ➡

(19) 3：56 ➡

(20) 10：37 ➡

4 次の質問に自由に答えなさい。

(1) 몇 시에 일어났습니까?
➡

(2) 몇 시에 아침을 먹었습니까?
➡

(3) 어젯밤에 몇 시에 잤습니까?
➡

(4) 나이가 몇 살입니까?
➡

(5) 아버지 (어머니) 는 나이가 몇 살입니까?
➡

文法と表現

169
20-3

名詞 +까지	名詞 +まで

意味 **助詞** 時間や場所を表す名詞に付いて時間的、距離的な限度・範囲・到達点を表す。

名詞＋까지			
오늘＋**까지**	今日＋まで	지금＋**까지**	いま＋まで
내일＋**까지**	明日＋まで	공항＋**까지**	空港＋まで
세 시＋**까지**	三時＋まで	서울역＋**까지**	ソウル駅＋まで

①어제는 몇 시**까지** 공부했습니까？
　－도서관에서 아홉 시**까지** 공부했습니다．
②몇 시**까지** 일을 합니까？
　－매일 아홉 시**부터** 다섯 시**까지** 일을 합니다．
③어디**까지** 가십니까？　－서울역**까지** 갑니다．
④집**에서** 학교**까지** 멉니까？
　－아니요．멀지 않습니다．그래서 학교**까지** 매일 걷습니다．

「～부터 ～까지」(～から～まで）は時間的な起点と限度に、「～에서 ～까지」（～から～まで）は主に場所的な起点と到着点に用いられる。

9 시부터 5 시까지　9 時から 5 時まで
오늘부터 내일까지　今日から明日まで
서울에서 부산까지　ソウルから釜山まで
호텔에서 공항까지　ホテルから空港まで

170
20-4

母音で終わる名詞 +로 子音で終わる名詞 +으로 ①	名詞 +で

意味 **助詞** 名詞に付いて手段、道具、材料などを表す。

母音／ㄹで終わる名詞＋로		子音で終わる名詞＋으로	
배추＋**로**	白菜＋で	젓가락＋**으로**	箸＋で
비행기＋**로**	飛行機＋で	숟가락＋**으로**	スプーン＋で
연필＋**로**	鉛筆＋で	손＋**으로**	手＋で

①김치는 무엇**으로** 만듭니까？
　－김치는 배추와 무**로** 만듭니다．
②학교에는 어떻게 갑니까？
　－학교에는 버스와 지하철**로** 갑니다．
③무엇**으로** 그렸습니까？　－손**으로** 그렸습니다．

ㄹパッチムで終わる名詞や語幹には、「으」で始まる助詞や語尾は接続しない。

× 연필으로　○ 연필로　鉛筆で
× 전철으로　○ 전철로　電車で
× 지하철으로　○ 지하철로　地下鉄で
× 놀으러　○ 놀러　遊びに

参考 N＋(으)로 ②：N＋へ

助詞「(으)로」は場所を表す名詞に付いて方向を表す場合にも使われる。

①어디**로** 가십니까？　－사무실**로** 갑니다．

②이 버스는 어디**로** 갑니까？　－서울**로** 갑니다．

練習ドリル

5 보기のように質問と応答文を作りなさい。

보기 운동을 하다 / 6 : 0 0
➡ **몇 시까지** 운동을 **했습니까**?
－여섯 시**까지** 운동을 **했습니다**.

運動をする
➡ 何時まで運動をしましたか。
－六時まで運動をしました。

（1）축구를 하다 / 4 : 0 0
➡

サッカーをする

（2）술을 마시다 / 9 : 0 0
➡

酒を飲む

（3）잠을 자다 / 1 2 : 0 0
➡

寝る

（4）기다리다 / 4 : 0 0
➡

待つ

（5）일을 하다 / 1 0 : 0 0
➡

仕事をする

6 보기のように質問と応答文を作りなさい

보기 밥 , 젓가락 , 먹다
➡ 밥은 무엇**으로** 먹습니까?
－젓가락**으로** 먹습니다.

ご飯、箸、食べる
➡ ご飯は何で食べますか。
－ 箸で食べます。

（1）편지 , 연필 , 쓰다
➡

手紙、鉛筆、書く

（2）국 , 숟가락 , 먹다
➡

スープ、スプーン、食べる

（3）김치 , 배추 , 만들다
➡

キムチ、白菜、作る

（4）그림 , 붓 , 그리다
➡

絵、筆、描く

（5）떡 , 쌀 , 만들다
➡

餅、米、作る

課 題

7 보기のように質問と応答文を作りなさい。

보기 집 , 학교 / 버스 , 30 분
➡ 집**에서** 학교**까지 얼마나 걸립니까**?
－버스**로** 30 분**쯤 걸립니다**.

家、学校／バス
➡ 家から学校までどのくらいかかりますか。
－バスで 30 分ぐらいかかります。

（1）집 , 역 / 자전거 , 15 분
➡

家、駅／自転車

（2）서울 , 부산 / KTX, 2 시간 40 분
➡

ソウル、釜山／ KTX

（3）집 , 공항 / 지하철 , 1 시간
➡

家、空港／地下鉄

（4）도쿄 , 서울 / 비행기 , 2 시간
➡

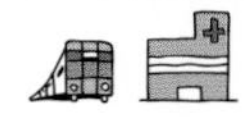

東京、ソウル／飛行機

（5）집 , 병원 / 전철 , 10 분
➡

家、病院／電車

8 次の時刻の読みを書きなさい。

（1）１０：２３ ➡
（2）２：１２ ➡
（3）１：４３ ➡
（4）９：１５ ➡
（5）６：５０ ➡
（6）３：１７ ➡
（7）１１：３６ ➡
（8）８：２４ ➡
（9）１２：４９ ➡
（10）６：２８ ➡
（11）９：１４ ➡
（12）１０：３２ ➡
（13）２：２７ ➡
（14）３：０２ ➡
（15）７：５５ ➡
（16）５：０４ ➡
（17）１１：２７ ➡
（18）１２：０６ ➡
（19）１：１９ ➡
（20）４：３２ ➡

9 声を出して読んで訳しなさい。 171

①오늘은 아침 6 시에 일어났습니다 .
7 시에 아침을 먹고 8 시에 학교에 갔습니다 .
9 시부터 4 시까지 수업이 있었습니다 .
②6 시부터 10 시까지는 아르바이트를 했습니다 .
11 시에 집에 돌아왔습니다 .
목욕을 하고 1 시에 잤습니다 .

③8 월에 한국에 갔습니다 .
후쿠오카에서 부산까지 배로 갔습니다 .
부산까지는 3 시간쯤 걸렸습니다 .

10 韓国語に訳しなさい。

（1）授業は何時に終わりますか。
➡

（2）韓国語の授業は9時から１０時半までです。
➡

（3）学校から家まではどのくらいかかりますか。
➡

（4）午後6時に新宿で友達に会います。
➡

（5）誕生日は3月１８日です。
➡

（6）キムチは白菜で作ります。
➡

（7）手で絵を描きます。
➡

（8）学校まで毎日歩きます。
➡

（9）失礼ですが、何歳ですか。
➡

(10) 月曜日から金曜日まで会社で働きます。
➡

제 21 과 복 습 (18 課・19 課・20 課の復習)

・K-POP 1
・K-POP 2
・K-POP 3

21-1 文型練習

■ 音声をよく聞いてみよう。／■ 声を出して読んでみよう。

172

1 －았 / 었습니다 /－았 / 었습니까 ?

①오늘 무엇을 **했습니까** ?
－집에서 책을 **읽었습니다** .

②어제 무엇을 **했습니까** ?
－친구를 **만났습니다** .

173

2 －(으) 셨습니까 ?

①어제는 무엇을 **하셨습니까** ?
－친구와 같이 영화를 봤습니다 .

②토요일에는 뭘 **하셨습니까** ?
－집에서 쉬었습니다 .

174

3 －고

①주말에 무엇을 했습니까 ?
－텔레비전을 보**고** 쉬었습니다 .

②어제는 무엇을 했습니까 ?
－친구와 같이 식사를 하**고** 영화를 봤습니다 .

③아침에 무엇을 했습니까 ?
－이를 닦**고** 세수를 했습니다 .

175

4 －지만

①한국어는 어떻습니까 ?
－한국어는 재미있**지만** 어렵습니다 .

②날씨는 어떻습니까 ?
－날씨는 좋**지만** 조금 춥습니다 .

③이 연필은 어떻습니까 ?
－싸**지만** 좋습니다 .

176

5 월 일

①오늘은 며칠입니까 ?
－ 7 **월** 13 **일**입니다 .

②생일은 언제입니까 ?
－ 10 **월** 20 **일**입니다 .

③어린이날은 언제입니까 ?
－ 5 **월** 5 **일**입니다 .

6 부터

177

①시험은 언제**부터**입니까?
　−다음 주**부터**입니다.

②여름 방학은 언제부**터입**니까?
　− 6 월 30 일**부터**입니다.

7 에서 ②

178

①어디**에서** 오셨습니까?
　−일본**에서** 왔습니다.

②집은 여기**에서** 멉니까?
　−아뇨, 멀지 않습니다.

8 보다

179

①누가 더 키가 큽니까?
　−동생이 언니**보다** 키가 큽니다.

②서울과 도쿄는 어디가 더 춥습니까?
　−서울이 도쿄**보다** 더 춥습니다.

9 시

180

①**몇 시**입니까?
　−**열 시**입니다.

②**몇 시**에 일어납니까?
　−**여섯 시**에 일어납니다.

③**몇 시**에 학교에 갑니까?
　−**여덟 시**에 갑니다.

10 살

181

①**몇 살**입니까?
　−**열아홉 살**입니다.

②**몇 살**입니까?
　−**스무 살**입니다.

11 까지

182

①몇 **시까**지 학교에 갑니까?
　−여덟 시 반**까지** 학교에 갑니다.

②몇 시**부터** 몇 시**까지** 일합니까?
　−오전 아홉 시**부터** 오후 다섯 시**까지** 일합니다.

③도쿄**에서** 서울**까지**는 얼마나 걸립니까?
　−비행기**로** 두 시간쯤 걸립니다.

12 (으)로

183

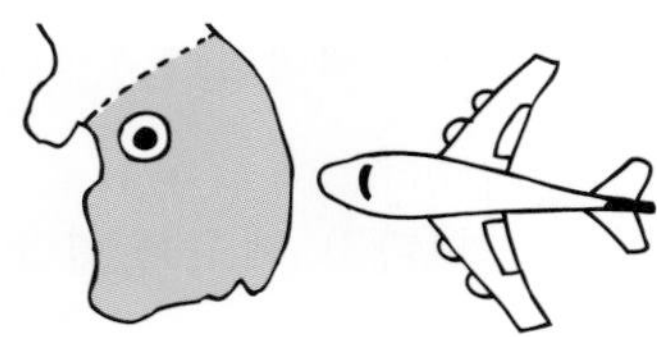

①학교에는 어떻게 갑니까?
　−학교에는 전철**로** 갑니다.

②김치는 무엇**으로** 만듭니까?
　−배추**로** 만듭니다.

21-2 復習問題

1 語尾の接続練習をしてみよう。

基本形		－았/었습니다 ～ました・～かったです	－(으) 셨습니다 ～られました
오다	来る		
보다	見る		
읽다	読む		
입다	着る		
살다＊	住む		
싸다＊	安い		×　×
좋다＊	良い		×　×

2 보기から適当な語尾を選んで文を完成しなさい。

－고，－지만，－(으)러

～て　～けれども　～(し)に

산책을（ 하다 ）아침을 먹었습니다.

➡ 하고

散歩を（ して ）朝食を食べました。

（1）저녁을（ 먹다 ）숙제를 했습니다.

➡

夕食、食べる、宿題

（2）학교에（ 가다 ）공부는 거의 하지 않습니다.

➡

学校、行く、勉強

（3）바람은（ 불다 ）따뜻합니다.

➡

風、吹く、暖かい

（4）주말에는 친구와 영화를（ 보다 ）갑니다.

➡

週末、映画、見る

（5）한국어는（ 재미있다 ）어렵습니다.

➡

韓国語、面白い、難しい

（6）이를（ 닦다 ）세수를 했습니다.

➡

歯、磨く、顔を洗う

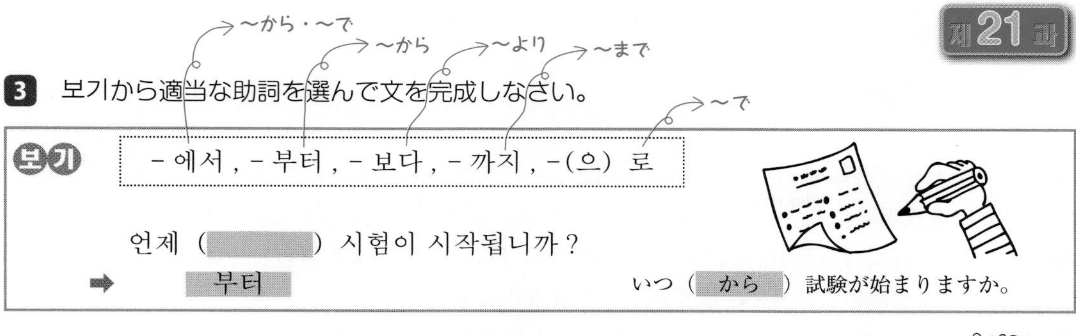

3 보기から適当な助詞を選んで文を完成しなさい。

보기 －에서，－부터，－보다，－까지，－(으) 로

언제（　　　）시험이 시작됩니까？

➡ 부터　　　　いつ（から）試験が始まりますか。

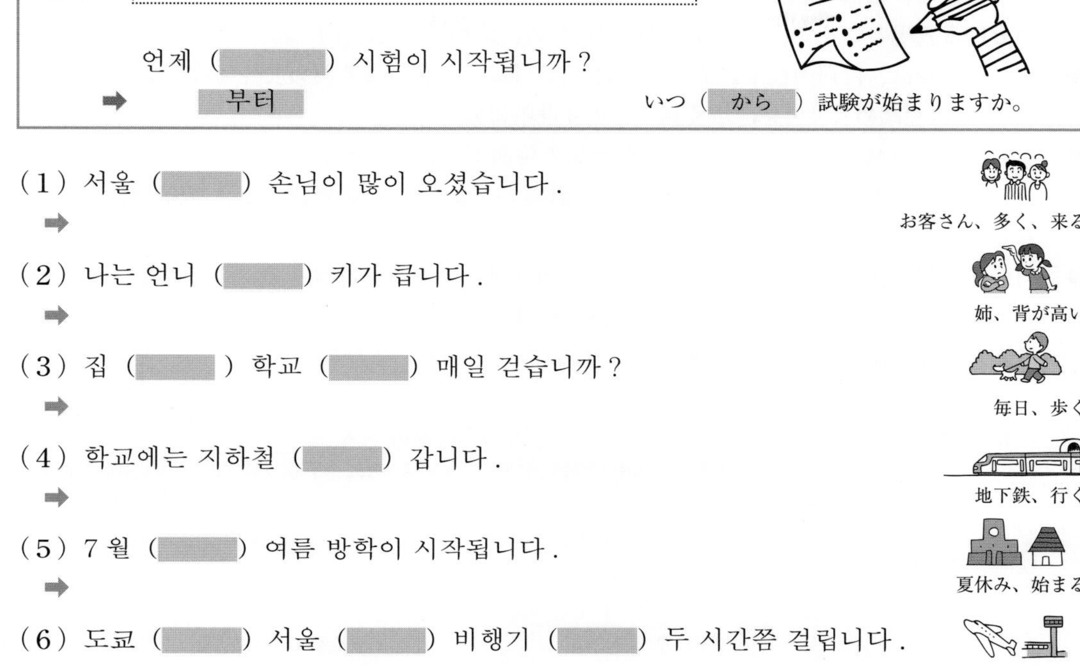

（1）서울（　　　）손님이 많이 오셨습니다．

➡

お客さん、多く、来る

（2）나는 언니（　　　）키가 큽니다．

➡

姉、背が高い

（3）집（　　　）학교（　　　）매일 걷습니까？

➡

毎日、歩く

（4）학교에는 지하철（　　　）갑니다．

➡

地下鉄、行く

（5）7 월（　　　）여름 방학이 시작됩니다．

➡

夏休み、始まる

（6）도쿄（　　　）서울（　　　）비행기（　　　）두 시간쯤 걸립니다．

➡

飛行機、かかる

4 次の質問に自由に答えなさい。（数字も全部ハングル読みで書くこと。）

（1）오늘은 몇 월 며칠 무슨 요일입니까？

➡

何月、何日、何曜日

（2）오늘 몇 시에 일어났습니까？

➡

起きる

（3）어젯밤에 몇 시에 잤습니까？

➡

寝る

（4）나이가 몇 살입니까？

➡

何歳

（5）생일은 언제입니까？

➡

誕生日

（6）휴대전화（핸드폰）번호가 몇 번입니까？

➡

携帯電話、番号

韓国語の待遇表現

- 待遇表現とは、会話の相手との上下、親疎などの人間関係、または会話の場面などに合わせて使い分ける表現のことで、韓国語では待遇の高め、低めの程度は主に文末の語尾を用いて表す。
- 待遇のレベルは、待遇の程度によって一般的に、「합니다体：より高め」、「해라体：より低め」、「해요体：広く高め」、「해体：広く低め」の４段階に分類される。
- さらに、会議や発表、報告、スピーチなど公の場面で用いられるか、格式を気にすることのない日常生活や個人的な話の場面で広く用いられるかを基準に、「格式体」と「非格式体」に分類される。
- 합니다体と해요体は、日本語の「〜でございます」と「〜です・ます」ほどの差はないので、両方とも「〜です・ます」として訳するのが一般的である。本書では「합니다体」をしっかり覚えてから「해요体」（p.172）へ進むことにする。

待遇のレベル			意味と用例		
格式体	より高め	합니다体	礼儀を守って話すべき相手や会議、発表、ニュース、スピーチなど公式的な場で用いられる。		
			平叙形	학생입니다 . 학교에 갑니다 .	学生です。 学校に行きます。
			疑問形	학생입니까？ 어디에 갑니까？	学生ですか。 どこへ行きますか。
			命令形	빨리 오십시오！	早く来てください。
			勧誘形	같이 가시지요 .	一緒に行きましょうか。
	より低め	해라体	ぞんざいな言い方で親しい友達や子供などに対して用いられる。		
			平叙形	학생이다 . 학교에 간다 .	学生だ。 学校に行く。
			疑問形	학생이냐？ 어디 가냐？	学生か？ どこへ行く？
			命令形	빨리 와라！	早く来なさい。
			勧誘形	같이 가자 .	一緒に行こう。
非格式体	広く高め	해요体	格式を気にしないカジュアルな表現で日常生活や個人的な会話の場面で用いられる。		
			平叙形	학생이에요 . 학교에 가요 .	学生です。 学校に行きます。
			疑問形	학생이에요？ 어디 가요？	学生ですか。 どこへ行きますか。
			命令形	빨리 와요！	早く来てください。
			勧誘形	같이 가요 .	一緒に行きましょう。
	広く低め	해体	家族、友達、親しい年下の人などを相手に用いられる。「友達言葉（タメロ）」に該当する。		
			平叙形	학생이야 . 학교에 가 .	学生だよ。 学校に行くよ。
			疑問形	학생이야？ 어디 가？	学生なの？ どこへ行くの？
			命令形	빨리 와！	早く来て！
			勧誘形	같이 가 .	一緒に行こう。

제 22 과　얼마예요？

・明洞
・新大久保
・モクパン

学習のポイント

❶	V/A ＋아요 / 어요 / 여요	V/A ＋ます・です	❹	안＋ V/A	V/A ＋ない
❷	N ＋예요 / 이에요	N ＋です	❺	단위명사	単位名詞
❸	V ＋(으)세요 ①	V ＋られます			

1 민수：주말에 뭐 **하세요**？

미호：대개 집에서 청소와 빨래를 하고 **쉬어요**.

민수：운동은 **안** 하세요？

미호：운동은 별로 **안 좋아해요**.

184

2 혜영：이 사과는 **한 개**에 얼마**예요**？

점원：**한 개**에 오백원**이에요**.

혜영：이 귤은 얼마예요？

점원：열 개에 천 원이에요.

혜영：그럼 사과 네 개하고 귤 열 개 **주세요**.

185

発音の練習

186

一般的に母音、または「ㄴ，ㅁ，ㅇ，ㄹ」の後に来る初声「ㅎ」は「ㅎ」の音が弱化し、連音化して発音されるが、「標準発音法」では元の音価通りに発音するのを原則としている。

❶ 안 하세요？　→ [안하세요？] / [아나세요？]

안 좋아해요　→ [안조아해요]

❷ 열 개에 천 원이에요　→ [열깨에 처눠니에요]

귤 열 개 주세요　→ [귤 열깨 주세요]

p.206 の濃音化「ㄹ＋ㄱ→ ㄹ＋ㄲ」を参照。
갈길→[갈낄] 行く道　발가락→[발까락] 足の指

母音の前にくるパッチム「ㅎ」は発音されず無音化する。
좋아요→[조아요] 良いです　놓아요→[노아요] 置きます

単語と語句

ㄱㄴㄷ		나무	：木	바다	：海	쉬다	：休む	인사	：あいさつ
가르치다	：教える	너무	：あまりにも	별로	：あまり	싸다	：安い	자주	：よく(頻繁に)
강	：川	다음 달	：来月	보내다	：送る	**ㅇㅈㅊ**		전혀	：全然
개	：個	대개	：たいてい	봉투	：封筒	-아요/어요	：ます	정말	：本当
겨울	：冬	동물	：動物	빨래	：洗濯	안	：〜ない	좁다	：狭い
귤	：みかん	**ㅁㅂㅅ**		빨리	：速く	야구	：野球	좋아하다	：好きだ
그럼	：では	메일	：メール	사과	：りんご	약속	：約束	지갑	：財布
그리고	：そして	몇 층	：何階	선물	：プレゼント	얼마	：いくら	청소	：掃除
꽃	：花	물	：水	-세요	：〜られます	운동	：運動	취미	：趣味
끝나다	：終わる	뭐	：何を	소	：牛	원	：ウォン	치마	：スカート

文法と表現

「ㅂ니다 / 습니다」と「아요 / 어요」はともに敬意を表す語尾だが、「ㅂ니다 / 습니다」はかしこまった言い方（格式体）でニュースや会議、授業など公式的な場で多く使われ、「아요 / 어요」は打ち解けた言い方（非格式体）で日常生活の場で多く使われる。p.170 の「韓国語の待遇表現」を参照。

187

22-1

母音「ㅏ，ㅗ」が含まれている用言の語幹	＋아요	動詞	＋ます
母音「ㅏ，ㅗ」が含まれていない用言の語幹	＋어요	形容詞	＋です
「하다」で終わる用言の語幹	＋여요		

意味 **語尾** 用言の語幹に付いて相手に対する敬意を表す。

接続 用言の語幹に接続する。❶用言の語幹の最終音節に母音「ㅏ，ㅗ」が含まれている場合は「-아요」、❷含まれていない場合は「-어요」、❸하다で終わっている用言の場合は「-여요」に接続する。

1 母音「ㅏ，ㅗ」が含まれている用言の語幹＋아요

「ㅏ，ㅗ」が含まれている用言の語幹＋**아요**							
닫다	閉める	닫＋**아요**→닫**아요**	閉めます	달다	甘い	달＋**아요**→달**아요**	甘いです
앉다	座る	앉＋**아요**→앉**아요**	座ります	많다	多い	많＋**아요**→많**아요**	多いです
놀다	遊ぶ	놀＋**아요**→놀**아요**	遊びます	좋다	良い	좋＋**아요**→좋**아요**	良いです

縮約 パッチムのない「ㅏ，ㅗ」の母音語幹に「-아요」が接続すると縮約が起こる。

語幹にパッチムがある場合は縮約は起こらない。

❶ ㅏ＋아요→ ㅏ요

가다（行く）→ 가＋아요 →（**가＋아**）＋요 ＝ **가**요 行きます

사다（買う）→ 사＋아요 →（**사＋아**）＋요 ＝ **사**요 買います

싸다（安い）→ 싸＋아요 →（**싸＋아**）＋요 ＝ **싸**요 安いです

❷ ㅗ＋아요→ ㅘ요

速く発音してみると縮約のこつをつかみやすい。

오다（来る）→ 오＋아요 →（**오＋아**）＋요 ＝ **와**요 来ます

보다（見る）→ 보＋아요 →（**보＋아**）＋요 ＝ **봐**요 見ます

2 母音「ㅏ，ㅗ」が含まれていない用言の語幹＋어요

「ㅏ，ㅗ」が含まれていない用言の語幹＋**어요**							
읽다	読む	읽＋**어요**→읽**어요**	読みます	적다	少ない	적＋**어요**→적**어요**	少ないです
먹다	食べる	먹＋**어요**→먹**어요**	食べます	싫다	嫌いだ	싫＋**어요**→싫**어요**	嫌いです
입다	着る	입＋**어요**→입**어요**	着ます	넓다	広い	넓＋**어요**→넓**어요**	広いです

縮約 パッチムのない「ㅓ，ㅜ，ㅣ，ㅐ」の母音語幹に「-어요」が接続すると縮約が起こる。

❶ ㅓ＋어요→ ㅓ요

速く発音してみると縮約のこつをつかみやすい。

서다　（立つ）→ 서＋어요 　→（**서＋어**）　＋요 ＝ **서**요　立ちます

건너다（渡る）→ 건너＋어요 →（건**너＋어**）＋요 ＝ 건**너**요 渡ります

❷ ㅜ+어요→ ㅝ요

배우다（学ぶ） → 배우+어요 → 배（**우**+**어**）+요 = 배**워**요 学びます

세우다（止める） → 세우+어요 → 세（**우**+**어**）+요 = 세**워**요 止めます

바꾸다（変える） → 바꾸+어요 → 바（**꾸**+**어**）+요 = 바**꿔**요 変えます

❸ ㅣ+어요→ ㅕ요

마시다（飲む） → 마시+어요 → 마（**시**+**어**）+요 = 마**셔**요 飲みます

보이다（見える） → 보이+어요 → 보（**이**+**어**）+요 = 보**여**요 見えます

다니다（通う） → 다니+어요 → 다（**니**+**어**）+요 = 다**녀**요 通います

❹ ㅐ+어요→ ㅐ요

보내다（送る） → 보내+어요 → 보（**내**+**어**）+요 = 보**내**요 送ります

끝내다（終える） → 끝내+어요 → 끝（**내**+**어**）+요 = 끝**내**요 終えます

3 「하다」で終わる用言の語幹+여요 → 해요

「하다」で終わっているすべての用言がこれに属する。

「하다」用言の語幹+**여요** → **해요**			
공부하다	勉強する	공부**하**+**여요** → 공부**해요**	勉強します
따뜻하다	暖かい	따뜻**하**+**여요** → 따뜻**해요**	暖かいです

参考 口語体では「하여」形はほとんど使われず、その縮約形「해」が使われるのが一般的である。

생각（하+**여**）+요 → 생각（**해**）+요 思います

조용（하+**여**）+요 → 조용（**해**）+요 静かです

「여不規則活用」ともいう。

①몇 시에 **일어나요**?

－여섯 시에 **일어나요**.

②무슨 일을 **해요**?

－일본어를 **가르쳐요**.

③오후에 약속이 **있어요**?

－네, 명동에서 수민 씨를 **만나요**.

④어제는 뭘 **했어요**?

－어제는 수업이 일찍 **끝났어요**.

그래서 친구와 같이 영화를 **봤어요**.

그리고 식사를 하고 차를 **마셨어요**.

⑤언제 **오셨어요**?

－어젯밤에 **왔어요**.

格式体「ㅂ니다 / 습니다」の表現は「합니다体」、非格式体「아요 / 어요」の表現は「해요体」という。p.202 の「用言の活用表」を参照。

「합니다体」	「해요体」	
일어납니다	일어나요	起きます
일하다	일해요	働きます
읽습니다	읽어요	読みます
좋습니다	좋아요	良いです

過去の語尾「- 았 -」には語尾「- 아요」ではなく、「- 어요」が接続する。

× 놀+았+아요　○ 놀았+어요 遊びました

× 좋+았+아요　○ 좋았+어요 良かったです

p.202 の「用言の活用表」の非格式体尊敬形過去を参照。
p.140 の文法 18-3 格式体尊敬形過去を参照。

練習ドリル

1 丁寧形の作り方の練習をしてみよう。

動詞の語幹＋아요 / 어요 ～ます			動詞の語幹＋아요 / 어요 ～ます		
찾다	探す		오다	来る・降る	
놀다	遊ぶ		보다	見る	
받다	もらう		먹다	食べる	
살다	住む		벗다	脱ぐ	
알다	わかる		웃다	笑う	
앉다	座る		읽다	読む	
팔다	売る		입다	着る	
잡다	つかむ		있다	ある・いる	
놓다	置く		잊다	忘れる	
남다	残る		찍다	撮る	
타다	乗る		믿다	信じる	
자다	寝る		끊다	切る	
가다	行く		넣다	入れる	
사다	買う		걸다	かける	
떠나다	発つ・去る		붙다	付く	
만나다	会う		울다	泣く	
나가다	出かける		열다	開ける	

2 丁寧形の作り方の練習をしてみよう。

動詞の語幹＋아요／어요／여요 〜ます			形容詞の語幹＋아요／어요／여요 〜です		
건너다	渡る		많다	多い	
서다	立つ		짧다	短い	
배우다	学ぶ		좁다	狭い	
바꾸다	変える		작다	小さい	
주다	くれる		밝다	明るい	
보이다	見える		좋다	良い	
마시다	飲む		높다	高い（高さ）	
이기다	勝つ		짜다	塩辛い	
기다리다	待つ		비싸다	高い（値段）	
다니다	通う		차다	冷たい	
다치다	怪我する		적다	少ない	
가지다	持つ		싫다	嫌いだ	
들리다	聞こえる		멀다	遠い	
끝내다	終える		길다	長い	
보내다	送る		느리다	遅い	
노래하다	歌う		조용하다	静かだ	
공부하다	勉強する		깨끗하다	清潔だ	

文法と表現

188 **22-2**

「이다」は日本語の「- だ」に相当するもので「叙述格助詞」(学校文法)、または「指定詞」と言う。用言のように活用をする。

母音で終わる名詞 +예요 子音で終わる名詞 +이에요	名詞 +です

意味 **語尾** 体言に付いて丁寧な断定、または説明の意を表す。「이다」の語幹「이」に敬意を表す語尾「-에요」が接続した形である。疑問形と平叙形は同形である。

接続 母音体言には「-예요」、子音体言には「-이에요」の形で接続する。

母音体言＋예요		子音体言＋이에요	
야채＋**예요**	野菜＋です	생선＋**이에요**	魚＋です
고기＋**예요**	肉＋です	과일＋**이에요**	果物＋です
과자＋**예요**	お菓子＋です	떡 ＋**이에요**	もち＋です

①이것은 뭐**예요**？－고추와 무**예요**.
②한국어 시험이 언제**예요**？ －내일**이에요**.
③취미가 뭐**예요**？ －축구**예요**.

무엇の縮約は,「무엇→ 뭐」,「무엇을→ 뭘」の形になる。

「합니다体」 「해요体」
생선입니다 생선이에요 魚です
고기입니다 고기예요 肉です

参考 N＋가 / 이 아니＋에요：N＋ではありません
①이것은 바다**가 아니에요**. 강이에요.
②이것은 꽃**이 아니에요**. 나무예요.

否定の「아니다」は名詞ではないので、丁寧形は「아니＋예요」ではなく、「아니＋에요」になる。
아니다→ 아니＋에요 (丁寧形語尾) → 아니에요

189 **22-3**

名詞には「-(이)세요」の形で結合する。
누구세요？ どなたですか。
저분이세요？ あの方でいらっしゃいますか。

母音で終わる動詞の語幹 +세요 子音で終わる動詞の語幹 +으세요 ①	動詞 ＋(ら) れます お＋ 動詞 +になります

意味 **語尾** 尊敬の先語末語尾「-(으)시」に丁寧形の語尾「-어요」が結合してできた終結語尾で、その動作の主体に対する敬意を表す。疑問形も平叙形と同形である。

接続 母音語幹、ㄹ語幹には「-세요」、子音語幹には「-으세요」の形で接続する。

母音語幹・ㄹ語幹＋세요				子音語幹＋으세요			
하다	する	하**세요**	なさいます	읽다	読む	읽**으세요**	読まれます
오다	来る	오**세요**	来られます	놓다	置く	놓**으세요**	置かれます
가다	行く	가**세요**	行かれます	신다	履く	신**으세요**	お履きになります

①지금 뭐 하**세요**？ －한국어 공부를 해요.
②언제 일본에 가**세요**？－다음 달에 갑니다.
③오늘 집에 손님이 많이 오**세요**？－네, 열 명쯤 오**세요**.
④무슨 책을 읽**으세요**？
－한국 소설책을 읽어요. 아주 재미있어요.

「합니다体」 「해요体」
하십니까？ 하세요？ なさいますか
가십니까？ 가세요？ 行かれますか
읽으십니까？ 읽으세요？読まれますか

練習ドリル

3 보기のように質問に答えなさい。

보기 취미가 뭐예요？（등산）
➡ 취미는 등산**이에요**.

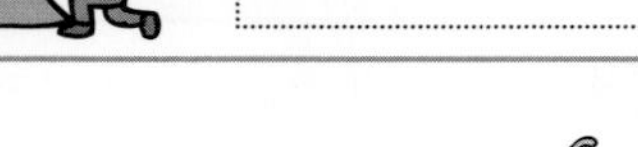

（1）이것이 뭐예요？（안경）

➡

眼鏡

（2）저것은 뭐예요？（시계）

➡

時計

（3）극장은 몇 층이에요？（3 층）

➡

映画館、3 階

（4）저것이 뭐예요？（고양이）

➡

猫

（5）이 동물은 뭐예요？（소）

➡

動物、牛

4 보기のように質問に答えなさい。

보기 무엇을 읽으세요？（신문）
➡ 신문을 읽**어요**.

（1）무엇을 보세요？（한국 영화）

➡

見る、韓国映画

（2）언제 한국에 가세요？（다음 주 월요일）

➡

行く、来週の月曜日

（3）누구를 만나세요？（친구）

➡

会う、友達

（4）어디에 사세요？（학교 근처）

➡

住む、学校の近く

（5）할머니는 지금 무엇을 하세요？（청소）

➡

する、掃除

文法と表現

190 **22-4**

「-지 않습니다」否定形は p.116 の文法 15-5 を参照。

안 +［用言］	［用言］+ない／くない

意味 **副詞** 用言の前にきてその用言を否定する。口語体で主に使われる。

안＋動詞 / 形容詞								
사다	買う	→	**안** 사다	買わない	→	**안** 사요	買いません
웃다	笑う	→	**안** 웃다	笑わない	→	**안** 웃어요	笑いません
짧다	短い	→	**안** 짧다	短くない	→	**안** 짧아요	短くないです

①겨울을 좋아해요? - 아니요. 겨울은 **안** 좋아해요.
②이 과자 달아요? - 아니요. **안** 달아요.
③이 치마 짧아요? - 아니요. **안** 짧아요.

「名詞+하다」→ 운동（運動）+하다, 산책（散歩）+하다, 연주（演奏）+하다, 연락（連絡）+하다, 전화（電話）+하다など

注意 動作性の名詞に「하다」が付いてできた「하다」動詞の場合は、その名詞と「하다」の間に「안」が来る。

공부하다	勉強する	→	공부 **안** 하다	勉強しない	→	공부 **안** 해요	勉強しません
운동하다	運動する	→	운동 **안** 하다	運動しない	→	운동 **안** 해요	運動しません

①그 아이는 전혀 공부（를）**안** 해요.
②나는 별로 운동（을）**안** 해요.

「名詞+안+하다」の否定形では、名詞の後に状況に合う助詞を補って使われるのが一般的である。
「운동（運動）+안+하다」
→「운동（運動）을/은/도+안+하다」

191 **22-5**

日本語の助数詞に相当するもので単位を表す依存名詞（形式名詞）である。p.182 の「単位名詞」を参照。

단위 명사	単位名詞

意味 **依存名詞** ものを数えるとき、その種類と単位を表す。固有語の数詞に接続するものと漢字語の数詞に接続するものがあるので注意が必要。

単位名詞		用例		単位名詞		用例	
개	個	사과 한 **개**	りんご1個	명	名	학생 한 **명**	学生1名
장	枚	종이 한 **장**	紙1枚	번	回	영화를 한 **번**	映画を1回
권	冊	책 한 **권**	本1冊	번	番	일 **번**, 이 **번**	1番、2番
마리	匹、頭、羽	개 한 **마리**	犬1匹	층	階	일 **층**, 이 **층**	1階、2階
잔	杯	물 한 **잔**	水1杯	인분	人前	불고기 일 **인분**	焼肉1人前
송이	輪、房	꽃 한 **송이**	花1輪	원	ウォン	일 **원**	1ウォン

①이 사과는 한 **개**에 얼마예요? －천 **원**이에요.
②일요일에 뭐 했어요? －한국 영화를 두 **번** 봤어요.
③은행이 **몇 층**에 있어요? －일 **층**에 있어요.

「몇+単位名詞」の形で疑問を表す。
몇+개 何個　몇+장 何枚　몇+권 何冊
몇+명 何名　몇+시 何時　몇+번 何番、何回

練習ドリル

5 보기のように質問に答えなさい。

보기 내일 학교에 가세요 ?
➡ **아뇨**, **안** 가요 .

明日学校に行きますか。
➡ いいえ、行きません。

(1) 겨울은 좋아하세요 ?
➡

冬、好きだ

(2) 지금 비가 와요 ?
➡

今、雨、降る

(3) 이 과자는 달아요 ?
➡

お菓子、甘い

(4) 내일도 학교에 가요 ?
➡

明日、学校、行く

(5) 그 책을 샀어요 ?
➡

その本、買う

6 보기のように質問に答えなさい。(数字はすべてハングル読みで書くこと)

보기 사과가 몇 개예요 ? (3)
➡ 세 개**예요** .

りんごは何個ですか。
➡ 3 個です。

(1) 책을 몇 권 빌렸어요 ? (2)
➡

本、何冊、借りる

(2) 생일이 언제예요 ? (11. 1)
➡

誕生日、いつ

(3) 이 바지는 얼마예요 ? (25000)
➡

ズボン、いくら

(4) 몇 살이에요 ? (21)
➡

何歳

(5) 몇 학년이에요 ? (2)
➡

何年生

課題

7 보기のように文を作りなさい。

보기

빵 , 개

₩800

➡ 빵이 몇 개 **있어요**?
두 개 **있어요**.
한 개**에 얼마예요**?
한 개**에** 팔백**원이에요**.

(1)
➡

사과 , 개

₩1200 ➡

(2)
➡

커피 , 잔

₩3000 ➡

(3)
➡

꽃 , 송이

₩900 ➡

(4)
➡

공책 , 권

₩1500 ➡

(5)
➡

봉투 , 장

₩80 ➡

(6)
➡

맥주 , 병

₩4500 ➡

8 声を出して読んで訳しなさい。

①어제는 수업이 일찍 끝났어요.
그래서 친구와 같이 영화를 보러 갔어요.
②영화를 보고 저녁을 먹었어요.
술도 마시고 노래방에도 갔어요.

③아침에는 일찍 일어나요.
대개 30 분쯤 산보를 하고 신문을 읽어요.
④그리고 아침을 먹고 학교에 가요.
학교까지는 지하철과 버스로 한 시간쯤 걸려요.

9 韓国語に訳しなさい。

（1）私はサッカーは好きではありません。
➡

（2）私の趣味は野球です。
➡

（3）図書館は5階にあります。
➡

（4）このスカートは長くありません。短いです。
➡

（5）このリンゴはいくらですか。—3個で1000ウォンです。
➡

（6）これは川ではありません。海です。
➡

（7）誰からプレゼントをもらいましたか。 → p.198～199の「助詞一覧」6, 7の「에게，한테」と10, 11の「에게서，한테서」の用例を参考。
➡

（8）母にメールを送りました。
➡

（9）私の部屋はとても狭いです。
➡

（10）土曜日の午後は約束があります。
➡

固有語の数詞に接続する単位名詞

1	2	3	4	5
한	두	세	네	다섯
6	7	8	9	10
여섯	일곱	여덟	아홉	열

 ～개 ～個（りんご、みかん）	 ～장 ～枚（紙、ハンカチ）	 ～마리 ～羽（鳥、鶏）	 ～달 ～か月	 ～컵 ～カップ（コップ）
 ～권 ～冊（本、ノート）	 ～명 ～名（人数）	 ～마리 ～匹（犬、猫、魚、虫）	 ～시 ～時（時計）	 ～접시 ～皿（料理）
 ～장 ～枚（写真、葉書、名刺）	 ～벌 ～着（服、洋服）	 ～마리 ～頭（牛、馬）	 ～시간 ～時間	 ～잔 ～杯（茶、酒、ジュース）
 ～그릇 ～膳（ご飯）	 ～병 ～本（ビール、酒）	 ～가지 ～種類（種類）	 ～살 ～歳（年齢）	 ～대 ～台（車、自転車、テレビ）
 ～다발 ～束（花束）	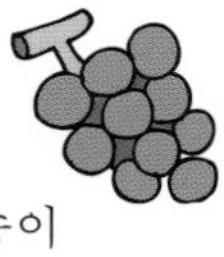 ～송이 ～房（ぶどう）	 ～통 ～通（手紙、書類）	 ～번 ～回（回数）	 ～ 채 ～軒（家）
 ～켤레 ～足（靴、靴下）	 ～송이 ～輪（花）	 ～알 ～錠（錠剤）	 ～번째 ～番目（順番、回数）	 ～ 척 ～隻（船）

1番目、1回目は「한 번째」と言わず「첫 번째」という。

제 23 과 뭘 먹을까요?

・キムチ
・プルコギ
・冷麺

学習のポイント

❶ V +(으) ㄹ까요?	V +ましょうか	❹ V/A+(으)니까	V/A+から
❷ V +(으) ㅂ시다	V +ましょう	❺ V/A+겠 -	意志、推量
❸ V +고 싶다	V +たい	❻ V +세요 / 십시오	V +てください

193

1 영민 : 한국 음식은 좋아하세요?

유미 : 네, 조금 맵지만 아주 좋아해요.

영민 : 그럼 같이 저녁이라도 먹으러 **갈까요**?

유미 : 네, 좋아요. 배가 고프**니까** 빨리 **갑시다**.

194

2 점원 : 어서 오세요. 뭘 드릴까요?

영민 : 뭘 먹을까요?

유미 : 저는 냉면을 먹**고 싶어요**.

영민 : 저는 불고기를 좋아하니까 불고기를 **먹겠어요**.

여기요, 불고기 2 인분하고 냉면 하나 **주세요**.

発音の練習

195

p.205 の「濃音化 1」を参照。
・ㄱ+ㄱ→ㄱ+ㄲ
・ㅂ+ㅈ→ㅂ+ㅉ

❶	좋아하세요?	→ [조아하세요?]	❷	먹겠어요	→ [먹께써요]
	저녁이라도	→ [저녀기라도]		맵지만	→ [맵찌만]
	먹으러 갈까요?	→ [먹그러 갈까요?]		갑시다	→ [갑씨다]
	먹고 싶어요	→ [먹꼬 시퍼요]		같이	→ [가치]

p.206 の「口蓋音化」を参照。

単語と語句

-(으)니까 : ～から
-고 싶다 : ～したい
-고 싶어하다 : ～したがる

ㄱㄴㄷ
가끔 : たまに
같이 : 一緒に
개나리 : レンギョウ
고프다 : (お腹)すく
그러면 : では
그럼 : では
그렇게 : そんなに

김치찌개 : キムチチゲ
깊다 : 深い
께 : ～に
꼭 : 必ず
내다 : 出す
냉면 : 冷麺
다시 : 再び、また
닫다 : 閉める
드리다 : 差し上げる

ㅁㅂㅅ
먼저 : 先に、まず

맥주 : ビール
바다 : 海
바람 : 風
바쁘다 : 忙しい
밥값 : 食事代
배 : お腹
벌써 : すでに、もう
벚꽃 : 桜
불고기 : 焼肉
붙이다 : 貼る
사다 : おごる、買う

세수 : 洗顔
시키다 : 注文する

ㅇ
아프다 : 痛い
얘기 : 話し
어때요 : どうですか
요리 : 料理
우표 : 切手
어서 오세요 : いらっしゃいませ
이따가 : あとで
이번 : 今度

ㅈㅊㅍㅎ
젊다 : 若い
정말 : 本当に
질문 : 質問
천천히 : ゆっくり
피곤하다 : 疲れる
피다 : 咲く
한테는 : ～(人)には
흐리다 : 曇る

文法と表現

196 23-1

母音で終わる動詞の語幹 +ㄹ까요？ 子音で終わる動詞の語幹 +을까요？	動詞 +ましょうか

意味 **語尾** 動詞の語幹に付いて提案や相手の意向を確認する意を表す。

接続 母音語幹とㄹ語幹には「-ㄹ까요？」、子音語幹には「-을까요？」の形で接続する。

母音語幹・ㄹ語幹＋ㄹ까요？		子音語幹＋을까요？	
시키다 → 시킬**까요**？	注文しましょうか	찍다 → 찍**을까요**？	撮りましょうか
말하다 → 말할**까요**？	話しましょうか	닦다 → 닦**을까요**？	磨きましょうか

①같이 차라도 마시러 갈**까요**？

②문을 닫**을까요**？

③커피를 시킬**까요**？

④무슨 얘기를 먼저 할**까요**？

ㄹ語幹に接続の例：
열다→열＋ㄹ까요？→ 열까요？開けましょうか

参考 用言の語幹や名詞に付いて疑問や推測の意としても用いられる。

①누가 그 책을 빌렸**을까요**？

②그 강은 얼마나 깊**을까요**？

③이건 무슨 그릇일**까요**？

197 23-2

「-(으)ㅂ시다」は同輩で使う表現で目上の人には使えない。
目上の人には「-(으)시지요 /-(으)시죠」形を使う。
선생님，같이 가시지요./ 가시죠．先生、一緒に行きましょう。

母音で終わる動詞の語幹 +ㅂ시다 子音で終わる動詞の語幹 +읍시다	動詞 +ましょう

意味 **語尾** 動詞の語幹に付いて勧誘の意を表す。

接続 母音語幹には「-ㅂ시다」、子音語幹には「-읍시다」の形で接続する。

母音語幹・ㄹ語幹＋ㅂ시다		子音語幹＋읍시다	
부르다 → 부릅**시다**	歌いましょう	찍다 → 찍**읍시다**	撮りましょう
만나다 → 만납**시다**	会いましょう	앉다 → 앉**읍시다**	座りましょう

①우리 같이 바다에 갑**시다**．
－좋아요．바다에서 사진을 많이 찍**읍시다**．

②뭘 시킬까요？
－맥주를 시킵**시다**．

ㄹ語幹に接続の例：
열다（開ける）→열＋ㅂ시다→ 엽시다　開けましょう

같이 가요．　一緒に行きましょう。
같이 찍어요．一緒に撮りましょう。
같이 해요．　一緒にやりましょう。

参考 語尾「-아요 /-어요」は勧誘・提案の意としても用いられる。

①내일 같이 영화 보러 가**요**．

②이따가 도서관 앞에서 만나**요**．

練習ドリル

1 보기のように文を作りなさい。

보기 지하철 , 타다
➡ 지하철**을 탈까요**?

地下鉄、乗る
➡ 地下鉄に乗りましょうか。

(1) 사진 , 찍다

➡

写真、撮る

(2) 문 , 닫다

➡

ドア、閉める

(3) 같이 , 가다

➡

一緒に、行く

(4) 일찍 , 출발하다

➡

早く、出発する

(5) 내일 , 만나다

➡

明日、会う

2 보기のように質問と応答文を作りなさい。

보기 이 , 닦다
➡ 이를 닦**을까요**?
－이를 닦**읍시다** / 닦**아요** .

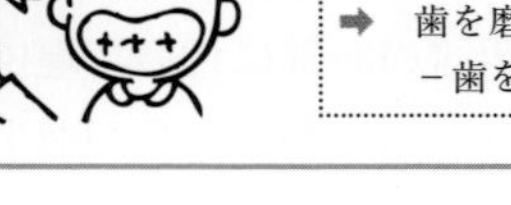

歯、磨く
➡ 歯を磨きましょうか。
－歯を磨きましょう。

(1) 신발 , 벗다

➡

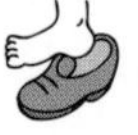
靴、脱ぐ

(2) 텔레비전 , 켜다

➡

テレビ、つける

(3) 옷 , 갈아입다

➡

服、着替える

(4) 창문 , 열다

➡

窓、開ける

(5) 맥주 , 시키다

➡

ビール、注文する

文法と表現

23-3

198

動詞の語幹 ＋고 싶다 動詞の語幹 ＋고 싶어 하다	動詞 ＋たい 動詞 ＋たがる

意味 **語尾＋補助用言** 語幹に付いて「-고 싶다」は話し手の希望、願望を、「-고 싶어 하다」は第三者の希望、願望の意を表す。

語幹＋고 싶다		語幹＋고 싶어 하다	
울다 → 울**고 싶다**	泣きたい	배우다 → 배우**고 싶어 하다**	学びたがる
믿다 → 믿**고 싶다**	信じたい	만나다 → 만나**고 싶어 하다**	会いたがる

①지금 뭘 하**고 싶으세요**?

－먼저 이를 닦고 세수를 하**고 싶습니다**.

②무슨 옷을 입**고 싶으세요**?

－이번에는 양복을 입고 넥타이도 매**고 싶어요**.

③동생이 한국 요리를 배우**고 싶어 해요**.

④친구가 선생님께 질문을 하**고 싶어 해요**.

23-4

199

母音で終わる用言の語幹 ＋니까 子音で終わる用言の語幹 ＋으니까	用言 ＋から

意味 **語尾** 用言の語幹に付いて理由、原因を表す。

接続 母音語幹、ㄹ語幹には「-니까」、子音語幹には「-으니까」の形で接続する。

発音は [마덥따]。
p.207 の「絶音化」を参照。

母音語幹・ㄹ語幹＋니까		子音語幹＋으니까	
피다 → 피**니까**	咲くから	맛없다 → 맛없**으니까**	まずいから
바쁘다 → 바쁘**니까**	忙しいから	젊다 → 젊**으니까**	若いから
싸다 → 싸**니까**	安いから	좁다 → 좁**으니까**	狭いから

ㄹ語幹に接続の例：
열다（開ける）→열＋니까→ 여니까 開けるから
멀다（遠い）→멀＋니까→ 머니까 遠いから

①밥 먹으러 갈까요?

－네, 배가 고프**니까** 빨리 갑시다.

②오늘 저녁에 만날까요?

－오늘은 바쁘**니까** 다음에 만납시다.

③피곤하지 않아요? －네, 조금 피곤하지만 젊**으니까** 괜찮아요.

参考 「V /A ＋(으)니까요」の形で文末で用いられることもある。

①빨리 갑시다. 시간이 없**으니까요**.

②천천히 갑시다. 시간이 많**으니까요**.

練習ドリル

3 보기のように文を作りなさい。

보기 사진을 찍다
➡ **뭘 하고 싶으세요**?
– 사진을 찍**고 싶어요**.

写真を撮る
➡ 何をしたいですか。
–写真を撮りたいです。

(1) 머리를 감다
➡

髪を洗う

(2) 목욕을 하다
➡

風呂に入る

(3) 세수를 하다
➡

洗顔する

(4) 이를 닦다
➡

歯を磨く

(5) 피아노를 치다
➡

ピアノを弾く

4 보기のように文を完成しなさい。

보기 오늘은 바쁘다 / 내일 만나다
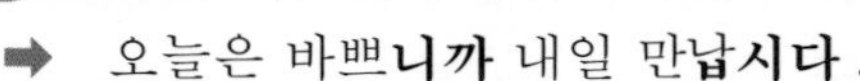
➡ 오늘은 바쁘**니까** 내일 만**납시다**.

今日は忙しい / 明日会う
➡ 今日は忙しいから明日会いましょう。

(1) 배가 고프다 / 빨리 밥을 먹으러 가다
➡

お腹がすいている / ご飯を食べる

(2) 비가 오다 / 택시를 타고 가다
➡

雨が降る / タクシーに乗る

(3) 바람이 많이 불다 / 창문을 닫다
➡

風が吹く / 窓を閉める

(4) 날씨가 좋다 / 등산을 가다
➡

天気がよい / 登山に行く

(5) 피곤하다 / 천천히 가다
➡

疲れている / ゆっくり行く

文法と表現

200 23-5

用言の語幹 ＋겠-	意志、推量

意味 先語末語尾 動詞の語幹に付いて意志、意図、計画や推測、予告などの意を表す。形容詞に付く場合はすべて推測の意を表す。

接続 先語末語尾なので単独では使われず、後ろに「-다, -어요, -습니다, -지만, -고」などの語尾と結合して使われる。

動詞の語幹＋겠＋어요／습니다		形容詞の語幹＋겠＋어요／습니다	
쉬다 → 쉬**겠**어요	休みます	어렵다 → 어렵**겠**어요	難しそうです
내다 → 내**겠**어요	出します	맵다 → 맵**겠**어요	辛そうです
열다 → 열**겠**어요	開けます	비싸다 → 비싸**겠**어요	高そうです

「-겠」が含まれた文は、「〜(し)ます、〜(する)つもりです」、「〜でしょう、〜しそうです」など文脈に応じて訳す。

①저녁 먹으러 갈까요?
　－좋아요. 오늘은 제가 저녁을 사**겠**어요.
　－오늘은 제가 밥값을 내**겠**습니다.
②이번 시험은 어때요? －좀 어렵**겠**어요.
③이 바지는 어때요? －나한테는 좀 크**겠**어요.
④내일은 흐리고 가끔 비가 오**겠**습니다.
⑤다음 주에는 개나리가 피**겠**습니다.

pp.198〜199 の「助詞一覧」6, 7 の「에게, 한테」と 10, 11 の「에게서, 한테서」の用例を参考。

201 23-6

同じ形で尊敬の「-(으)세요」は p.176 の文法 22-3 を参照。
「-(으)세요」は非格式体、「-(으)십시오」は格式体の表現。

動詞の語幹 ＋(으)세요 ②／(으)십시오	動詞 ＋てください

意味 語尾 語幹に付いて提案、要求の意を表す。

接続 母音語幹には「-세요/십시오」、子音語幹には「-으세요/으십시오」の形で接続する。

母音語幹・ㄹ語幹＋세요／십시오		子音語幹＋으세요／으십시오	
사다 → 사**세요**	買ってください	읽다 → 읽**으세요**	読んでください
보내다 → 보내**십시오**	送ってください	씻다 → 씻**으십시오**	洗ってください

①여기요. 비빔밥 하나하고 김치찌개 하나 주**세요**.
②우리 집에 꼭 놀러 오**세요**.
③한국어 수업에는 반드시 사전을 가지고 오**세요**.
④그러면 질문을 하**십시오**.
⑤여기에 우표를 붙이**십시오**.
⑥여기에 앉**으십시오**.

「합니다体」	「해요体」
하나 주십시오.	하나 주세요.
一つください。	
잠깐만 기다리십시오.	잠깐만 기다리세요.
ちょっと待ってください。	

練習ドリル

5 보기のように質問に答えなさい。

보기 뭘 드시겠어요？（비빔밥）
➡ 비빔밥을 먹**겠어요**.

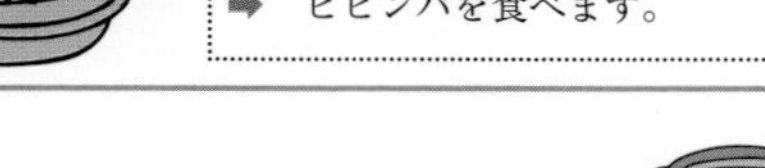
何を召し上がりますか。（ビビンバ）
➡ ビビンバを食べます。

（1）뭘 드시겠어요？（김치찌개）
➡

召し上がる / キムチチゲ

（2）언제 전화하시겠어요？（오늘 저녁）
➡

電話する / 今晩

（3）몇 시에 떠나시겠어요？（오후 다섯 시）
➡

出発する / 午後５時

（4）무슨 책을 빌리시겠어요？（한국 소설책）
➡

借りる / 韓国の小説

（5）여름 방학에는 무엇을 하시겠어요？（여행）
➡

夏休み / 旅行

6 보기のように文を作りなさい。

보기 질문을 하다
➡ 질문을 하**세요** / 하**십시오**.

質問をする
➡ 質問をしてください。

（1）사전을 가지고 오다
➡

辞書を持ってくる

（2）우표를 붙이다
➡

切手を貼る

（3）여기에 앉다
➡

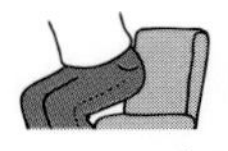
ここに座る

（4）우리 집에 놀러 오다
➡

我が家に遊びに来る

（5）지금 길을 건너다
➡

いま道を渡る

課題

7 보기のように文を完成しなさい。

보기 -(으)ㄹ까요?（～ましょうか）, -(으)ㅂ시다（～ましょう）, -고 싶다（～たい）, -겠-, -(으)세요（～てください）

책을 읽다
➡ 책을 읽**을까요**?
책을 읽**읍시다**.
책을 읽**고 싶어요**.
책을 읽**겠어요**.
책을 읽**으세요**.

本を読む
➡ 本を読みましょうか。
本を読みましょう。
本を読みたいです。
本を読みます。
本を読んでください。

(1) 치마를 입다
➡

スカートを履く

(2) 택시를 타다
➡

タクシーに乗る

(3) 여기에 앉다
➡

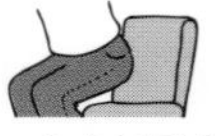
ここに座る

(4) 영화를 보다
➡

映画を見る

(5) 저녁에 만나다
➡

夕方に会う

(6) 사진을 찍다
➡

写真を撮る

8 声を出して読んで訳しなさい。

①몇 시에 만날까요?
－세 시에 만납시다.

②어디에서 만날까요?
－롯데백화점에서 만납시다.
거기 1 층 입구에서 기다리겠어요.

③방학에는 뭘 하고 싶으세요?
－피곤하니까 먼저 집에서 푹 쉬고 싶어요.
그리고 한국에 여행을 가고 싶어요.

④한국에서는 뭘 하시겠어요?
－한국 음식을 좋아하니까 한국 요리를 배우고 싶어요.

9 韓国語に訳しなさい。

（1）韓国料理は好きですか。
➡

（2）私は冷麺が食べたいです。
➡

（3）明日映画を見に行きましょうか。
➡

（4）すみません。焼肉を 3 人前ください。
➡

（5）何を注文しましょうか。
➡

（6）お腹がすいたから早くご飯食べに行きましょう。
➡

（7）早く風呂に入りたいです。
➡

（8）早くミンスさんに会いたいです。
➡

（9）忙しいから来週会いましょう。
➡

（10）この椅子に座ってください。
➡

제 24 과 복 습 (22 課・23 課の復習)

24-1 文型練習

・2000 年代歌謡
・2010 年代歌謡
・2020 年代歌謡

■ 音声をよく聞いてみよう。／■ 声を出して読んでみよう。

203 **1** - 아요 /- 어요 /- 여요

①몇 시에 **일어나요**？
　－일곱 시에 **일어나요**.

②무슨 일을 **해요**？
　－일본어를 **가르쳐요**.

③지금 뭘 **해요**？
　－한국어 공부를 **해요**.

204 **2** - 았어요 /- 었어요 /- 였어요

①뭘 **했어요**？
　－영화를 **봤어요**.

②어제는 뭘 **했어요**？
　－친구를 **만났어요**.
　　같이 식사를 하고 차를 **마셨어요**.

205 **3** - 예요 /- 이에요

①취미가 뭐**예요**？
　－야구**예요**.

②시험이 언제**예요**？
　－내일**이에요**.

206 **4** -（으）세요

①지금 뭐 하**세요**？
　－그림을 그려요.

②언제 일본에 가**세요**？
　－다음 달에 가요.

③무슨 책을 읽**으세요**？
　－한국 소설책을 읽어요.

207 **5** 안

①내일 학교에 가세요？
　－아뇨, **안** 가요.

②지금 뭐 하세요 ?
　－아무 것도 **안** 해요 .

③그 과자는 달아요 ?
　－아뇨 , **안** 달아요 .

6 단위 명사

208

①이 사과 한 **개**에 얼마예요 ?
　－오백 **원**이에요 .

②책을 몇 **권** 샀어요 ?
　－두 **권** 샀어요 .

③서점은 몇 **층**에 있어요 ?
　－서점은 2 **층**에 있어요 .

7 －(으) ㄹ까요 ?/－(으) ㅂ시다

209

①저녁이라도 먹으러 **갈까요** ?
　－네 , 좋아요 . 빨리 **갑시다** .

②영화라도 보러 **갈까요** ?
　－네 , 좋아요 . 보러 **갑시다** .

8 －고 싶다

210

①뭘 먹**고 싶어요** ?
　－저는 냉면을 먹**고 싶어요** .

②뭘 하**고 싶어요** ?
　－저는 영화를 보러 가**고 싶어요** .

9 －겠－

211

①주말에 뭘 하**겠**어요 ?
　－저는 빨래를 하**겠**어요 .

②일요일에 뭘 하**겠**어요 ?
　－저는 집에서 쉬**겠**어요 .

10 －(으) 니까

212

①내일은 무엇을 하시겠어요 ?
　－피곤하**니까** 집에서 쉬겠어요 .

②토요일에 무엇을 하시겠어요 ?
　－바쁘**니까** 집에서 일을 하겠어요 .

11 －(으) 세요

213

①어디에서 기다릴까요 ?
　－도서관 앞에서 기다리**세요** .

②뭘 드릴까요 ?
　－맥주 한 병 주**세요** .

24-2 復習問題

1 보기のように質問に答えなさい。

보기 주말에는 뭘 해요？(掃除をする、本を読む)
➡ 청소를 하**고** 책을 읽**어요**.

週末は何をしますか。
➡ 掃除をして本を読みます。

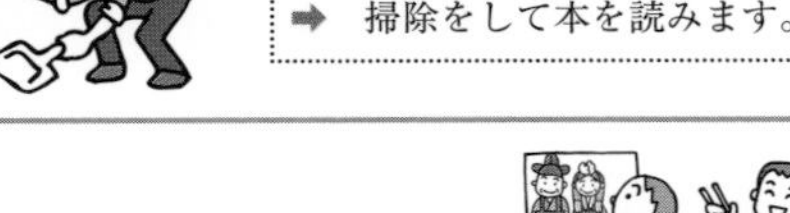

(1) 친구와 같이 뭘 했어요？
➡

映画を見る、食事をする

(2) 저녁에 뭘 해요？
➡

夕飯を食べる、12 時まで勉強する

(3) 어제는 뭘 했어요？
➡

帽子を買う、友達に会う

(4) 몇 시에 잤어요？
➡

試験勉強をする、12 時に寝る

(5) 토요일에는 뭘 해요？
➡

午前は仕事をする、午後は休む

2 보기から適当な単位名詞を選んで文を完成しなさい。

보기 개, 번, 권, 층, 잔, 마리, 인분, 시간, 장

우리 집에는 개가 (2) 있어요.
두 마리

個、回、冊、階、杯、匹、人前、時間、枚

我が家には犬が (2) います。
2 匹

(1) 그 영화는 (3) 봤어요.
➡

映画、見る

(2) 집에서 학교까지 전철로 (1) 쯤 걸려요.
➡

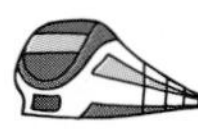

電車、かかる

(3) 극장은 (4) 에 있어요.
➡

映画館、ある

(4) 이 사과는 (1) 에 얼마예요？
➡

りんご、いくら

(5) 여기요, 불고기 (2) 주세요.
➡

焼肉、くれる

(6) 도서관에서 책을 (5) 빌렸어요.
➡

本、借りる

3 次の質問に自由に答えなさい。(数字も全部ハングル読みで書くこと。)

(1) 무슨 운동을 좋아해요?

➡

スポーツ、好きだ

(2) 가족이 몇 명이에요?

➡

家族、何名

(3) 아침에 몇 시쯤에 일어나요?

➡

何時、起きる

(4) 생일이 언제예요?

➡

誕生日、いつ

(5) 어제 무엇을 했어요?

➡

何、する

(6) 지금 어디에 사세요?

➡

いま、どこ、住む

(7) 지금 뭘 하세요?

➡

いま、何、する

(8) 어디에서 기다릴까요?

➡

どこ、待つ

(9) 뭘 먹을까요?

➡

何、食べる

(10) 주말에 뭘 하시겠어요?

➡

週末、何、する

(11) 뭘 마시겠어요?

➡

何、飲む

(12) 내일은 뭘 하시겠어요?

➡

明日、何、する

(13) 뭘 하고 싶으세요?

➡

何、する

(14) 몇시에 어디서 만날까요?

➡

何時、どこ、会う

(15) 한국 음식은 뭐가 먹고 싶으세요?

➡

韓国料理、何、食べる

本書収録の QR コード情報

❏ 資料収録 QR コード情報

	QR コード収録情報	ページ
資料	韓国地図 人口統計 社会統計 北朝鮮統計	7
	韓国の童謡	71
	韓国国歌 韓国各種統計	72
	韓国語キーボードの設定 韓国語の入力方法 キーボードシール	81
	ソウル地下鉄 高速鉄道 KTX 仁川国際空港 釜山フェリーターミナル バスの乗り方	82

	QR コード収録情報	ページ
資料	韓国語辞書 韓国文化院 韓国語学習アプリ 韓国のラジオ 観光スポット	90
	あたま・かた・ひざ・ポン	120
	韓国語の検定試験 韓国留学情報 主要大学韓国語コース ワーキングホリデー	134
	ソルラル（旧正月） お釈迦様誕生日 秋夕（チュソク） こどもの日 ユンノリ	156

❏ 各課収録 QR コード情報

課	QR コード収録情報	ページ
10	アリラン 1 アリラン 2	75
11	世界文化遺産 世界自然遺産 24 節気	83
12	カヤグム コムンゴ 韓国国楽	91
13	国立合唱団 韓国古典舞踊 韓国現代舞踊	98
14	チマチョゴリ 伝統韓服 アクセサリー	103
15	韓国の四季 韓国の自然 韓国の山	111
16	チャング サムルノリ 民俗村	121
17	映画音楽 韓国ドラマ 韓国映画	130

課	QR コード収録情報	ページ
18	インサドン パンソリ 韓国の歌曲	135
19	交通カード 地下鉄の乗り方 九九	147
20	ソウル観光地 済州島 慶州	157
21	K-POP 1 K-POP 2 K-POP 3	166
22	明洞 新大久保 モクパン	171
23	キムチ プルコギ 冷麺	183
24	2000 年代歌謡 2010 年代歌謡 2020 年代歌謡	192

※ リンク先にアクセスできない場合は、
上記の収録内容をキーワードに検索して調べてください。

付　録

助詞一覧

	助詞	意味	用例	
1	이 / 가	～が	①動作・存在・状況の主体を表す。	
			비**가** 옵니다.	雨**が**降ります。
			사람**이** 많습니다.	人**が**多いです。
		～で(ない)	②否定の対象を表す。	
			저는 학생**이** 아닙니다.	私は学生**では**ありません。
			제 친구**가** 아닙니다.	私の友達**では**ありません。
		～に(なる)	③変化の対象を表す。	
			내년에 대학생**이** 됩니다.	来年大学生**に**なります。
			친구**가** 되었습니다.	友達**に**なりました。
2	께서	～が	尊敬を表す。	
			선생님**께서** 설명하십니다.	先生**が**説明なさいます。
			할아버지**께서** 말씀하셨다.	おじいさん**が**おっしゃった。
3	의	～の	所有、所属、関係等を表す。	
			엄마**의** 가방입니다.	母**の**かばんです。
			언니**의** 생일입니다.	姉**の**誕生日です。
			친구**의** 아버지입니다.	友達**の**お父さんです。
4	을 / 를	～を	目的を表す。	
			영화**를** 봅니다.	映画**を**見ます。
			밥**을** 먹습니다.	ご飯**を**食べます。
5	에	～に	①場所を表す。	
			집**에** 있어요.	家**に**います。
			휴게실**에** 신문이 있어요.	休憩室**に**新聞があります。
			②方向・目的地を表す。	
			학교**에** 갑니다.	学校**に**行きます。
			오늘은 일찍 학교**에** 왔다.	今日は早く学校**に**来た。
			③時間を表す。	
			몇 시**에** 일어나요?	何時**に**起きますか。
			일요일**에** 뭘 해요?	日曜日**に**何をしますか。
			④対象を表す。	
			이긴 편**에** 상을 줍니다.	勝ったほう**に**賞をあげます。
			그의 의견**에** 찬성합니다.	彼の意見**に**賛成します。
		～で	⑤単位や数の基準を表す。	
			한 개**에** 천 원입니다.	一個**で**千ウォンです。
			하루**에** 두 번 만나요.	一日**に**2回会います。
6	에게	～に	相手を表す。(必ず人を表す名詞に接続)	
			친구**에게** 전화를 합니다.	友達**に**電話をします。
			남동생**에게** 선물을 합니다.	弟**に**プレゼントをします。
7	한테	～に	相手を表す。(必ず人を表す名詞に接続。에게の会話体)	
			여동생**한테** 학교 이야기를 합니다.	妹**に**学校の話をします。
			친구**한테** 메일을 보냅니다.	友達**に**メールを送ります。
8	께	～に	相手を表す。(必ず尊敬の対象を表す名詞に接続)	
			이것을 아버님**께** 드리세요.	これをお父様**に**差し上げて下さい。
			부모님**께** 선물을 합니다.	両親**に**プレゼントをします。
9	에서	～で	①場所を表す。	
			극장**에서** 영화를 봅니다.	映画館**で**映画を見ます。
			학교**에서** 한국어를 배웁니다.	学校**で**韓国語を学びます。
		～から	②時間的・空間的な出発点を表す。	
			어디**에서** 왔어요?	どこ**から**来ましたか。
			6 시**에서** 7 시 사이	6時**から**7時の間
			집**에서** 학교까지 걸어갑니다.	家**から**学校まで歩いて行きます。

No.	助詞	訳語	用法・例文	訳
10	에게서	～から	出所、起点を表す。（必ず人を表す名詞に接続）	
			누나**에게서** 그 이야기를 들었다.	姉**から**その話を聞いた。
			형**에게서** 편지가 왔다.	兄**から**手紙が来た。
11	한테서	～から	出所、起点を表す。（必ず人を表す名詞に接続。에게서の会話体）	
			친구**한테서** 편지를 받았다.	友達**から**手紙をもらった。
			엄마**한테서** 그 이야기를 들었다.	母**から**その話を聞いた。
12	(으) 로	～へ ～に	①方向を表す。	
			어디**로** 가세요?	どちら**へ**行きますか。
			미국**으로** 유학을 갔다.	アメリカ**へ**留学に行った。
			서울**로** 갑니다.	ソウル**へ**行きます。
		～で	②手段・方法・道具・材料などを表す。	
			버스**로** 갑니다.	バス**で**行きます。
			연필**로** 씁니다.	鉛筆**で**書きます。
			젓가락**으로** 밥을 먹어요.	箸**で**ご飯を食べます。
			돈**으로** 살 수 없다.	お金**で**買えない。
			흙**으로** 그릇을 만들었다.	土**で**器を作った。
			③理由・原因を表す。	
			회사 일**로** 몹시 바쁘다.	会社の仕事**で**とても忙しい。
			이번 비**로** 피해가 컸다.	今回の雨**で**被害が大きかった。
			병**으로** 입원했어요.	病気**で**入院しました。
		～に	④変化・様態を表す。	
			물이 얼음**으로** 변했다.	水が氷**に**変わった。
			반가운 얼굴**로** 맞이했다.	うれしい顔**で**迎えた。
		～として	⑤資格・身分を表す。	
			교사**로** 취직을 했다.	教師**として**就職した。
			회장**으로** 뽑혔다.	会長**として**選ばれた。
13	와 / 과	～と	①羅列を表す。	
			의자**와** 책상	いす**と**机
			연필**과** 지우개	鉛筆**と**消しゴム
			②動作・作用の共同者を表す。	
			친구**와** 차를 마셨다.	友達**と**お茶を飲んだ。
			형**과** 같이 놀았다.	兄**と**一緒に遊んだ。
			③比較の基準を表す。	
			이것은 내 것**과** 비슷하다.	これは私のもの**と**似ている。
			나는 너**와** 다르다.	僕は君**と**違う。
14	하고	～と	※「와 / 과」と同じ意味合いだが、主に会話体で用いられる。 ①羅列を表す。	
			지우개**하고** 연필	消しゴム**と**鉛筆
			책상**하고** 의자	机**と**いす
			②動作・作用の共同者を表す。	
			친구**하고** 영화를 보았다.	友達**と**映画を見た。
			친구**하고** 놀러 갔다.	友達**と**遊びに行った。
			③比較の対象を表す。	
			이 책**하고** 같은 내용이다.	この本**と**同じ内容だ。
			그는 너**하고** 다르다.	彼は君**と**違う。
15	처럼	～のように	比較・例示を表す。	
			너**처럼** 살고 싶다.	君**のように**生きたい。
			그것은 눈**처럼** 희다.	それは雪**のように**白い。
16	같이	～のように	比較・例示を表す。	
			바람이 얼음**같이** 차갑다.	風が氷**のように**冷たい。
			그는 어린애**같이** 좋아했다.	彼は子供**のように**喜んだ。
17	보다	～より	比較の対象を表す。	
			어제**보다** 오늘이 따뜻하다.	昨日**より**今日のほうが暖かい。
			지하철이 택시**보다** 빠르다.	地下鉄がタクシー**より**速い。

18	라고	～と	引用を表す。	
			입구에 '입산금지'**라고** 써 있었다.	入口に「入山禁止」**と**書いてあった。
			그 아이는 '싫어' **라고** 했다.	その子は「いやだ」**と**言った。
19	는 / 은	～は	①主題を表す。	
			저**는** 학생입니다.	私**は**学生です。
			이것**은** 우유입니다.	これ**は**牛乳です。
			②対比を表す。	
			서울**은** 춥고 제주도**는** 따뜻하다.	ソウル**は**寒く、済州島**は**暖かい。
			할 일**은** 많고 일손**은** 적다.	やること**は**多く、働き手**は**少ない。
			③強調を表す。	
			당장**은** 알 수 없다.	すぐに**は**わからない。
			조금**은** 가지고 있다.	少し**は**持っている。
		～では	④아니다を伴って	
			이 시계는 내 것**은** 아니다.	この時計は私のもの**では**ない。
20	도	～も	①追加・添加を表す。	
			저녁**도** 먹었다.	夕食**も**食べた。
			꽃**도** 피었다.	花**も**咲いた。
		～も～も ～くも～くも	②主に「～도～도」の形で用いられて、二つ以上のことを羅列する。	
			오늘**도** 내일**도** 비가 올 것같다.	今日**も**明日**も**雨が降りそうだ。
			춥지**도** 덥지**도** 않다.	寒**くも**暑**くも**ない。
		～でも	③譲歩を表す。	
			여관**도** 좋다.	旅館**でも**いい。
			오늘 아니면 내일**도** 좋다.	今日だめなら明日**でも**いい。
		～も	④感嘆の意を表す。	
			날씨**도** 좋다.	天気**も**いいな。
			달**도** 밝다.	月**も**明るいな。
			⑤否定の強調を表す。	
			하나**도** 없다	一つ**も**ない。
			밥 먹을 틈**도** 없다.	ご飯を食べる暇**も**ない。
21	만	～だけ ～ばかり	①限定を表す。	
			밥**만**으로 살 수 없다.	ご飯**だけ**では生きていけない。
			공부**만** 하지 말고 운동도 해라.	勉強**ばかり**しないで運動もしなさい。
			②唯一を表す。	
			나**만** 남았다.	僕**だけ**残った。
			김치**만** 먹어요.	キムチ**ばかり**食べます。
			③強調を表す。	
			한 잔**만** 더 합시다.	もう一杯**だけ**やりましょう。
			그냥 웃고**만** 있었다.	ただ笑って**ばかり**いた。
22	뿐	～だけ ～のみ	(이다の前で使われて) 限定を表す。	
			남은 것은 이것**뿐**이다.	残ったのはこれ**だけ**だ。
			식사는 하루에 한 번**뿐**이다.	食事は一日に一回**だけ**だ。
23	밖에	～しか	常に否定の語を伴って特定の事柄のもの以外はすべて否定する意を表す。	
			시간이 조금**밖에** 안 남았다.	時間が少し**しか**残っていない。
			그녀는 공부**밖에** 모른다.	彼女は勉強**しか**知らない。
24	부터	～から	①時間の起点を表す。	
			내일**부터** 수업이 시작됩니다.	明日**から**授業が始まります。
			다섯 시**부터** 아르바이트를 합니다.	5時**から**アルバイトをします。
			②順序を表す。	
			이 방**부터** 청소해 주십시오.	この部屋**から**掃除をしてください。
25	까지	～まで	時間的・空間的限度を表す。	
			다섯 시**까지** 공부를 합니다.	5時**まで**勉強をします。
			이 버스는 공항**까지** 갑니다.	このバスは空港**まで**行きます。

代名詞＋助詞の縮約形一覧

代名詞＋助詞		縮約形	意味
이것	을	이걸	これを
그것	을	그걸	それを
저것	을	저걸	あれを
어느 것	을	어느 걸	どれを

代名詞＋助詞		縮約形	意味
이것	이	이게	これが
그것	이	그게	それが
저것	이	저게	あれが
어느 것	이	어느 게	どれが

代名詞＋助詞		縮約形	意味
이것	으로	이걸로	これで
그것	으로	그걸로	それで
저것	으로	저걸로	あれで
어느 것	으로	어느 걸로	どれで

代名詞＋助詞		縮約形	意味
이것	은	이건	これは
그것	은	그건	それは
저것	은	저건	あれは

代名詞＋助詞		縮約形	意味
것		거	もの
것	이	게	ものが
누구	가	누가	だれが
누구	를	누굴	だれを

代名詞＋助詞		縮約形	意味
여기	를	여길	ここを
거기	를	거길	そこを
저기	를	저길	あそこを
어디	를	어딜	どこを

代名詞＋助詞		縮約形	意味
여기	는	여긴	ここは
거기	는	거긴	そこは
저기	는	저긴	あそこは

代名詞＋助詞		縮約形	意味
무엇		뭐	何
무엇	이	뭐가	何が
무엇	을	뭘	何を
무엇	으로	뭘로	何で

代名詞＋助詞		縮約形	意味
나	가	내가	私が
나	는	난	私は
나	를	날	私を
나	에게	내게	私に
저	가	제가	私が
저	는	전	私は
저	를	절	私を
저	에게	제게	私に

代名詞＋助詞		縮約形	意味
너	가	네가	君が
너	는	넌	君は
너	를	널	君を
우리	는	우린	私たちは
우리	를	우릴	私たちを
저희	는	저흰	私たちは
저희	를	저흴	私たちを

用言の活用表

動詞活用表 1

基本形＼語尾		格式体		格式体尊敬形	
		現在	過去	現在	過去
		-ㅂ니다/습니다	-았/었습니다	-(으)십니다	-(으)셨습니다
가다	行く	갑니다	갔습니다	가십니다	가셨습니다
오다	来る	옵니다	왔습니다	오십니다	오셨습니다
보다	見る	봅니다	봤습니다	보십니다	보셨습니다
만나다	会う	만납니다	만났습니다	만나십니다	만나셨습니다
건너다	渡る	건넙니다	건넜습니다	건너십니다	건너셨습니다
배우다	学ぶ	배웁니다	배웠습니다	배우십니다	배우셨습니다
마시다	飲む	마십니다	마셨습니다	드십니다	드셨습니다
기다리다	待つ	기다립니다	기다렸습니다	기다리십니다	기다리셨습니다
가르치다	教える	가르칩니다	가르쳤습니다	가르치십니다	가르치셨습니다
공부하다	勉強する	공부합니다	공부했습니다	공부하십니다	공부하셨습니다
일하다	働く	일합니다	일했습니다	일하십니다	일하셨습니다
먹다	食べる	먹습니다	먹었습니다	드십니다	드셨습니다
입다	着る	입습니다	입었습니다	입으십니다	입으셨습니다
읽다	読む	읽습니다	읽었습니다	읽으십니다	읽으셨습니다
찾다	探す	찾습니다	찾았습니다	찾으십니다	찾으셨습니다
앉다	座る	앉습니다	앉았습니다	앉으십니다	앉으셨습니다

動詞活用表 2

基本形＼語尾		非格式体		非格式体尊敬形	
		現在	過去	現在	過去
		-아요/어요	-았/었어요	-(으)세요	-(으)셨어요
가다	行く	가요	갔어요	가세요	가셨어요
오다	来る	와요	왔어요	오세요	오셨어요
보다	見る	봐요	봤어요	보세요	보셨어요
만나다	会う	만나요	만났어요	만나세요	만나셨어요
건너다	渡る	건너요	건넜어요	건너세요	건너셨어요
배우다	学ぶ	배워요	배웠어요	배우세요	배우셨어요
마시다	飲む	마셔요	마셨어요	드세요	드셨어요
기다리다	待つ	기다려요	기다렸어요	기다리세요	기다리셨어요
가르치다	教える	가르칩니다	가르쳤어요	가르치세요	가르치셨어요
공부하다	勉強する	공부해요	공부했어요	공부하세요	공부하셨어요
일하다	働く	일해요	일했어요	일하세요	일하셨어요
먹다	食べる	먹어요	먹었어요	드세요	드셨어요
입다	着る	입어요	입었어요	입으세요	입으셨어요
읽다	読む	읽어요	읽었어요	읽으세요	읽으셨어요
찾다	探す	찾아요	찾았어요	찾으세요	찾으셨어요
앉다	座る	앉아요	앉았어요	앉으세요	앉으셨어요

❏ 動詞活用表 3

語尾 / 基本形		連結語尾			否定
		前後	目的	対立	
		－고	－（으)러	－지만	－지 않습니다
가다	行く	가고	가러	가지만	가지 않습니다
오다	来る	오고	오러	오지만	오지 않습니다
보다	見る	보고	보러	보지만	보지 않습니다
만나다	会う	만나고	만나러	만나지만	만나지 않습니다
건너다	渡る	건너고	건너러	건너지만	건너지 않습니다
배우다	学ぶ	배우고	배우러	배우지만	배우지 않습니다
마시다	飲む	마시고	마시러	마시지만	마시지 않습니다
기다리다	待つ	기다리고	기다리러	기다리지만	기다리지 않습니다
가르치다	教える	가르치고	가르치러	가르치지만	가르치지 않습니다
공부하다	勉強する	공부하고	공부하러	공부하지만	공부하지 않습니다
일하다	働く	일하고	일하러	일하지만	일하지 않습니다
먹다	食べる	먹고	먹으러	먹지만	먹지 않습니다
입다	着る	입고	입으러	입지만	입지 않습니다
읽다	読む	읽고	읽으러	읽지만	읽지 않습니다
찾다	探す	찾고	찾으러	찾지만	찾지 않습니다
앉다	座る	앉고	앉으러	앉지만	앉지 않습니다

❏ 形容詞活用表

語尾 / 基本形		格式体		非格式体	
		現在	過去	現在	過去
		－ㅂ니다 / 습니다	－았 / 었습니다	－아요 / 어요	－았 / 었어요
싸다	安い	쌉니다	쌌습니다	싸요	쌌어요
비싸다	高い	비쌉니다	비쌌습니다	비싸요	비쌌어요
짜다	塩辛い	짭니다	짰습니다	짜요	짰어요
따뜻하다	暖かい	따뜻합니다	따뜻했습니다	따뜻해요	따뜻했어요
불편하다	不便だ	불편합니다	불편했습니다	불편해요	불편했어요
길다	長い	깁니다	길었습니다	길어요	길었어요
달다	甘い	답니다	달았습니다	달아요	달았어요
같다	同じだ	같습니다	같았습니다	같아요	같았어요
밝다	明るい	밝습니다	밝았습니다	밝아요	밝았어요
좋다	良い	좋습니다	좋았습니다	좋아요	좋았어요
작다	小さい	작습니다	작았습니다	작아요	작았어요
많다	多い	많습니다	많았습니다	많아요	많았어요
높다	高い	높습니다	높았습니다	높아요	높았어요
싫다	嫌いだ	싫습니다	싫었습니다	싫어요	싫었어요
넓다	広い	넓습니다	넓었습니다	넓어요	넓었어요
적다	少ない	적습니다	적었습니다	적어요	적었어요

主要発音規則

1．激音化

平音「ㄱ，ㄷ，ㅂ，ㅈ」の前後に「ㅎ」がくると、「ㄱ，ㄷ，ㅂ，ㅈ」は激音［ㅋ，ㅌ，ㅍ，ㅊ］で発音される。「ㄱ，ㄷ，ㅂ，ㅈ」の前後に「ㅎ」があれば激音化に注意しよう。

・ㄱ＋ㅎ→ㅋ

국화→［구콰］菊　　역할→［여칼］役割　　북한→［부칸］北朝鮮

・ㅎ＋ㄱ→ㅋ

놓고→［노코］置いて　　넣고→［너코］入れて　　좋고→［조코］良くて

・ㄷ（ㅅ，ㅊ）＋ㅎ→ㅌ

맏형→［마텽］長兄　　몇해→［며태］何年　　몇호→［며토］何号

・ㅎ＋ㄷ→ㅌ

좋다→［조타］良い　　놓다→［노타］置く　　많다→［만타］多い

・ㅂ＋ㅎ→ㅍ

입학→［이팍］入学　　급행→［그팽］急行　　급히→［그피］急に

・ㅈ＋ㅎ→ㅊ

맞히다→［마치다］当てる　　앉히다→［안치다］座らせる　　잊혀지다→［이쳐지다］忘れられる

・ㅎ＋ㅈ→ㅊ

그렇지요→［그러치요］そうです　　좋지요→［조치요］良いですよ　　많지요→［만치요］多いです

2．鼻音化

鼻音で発音されるものは「ㄴ，ㅁ，ㅇ」の３つである。この３つの鼻音「ㄴ，ㅁ，ㅇ」がパッチムや初声にあれば鼻音化に注意しよう。

❶ 鼻音化１

前の音節のパッチム「ㄱ，ㄷ，ㅂ」の後に鼻音「ㄴ，ㅁ」が続くと、前の音節のパッチム「ㄱ，ㄷ，ㅂ」は［ㅇ，ㄴ，ㅁ］で発音される。

・ㄱ（ㅋ，ㄲ）＋ㅁ→ㅇ＋ㅁ

한국말→［한궁말］韓国語　　식물→［싱물］植物　　박물관→［방물관］博物館

・ㄱ（ㅋ，ㄲ）＋ㄴ→ㅇ＋ㄴ

작년→［장년］昨年　　국내→［궁내］国内　　학년→［항년］学年

・ㄷ（ㅌ，ㅅ，ㅈ，ㅊ）＋ㅁ→ㄴ＋ㅁ

낱말→［난말］単語　　맏며느리→［만며느리］長男の嫁

꽃무늬→［꼰무니］花模様　　옷맵시→［온맵씨］身なり

・ㄷ（ㅌ，ㅅ，ㅆ，ㅈ，ㅊ）＋ㄴ→ㄴ＋ㄴ

믿는다→［민는다］信じる　　끝나다→［끈나다］終わる

꽃나무→［꼰나무］花木　　벗는다→［번는다］脱ぐ

・ㅂ（ㅍ）＋ㄴ→ㅁ＋ㄴ

잡념→［잠념］雑念　　십년→［심년］十年

앞니→［암니］前歯　　앞날→［암날］将来

・ㅂ（ㅍ）＋ㅁ→ㅁ＋ㅁ

입문→［임문］入門　　잡문→［잠문］雑文　　입맛→［임맏］食欲

업무→［엄무］業務　　앞문→［암문］前の門　　앞면→［암면］前面

❷ 鼻音化２

前の音節のパッチム「ㅁ，ㅇ」の後に「ㄹ」が来ると、「ㄹ」は［ㄴ］で発音される。

・ㅁ＋ㄹ→ㅁ＋ㄴ

심리　→［심니］心理　　음력→［음녁］陰暦　　금리→［금니］金利

・ㅇ＋ㄹ→ㅇ＋ㄴ

종류→［종뉴］種類　　정리→［정니］整理　　정류장→［정뉴장］停留所

❸ 鼻音化３

前の音節のパッチム「ㄱ, ㅂ」の後に来る「ㄹ」は、発音が［ㄴ］に変わり、変化した［ㄴ］のために「ㄱ, ㅂ」はそれぞれ鼻音［ㅇ, ㅁ］で発音される。

・ㄱ＋ㄹ→ ㄱ＋ㄴ → ㅇ＋ㄴ

국력→［궁녁］国力　　독립→［동닙］独立　　식량→［싱냥］食糧

・ㅂ＋ㄹ→ ㅂ＋ㄴ → ㅁ＋ㄴ

법률→［범뉼］法律　　급료→［금뇨］給料　　협력→［혐녁］協力

３．濃音化

濃音で発音されるものは「ㄲ, ㄸ, ㅃ, ㅆ, ㅉ」の５つである。「ㄱ, ㄷ, ㅂ, ㅅ, ㅈ」が、パッチム「ㄱ, ㄷ, ㅂ」やパッチム「ㄴ, ㄹ, ㅁ, ㅇ」の後にくると濃音化して［ㄲ, ㄸ, ㅃ, ㅆ, ㅉ］で発音される。ただ、**例外も多い**ので用例ごとに注意しながら覚えていかなければならない。

❶ 濃音化１

パッチム「ㄱ, ㄷ, ㅂ」の後にくる「ㄱ, ㄷ, ㅂ, ㅅ, ㅈ」は、［ㄲ, ㄸ, ㅃ, ㅆ, ㅉ］で発音される。

・ㄱ＋ㄱ→ ㄱ＋ㄲ

학교→［학꾜］学校　　약국→［약꾹］薬局　　육교→［육꾜］歩道橋

・ㄱ,＋ㄷ→ ㄱ＋ㄸ

식당→［식땅］食堂　　복도→［복또］廊下　　적당→［적땅］適当

・ㄱ＋ㅂ→ ㄱ＋ㅃ

학비→［학삐］学費　　국밥→［국빱］クッパ　　박봉→［박뽕］薄給

・ㄱ＋ㅅ→ ㄱ＋ㅆ

학생→［학쌩］学生　　약속→［약쏙］約束　　책상→［책쌍］机

・ㄱ＋ㅈ→ ㄱ＋ㅉ

맥주→［맥쭈］ビール　　학자→［학짜］学者　　걱정→［걱쩡］心配

・ㄷ（ㅅ, ㅆ, ㅈ, ㅊ, ㅌ）＋ㄱ→ ㄷ＋ㄲ

듣기→［듣끼］聞き取り　　묻고→［묻꼬］訊いて　　웃고→［욷꼬］笑って

・ㄷ（ㅅ, ㅆ, ㅈ, ㅊ, ㅌ）＋ㄷ→ ㄷ＋ㄸ

듣도록→［듣또록］聞くように　　걷다가→［걷따가］歩く途中　　있든지→［읻뜬지］いるか

・ㄷ（ㅅ, ㅆ, ㅈ, ㅊ, ㅌ）＋ㅅ→ ㄷ＋ㅆ

듣습니다→［듣씀니다］聞きます　　웃습니다→［욷씀니다］笑います　　있습니다→［읻씀니다］あります

맞습니다→［맏씀니다］合います　　몇시→［멷씨］何時　　붙습니다→［붇씀니다］くっつきます

・ㅂ, ㅍ＋ㄱ→ ㅂ＋ㄲ

입국→［입꾹］入国　　잡곡→［잡꼭］雑穀　　덮개→［덥깨］蓋

・ㅂ, ㅍ＋ㄷ→ ㅂ＋ㄸ

입대→［입때］入隊　　잡담→［잡땀］雑談　　앞뒤→［압뛰］前後

・ㅂ, ㅍ＋ㅂ→ ㅂ＋ㅃ

잡비→［잡삐］雑費　　십분→［십뿐］十分　　입버릇→［입뻐륻］口癖

・ㅂ, ㅍ＋ㅅ→ ㅂ＋ㅆ

접시→［접씨］皿　　엽서→［엽써］葉書　　접속→［접쏙］接続

・ㅂ＋ㅈ→ ㅂ＋ㅉ

잡지→［잡찌］雑誌　　답장→［답짱］返事　　갑자기→［갑짜기］急に

❷ 濃音化２

パッチム「ㄴ, ㄹ, ㅁ, ㅇ」の後に「ㄱ, ㄷ, ㅂ, ㅅ, ㅈ」が来ると、［ㄲ, ㄸ, ㅃ, ㅆ, ㅉ］で発音される。

・ㄴ＋ㄱ→ㄴ＋ㄲ

눈길 →［눈낄］眼差し　　안과→［안꽈］眼科　　인기→［인끼］人気

・ㄴ＋ㄷ→ㄴ＋ㄸ

신다→［신따］履く　　문득→［문뜩］ふっと　　손등→［손뜽］手の甲

・ㄴ＋ ㅂ→ ㄴ＋ ㅃ

문법→［문뻡］文法　　산불→［산뿔］山火事　　헌법→［헌뻡］憲法

・ㄴ＋ㅅ→ ㄴ＋ㅆ

산새→［산쌔］山鳥　　손수건→［손쑤건］ハンカチ

・ㄴ＋ㅈ→ ㄴ＋ㅉ

한자→ [한짜] 漢字　문자→ [문짜] 文字　단점→ [단쩜] 短所

・ㄹ＋ㄱ→ ㄹ＋ㄲ

갈길→ [갈낄] 行く道　헐값→ [헐깝] 安値　발가락→ [발까락] 足の指

・ㄹ＋ㄷ→ ㄹ＋ㄸ

발달→ [발딸] 発達　활동→ [활똥] 活動　절대로→ [절때로] 絶対に

・ㄹ＋ㅂ→ ㄹ＋ㅃ

달밤→ [달빰] 月夜　이불보→ [이불뽀] 風呂敷　들보→ [들뽀] 梁

・ㄹ＋ㅅ→ ㄹ＋ㅆ

실수→ [실쑤] 失敗　걸상→ [걸쌍] いす　결석→ [결썩] 欠席

・ㄹ＋ㅈ→ ㄹ＋ㅉ

글자→ [글짜] 文字　일정→ [일쩡] 日程　발전→ [발쩐] 発展

・ㅁ＋ㄱ→ ㅁ＋ㄲ

엄격→ [엄껵] 厳格　염가→ [염까] 廉価　밤길→ [밤낄] 夜道

・ㅁ＋ㄷ→ ㅁ＋ㄸ

심다→ [심따] 植える　젊다→ [점따] 若い　좀도둑→ [좀또둑] こそ泥

・ㅁ＋ㅂ→ ㅁ＋ㅃ

봄볕→ [봄뼏] 春の光　밤비→ [밤삐] 夜雨　아침 밥→ [아침빱] 朝飯

・ㅁ＋ㅅ→ ㅁ＋ㅆ

점수→ [점쑤] 点数　섬 사람→ [섬싸람] 島人　꿈 속→ [꿈쏙] 夢の中

・ㅁ＋ㅈ→ ㅁ＋ㅉ

밤중→ [밤쭝] 夜中　힘줄→ [힘쭐] 筋　염증→ [염쯩] 炎症

・ㅇ＋ㄱ→ ㅇ＋ㄲ

평가→ [평까] 評価　성격→ [성껵] 性格　성과→ [성꽈] 成果

・ㅇ＋ㄷ→ ㅇ＋ㄸ

용돈→ [용똔] 小遣い　장대→ [장때] 長竿　초승달→ [초승딸] 三日月

・ㅇ＋ㅂ→ ㅇ＋ㅃ

등불→ [등뿔] 灯火　방바닥→ [방빠닥] 床　강바람→ [강빠람] 川風

・ㅇ＋ㅅ→ ㅇ＋ㅆ

방세→ [방쎄] 部屋代　가능성→ [가능썽] 可能性　종소리→ [종쏘리] 鐘の音

・ㅇ＋ㅈ→ ㅇ＋ㅉ

빵집→ [빵찝] パン屋　맹점→ [맹쩜] 盲点　장점→ [장쩜] 長所

注意　パッチム「ㄴ，ㄹ，ㅁ，ㅇ」の後に来る「ㄱ，ㄷ，ㅂ，ㅅ，ㅈ」がすべて［ㄲ，ㄸ，ㅃ，ㅆ，ㅉ］に濃音化するわけではない。有声音化するものも多いので用例ごとに注意しながら覚えていかなければならない。

친구→ [친구] 友達　준비→ [준비] 準備　간장→ [간장] しょうゆ
얼굴→ [얼굴] 顔　돌다리→ [돌다리] 石橋　딸자식→ [딸자식] 娘
감기→ [감기] 風邪　침대→ [침대] 寝台　담배→ [담배] タバコ
공기→ [공기] 空気　공부→ [공부] 勉強　경제→ [경제] 経済

❸ 濃音化３

語尾「-（으）ㄹ」の後に来る「ㄱ，ㄷ，ㅂ，ㅅ，ㅈ」は［ㄲ，ㄸ，ㅃ，ㅆ，ㅉ］で発音される。

쓸 거예요→ [쓸꺼예요] 書くでしょう　갈 수 있어요→ [갈쑤이써요] 行けます
살 집→ [살찝] 住む家　갈 데가 → [갈떼가] 行くところが

❹ 濃音化４

複合名詞になるとき、平音が濃音として発音される。

바닷가→ [바닫까] 海辺　햇살→ [핻쌀] 日差し
다섯 시→ [다섣 씨] 五時　숫자→ [숟짜] 数字
오랫동안→ [오랟똥안] 長い間　후춧가루→ [후춛까루] 胡椒

4．口蓋音化

パッチム「ㄷ，ㅌ」の後に「ㅣ」の母音が来ると、「ㄷ，ㅌ」は［ㅈ，ㅊ］で発音される。

・ㄷ + 이→ 지

맏이→［마지］長子　　굳이→［구지］敢えて　　해돋이→［해도지］日の出
곧이→［고지］まっすぐに　　미닫이→［미다지］引き戸

・ㅌ + 이→ 치

같이→［가치］一緒に　　끝이→［끄치］終わりが　　붙이다→［부치다］貼る
밭이→［바치］畑が　　밑이→［미치］下が　　바깥이→［바까치］外が

・(ㄷ + ㅎ) + 이→ 치

닫히다→［다치다］閉まる　　묻히다→［무치다］埋められる
걷히다→［거치다］晴れる

5. 流音化

パッチムと次に続く子音の組み合わせが「ㄴ + ㄹ」か「ㄹ + ㄴ」の場合、「ㄴ」はどちらも［ㄹ］で発音される。

・ㄴ + ㄹ→ ㄹ + ㄹ

편리→［펼리］便利　　인류→［일류］人類　　진리→［질리］真理
연락→［열락］連絡　　권리→［궐리］権利　　관련→［괄련］関連
관리→［괄리］管理　　원래→［월래］元来　　논리→［놀리］論理

・ㄹ + ㄴ→ ㄹ + ㄹ

오늘날→［오늘랄］今日　　일년→［일련］1年　　설날→［설랄］元日
팔 년→［팔련］8年　　십칠년→［십칠련］17年　　잘나다→［잘라다］偉い

6. 絶音化

複合語や単語と単語の間で前の単語のパッチムの後に母音「ㅏ, ㅓ, ㅗ, ㅜ, ㅟ」で始まる単語が続く場合は、前のパッチムがそのまま連音せず、その代表音が連音される。

밭 아래 →받 + 아래　→［바다래］畑の端　　맛 없다 → 맏 + 업따 →［마덥따］まずい
몇 인분 →멷 + 인분　→［며딘분］何人前　　첫인상 → 천 + 인상 →［처딘상］第一印象
맛 있다 →맏 + 있따　→［마딛따］美味しい　　멋있다 → 먿 + 읻따 →［머딛따］素敵だ
몇 월　→멷 + 월　→［며뒬］何月

注意1　「맛있다, 멋있다」は［마딛따, 머딛따］と発音するが、［마싣따, 머싣따］で発音される場合も多いのでこの発音も標準発音として認めている。

注意2　否定の副詞「못」が母音で始まる後続の単語と結合する場合も、パッチム「ㅅ」の代表音［ㄷ］が連音される。

못 와요　→ 몯 + 와요　→［모돠요］　来られません
못 움직이다　→ 몯 + 움지기다　→［모둠지기다］　動かせない
못 외우다　→ 몯 + 외우다　→［모되우다］　暗記できない
못 없애다　→ 몯 + 업쌔다　→［모덥쌔다］　なくせない

7.「ㄴ」添加

複合語で前の単語・接頭語が子音で終わり、後ろの単語や接尾語の最初の音節が「이, 야, 여, 요, 유」の場合は［ㄴ］音を添加して［니, 냐, 녀, 뇨, 뉴］で発音する。

부산 + 역 →［부산녁］釜山駅　　무슨 + 요일→［무슨뇨일］何曜日
한 + 여름 →［한녀름］真夏　　색 + 연필→［색 + 년필］→［생년필］色鉛筆
서른 + 여섯 →［서른녀섣］三十六　　첫 + 여름→［천 + 녀름］→［천녀름］初夏

注意1　「ㄹ」パッチムの後に添加される［ㄴ］音は［ㄹ］で発音する。

볼 + 일→［볼 + 닐］→［볼릴］用事　　서울 + 역→［서울 + 녁］→［서울력］ソウル駅
할 + 일→［할 + 닐］→［할릴］仕事　　열 + 여섯→［열 + 녀섣］→［열려섣］十六

注意2　否定の副詞「못」が「이, 야, 여, 요, 유」で始まる後続の単語と結合する場合も［ㄴ］添加され、さらに「못」のパッチム「ㅅ」の代表音［ㄷ］が［ㄴ］に鼻音化される。

못 이기다　→ 몯 + 이기다　→ 몯 + 니기다　→［몬니기다］　勝てない
못 일어나다 → 몯 + 일어나다 → 몯 + 니러나다 →［몬니러나다］　起きられない
못 읽어요　→ 몯 + 읽어요　→ 몯 + 닐거요　→［몬닐거요］　読めません

韓日単語目録

※この単語目録が辞書代わりに利用できるように本書に出てくる主な単語をすべて収録している。

ㄱ

가 / 이	－が
－가 / 이 되다	－になる
－가 / 이 아닙니다	－ではありません
가게	店
가끔	たまに
가다	行く
가르치다	教える
가방	かばん
가수	歌手
가슴	胸
가운데	真ん中
가족	家族
간호사	看護師
강	川
같이	一緒に
개	犬
개	個
개나리	レンギョウ
거기	そこ
거의	ほとんど
건물	建物
걷다	歩く
걸리다	かかる
것	もの、こと
겨울	冬
계시다	いらっしゃる
계절	季節
고	－て
고양이	猫
공	ゼロ、零
공부	勉強
공부하다	勉強する
공원	公園
공책	ノート
공항	空港
과	課
과 / 와	と
과일	果物
과자	お菓子
괜찮다	大丈夫だ
교실	教室
구	九
구두	くつ
구십	九十
구월	九月
권	冊
귀	耳
귤	みかん
그	その
그것	それ
그다지	あまり
그래서	それで
그러면	では
그럼	では
그리고	そして
그리다	描く
그림	絵
그분	そのかた
그저께 / 그제	おととい
극장	映画館、劇場
근처	近く
금년	今年
금요일	金曜日
기다리다	待つ
기차	汽車、電車、列車
길다	長い
김치	キムチ
까지	まで
께	－に
께서	－が
께서는	－は
께서도	－も
꽃	花
꽃집	花屋
끊다	やめる
끝나다	終わる

ㄴ

나	私
나라	国
나무	木
나쁘다	悪い
나이	年齢、年
날	ひ（日）
날씨	天気
남동생	弟
남자	男
남쪽	南
남편	夫
낫다	治る
낮	昼
내	私の
내년	来年
내리다	降りる
내일	明日
냉면	冷麺
너무	あまり（にも）
네	はい
네 시	四時
네 / 넷	四、四つ
넥타이	ネクタイ
년	年
노래방	カラオケルーム
노력하다	努力する
누가	誰が
누구	誰
누나	姉
눈	雪
눈	目
뉴스	ニュース
는 / 은	－は

ㄷ

다리	脚、橋
다섯	五、五つ
다섯 시	五時
다음	次、次の
다음 달	来月
다음 주	来週
닦다	磨く
닫다	閉める
달	月
달다	甘い
담배	タバコ
대개	たいてい
대학	大学
대학교	大学
대학생	大学生
더	もっと
덥다	暑い
도	も
도서관	図書館
도쿄	東京
돈	金、おかね
돌아오다	帰ってくる
동계	冬季
동물	動物
동생	弟、妹
동쪽	東
되다	なる
두 시	二時
두 / 둘	二、二つ
뒤	後ろ
드리다	差し上げる
드시다	召し上がる
듣다	聞く
들	達
등산	登山
따뜻하다	暖かい
딸	娘
떠나다	出発する、発つ
떡	もち

ㄹ

ㄹ탈락	ㄹ脱落
라고 합니다	－といいます
러 / 으러	－に
로 / 으로	－で
로 / 으로	－に
롯데호텔	ロッテホテル
롯데백화점	ロッテデパート
를 / 을	－を

ㅁ

마리	匹
마시다	飲む
마흔	四十
만	万
만나다	会う
만든다	作る
많다	多い
많이	多く、たくさん
말씀하다	おっしゃる
말하다	話す
맛있다	おいしい
매다	締める
매일	毎日
맵다	辛い
머리	頭
머리	髪
먹다	食べる
먼저	まず、先に
멀다	遠い
메일	メール
며칠	何日
몇 번	何番
몇 살	何歳
몇 시	何時
몇 월	何月
몇 층	何階
모레	あさって
모르다	知らない、わからない
모자	帽子
목	首
목요일	木曜日
목욕하다	風呂に入る
무	大根
무슨	何の
무슨 요일	何曜日
무엇	何
문	ドア、門
문제	問題
물	水
뭐	何
뭘	何を
미국	アメリカ
미국 사람	アメリカ人
민속촌	民俗村
밑	下

ㅂ

－ㅂ니까 / 습니까？	ますか、ですか
－ㅂ니다 / 습니다	ます、です
바다	海
바람	風
바쁘다	忙しい
바지	ズボン
밖	外
반	半
반드시	必ず
받다	もらう
발	足
밝다	明るい
밤	夜
밥	飯、ご飯
밥값	食事代
방	部屋
방학	休み（学校の）
배	船
배	お腹
배우	俳優
배우다	学ぶ、習う
배추	白菜
백	百
백화점	デパート
버스	バス
번호	番号
별로	あまり、それほど
병원	病院
보내다	送る、出す
보다	見る
보다	より
보이다	見せる
볼펜	ボールペン
봄	春
봉투	封筒
부모님	両親、親
부엌	台所
부자	金持ち
부치다	送る、出す
부탁하다	頼む
부터	から
북쪽	北
분	分
불다	吹く
비	雨
비기다	引き分ける
비누	石けん
비빔밥	ビビンバ
비행기	飛行機
빌리다	借りる
빨래	洗濯
빨리	速く
빵	パン
빵집	パン屋

ㅅ

사	四
사과	りんご
사다	買う
사람	人
사무실	事務室
사십	四十
사월	四月
사이	間
사전	辞典、辞書
사진	写真
산	山
산보	散歩
산책	散策
살	歳
살다	住む、暮らす
삼	三
삼십	三十
삼월	三月
새	鳥
생일	誕生日
서 / 에서	から
서 / 에서	で
서다	立つ
서른	三十
서울	ソウル
서울역	ソウル駅
서쪽	西
선물	プレゼント
선생님	先生
선수	選手
성함	お名前
세 시	三時
세 / 셋	三、三つ
세수	洗顔
세요 / 으세요	－られます
세우다	止める
셨습니다	－られました
소	牛
속	中
손	手
손님	お客さん
손수건	ハンカチ
송이	－房、輪
쇼핑	ショッピング
수건	タオル
수업	授業
수요일	水曜日
숙제	宿題
쉬다	休む
쉰	五十
스무 살	二十歳
스물 / 스무	二十
습니다	－ます、です
시	時
－시 / 으시－	尊敬の語尾

시간	時間
시계	時計
시월	十月
시작되다	始まる
시작하다	始める
시장	市場
시험	試験
식당	食堂
식사	食事
신다	履く
신문	新聞
실례지만	失礼ですが
십	十
십니다 / 으십니다	－られます
십이월	十二月
십일월	十一月
싸다	安い
쓰다	書く
쓰다	使う
씨	さん、氏
씻다	洗う

ㅇ

아까	さっき
아내	妻
아뇨	いいえ
아니요	いいえ
아들	息子
아래	下
아르바이트	アルバイト
아무 것도	何も
아무도	誰も
아버지	父、お父さん
아빠	パパ
아이	子ども
아저씨	おじ、おじさん
아주	とても
아주머니	おば、おばさん
아침	朝、朝食
아홉	九
아홉 시	九時
아흔	九十
안 －	－ない
안	中
안경	眼鏡
앉다	座る
알다	わかる、知る
－ 았 / 었 / 였	過去の語尾
앞	前
야구	野球
약	薬
약속	約束
약을 먹다	薬を飲む
양말	靴下
양복	洋服、背広
어느	どの
어느 것	どれ
어느 분	どなた
어디	どこ
어때요	どうですか
어떻게	どのように
어떻다	どうだ
어렵다	難しい
어른	大人
어린이	子供
어머니	母、お母さん
어제	昨日
어젯밤	昨夜
언니	姉、お姉さん
언제	いつ
얼굴	顔
얼마	いくら
얼마나	いくら、どのくらい
엄마	ママ
없다	ない
없습니다	いません、ありません
에	に
에	に、へ
에게	に
에게서	から
에서 / 서	から
에서 / 서	で
여기	ここ
여덟 시	八時
여덟（여덜）	八
여동생	妹
여든	八十
여름 방학	夏休み
여섯	六、六つ
여섯 시	六時
여자	女
여행	旅行
역	駅
연령	年齢
연세	年齢（敬語形）
연필	鉛筆
열	十
열 시	十時
열다	開ける
열두 시	十二時
열둘 / 열두	十二
열리다	開かれる
열하나 / 열한	十一
열한 시	十一時
－ 였습니다	－でした
영국	イギリス
영국 사람	イギリス人
영어	英語
영화	映画
옆	隣り、そば
예순	六十
－ 예요 / 이에요	－です
오	五
오늘	今日
오다	降る
오다	来る
오른쪽	右側
오빠	兄、お兄さん
오십	五十
오월	五月
오전	午前
오후	午後
올림픽	オリンピック
올해	今年
옷	服
와 / 과	と
왼쪽	左側
요일	曜日
요즈음	この頃、最近
우리	私たち、私の
우리 집	我が家
우산	傘
우유	牛乳
우체국	郵便局
운동	運動、スポーツ
웃다	笑う
원	ウォン
월	月
월요일	月曜日
위	上
유월	六月
유학생	留学生
육	六
육십	六十
－ 으러 / 러	－に
으로 / 로	に
으로 / 로	で
－ 으세요 → 세요	られます
－ 으셨습니다	られました
－ 으시 / 시	尊敬の語尾
－ 으십니다 →십니다	られます
은 / 는	－は
은행	銀行
을 / 를	を
음식	食べ物、料理
음악	音楽
의	の
의사	医者
의자	椅子
이	この
이	二
이	歯
이 / 가	が
이분	この方
－ 이 / 가 되다	－になる
－ 이 / 가 아닙니다	－ではありません
이것	これ
이기다	勝つ

－이다	－だ
이름	名前
이번	今度、今度の
이번 달	今月
이번 주	今週
이십	二十
이야기	話
－이었습니다	－でした
－이에요 / 예요	です
이월	二月
인분	人前
인사	あいさつ
인사동	仁寺洞（地名）
일	仕事
일	一
일	日
일곱	七
일곱 시	七時
일본	日本
일본어	日本語
일본 사람	日本人
일어나다	起きる
일요일	日曜日
일월	一月
일찍	早く
일하다	働く
일흔	七十
읽다	読む
입	口
입구	入口
－입니까？	－ですか
－입니다	－です
입다	着る
있다	いる、ある
있습니까？	いますか、ありますか
있습니다	います、あります

ㅈ

자다	寝る
자전거	自転車
자주	よく、しばしば
작년	昨年
잔	杯
잡수시다	召し上がる
잡지	雑誌
장	枚
재미있다	面白い
재작년	おととし
저	あの
저	私
저것	あれ
저기	あそこ
저녁	夕方、夕食
저분	あの方
저희	私達
적다	少ない
전	前
전시회	展示会
전철	電車
전혀	全然、まったく
전화	電話
전화기	電話機
점심	お昼、昼食
젓가락	箸
정말	ほんとうに
제	私の、私
제	第
제일	一番
조금	ちょっと
좁다	狭い
종이	紙
좋다	良い
좋아하다	好きだ
주다	くれる、あげる
주말	週末
주무시다	お休みになる
주세요	ください
주소	住所
중국	中国
중국사람	中国人
중학교	中学校
－지 않다	－ない、－くない
－지 않습니다	－ません、－くありません
지갑	財布
지금	いま
지난 달	先月
지난 주	先週
지난 해	去年
지다	負ける
－지만	－けれども
지우개	消しゴム
지하철	地下鉄
진지	お食事
질문	質問
집	家
짧다	短い
쯤	ぐらい、頃
찍다	撮る

ㅊ

차	お茶
차	車
창문	窓
찾다	探す、調べる
책	本
책방	本屋
책상	机
천	千
청소	掃除
축구	サッカー
춥다	寒い
취미	趣味
치마	スカート
친구	友達
칠	七
칠십	七十
칠월	七月

ㅋ

카페	カフェ
커피	コーヒー
커피숍	コーヒーショップ
컴퓨터	パソコン
코	鼻
키	身長
키가 작다	背が低い
키가 크다	背が高い

ㅌ

타다	乗る
택시	タクシー
텔레비전	テレビ
토요일	土曜日

ㅍ

팔	八
팔	腕
팔다	売る
팔십	八十
팔월	八月
편의점	コンビニ
편지	手紙
평창	平昌（地）
푹	ゆっくり
프랑스 사람	フランス人
피곤하다	疲れる

ㅎ

하고	と
하다	する
하시다	なさる
학교	学校
학생	学生
학생들	学生たち
한 개	一個
한 권	一冊
한 시	一時
한국	韓国
한국 사람	韓国人
한국어	韓国語
한테	に
한테서	から
할머니	おばあさん、祖母
할아버지	おじいさん、祖父
핸드폰	携帯電話
현관	玄関
형	兄、お兄さん
호텔	ホテル

홍차	紅茶
화요일	火曜日
화장실	トイレ
회사	会社
회사원	会社員
휴게실	休憩室
휴대전화	携帯電話
흐리다	曇る

日韓単語目録

※この単語目録が辞書代わりに利用できるように本書に出てくる主な単語をすべて収録している。

あ

あいさつ	인사
間	사이
会う	만나다
明るい	밝다
開ける	열다
朝	아침
あさって	모레
脚	다리
足	발
明日	내일
あそこ	저기
暖かい	따뜻하다
頭	머리
暑い	덥다
兄	오빠 / 형
姉	누나 / 언니
あの	저
あの方	저분
甘い	달다
あまり	그다지 , 별로
あまり(にも)	너무
雨	비
アメリカ	미국
アメリカ人	미국 사람
洗う	씻다
あります	있습니다
ありますか	있습니까?
ありません	없습니다
ある	있다
歩く	걷다
アルバイト	아르바이트
あれ	저것
いい、良い	좋다
いいえ	아니요 , 아뇨
家	집
イギリス	영국
イギリス人	영국 사람
行く	가다
いくら	얼마
いくら	얼마나
医者	의사
椅子	의자
忙しい	바쁘다
一	일
1月	일월
一時	한 시
市場	시장
いちばん	제일 , 가장
一個	한 개
一冊	한 권
一緒に	같이
いつ	언제
五つ、五	다섯
犬	개
いま	지금
います	있습니다
いますか	있습니까?
いません	없습니다
妹	여동생
妹・弟	동생
いらっしゃる	계시다
入口	입구
いる	있다
仁寺洞(地名)	인사동
上	위
ウォン	원
牛	소
後ろ	뒤
腕	팔
海	바다
売る	팔다
運動	운동
絵	그림
映画	영화
映画館、劇場	극장
英語	영어
駅	역
鉛筆	연필
美味しい	맛있다
多い	많다
多く	많이
お母さん	어머니
お菓子	과자
お客さん	손님
起きる	일어나다
送る、出す	보내다
送る、出す	부치다
おじ、おじさん	아저씨
お祖父さん、祖父	할아버지
教える	가르치다
お食事	진지
お茶	차
おっしゃる	말씀하다
夫	남편
弟	남동생
弟・妹	동생
男	남자
おととい	그저께 , 그제
おととし	재작년
大人	어른
お腹	배
お名前	성함
お兄さん	오빠 / 형
お姉さん	언니
おば、おばさん	아주머니
お祖母さん、祖母	할머니
お昼	점심
面白い	재미있다
お休みになる	주무시다
降りる	내리다
終わる	끝나다
音楽	음악
女	여자

か

課	과
が	가 / 이
が	께서
階	층
会社	회사
会社員	회사원
買う	사다
帰ってくる	돌아오다
顔	얼굴
かかる	걸리다
描く	그리다
書く	쓰다
学生	학생
学生たち	학생들
傘	우산
歌手	가수
風	바람
家族	가족
学校	학교
必ず	반드시
金、お金	돈
金持ち	부자
かばん	가방
カフェ	카페
髪	머리
紙	종이
火曜日	화요일
から	부터
から	에게서
から	에서 / 서
から	한테서
辛い	맵다
カラオケルーム	노래방
借りる	빌리다
川	강
韓国	한국
韓国語	한국어

韓国人	한국 사람
看護師	간호사
木	나무
聞く	듣다
汽車、電車	기차
北	북쪽
昨日	어제
キムチ	김치
九	구
九	아홉
休憩室	휴게실
九十	구십
九十	아흔
牛乳	우유
今日	오늘
教室	교실
去年	지난 해
着る	입다
銀行	은행
金曜日	금요일
－くありません	－지 않습니다
空港	공항
九月	구월
九時	아홉 시
薬	약
薬を飲む	약을 먹다
下さい	주세요
果物	과일
口	입
靴	구두
靴下	양말
首	목
曇る	흐리다
ぐらい	쯤
暮らす	살다
来る	오다
クルマ	차
くれる	주다
携帯電話	핸드폰
携帯電話	휴대전화
劇場	극장
消しゴム	지우개
月曜日	월요일
けれども	지만
玄関	현관
個	개
子	아이
五	오
公園	공원
紅茶	홍차
コーヒー	커피
コーヒーショップ	커피숍
五月	오월
ここ	여기
午後	오후
五時	다섯 시
五十	쉰
五十	오십
午前	오전
今年	금년 , 올해
子供	아이 , 어린이
この	이
この方	이 분
このごろ、最近	요즈음
ご飯	밥
これ	이것
ごろ	쯤
今月	이번 달
今週	이번 주
今度、今度の	이번
コンビニ	편의점

さ

歳	살
財布	지갑
探す	찾다
昨年	작년
昨夜	어젯밤
差し上げる	드리다
冊	권
サッカー	축구
さっき	아까
雑誌	잡지
寒い	춥다
さん	씨
三	삼
三月	삼월
散策	산책
三時	세 시
三十	삼십
三十	서른
散歩	산보
氏	씨
時	시
四月	사월
時間	시간
試験	시험
仕事	일
辞書	사전
下	밑 , 아래
七月	칠월
七時	일곱 시
質問	질문
失礼ですが	실례지만
辞典	사전
自転車	자전거
事務室	사무실
閉める	닫다
写真	사진
十	십
十一	열하나 / 열한
十一月	십일월
十一時	열한 시
十月	시월
十時	열 시
住所	주소
十二	열둘 / 열두
十二月	십이월
十二時	열두 시
週末	주말
授業	수업
宿題	숙제
出発する、発つ	떠나다
趣味	취미
食事	식사
食堂	식당
ショッピング	쇼핑
知らない、わからない	모르다
調べる	찾다
知る	알다
身長	키
新聞	신문
水曜日	수요일
スカート	치마
好きだ	좋아하다
すく（お腹）	고프다
少ない	적다
スポーツ	운동 , 스포츠
ズボン	바지
住む	살다
する	하다
座る	앉다
背が高い	키가 크다
背が低い	키가 작다
石けん	비누
狭い	좁다
ゼロ	공
千	천
洗顔	세수
先月	지난 달
選手	선수
先週	지난 주
先生	선생님
全然、まったく	전혀
ソウル	서울
ソウル駅	서울역
そこ	거기
そして	그리고
外	밖
その	그
その方	그분
それ	그것
それで	그래서
それほど	별로

た

だ	이다
第	제

大学	대학교
大学生	대학생
大根	무
大丈夫だ	괜찮다
たいてい	많이
台所	부엌
タオル	수건
たくさん	많이
タクシー	택시
たち	들
立つ	서다
建物	건물
頼む	부탁하다
食べ物	음식
食べる	먹다
たまに	가끔
誰	누구
誰が	누가
誰も	아무도
誕生日	생일
近く	근처
地下鉄	지하철
父、お父さん	아버지
中学校	중학교
中国	중국
中国人	중국 사람
昼食	점심
注文する	시키다
朝食	아침
ちょっと	조금
使う	쓰다
疲れる	피곤하다
月	달
次、次の	다음
机	책상
作る	만들다
妻	아내
－て	－고
手	손
で	로 / 으로
で	에서 / 서
手紙	편지
－でした	－였습니다 / －이었습니다
－です	－예요 / 이에요
－です	－입니다
－です	－ㅂ니다 / 습니다
－ですか	－입니까？
－ですか	－ㅂ니까 / 습니까？
では	그러면
では	그럼
－ではありません	－가 / 이 아닙니다
デパート	백화점
テレビ	텔레비전
天気	날씨
電車	전철
電話	전화
電話機	전화기
と	와 / 과
と	하고
ドア	문
といいます	라고 합니다
トイレ	화장실
東京	도쿄
どうだ	어떻다
どうですか	어때요
動物	동물
十（とお）	열
遠い	멀다
時計	시계
どこ	어디
登山	등산
図書館	도서관
とても	아주
どなた	어느 분
隣、そば	옆
どの	어느
どのくらい	얼마나
どのように	어떻게
止める	세우다
友達	친구
土曜日	토요일
鳥	새
努力する	노력하다
撮る	찍다
どれ	어느 것

な

－ない	안 －
ない	없다
－ない、－くない	－지 않다
治る	낫다
中	속
中	안
長い	길다
なさる	하시다
夏休み	여름 방학
七、七つ	일곱
七	칠
七十	일흔
七十	칠십
何も	아무 것도
何を	뭘
名前	이름
習う	배우다
なる	되다
何	무엇
何	뭐
何階	몇 층
何月	몇 월
何歳	몇 살
何時	몇 시
何日	며칠
何の	무슨
何番	몇 번
何曜日	무슨 요일
に	께
に	러 / 으러
に	로 / 으로
に	에
に	에게
二	이
に	한테
に、へ	에
二月	이월
西	서쪽
二時	두 시
二十	스물 / 스무
二十	이십
日曜日	일요일
－になる	－가 / 이 되다
日本	일본
日本人	일본 사람
ニュース	뉴스
ネクタイ	넥타이
猫	고양이
寝る	자다
年	년
年齢	연령
年齢（敬語）	연세
年齢、年	나이
の	의
ノート	공책
飲む	마시다
乗る	타다

は

は	께서는
は	는 / 은
歯	이
はい	네
杯	잔
俳優	배우
履く	신다
白菜	배추
箸	젓가락
始まる	시작되다
始める	시작하다
バス	버스
パソコン	컴퓨터
二十歳	스무 살
働く	일하다
八	여덟
八	팔
八月	팔월
八時	여덟 시
八十	여든
八十	팔십
花	꽃

鼻	코
話	이야기
話す	말하다
花屋	꽃집
母	어머니
パパ	아빠
速く	빨리
早く	일찍
半	반
パン	빵
ハンカチ	손수건
番号	번호
パン屋	빵집
東	동쪽
匹	마리
飛行機	비행기
左側	왼쪽
人	사람
ビビンバ	비빔밥
百	백
病院	병원
昼	낮
封筒	봉투
吹く	불다
服	옷
房	송이
二つ、二	두 / 둘
船	배
冬	겨울
フランス人	프랑스 사람
降る	오다 , 내리다
プレゼント	선물
風呂に入る	목욕하다
分	분
部屋	방
勉強	공부
勉強する	공부하다
帽子	모자
ボールペン	볼펜
ホテル	호텔
ほとんど	거의
本	책
本当に	정말
本屋	책방

ま

枚	장
毎日	매일
前	앞
前	전
－ます	－ㅂ니다 / 습니다
－ますか	－ㅂ니까 / 습니까?
－ません	－지 않습니다
待つ	기다리다
まで	까지
窓	창문
学ぶ	배우다
ママ	엄마
万	만
真ん中	가운데
磨く	닦다
みかん	귤
右側	오른쪽
短い	짧다
水	물
店	가게
見せる	보이다
三つ、三	세 / 셋
南	남쪽
耳	귀
見る	보다
民俗村	민속촌
難しい	어렵다
息子	아들
娘	딸
六つ、六	여섯
胸	가슴
目	눈
メール	메일
眼鏡	안경
飯	밥
召し上がる	드시다
召し上がる	잡수시다
も	께서도
も	도
木曜日	목요일
餅	떡
もっと	더
もの、こと	것
もらう	받다
門	문
問題	문제

や

焼き肉	불고기
野球	야구
約束	약속
安い	싸다
休み（学校の）	방학
休む	쉬다
山	산
夕方	저녁
夕食	저녁
郵便局	우체국
雪	눈
ゆっくり	푹
良い	좋다
曜日	요일
洋服	양복
よく、しばしば	자주
四時	네 시
読む	읽다
より	보다
夜	밤
四	사
四、四つ	네 / 넷
四十	마흔
四十	사십

ら

来月	다음 달
来週	다음 주
来年	내년
－られました	－(으)셨습니다
－られます	－(으)세요
－られます	－(으)십니다
両親、親	부모님
料理	요리
料理、食べ物	음식
旅行	여행
りんご	사과
零	공
冷麺	냉면
列車	기차
六	육 , 여섯
六月	유월
六時	여섯 시
六十	예순
六十	육십
ロッテホテル	롯데호텔

わ

我が家	우리 집
わからない	모르다
わかる	알다
私	나
わたくし	저
私たち	저희
私たち	우리
私の	내
私の	우리
わたくしの	제
笑う	웃다
悪い	나쁘다
を	를 / 을

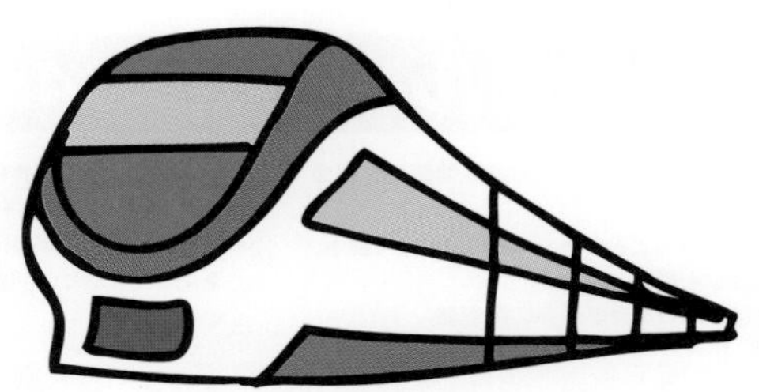

—しくみで学べるテキスト—

改訂版　韓国語へ旅しよう　初級

検印廃止

© 2012 年 1 月 15 日　初 版 発 行
© 2024 年 1 月 30 日　改訂初版発行

著　者　李　昌圭

発行者　小川　洋一郎

発行所　株式会社　朝 日 出 版 社
101-0065 東京都千代田区西神田 3 − 3 − 5
電話 (03) 3239-0271・72 (直通)
振替口座　東京　00140-2-46008
http://www.asahipress.com/
倉敷印刷

乱丁，落丁本はお取り替えいたします
ISBN978-4-255-55711-3 C1087

朝日出版社 **ハングル能力検定試験問題集のご案内**

改訂新版ハングル能力検定試験5級実戦問題集　李昌圭｜著

改訂新版

- 問題を類型別に分けたので，実際の試験問題の出題順に始められる
- 類型別問題の対策と解答のポイントを詳しく解説
- ５級出題の文法と語彙などを合格ポイント資料として提示、試験直前の確認にも最適
- ハングル検定対策本のなかで最多の問題数
- 聞き取り問題の音声はもちろん、本書模擬試験・解説はウェブ上で何度でもトライ、確認できる
- 模擬テストで実戦練習ができる
- 筆記と聞き取りの問題の解説を巻末にまとめて収録している

● A5判 ● 232p. ● 特色刷　定価3,080円（本体2,800円+税10%）（1268）

電子版有

改訂新版ハングル能力検定試験4級実戦問題集　李昌圭｜著

改訂新版

- 問題を類型別に分けたので，実際の試験問題の出題順に始められる
- ４級出題の文法と語彙などを合格ポイント資料として提示、試験直前の確認にも最適
- ハングル検定対策本のなかで最多の問題数（本試験の９回分以上相当）
- 聞き取り問題の音声はもちろん、本書模擬試験・解説はウェブ上で何度でもトライ、確認できる
- 模擬テストで実戦練習ができる
- 筆記と聞き取りの問題の解説を巻末にまとめて収録している

● A5判 ● 256p. ● 特色刷　定価3,080円（本体2,800円+税10%）（1250）

改訂新版ハングル能力検定試験3級実戦問題集　李昌圭｜著

改訂新版

- 問題を類型別に分けたので，実際の試験問題の出題順に始められる
- ３級出題の文法と語彙などを合格ポイント資料として提示、試験直前の確認にも最適
- ハングル検定対策本のなかで最多の問題数（本試験の10回分以上相当）
- 聞き取り問題の音声はもちろん、本書模擬試験・解説はウェブ上で何度でもトライ、確認できる
- 模擬テストで実戦練習ができる
- 筆記と聞き取りの問題の解説を巻末にまとめて収録している

● A5判 ● 368p. ● 特色刷　定価3,168円（本体2,880円+税10%）（1222）

電子版有

ハングル能力検定試験準2級対策問題集 -筆記編-　李昌圭｜著

- 出題内容が体系的に把握でき，試験準備が効率よくできる
- 準２級に出題される語彙や文法事項，発音，漢字等が一目瞭然でわかる
- 本書収録の520題（本試験の11回分相当）の豊富な問題を通してすべての出題形式の問題が実戦的に練習できる
- 間違えた問題や不得意な問題は印をつけ，繰り返し練習ができる

● A5判 ● 360p. ● 特色刷　定価2,640円（本体2,400円+税10%）（743）

電子版有

ハングル能力検定試験準2級対策問題集 -聞き取り編-　李昌圭｜著

- 出題の傾向，学習ポイントが全体的・体系的に理解できるように，過去問を詳細に分析して出題内容を類型別に整理・解説
- 問題の類型と傾向，頻出語句，選択肢，文法事項などが一目で分かるように，問題類型別に重要なポイントをまとめて「合格資料」として提示
- 本試験と同じ練習問題を通して実戦的に練習ができるように，豊富な練習問題を類型別にまとめて本試験と同じ出題順に提示
- すべての問題は本試験と同じ形式で添付の音声ファイルCD-ROMに収録。実戦的に繰り返し練習ができ，聴力を鍛えることができる

● A5判 ● 280p. ● 特色刷 ● 音声ファイルCD-ROM付　定価2,860円（本体2,600円+税10%）（1028）

電子版有

（株）朝日出版社

← 最新の刊行情報はこちら
〒101-0065　東京都千代田区西神田３－３－５
TEL：03－3263－3321　FAX：03－5226－9599
E-mail：info@asahipress.com　http://www.asahipress.com/

← LINE スタンプ
「キムチフレンズ」
好評発売中！
※詳細は QR コードから！

Pilote 1 Cours de français pour débutants

Taichi HARA
Vincent DURRENBERGER
Fumie KAWAMURA
Keisuke MISONO
Yotetsu TONAKI

Editions ASAHI

音声・INDEX データ URL

https://text.asahipress.com/free/french/pilote1_n/

まえがき

本書は大学で初学者を対象としたフランス語の授業で用いることを想定した教科書です。１回の授業でおおよそ１課ずつ進んでゆけば、週２回１年間の授業で最後まで終わる構成になっています。フランス語の発音に慣れ親しんだ上で文法の基礎をひととおり学び、教程修了時には実用フランス語技能検定（仏検・APEF）４級から３級程度の力をつけることを目標としています。

・各課の冒頭に、〈例文〉あるいは〈対話〉がまとめて配置されています。これをしっかり覚えることが学習の根幹となります。とくに〈対話〉は、教室において学習者同士で練習し、暗記してしまうといいでしょう。

・それぞれの課では、学ぶべき文法事項がいくつかあります。文法の説明は体系性にこだわらず、段階的に導入してありますので、毎回の授業で扱う分量は多くないはずです。練習問題を通じて文法的な処理のスピードアップをはかると同時に、フランス語文法の特徴を自然と理解できるような進行を目指しました。

・とくに最初の方では、発音と綴字に慣れることを第一とし、ゆったりとした進度になっています。また、一般的なフランス語教科書で扱われている文法事項でも、比較的重要度の低い事柄、初学者にとって使いこなすのが難しい事柄は続巻（『ピロット 2』）に回し、学習内容を厳選しました。

・言語習得に必要なのは何を措いても反復練習です。そのために、豊富な練習問題を用意しました。場合によっては、教室では全てを扱うことはせず、自由課題とするのもいいでしょう。いずれにしろ、勉強するための材料は多いに越したことはありません。この１冊をしっかりと使いこなすことでフランス語の基礎力は確実なものとなるはずです。

・新出単語は、意味とともに示してあります。それをしっかりと覚え、積み重ねてゆくことが肝要です。示されていない語彙は既出のものですから、忘れていた場合は巻末の〈INDEX〉を用いて復習しましょう。基本的に、学習時に辞書は必要としません。（いずれにせよ、初学者が電子辞書やネット上の辞書を引いてもその場しのぎになるだけで、記憶には残らず、無意味です。）本書の教程に従って、単語は出てきた順で確実に覚えていきましょう。〈INDEX〉において、特に重要な語彙（仏検５級・４級合格の為に学習が推奨される語彙）については太字で強調してありますので、それらは優先的に覚えるといいでしょう。

・記号♪が示されているところは音声データがあります。音声データは朝日出版社ホームページ（https://text.asahipress.com/free/french/pilote1_n/）で入手できます。授業の復習などに用いてください。また、ホームページ上には〈INDEX〉のエクセル・ファイルがありますので、そちらも使いやすいように加工して学習に活用するといいでしょう。

新しい言語を学ぶということは、新しい世界に触れるということに他なりません。時には、難しいこと、面倒なこと、辛抱強い練習が要求されること、もあるでしょう。しかし、それらの困難を乗り越えた先に見えてくる展望は格別です。本書がみなさんのフランス語学習の、最初の良き供となれば幸いです。

2023 年 8 月　著者識

目　次

1

フランス語の発音に触れよう

01 課　綴字と発音の規則（1）

対話　隣どうしで練習しよう

♪ no. 1-02

1. – Salut, Jules.	やあ、ジュール。
– Salut, Gabrielle.	やあ、ガブリエル。
2. – Bonjour, Sylvain.	こんにちは、シルヴァン。
– Bonjour, Clémence.	こんにちは、クレマンス。
3. – Bonsoir, Monsieur.	こんばんは。
– Bonsoir, Madame.	こんばんは。
4. – Allô ? Mademoiselle Brasseur ?	もしもし、ブラスールさん？
– Oui ? Ah, bonjour, Monsieur Lebrun !	はい？ああ、こんにちは、ルブランさん！

Aa 語彙　salut [saly]（くだけた挨拶）やあ；bonjour [bɔ̃ʒur] おはよう、こんにちは；bonsoir [bɔ̃swar] こんばんは；monsieur [məsjø]　※発音例外, madame [madam], mademoiselle [madmwazɛl] それぞれ、男性、既婚女性、未婚女性への敬称、あるいは単独で用いて呼びかけのことば；allô [alo]（電話口の呼びかけ）もしもし；oui [wi] はい

対話 1

・原則としてアルファベットをローマ字読みする。

・語末の子音字は発音しないことが多い。

＊厳密なルールではないが、d、s、t、x 等は読まない場合が多く、c、f、l、r 等は読む場合が多い。

対話 2

・bonjour, Sylvain, Clémence 等の鼻母音は口と鼻から同時に息を出す。

鼻母音の練習

たとえば、salut などの母音、いわば「普通の母音」を発音するときには、息は口からのみ出ています。一方、「（口からは息を出さずに）鼻から息を出して」発音する音は、m や n などの鼻音です。これはたとえば、口を閉じてハミングするときの音です。少しやってみてください。

（ハミングする）♫　mmmmmmmmmmmm—

このときには、息は鼻から出ていますね。（出ていなかったら声が出ないはずです。）

鼻母音を発音するには、このハミングの状態から、唇だけを開ければいいのです。やってみましょう。

（ハミング）mmmmm（唇を開ける）ããããã...ã

唇を開けるときに、他の場所を動かしてはいけません。口と鼻から同時に息が出ていることを確認しましょう。

鼻母音で重要なのは、発音の終わりにあたって、舌や唇で、口から出る息を遮らないことです。たとえば、Sylvain という単語を発音し終わったとき、唇が m の発音のように閉じていたり、舌が n の発音のように上がっていてはいけません。

対話 3

・**複母音字**……複数の文字を組み合わせて一つの音を表す。
例）bonjour　ou [u]　bonsoir　oi [wa]
・monsieur [məsjø] の発音はかなり例外的。

対話 4

・eu [œ] も複母音字で、日本語のウに近い発音。
・単母音字 e は日本語のエに近い音で発音される場合と、ウに近い音で発音される場合がある。（読み分けのルール⇨ p. 46）
・allô の o の上の屋根のような部分はアクサン記号。フランス語の単語はこの記号を含めて書かれ、省略することはできない。

練習　次の単語を発音しましょう。

♪ no. 1-03

soir [swar]	sur [syr]	jour [ʒur]	pin [pɛ̃]	dame [dam]
vin [vɛ̃]	mon [mɔ̃]	lune [lyn]	don [dɔ̃]	temps [tɑ̃]

［フランス語の字母（alphabet）］

♪ no. 1-04

A a	[a]	J j	[ʒi]	S s	[ɛs]
B b	[be]	K k	[ka]	T t	[te]
C c	[se]	L l	[ɛl]	U u	[y]
D d	[de]	M m	[ɛm]	V v	[ve]
E e	[ə]	N n	[ɛn]	W w	[dubləve]
F f	[ɛf]	O o	[o]	X x	[iks]
G g	[ʒe]	P p	[pe]	Y y	[igrɛk]
H h	[aʃ]	Q q	[ky]	Z z	[zɛd]
I i	[i]	R r	[ɛr]		

［アクセント記号］

é	accent aigu
à è ù	accent grave
â ê î ô û	accent circonflexe
ä ë ï ö ü	tréma

02 課　綴字と発音の規則（2）

辞書遊び（jeu du dictionnaire）

♪ no.1-05

同じアルファベットから始まる語を、次の語群から選んで表に書き入れなさい。
（comme は例示の前置詞）

copain　histoire　goût　qui　queue　gentil　cerise　cuisine　garçon
cinéma　heure　quai　cher　couteau　héros　cause

1	2	3	4

語彙　copain [kopɛ̃] 友達、恋人 ; histoire [istwar] 物語、歴史 ; goût [gu] 味、趣味 ; qui [ki]（疑問詞）誰…？ ; queue [kø] 尾、尻尾 ; gentil [ʒɑ̃ti] 優しい ; cerise [s(ə)riz] サクランボ ; cuisine [kɥizin] 料理、台所 ; garçon [garsɔ̃] 男の子 ; cinéma [sinema]（集合的に）映画、映画館 ; heure [œr] 時間 ; quai [ke] 河岸 ; cher [ʃɛr] 高価な ; couteau [kuto] ナイフ ; héros ['ero] 英雄 ; cause [koz] 原因

グループ 1

・garçon [garsɔ̃]……c にセディーユと呼ばれる印 (ç の下部) をつけたときには、つねに [s] と読まれる。
・g は後続の母音字が a, o, u のときは [g]、i, e のときには [ʒ] と発音される。

グループ 2

・h は読まれない。
・複母音字 eu, œu [ø, œ] の発音は、だいたい日本語のウの音で代用できる。eau, au [o, ɔ] と混同しないこと。
・œ はつなげて書く。

グループ 3

・c はあとにくる母音字が a, o, u のときは [k]、i, e のときには [s]。
・ch は多くの場合 [ʃ] と読まれる。日本語のシャ行の音。
　＊ただし、ギリシャ語起源の言葉でこれを [k] と読むときがある。例) écho [eko], orchestre [ɔrkɛstr]
・gn は [ɲ] と読まれる。ほぼ、日本語のニャ行の音と同じ。
・複母音字 eau, au [o, ɔ] の発音は、だいたい日本語の「オ」の音で代用できる。

[ʒ] の練習

フランス語の [ʒ] の音は日本語のジャ行の音や、英語の Japan の音とは少し異なります。日本語のジャ行の音は、発音するときに舌の動きが伴う [dʒ] の音です。試してみましょう。大きな声ではっきりと、

「ジャジャジャジャーン！」

と言ってみてください。そのとき、一つ一つの「ジャ」を区切るように、舌が上の歯茎のところに当たっていることがわかると思います。これはちょうど、

「ダダダダーン！」

と言うときと同じ舌の動きです。ところが、フランス語の [ʒ] の音を発音するのにはこの動きが要らないので、排除しなければいけないのです。

練習してみましょう。舌を下げ、舌先を下の歯茎にきちんとつけたまま、先ほどの「ジャジャジャジャーン」を言ってみてください。

JAJAJAJAJAAAN！

どうでしょう。音節をしっかり区切ることができないので、頼りない感じがするかもしれませんが、それでいいのです。フランス語の j は舌の動きのない音だ、ということを意識するようにしましょう。

グループ 4

・ qu は二字で [k]。
・複母音字 ai, ei [ɛ, e] は、日本語のエとほぼ同じ音。

練習 次の単語を発音しましょう。

♪ no. 1-06

cœur [kœr]	quatre [katr]	hôtel [otɛl]	beauté [bote]
peur [pœr]	eau [o]	bateau [bato]	bleu [blø]
auto [oto]	signe [siɲ]	gâteau [gato]	orange [ɔrɑ̃ʒ]
gare [gar]	Seine [sɛn]		

03 課　綴字と発音の規則（3）/ 不定冠詞

例文

♪ no.1-07

1. Voilà un garçon.　男の子が一人いるよ。
2. Voilà une fille.　女の子が一人いるよ。
3. Voilà une maison.　家が一軒あるよ。
4. Voici un théâtre.　劇場はここだ。
5. Voici des roses.　ここに薔薇が何本かあります。
6. Voici des sacs.　ここに鞄がいくつかあります。
7. Voilà un poisson.　どうぞ、魚です。
8. Voilà une bague.　どうぞ、指輪です。
9. Voilà Georges.　ジョルジュが来たよ。
10. Voici Camille.　こちらがカミーユです。

Aa 語彙　voilà [vwala], voici [vwasi]（下記参照）; fille [fij] 女の子 ; maison [mɛzɔ̃] 家 ; théâtre [teɑtr] 劇場 ; rose [roz] バラ ; sac [sak] 鞄 ; poisson [pwasɔ̃] 魚 ; bague [bag] 指輪

提示の表現　voilà, voici

基本的には voilà は遠くのもの、voici は近くのものを提示する表現だが、対比する場合（voici..., voilà...「これは～で、あれは～だ」）を除き、使い分ける必要はない。

名詞の性と数

・名詞は男性名詞と女性名詞に分けられる。
・複数形は、原則として単数形のあとに s をつける。ただし、複数形の s は発音されない。

自然の性と文法の性

「男の子・女の子」「父・母」のように自然の性（sexe）があるものは、文法的な性（genre）もそれと一致しますが、「家」「指輪」など、性別に結びつかない名詞も必ず男性名詞か女性名詞かに分類されます。これはあくまでも文法的な決まりごとなので、類推することはできません。ですから、名詞を覚えるときには、あわせてその名詞の性も覚えておく必要があります。

不定冠詞

・フランス語の不定冠詞も、英語の不定冠詞 a と同様、不特定のものや聞き手にまだ了解されていないものをさす場合に用いられる。ただし、フランス語には不定冠詞の複数形もあるので注意が必要。

単数		複数
男性名詞	女性名詞	男性女性とも
un [œ̃]	**une** [yn]	**des** [de]

綴字と発音

・ille [ij]……半母音 [j] は、i のあとに軽く添えて発音する。「イーユ」というふうに、イを引き延ばして発音すれば近い音になる。

・s の発音

[s] 語頭と子音の前

[z] 母音と母音に挟まれたとき。ただし、ss は常に [s]。例）poisson [pwasɔ̃], poison [pwazɔ̃]

・前の課で見た通り、g の発音はあとにくる母音字で定まる。ただし、g のあとに e を置きつつも [ɡ] の発音を保ちたいときには、gu という綴りを用いる。このとき、gu の u は母音としては読まれない。
逆に、g のあとに o を置きつつも [ʒ] の発音を保ちたいときには ge という綴りを用いる。ge の e は母音としては読まれない。

練習 **次の単語を発音しましょう。**

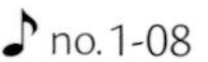
♪ no.1-08

une figue [yn fiɡ]
un thé [œ̃ te]
une salle [yn sal]
un poison [œ̃ pwazɔ̃]
une guerre [yn ɡɛr]
une photo [yn fɔto]
une poésie [yn pɔezi]
un pigeon [œ̃ piʒɔ̃]

発音のまとめ

(1) 口の母音

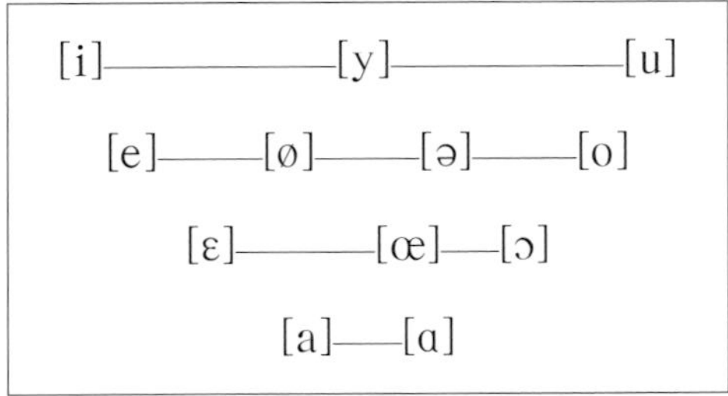

上の表で、水平方向は舌の位置を表します。左側は舌が前にある母音、右側は舌が後ろにある母音です。垂直方向は口の開きを示します。上方は口の開きが狭い母音、下方は口の開きが広い母音です。

日本語の母音は「アイウエオ」の 5 つだけですが、フランス語には上記 12 種類があります。もちろん、これら全てを正しく、区別して発音することが理想ですが、初学者にはなかなか難しいでしょう。そこで、「通じる」ための最低限の発音ということで、思いっきり単純化してみます。

・[i] は日本語の「イ」よりも唇を引き、舌を上げた鋭い音です。はっきり発音するように注意すれば日本語の「イ」でも代用できるでしょう。綴りでは i に対応します。
・[ɛ] は日本語の「エ」とほぼ同じ音ですが、[e] はそれよりも鋭く、「イ」に近い音です。ただしこの二つの音は「エ」でも構いません。この「エ」の発音は、綴りでは e の他に、上にアクサン記号のついた é, è, ê、さらに、複母音字の ai と ei が対応します。
・[ɔ] は日本語の「オ」とほぼ同じ音ですが、[o] はそれよりも唇を突き出して発音し、「ウ」に近い音です。ただしこの二つの音は「オ」でも構いません。綴りでは o の他に複母音字の au と eau が対応します。
・[a] と [ɑ] はフランスでもあまり区別しなくなっています。日本語の「ア」で大丈夫です。
・[ø] [œ] [ə] の三つの音は、よく聞くと音に違いがありますが、いずれも日本語の「ウ」に近い音であり、「ウ」で代用してもそれほど問題がありません。[ø] [œ] は複母音字の eu と œu に対応します。[ə] は弱音の e の読み方として現れます。

どうでしょうか。だいぶ数が減りました。ただし、残る二つの母音 [u] と [y] は要注意です。
・[u] は ou と綴られ、日本語の「ウ」とはかなり異なる音です。口の中を広く保ち、唇を細く突き出して、喉の奥からうなるように発音します。英語の too や shoot に近いですが、それよりも深く、暗い音です。
・[y] は u と綴られます。「ユ」に近い音に聞こえますが、これは単独の母音であり、たとえば、英語の you [ju:] とは異なる音です。英語の you の母音は [u] ですから、長く伸ばせば [u] の音になりますが、フランス語の [y] はどこまで伸ばしても同じ音です。唇を [u] の発音と同様に丸め、舌を [i] の発音と同等の位置にまで持ち上げます。

こうして、日本語の 5 つの母音をもとにして、そこに [u] と [y] という母音を付け加えるだけで（母音に関しては）おおよそ「通じる」発音になっているはずです。実を言えば、難しい [y] の発音も、日本語の「ユ」でおよそ代用できます。すると、フランス語の母音で注意するべきは [u] の音だけ、ということになります。この [u] の音だけは日本語に代用の音が見つかりません。この [u] を正しく発音するように心がける、ということは、フランス語を習い始めるときに、いくら強調しても強調しすぎるということはないポイントです。

(2) 鼻母音

フランス語の母音字 +n, m は鼻母音として発音されます。ただし、-nn- や -mm- のように二重になっているときは鼻母音にはなりません。例）homme, ennemi, parisienne

・[ɑ̃] (an, am, en, em)

[a] の口の形をして鼻母音を発音します。「ア」の音よりも暗く、「オ」のような、くぐもった響きがします。（ex. France, lampe, vacances, enfant, ensemble）

・[ɛ̃] (in, im, yn, ym, ain, aim, ein, eim)

[ɛ] の口の形をして鼻母音を発音します。「エ」の音よりも暗く、「ア」と「エ」の中間のような響きです。（ex. vin, important, symbole, pain, peinture）

・[ɔ̃] (on, om)

[ɔ] の口の形をして鼻母音を発音します。「オ」の音よりもさらに暗い響きです。（例）Japon, nom, ombre）

・[œ̃] (un, um)

これまで触れなかった鼻母音です。というのも、この発音は現在フランスの多くの地域で二番目の [ɛ̃] の発音に同化して消失しつつあるからです。[œ] の口の形で鼻母音を発音します。（例）un, lundi, parfum）

(3) 半母音

単独で音節を作ることはなく、他の母音と結びついて現れる移行的な音です。

・[j-] i, y + 母音字　母音の [i] を短く発音し、すぐに次の母音に移る。例）piano　ciel

・[ɥ-] u + 母音字　母音の [y] を短く発音し、すぐに次の母音に移る。例）nuit　nuage

・[w-] ou+ 母音字　母音の [u] を短く発音し、すぐに次の母音に移る。例）oui　ouest

＊母音間の y には注意が必要です。この y は二つの i と考えて発音します。
たとえば、voyage=voi[vwa]+iage[jaʒ], crayon=crai[krɛ]+ion[jɔ̃], tuyau=tui[tɥi]+iau [jo] のように発音します。

綴字のまとめ

フランス語の綴字と発音の関係は、英語に比べれば例外が少なく、規則自体もそれほど多くないシンプルなものです。以下に綴字と発音の規則について、注意を要するものをまとめて挙げておきます。

♪ no.1-09

<単母音字>

ローマ字読みが基本。ただし、

u	[y]	lune nature

には注意が必要。

また、e の字母の読み方は少し厄介です。

(1)	e	[ɛ] [e]	et nez mer avec
(2)	e	[無音] [ə]	petit menu madame Marie

(1) は明確に、日本語の「エ」に近い音で読まれるグループ、(2) は弱まった音で、日本語の「ウ」に近い音で読まれたり、音が完全に消失するグループです。一般的に語尾の e は（英語と同様）読まれないので (2) のグループになります。一方、語中に出てくる e は音節の切り方によって読み方が決まります。(⇨ p. 46 補足 2　e の読み方)

ただし、e の上に何らかの記号をつけた é è ê ë などの字母はつねに「エ」に近い音（[ɛ] あるいは [e]）で読まれます。

é, è, ê, ë	[ɛ] [e]	café cinéma père tête Noël

<複母音字>

ai, ei	[ɛ]	air mais Seine neige reine
au, eau	[o, ɔ]	épaule auto bateau château
eu, œu	[ø]	bleu deux peu
	[œ]	fleur jeune sœur
ou	[u]	amour tout jour
oi	[wa]	oiseau étoile mademoiselle

<鼻母音>

an, am, en, em	[ɑ̃]	jambe lampe lentement enfant
in, im, yn, ym	[ɛ̃]	lin important simple syndicat symphonie
ain, aim, ein, eim	[ɛ̃]	pain faim plein peinture Reims
un, um	[œ̃] [ɛ̃]	un lundi brun
on, om	[ɔ̃]	non Japon nom
ien	[jɛ̃]	bien rien ancien
	[jɑ̃]	science expérience
oin	[wɛ̃]	point loin besoin

<子音字>

♪ no.1-10

c (e, i, y の前)	[s]	célèbre cinéma cycle
(それ以外)	[k]	café école culture
ç	[s]	leçon garçon reçu
ch	[ʃ]	chat chef chapeau
	[k]	orchestre technique
g (e, i, y の前)	[ʒ]	âge magique geste
(それ以外)	[g]	gâteau légume glace
ge (a, o, u の前)	[ʒ]	Georges bourgeois
gu (e, i, y の前)	[g]	guerre guide
gn	[ɲ]	montagne cognac signe
qu	[k]	question quatre quai
th	[t]	théâtre thé méthode
ph	[f]	photo téléphone
ill, il	[ij]	famille fille travail soleil

＊ただし次の語は例外：ville [vil] mille [mil] tranquille [trɑ̃kil] 等。

s (母音の間)	[z]	maison rose usine
(それ以外)	[s]	salle danse poisson
ti (母音の前)	[si]	attention démocratie

＊ ただし question [kɛstjɔ̃] quartier [kartje]

＜流音＞

l [l] lin classe mademoiselle

フランス語の l の音は舌先を上歯茎の裏につけ、軽く離しながら発音します。英語のように、舌を上歯茎につけるまでの移行音を長く響かせることはしないので、日本語のラ行音に近くなります。ただし、日本語のラ行音よりもゆっくりとした舌の動作です。

r [r] reine crédit grandeur

標準フランス語ではとても特徴的な音を出します。舌先を下歯茎の裏につけたまま、舌の後ろを狭くして、摩擦音を作ります。喉びこ (口蓋垂) を震わせることもあります。日本語のラ行音とはかなり異なる音です。有声子音としても無声子音としても発音されますが、無声子音となったときには、日本語の「ハ」のように聞こえることもあります。

04 課　形容詞 / 動詞 avoir / 連音の規則

例文

♪ no. 1-11

1. J'ai des amis américains.
2. Nous avons un enfant.
3. Jacques a une amie japonaise.
4. Vous avez un stylo ?
5. Vincent a un frère intelligent.
6. Ils ont une sœur amusante.
7. J'ai un bateau jaune.
8. Paul a une maison. Elle a une porte rouge.

語彙　avoir [avwar] 持つ ; ami [ami] 友人 ; américain [amerikɛ̃] アメリカ人、アメリカの ; enfant [ɑ̃fɑ̃] 子供 ; japonais [ʒaponɛ] 日本人、日本の ; stylo [stilo] ペン ; frère [frɛr] 兄、弟 ; intelligent [ɛ̃teliʒɑ̃] 頭が良い ; sœur [sœr] 姉、妹 ; amusant [amyzɑ̃] 面白い、愉快な ; bateau [bato] 船 ; jaune [ʒon] 黄色い ; porte [pɔrt] ドア ; rouge [ruʒ] 赤い

形容詞の変化

・フランス語の形容詞は基本的に修飾する名詞の後ろに置く。

	単数	複数
男性	**intelligent** [ɛ̃teliʒɑ̃]	**intelligents** [ɛ̃teliʒɑ̃]
女性	**intelligente** [ɛ̃teliʒɑ̃t]	**intelligentes** [ɛ̃teliʒɑ̃t]

・形容詞は修飾する名詞の性と数に合わせて形を変える。辞書には男性単数形が載っているので、女性名詞を形容するときには形容詞を女性形に変える必要がある。女性形は男性形のあとに e をつけて作る。また、男性女性の複数形を作るには、それぞれの単数形のうしろに s をつける。

＊ただし、japonais のようにはじめから s で終わる語の男性複数形は、さらに s を追加することはない。また、rouge のように e で終わる語の女性単数形も rouge のままで、さらに e を追加することはない。

動詞 avoir

フランス語の動詞は全て、主語の人称に合わせて形を変える。これを動詞の活用という。活用には不規則活用と規則活用がある。avoir「持つ」は不規則活用のひとつである。

＊活用する前の形、avoir のような形を不定形あるいは不定法といい、これが辞書に載っている基本的な形である。

♪ no. 1-12

avoir [avwar] の直説法現在

	単数	複数
1 人称	j' ai [ʒɛ]	nous‿avons [nuzavɔ̃]
2 人称	tu as [tya]	vous‿avez [vuzave]
3 人称	（男性） il a [ila] （女性） elle a [ɛla]	（男性） ils‿ont [ilzɔ̃] （女性） elles‿ont [ɛlzɔ̃]

主語人称代名詞

・2人称単数 tu は家族や友人など親しい関係で用いられ、初対面の相手や丁寧に接するべき人には、相手が一人であっても婉曲的に複数形の vous を用いる。

・フランス語の3人称の代名詞はかならずしも「人」を受けるとはかぎらない（例文8)。人称代名詞は前出の名詞に性数を合わせて用いる。

エリジオン élision

・例文1の J'ai に現れる「'」はアポストロフ apostrophe と言って、母音字脱落を示す。これをエリジオンと言う。フランス語のアポストロフは任意の記号ではなく、たとえば、j'ai を *je ai のように書くことはない。

＊エリジオンが起きる語は限定されており、多くは je, le, te, de 等々の e で終わる一音節の語である。

リエゾン liaison

・例文1では des [de] という単語と amis [ami] という単語をつなげて des amis [dezami] と読んでいる。この場合の des の最後の子音字のように、二語を続けて読んだときに、単独で読まれるときにはない音を入れて連結することがある。これをリエゾンと言う。

＊リエゾンには必ず行わなければならない場合と任意の場合がある。

アンシェヌマン enchaînement

・リエゾンと似た現象に、アンシェヌマンと呼ばれるものがある。これは二つの単語をつなげて読むことで、たとえば例文3の une amie [ynami] のように、une の語尾の子音 n と次の語 amie の語頭の母音 a をつなげて [na] と発音するような場合である。

＊アンシェヌマンでは、リエゾンのように、もともと発音されなかった音が現れてくることはない。

練習1 主語を変えて、文を書き改めましょう。

1) J'ai une maison. → Nous ______________________________ .

2) Vous avez un enfant ? → Ils ______________________________ ?

練習2 下線部が単数形なら複数形に、複数形なら単数形にして、文を書き改めましょう。

1) J'ai <u>un ami</u> intelligent.

____

2) Voilà <u>des livres</u> amusants. (livre [livr] 本)

____

05課　定冠詞 / 部分冠詞

例文

♪ no.1-13

1. Le père de Jacques a un appartement à Paris.
2. La mère d'Henri a un chat. Il a les yeux verts.
3. Les chats japonais ont la queue courte.
4. Le pain français a un goût spécial.
5. Vous avez la clé de la chambre d'hôtel ?
6. Il y a des livres sur la table.
7. Il y a du beurre dans le frigo.
8. Les héros, dans l'histoire, ont toujours de la patience.

語彙　père [pɛr] 父 ; de [də]（前置詞）～の ; appartement [apartəmɑ̃] アパルトマン、集合住宅の一戸 ; à [a]（前置詞）～に、～へ ; mère [mɛr] 母 ; chat [ʃa] 猫 ; yeux [jø]（複数形）目 ; vert [vɛr] 緑色の ; court [kur] 短い ; pain [pɛ̃] パン ; spécial [spesjal] 特別な ; clé [kle] 鍵 ; chambre [ʃɑ̃br] 寝室、（ホテルなどの）部屋 ; hôtel [otɛl] ホテル ; sur [syr]（前置詞）～の上に ; table [tabl] テーブル ; beurre [bœr] バター ; dans [dɑ̃]（前置詞）～の中に ; frigo [frigo] 冷蔵庫 ; toujours [tuʒur] いつも ; patience [pasjɑ̃s] 忍耐

定冠詞

単数		複数
男性名詞	女性名詞	男性女性とも
le (l')	**la (l')**	**les**

・名詞で表される事柄が限定・特定されていたり、話す相手が既知のものとして理解しうるときに用いる。
・単数形は男性 le も女性 la も母音の前でエリジオンを起こして l'となる。
　例）un appartement → l'appartement [lapartəmɑ̃]　　une école 学校 → l'école[lekɔl]
・複数形 les は名詞が母音で始まるとき、必ずリエゾンをする。
　例）les appartements [lezapartəmɑ̃]　les écoles [lezekɔl]　les yeux [lezjø]

＊フランス語の定冠詞の用法は英語に似ているが、何を「既知のもの」と考えるかという点で、英語とは異なるところもある。とくに、フランス語では「～というもの」という総称についても定冠詞を用いることに注意が必要。その際、数えられる名詞は複数形（例文 3）、数えられない名詞は単数形（例文 4）で表現する。

部分冠詞

男性名詞	女性名詞
du (de l')	**de la (de l')**

・数えられない名詞に関して、その不特定な分量を示す際に用いる。物質名詞や、抽象名詞について「いくらかの～」というような意味になる。

du pain [dypɛ̃] パン　　de l'argent [dəlarʒɑ̃] お金（あるいは貴金属の銀）
de la viande [dəlavjɑ̃d] 肉　　de l'eau [dəlo] 水
du courage [dykuraʒ] 勇気　　de la patience [dəlapasjɑ̃s] 忍耐力

＊部分冠詞 de la を「前置詞 de ＋定冠詞 la」と混同しないこと。

il y a

・存在（「～がある」）を示す表現。

＊il y a の il は 3 人称単数代名詞で、ここでは非人称の用法（⇨ p. 74 を参照）、y は場所を示す代名詞（⇨第 24 課）。

無音の h、有音の h

・すでに見た通り、フランス語では h の文字は読まない。ただし、語頭に来たときに、(1) 子音として扱わず、母音から始まる単語と同様、リエゾンやエリジオンを行う単語と、(2) 子音として扱い、リエゾンやエリジオンを行わない単語がある。(1) を**無音の h** と呼び、(2) を**有音の h** と呼ぶ。

＊h で始まる単語はそのほとんどが無音の h に属するので、有音の h で始まる単語を、特殊な例として覚える必要がある。辞書では発音記号 [ˈ] や † の記号で表されるが、これらの記号は単独で何らかの音を表すのではなく、ただ、リエゾンとエリジオンの規則を示すだけである。

練習1　名詞に適切な冠詞をつけましょう。

1) Voici (　　　　　　) sœurs d'Henri.
2) Il y a (　　　　　　) eau dans (　　　　　　) frigo.
3) Vous avez (　　　　　　) courage.
4) Voici (　　　　　　) école de Vincent.

練習2　エリジオンとリエゾン、また、無音の h と有音の h に注意して、次の表現を読みましょう。

♪ no. 1-14

un‿enfant	des‿enfants	l'enfant	les‿enfants
un‿hôtel	des‿hôtels	l'hôtel	les‿hôtels
un héros	des héros	le héros	les héros

06 課　avoir を使った表現 / 否定文

対話　隣どうしで練習しよう

♪ no.1-15

Paul : Alice, j'ai faim.

Alice : Ah, je n'ai pas faim, moi... Mais bon, nous mangeons quelque chose ?

Paul : Oui ! Alors... Nous avons des fruits ? Il y a des pommes ?

Alice : Non, il n'y a pas de pommes.

Paul : D'accord. Il y a des légumes ?

Alice : Oui, il y a une salade, des tomates, des pommes de terre, des haricots...

Paul : Et des œufs ? J'ai besoin d'œufs.

Alice : Oui ! Nous avons des œufs !

Paul : Alors, j'ai une idée : une salade niçoise !

語彙 faim [fɛ̃] 空腹、飢え ; moi [mwa]「私は」という強意の代名詞（⇨第 11 課）; mais [mɛ] しかし ; bon [bɔ̃]（間投詞）まあ ; mangeons [mɑ̃ʒɔ̃] 動詞 manger「食べる」の直説法現在 1 人称複数 ; quelque chose [kɛlkəʃoz] 何か ; chose [ʃoz] もの ; alors [alɔr] それでは ; fruit [frɥi] 果物 ; pomme [pɔm] リンゴ ; non [nɔ̃] いいえ ; d'accord [dakɔr] 了解、OK ; légume [legym] 野菜 ; salade [salad] サラダ、レタス ; tomate [tɔmat] トマト ; pomme de terre [pɔmdətɛr] ジャガイモ ; haricot ['ariko] インゲン豆 ; et [ɛ]（接続詞）そして ; œufs [ø]（複数形）卵 ; besoin [bəzwɛ̃] (avoir besoin de) ～が必要だ ; idée [ide] 考え、アイデア ; niçois [niswa] ニースの

avoir ＋無冠詞名詞

・avoir のあとに冠詞のない名詞を置くさまざまな成句表現がある。

avoir faim	おなかが空いている	avoir soif [swaf]	のどが渇いている
avoir chaud [ʃo]	暑い	avoir froid [frwa]	寒い
avoir besoin de	～が必要だ	avoir mal à	～が痛い

否定文

・フランス語の否定文は ne と pas の二語で動詞を挟むことによって表現する。

（肯定文）Nous avons soif. →（否定文）Nous n'avons pas soif.

＊母音で始まる場合 ne はエリジオンを起こして n'となる。

否定文の直接目的補語

・直接目的補語をとる他動詞に関する否定文では、直接目的補語についている不定冠詞 (un, une, des) および部分冠詞 (du, de la, de l') はすべて de になる。

（肯定文）Elle a des livres japonais. →（否定文）Elle n'a pas de livres japonais.
（肯定文）Il y a de la viande dans le frigo. →（否定文）Il n'y a pas de viande dans le frigo.

・ただし、この規則は定冠詞には関係ない。したがって

（肯定文）Tu as la clé de la chambre ? →（否定文）Tu n'as pas la clé de la chambre ?

練習1 <対話>に関して、録音を聞き、それぞれの文が正しい (vrai) か正しくない (faux) かを答えましょう。

♪ no.1-16

1) □ vrai □ faux 2) □ vrai □ faux 3) □ vrai □ faux 4) □ vrai □ faux

練習2 録音を聞き、フランス語を書きとりましょう。

♪ no.1-17

1) ______________________

2) ______________________

3) (orange [ɔrɑ̃ʒ] オレンジ) ______________________

2 動詞 avoir と冠詞を覚えよう

練習問題 A

1 (　　) に適切な冠詞を入れ、全文を日本語に訳しましょう。

1) La mère de Vincent a (　　　　) frère.

2) Vous avez (　　　　) fruits.

3) Je n'ai pas (　　　　) voiture. (voiture [vwatyr] 車、自動車)

4) Tu n'as pas (　　　　) chance. (chance [ʃɑ̃s] チャンス、好機)

2 (　　) に avoir を直説法現在で活用して入れ、全文を日本語に訳しましょう。

1) Paul n' (　　　　　　) pas de frère.

2) Elles (　　　　　　) faim. Tu n'(　　　　　　) pas faim ?

3) Nous (　　　　　　) de la viande.

4) Vous (　　　　　　) de la patience.

5) Les enfants (　　　　　　) sommeil. (avoir sommeil 眠い)

6) J'(　　　　　　) mal à la tête (tête[tɛt] 頭)

3 録音を聞き、(　) にフランス語を書きとりましょう。

♪ no.1-18

1) (　　　　　　) (　　　　　　) de Noé (　　　　　　) (　　　　　　)
(　　　　　　) à Nantes.

2) Je (　　　　) (　　　　) (　　　　) (　　　　) de la chambre d'hôtel.

4 録音を聞き、フランス語を書きとりましょう。

♪ no.1-19

1)

2)

3)

4) (verre [vɛr] グラス ; vin [vɛ̃] ワイン)

練習問題 B

1 **(　　) に適切な冠詞を入れ、全文を日本語に訳しましょう。**

1) (　　　　　　　　) héros ont toujours (　　　　　　　　) courage.

2) (　　　　　　　　) père de Jacques a (　　) chat. Il a (　　　　　　　　) yeux bleus.
(bleu [blø] 青い)

3) Voici (　　　　　　　　) tour Eiffel. (tour Eiffel エッフェル塔)

4) Voilà (　　　　　　　　) musée du Louvre. (musée du Louvre ルーヴル美術館)

5) Il n'y a pas (　　　　　　　　) viande dans le frigo.

6) Elles ont (　　　　　　　　) patience.

2 **フランス語に訳しましょう。**

1) 彼らの両親は日本人だ（彼らは日本人の両親を持っている）。(parents [parɑ̃] 両親)

2) 私は右手が痛い。(main droite [mɛ̃drwat] 右手)

3) グラスの中にワインは入っていない。

4) ポールには妹か、あるいは弟が一人必要だ。(ou [u] あるいは)

補足1　フランス語の強勢（アクセント）

フランス語はボソボソした言語か

一般的に、フランス語の発音は平板だとされています。みなさんも、テレビなどで「ごにょごにょごにょごにょー」「アザブジュバーン（麻布十番 ?!）」というような、「にせフランス語」のギャグを耳にしたことがあるでしょうし、いわゆる「おしゃれなフランス映画」のボソボソと聞き取りづらいセリフ回しを思い浮かべる人も多いでしょう。

実際のフランス語は、母音を明確に発音することを要求する言語です。もちろん話し言葉では崩れた発音もしますが、少なくとも理念上は、はっきり発音するべきだという規範意識が今も強く残っています。我々は外国語としてフランス語を学ぶわけですから、まずはその規範的な発音を身につけ、必要があればそれを環境に応じて崩してゆけばよいでしょう。

ただ、フランス語が平板だというのは全く根拠のない物言いではありません。それはフランス語の強勢、すなわちアクセントのあり方に大きく関係していると思われます。

フランス語の単語の強勢

さて、ここまで、新しい単語には常に発音記号を付けて示してきました。この発音記号を見て、英語の発音記号とは大きな違いがあることに気付かれたでしょうか。

もちろん、英語とフランス語の発音は大きく違いますから、英語では使われなかった記号（例えば鼻母音の [ɛ̃][ɔ̃][ɑ̃] など）が使われていることが目を引くでしょう。しかし、それ以上に、発音の体系に由来する根本的な差異があります。それは、英語では発音記号に必ずアクセント記号が付記されているのに、フランス語の発音記号にはそれが付されていないという点です。つまり、ある単語のどこを強く読むか、ということがフランス語の発音記号には記されていないのです。（ところで、「強く読む音節」という意味でのこの「アクセント」ですが、フランス語について話をするときには é à â などの「アクサン記号」と紛らわしいので、以降は「強勢」という日本語の用語を使います。）

英語はこの強勢を非常に大切にする言語です。強勢の位置が間違っていると、正しく発音したつもりでもまったく通じません。（一方、母音の発音に関しては、フランス語よりうるさくないでしょう。）そのため、強勢をしっかり学習するよう求められますし、試験でもこの点を尋ねられるわけです。みなさんも、高校入試などで、たとえば interesting という単語のどこを強く読むか、というような問題で難儀したことがあるでしょう。

フランス語の発音記号に強勢の位置が記されない理由は簡単です。フランス語の単語を単独で発音したときには、強勢はつねに最後の音節に落ちるため、わざわざ記す必要がないのです。いま、強く読む音節に下線を引いて示すならば、ami であれば a-<u>mi</u>, enfant であれば en-<u>fant</u>, stylo は sty-<u>lo</u> となります。

ただし、語末が発音されない e で終わるときには注意が必要です。この語末の e を含む部分は最後に軽く添えるだけの音になりますから、強勢はその前の音節にあります。salade は sa-<u>la</u>-de, patience は pa-<u>tien</u>-ce, chambre は <u>cham</u>-bre です。

リズムグループ

フランス語の単語の強勢が明示されない理由はもう一つあります。フランス語では、単語ごとの強勢の位置は実際上あまり意味がないのです。

フランス語の文を読むときには、文法や意味によって、幾つかの単語をまとめて、区切って読んでいきます。この区切りをリズムグループと言います。そして、強勢は単語ごとではなく、このリズムグループごとに置かれるのです。

たとえば

Vous avez un stylo rouge ?

という文であれば、

Vous avez / un stylo rouge ?

と二つに区切って読まれるのが普通です。このとき、強く読まれるのは区切りの最後の音節、すなわち、avez と rouge です。このとき、stylo の -lo という音節は強く読まれないことに注意しましょう。つまり、リズムグループの最後でない単語には強勢は置かれないのです。

たとえば、« un ami » というフランス語の -mi は確かに強く読まれます。しかし « un ami japonais » と言えば、強く読まれるのは japonais の -nais の部分であり、-mi は強勢から外れるのです。つまり、「a-mi というように強勢を置いて読む」というのは、実際にフランス語を読む上ではあまり意味がなく、単語の発音記号に強勢を示すことは、ふつう行いません。

つまり、フランス語の強勢を正しく置くためには、リズムグループを把握することが大切なのです。リズムグループごとに区切って、その最後の音節を強く読んでいけば、きれいなフランス語のリズムが生まれます。「きれいなフランス語のリズム」と言われると身構えてしまいますが、実際はそれほど気取ったものでもありません。「ドッコラショ、ヨッコラショ」と言ってみてください。フランス語の基本は、この「ショ」を大きく言うときのリズム感に違いありません。重いものを運ぶつもりになって、「ショ」にずっしりと重さをかける。そして、この重さを支えにして、前へ前へと進んでゆく。フランス語の基本はこの「ドッコラショ」にあるのです。

リズムグループの区切り方

すると肝心なのは、リズムグループがどのように作られるのか、ということに尽きるでしょう。しかしフランス語の区切り方は、ここで理論的に説明するよりも、実際にフランス語を読むことで、体得してゆくほうが早いはずです。通常、フランス人が普通に話すときには、5 音節から 7 音節程度の長さを目安に、文法や意味の区切れの良いところでリズムグループを作っていますが、まさかつねに音節を数えながら発音するわけにもいきません。

また、この 5 から 7 音節というのは初学者にはちょっと長過ぎて難しいということもあります。たとえば先程例にあげた « Vous avez un stylo rouge ? » は 7 音節ですから、日常会話では rouge まで一気に、一つのリズムグループとして読まれるところでしょう。しかしそれでは、あまりにも早口です。それにもしゆっくり発音したら息が切れてしまいます。この教科書の録音はもう少し短く、4 から 5 音節ごとで区切ってあります。まずはこれをよく聞き、また復唱して、フランス語の読み方を身体で覚えてください。それがなによりの早道です。

07 課　動詞 être

例文

♪ no.1-20

1. Le ciel est bleu.
2. Voilà Tarô. Il est japonais.
3. Marie est française. Elle est très sympa.
4. Paul est un garçon très intelligent.
5. Vincent est un bon professeur.
6. Nous sommes étudiants. Nous ne sommes pas professeurs.
7. Le frère de Paul est médecin.
8. J'ai des roses. Elles sont pour Juliette.
9. Les joueurs de foot sont des héros en France.
10. J'ai une sœur. Elle est maintenant en Chine.

語彙 être 下記参照 ; ciel 空 ; bleu 青い ; français フランス人、フランスの ; très とても ; sympa（sympathique の略）感じがよい ; bon 良い ; professeur 先生（フランス語では「教授」ではなく、一般的に「教師」）; étudiant 学生 ; médecin 医者 ; pour（前置詞）～のために ; joueur（スポーツの）選手 ; foot サッカー ; en（前置詞）～に ; France フランス ; maintenant（副詞）今、現在のところ ; Chine 中国

動詞 être

・英語の be 動詞に相当する。「～である」というように主語の属性を示したり、「～にいる、ある」というように、存在・所在を表す。

♪ no.1-21　**être [ɛtr] の直説法現在**

je	suis [ʒəsɥi]		nous	sommes	[nusɔm]
tu	es	[tye]	vous‿	êtes	[vuzɛt]
il	est	[ile]	ils	sont	[ilsɔ̃]

＊国籍・身分・職業を表す場合には冠詞を置かないことが多い（例文 2・3・6・7）。

＊ être のあとに、述語として形容詞を置く際は主語に性数を一致させる。

動詞 être の否定

・avoir と同様、être の否定も ne と pas ではさむことによって作る。

♪ no.1-22

je	ne	suis	pas	nous	ne	sommes	pas
tu	n'	es	pas	vous	n'	êtes	pas
il	n'	est	pas	ils	ne	sont	pas

＊動詞 être の述語となる名詞は、直接目的補語ではなく、属詞（英文法でいう SVC 構文の C 補語にあたる）であるから、否定文の不定冠詞は変化しない。例）Les joueurs de foot ne sont pas des héros en France.

前置される形容詞

・形容詞は名詞のあとに置いて修飾するのが原則であるが、日常よく使われる短い形容詞は名詞の前に置かれる（例文 5)。bon「よい、優秀な」のほかに、mauvais「悪い」、grand「大きい」、petit「小さい」、jeune「若い」、vieux「年老いた」、nouveau「新しい」、beau「美しい」、gros「太った」、long「長い」、joli「かわいい」等。

・また、形容詞が前置されたとき、不定冠詞複数の des は de になる。たとえば

des petites maisons → de petites maisons（petit 小さい）
des bons professeurs → de bons professeurs

＊ bon, vieux, beau, gros, nouveau, long は、女性形や複数形が特殊な形をとる（⇨第 19 課）。

練習1 （　）に être を直説法現在で活用して入れ、全文を日本語に訳しましょう。

1) Elle (　　　　　　　) japonaise.

2) Les professeurs (　　　　　　　) intelligents.

3) Ils (　　　　　　　) à la maison.

4) Les tomates ne (　　　　　　　) pas des légumes.

練習2 カッコ内の形容詞を正しい位置につけましょう。

1) C'est un garçon. (beau) →

2) Vous êtes des étudiants. (bon) →

3) Tu as une voiture. (grand) →

4) Elles ont des sacs. (rouge) →

08 課　C'est... Ce sont... / Qu'est-ce que c'est... ?

対話　隣どうしで練習しよう

♪ no.1-23

Paul : Voilà un petit cadeau pour toi. C'est un souvenir de Paris.

Alice : Un souvenir ? Merci ! Mais... ça... qu'est-ce que c'est ?

Paul : Devine !

Alice : Alors, ce n'est pas grand... ce n'est pas lourd. C'est léger. C'est un porte-clé ?

Paul : Non, ce n'est pas un porte-clé.

Alice : C'est difficile... Un indice, s'il te plaît...

Paul : Un indice ? D'accord... Tu as faim ?

Alice : Pardon ? Non, je n'ai pas faim... pourquoi ?

Paul : C'est un indice !

Alice : Ah d'accord... Ce sont des macarons.

Paul : Bravo !

語彙　cadeau 贈り物 ; toi（代名詞の強勢形⇨第 11 課）君 ; souvenir おみやげ ; merci「ありがとう」; ça（指示代名詞 cela の短縮形）それ、これ、あれ ; qu'est-ce que...（疑問詞）何…？ ; devine（動詞 deviner 見抜くの 2 人称単数命令形）「当ててみて！」; lourd 重い ; léger 軽い ; porte-clé キーホルダー ; difficile 難しい ; indice 手がかり、ヒント ; s'il te plaît（2 人称単数 tu に対する依頼の表現）「お願いよ」; pardon ? え？ なんだって？ ; pourquoi なぜ ; macaron マカロン ; bravo「お見事 !」

c'est... ce sont...

・基本的には「（これ・それ・あれは）〜です」という意味。述語が名詞であるとき、その名詞が単数のときには c'est、複数のときには ce sont を用いる。

＊ただし、口語では複数でも単数形の c'est を用いることが一般的。たとえば、« Ce sont des macarons. » は、« C'est des macarons. » と言うと、よりくだけた調子になる。

qu'est-ce que c'est ?

・「（これ・それ・あれは）何ですか」とたずねる表現。（疑問代名詞の詳しい用法⇨第 19 課）

ce と人称代名詞、cela と ça

c'est はフランス語で極めてよく使われる表現です。後ろには名詞も形容詞も来ることができて、とても便利。この表現だけで一通りの会話は済ませられるほどです。

英語の it is... に近いのですが、少し注意が必要です。フランス語には人称代名詞（il elle ils elles）がありますから、前になにかはっきりとした名詞があって、それを受けるときにはこちらの方を使います。一方、ce が指すものはときに漠然としています。

たとえば、

Voilà la lune. C'est joli.　(lune　月, joli きれいだ)

と言えば、「月が出たぞ。きれいだね」という意味で、このとき「きれい」なのは月そのものというよりも「月が照らし出している風景全体、あるいは月が出ているというこの状況」なのです。もし、月がきれいだ、ということなら、はっきりと人称代名詞を使って、

Voilà la lune. Elle est jolie.

と言うべきです。

＜対話＞中の C'est difficile は「むずかしいなあ」と言っているのですが、このとき、何が「難しい」のかを考えてみれば、「Paul が Alice に出しているクイズ」ということになるでしょう。しかし、「クイズ」という言葉は対話中に明示的に示されておらず、人称代名詞 il 等々は用いることができません。

実は、代名詞 ce には「これ・それ・あれ」というように、物事を限定的に指す機能はほとんどありません。むしろ、日本語の訳としては、単に「〜だ」という意味だと考えた方が近いでしょう。C'est joli. は「これはきれいだ」という説明ではなく、「きれいだなあ」という感嘆の表現です。

それでは、何か具体的なモノを指さして、「これ・それ・あれ」と示したいときにはどうすればいいのか。このときに現れるのが、対話の２行目にある ça という代名詞です。これは cela という代名詞を簡略化した語ですが、これが日本語の「これ・それ・あれ」に対応すると言ってもいいでしょう。

何かを指さして、「これは〜です。」という日本語に相当するフランス語の表現は、« Ça, c'est... » となります。まず、目の前にあるモノをはじめの ça で指示します。次にこの ça を指示する代名詞 ce を用いて、c'est... と言うことで、それを説明するのです。なんだか面倒なようですが、この ça や c'est の使い方は、口語ではとても大切なので覚えましょう。

練習１ （　）の中に入れるのに適切なものを c'est と ce sont もしくはその否定形から選びましょう。

1) Voici une tour. (　　　　　　　　) la tour Eiffel.

2) (　　　　　　　　) de l'argent ? – Non, (　　　　　　　　) de l'argent.

3) (　　　　　　　　) des professeurs ? – Oui, (　　　　　　　　) les professeurs de l'Université de Paris. (université 大学)

練習２ 録音を聞き、フランス語を書きとりましょう。

♪ no.1-24

1) ＿＿＿＿＿＿＿＿＿＿

2) (facile 簡単だ) ＿＿＿＿＿＿＿＿＿＿

3) ＿＿＿＿＿＿＿＿＿＿

09 課　指示形容詞 / 前置詞と冠詞の縮約

対話　隣どうしで練習しよう

♪ no. 1-25

Georges : Ce grand livre bleu est où ?

Chloé : Il est sur l'étagère... Non, ce n'est pas sur cette étagère ! L'étagère à droite de la porte.

Georges : D'accord. Merci. Et cet ordinateur portable ? Il est à qui ?

Chloé : C'est l'ordinateur de la secrétaire.

Georges : D'accord. Et cet appareil-photo ? Il est à qui ?

Chloé : Il est à Paul. Il est très cher parce que c'est le dernier modèle.

Georges : D'accord. Et ces dossiers ?

Chloé : Les dossiers près de la porte ?

Georges : Non, les dossiers à gauche des livres.

Chloé : Ah, ces dossiers sont à madame Dubois, la femme du directeur.

語彙　où（疑問詞）どこ…？ ; étagère 棚 ; à droite de（前置詞句）～の右に ; ordinateur コンピュータ ; portable（形容詞）持ち運びできる、ポータブルの ; secrétaire 秘書 ; appareil-photo カメラ ; dernier 最後の、最新の ; modèle 機種、モデル ; dossier 書類 ; près de（前置詞句）～の近くに ; à gauche de（前置詞句）～の左に ; femme 女、妻 ; directeur 社長

指示形容詞

・あとに続く名詞の性数に従って変化する。

男性単数	女性単数	複数（男女同形）
ce [sə]	**cette** [sɛt]	**ces** [se]

ただし、母音および無音の h（⇨第 5 課）で始まる男性単数名詞の前では、ce の変わりに cet を用いる。

例）cet ordinateur portable, cet appareil-photo, cet hôtel, ce héros.

＊指示形容詞 ce は英語の this, that に相当するが、フランス語で近い・遠いということはあまり気にしない。遠近をあえて区別するときは cet hôtel-ci「このホテル」cet hôtel-là「あのホテル」というように、弁別の接尾辞を用いて表現するが、頻繁ではない。

＊ ce héros の héros [ˈero] は有音の h（⇨ p. 15）から始まる単語。

所有を表す à

・être à+（人）は、所有を表し、「～のもの」という意味になる。

前置詞と冠詞の縮約

・前置詞 à と de は一部の定冠詞の前に置かれたときに、その定冠詞と融合して一つの単語として書かれる。これを縮約と言う。

de+le → du 例）la couleur du ciel（couleur 色）

de+les → des 例）la chambre des parents

à+le → au 例）Je suis au Japon.（Japon 日本）

à+les → aux 例）Il est aux États-Unis.（les États-Unis アメリカ合衆国）

＊女性定冠詞の la は縮約を起こさない。

＊男性名詞であっても、母音および無音の h から始まる語は縮約が起こらない。
例）*au enfant ではなく、à l'enfant、*du hôtel ではなく de l'hôtel。

＊ただし、有音の h から始まる語は縮約を起こす。例）du héros

＊縮約は常に起こるので、たとえば、英語の let's が let us とも書けるのとは異なる。

練習 1 <対話>に関して、録音を聞き、それぞれの文が正しい (vrai) か正しくない (faux) かを答えましょう。

♪ no.1-26

1）□ vrai □ faux 2）□ vrai □ faux 3）□ vrai □ faux 4）□ vrai □ faux

練習 2 (　) に適切な指示形容詞あるいは冠詞の縮約形を入れましょう。

1）Ce sont des livres. (　　　　　　) livres sont intéressants.（intéressant 興味深い）

2）Paul a un hôtel à Paris. (　　　　　　) hôtel est grand.

3）Il y a une voiture près de l'hôtel. (　　　　　　) voiture est à Jacques.

4）Nous sommes (　　　　　　) Japon.

5）La maison (　　　　　　) parents est à Marseille.

練習問題 A

1 日本語に合うように、（　）に適当な語を入れましょう。

1) ジョルジュの両親は教師である。

Les (　　　　　　) de Georges (　　　　　　) professeurs.

2) 僕は大学の前にいるよ。

Je (　　　　　　) devant (　　　　　　).（devant ～の前に）

3) 子どもたちはまだ居間にいるわよ。私たちは遅刻だわ。

Les (　　　　　　) (　　　　　　) encore dans le salon. Nous (　　　　　　) en retard !

（encore まだ ; salon 居間、サロン ; en retard 遅刻している）

4) 私は小さな花を持っている。それらはカトリーヌのためのものだ。

J'ai (　　　　　　) (　　　　　　) fleurs. (　　　　　　) (　　　　　　) pour Catherine.（fleur 花）

2 日本語に合うように、（　）に適当な語を入れましょう。

1) これは財布だ。この財布はとても美しい。

(　　　　　　) un portefeuille. (　　　　　　) portefeuille est très (　　　　　　).（portefeuille 財布）

2) これはバラだ。これらのバラはとても珍しい。

(　　　　　　) (　　　　　　) des roses. (　　　　　　) roses sont très rares.（rare 珍しい）

3) マロには思いつきがある。それらの思いつきはとても豊か（riche）だ。

Malo a (　　　　　　) idées. (　　　　　　) idées sont (　　　　　　) (　　　　　　).

4) ここに本が何冊かある。これらの本はポールのものだ。

Voici des livres. (　　　　　　) sont (　　　　　　) Paul.

練習問題 B

1 **次のフランス語の文にはそれぞれ間違いが１箇所あります。全文を正しく書き改めましょう。**

1）Voilà la mer. Ce est joli.（mer 海）

2）Les sœurs de Vincent sont maintenant à les États-Unis.

3）Ce ne sont pas de légumes.

4）Cet héros a toujours de la patience.

2 **フランス語に訳しましょう。**

1）あの少女たちは日本にいる。

2）秘書のノートパソコンはとても遅い。（lent 遅い、鈍い）

3）この問題は難しくない。（question 問題）

4）その書類は社長の鞄の中にある。

3 **録音を聞き、フランス語を書きとりましょう。**

♪ no.1-27

1）

2）（gros 厚い、太った）

3）

10 課　第 1 群規則動詞

例文

♪ no. 1-28

1. Vous chantez très bien.
2. Je regarde un film intéressant.
3. Tu travailles dur.
4. Nous cherchons la solution depuis longtemps.
5. Ils ne dansent pas ce soir.
6. Elles parlent trois langues.
7. Je n'aime pas le thé.
8. Nous donnons cet appareil-photo à Paul.
9. Georges étudie le droit à l'Université.
10. Elles n'aiment pas ces vêtements.
11. Chloé habite avec le frère d'Alice.

Aa 語彙　chanter 歌う ; bien うまく、上手に ; regarder 見る ; film 映画 ; travailler 働く ; dur 一生懸命、ハードに ; chercher 探す ; solution 解決法 ; depuis（前置詞）〜以来 ; longtemps 長い間 ; danser 踊る ; soir 夜 ; parler 話す ; trois（数詞）3 ; langue 言語 ; aimer 愛する、好きだ ; thé 茶 ; donner 与える ; étudier 学ぶ ; droit 法律 ; vêtement 服 ; habiter 住む

第 1 群規則動詞の活用

・不定形が -er で終わる動詞のグループを第 1 群規則動詞といい、動詞のうち約 90% を占める。（ただし、よく使われる動詞には不規則な活用をするものが多い。）

・動詞の活用は語幹に活用語尾をつけることで得られる。第 1 群規則動詞の語幹は不定形から語末の er を除いた部分

　不定形　danser →　語幹　dans-　　　　不定形　aimer →　語幹　aim-

・活用語尾は

	単数	複数
1 人称	-e ［無音］	-ons [ɔ̃]
2 人称	-es ［無音］	-ez [e]
3 人称	-e ［無音］	-ent ［無音］

＊単数形の語尾は全て発音されない。また、3 人称の複数形 -ent も発音されないので、とくに注意すること。

・活用語尾を語幹につけると直説法現在の活用が得られる。たとえば

♪ no. 1-29

danser 踊る

je	danse	[ʒədɑ̃s]	nous	dansons	[nudɑ̃sɔ̃]
tu	danses	[tydɑ̃s]	vous	dansez	[vudɑ̃se]
il	danse	[ildɑ̃s]	ils	dansent	[ildɑ̃s]

・母音から始まる動詞はエリジオンやリエゾンをする。たとえば

♪ no. 1-30 **aimer 愛する**

j' aime [ʒɛm]		nous‿aimons [nuzemɔ̃]
tu aimes [tyɛm]		vous‿aimez [vuzeme]
il aime [ilɛm]		ils‿aiment [ilzɛm]

・無音の h（⇨第 5 課）から始まる動詞は、母音から始まる動詞と同様に扱う。たとえば、

♪ no. 1-31 **habiter 住む**

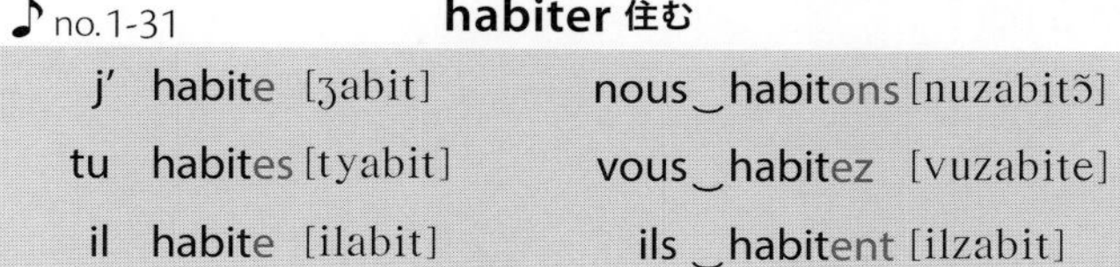

j' habite [ʒabit]	nous‿habitons [nuzabitɔ̃]
tu habites [tyabit]	vous‿habitez [vuzabite]
il habite [ilabit]	ils‿habitent [ilzabit]

練習 1 次の第 1 群規則動詞の直説法現在の活用を書き、発音しましょう。

♪ no. 1-32

1) rester 留まる

2) préparer 準備する

3) arriver 到着する

4) oublier 忘れる

練習 2 カッコ内の第 1 群規則動詞を主語に従って直説法現在で活用し、全文を日本語に訳しましょう。

1) Elle ( ) en France pour les études. (rester) (études（複数形で）学業)

2) J'( ) au bureau bientôt. (arriver) (bureau 事務所、会社 ; bientôt 間もなく)

3) Il ( ) parfois le repas. (préparer) (parfois ときどき、たまに ; repas 食事)

4) Il ( ) souvent la clé. (oublier) (souvent しばしば)

練習 3 練習 2 の各文を否定文にしましょう。

11 課　-cer / -ger で終わる第 1 群規則動詞 / 所有形容詞 / 名詞・形容詞の複数形 / 代名詞の強勢形

対話　隣どうしで練習しよう

♪ no.1-33

Grand-père : Vous rangez votre chambre ?

Léa et Thomas : Oui. Là, nous commençons.

Léa (à Thomas) : Ce gros livre est à toi ?

Thomas : Oui, c'est mon livre.

Léa : Et ces magazines ?

Thomas : Non, ce ne sont pas mes magazines. Ils sont à Paul.

Léa : D'accord. Et cette petite boîte ? Elle est aussi à Paul ?

Thomas : Oui, c'est sa boîte. Il y a des bonbons et de bons gâteaux dedans.

Léa : C'est sympa... Tu n'as pas faim ? Moi...

Grand-père : Mais !! Vous ne rangez pas ?

Léa et Thomas : Nous mangeons...

Aa 語彙 grand-père 祖父 ; ranger 片付ける ; commencer 始める ; magazine 雑誌 ; boîte 箱 ; aussi（副詞）〜もまた ; bonbon アメ玉 ; gâteau お菓子（複数形は -x をつけて gâteaux）; dedans（副詞）中に ; mais（間投詞的に）あら！; manger 食べる

-cer / -ger で終わる第 1 群規則動詞

・一部の第 1 群規則動詞は、発音を表現するために 1 人称複数形（nous）の綴字を工夫する。
nous *commencons ではなく nous commençons、nous *mangons ではなく nous mangeons。

所有形容詞

		男性単数	女性単数	複数（男女同形）
所有者	je	**mon** [mɔ̃]	**ma** [ma]	**mes** [me]
	tu	**ton** [tɔ̃]	**ta** [ta]	**tes** [te]
	il／elle	**son** [sɔ̃]	**sa** [sa]	**ses** [se]
	nous	**notre** [nɔtr]		**nos** [no]
	vous	**votre** [vɔtr]		**vos** [vo]
	ils／elles	**leur** [lœr]		**leurs** [lœr]

・所有形容詞は冠詞のかわりに名詞の前に置かれ、所有・所属の関係を表す。他の形容詞と同様、名詞の性数に合わせて変化する。

＊ただし、母音および無音の h で始まる女性単数名詞の前では、男性形で代用する。
例）une école → mon école　　ton école　　son école
＊性の一致に関しては、英語とは異なり、形容詞が修飾する名詞、すなわち、所有されるものの性に一致する。3 人称 son, sa / leur, leurs は、所有しているのが男性か女性かということには関係ない。

名詞・形容詞の複数形

1） 原則として、単数形に -s をつける。

un étudiant → des étudiants　　une maison → des maisons

2） -s, -x, -z で終わる単語はさらに -s をつけることはせず、単数形のまま。

un héros → des héros　　une voix → des voix 声
un nez → des nez 鼻

3） –au, -eau, -eu で終わる単語は -s ではなく -x をつける。（また、-ou で終わる単語の一部）

un gâteau → des gâteaux　　un cheveu → des cheveux 髪の毛
un genou → des genoux ひざ

4） –al で終わる単語は l を u に変えて -x をつける。この場合のみ、名詞本体の発音が変化する。

un animal [œ̃nanimal] → des animaux [dezanimo] 動物　　un cheval → des chevaux [deʃvo] 馬
＊形容詞の男性形の複数形も、原則として名詞と同じように作るので、-al で終わる語には注意が必要。女性形複数は女性形単数に s をつける。
un journal local [œ̃ʒurnal lɔkal] → des journaux locaux 地方新聞
une histoire locale → des histoires locales 地方史

代名詞の強勢形

・代名詞を単独で用いるとき、また、前置詞のあとに置くときには、強勢形を用いる。

	単数	複数
1 人称	**moi** [mwa]	**nous** [nu]
2 人称	**toi** [twa]	**vous** [vu]
3 人称	**lui** [lɥi] **elle** [ɛl]	**eux** [ø] **elles** [ɛl]

練習1　<対話>に関して、録音を聞き、正しい（vrai）か正しくない（faux）かを答えましょう。

♪ no.1-34
1） □ vrai　□ faux　　2） □ vrai　□ faux　　3） □ vrai　□ faux　　4） □ vrai　□ faux

練習2　カッコ内から適切な所有形容詞・代名詞を選びましょう。

1） J'aime (mon, ma, mes) mère. Et lui, il aime (son, sa, ses) mère ?
2） Nous mangeons (notre, nos) gâteaux.
3） Où est (ton, ta, tes) université ?
4） J'habite avec (mon, ma, mes) animaux.
Je prépare le repas pour (lui, elle, eux, elles).

12課　動詞 aller / 国の名前 / 疑問文の作り方

対話　隣どうしで練習しよう

♪ no.1-35

Camille : Enfin, c'est les vacances ! Mais, c'est Stef ! Stef !

Stéphane : Ah, salut, Camille, tu vas bien ?

Camille : Oui, très bien ! Où vas-tu comme ça ?

Stéphane : Je vais à Barcelone.

Camille : À Barcelone ? Mais tu parles espagnol ?

Stéphane : Non, mais j'adore l'Espagne. Est-ce que tu vas en Espagne, toi aussi ?

Camille : Non, moi, je vais au Portugal. J'ai des amis là-bas. Et après, je vais aux États-Unis.

Stéphane : Génial ! C'est un grand voyage alors ! Bonnes vacances !

Camille : Bonnes vacances à toi aussi et bon voyage !

Aa 語彙　enfin（副詞）ついに、ようやく ; vacances バカンス、長期休暇 ; aller 行く ; comme（前置詞）～のように ; espagnol スペイン語 ; adorer 大好きだ ; Espagne スペイン ; Portugal ポルトガル ; là-bas あちら ; après そのあとで ; États-Unis アメリカ合衆国 ; génial すばらしい ; voyage 旅行

動詞 aller

♪ no.1-36　　**aller** 行く

je	vais	[ʒəvɛ]	nous	allons	[nuzalɔ̃]
tu	vas	[tyva]	vous	allez	[vuzale]
il	va	[ilva]	ils	vont	[ilvɔ̃]

＊ avoir の活用（⇨第 4 課）と類似している。

＊ aller は抽象的に「うまく行く」という意味で挨拶に用いる。
« Tu vas bien ? » « Vous allez bien ? » « Comment vas-tu ? » « Comment allez-vous ? »（Comment どのように）
« Je vais bien. » « Je vais très bien. »

＊友人同士ではもっと気軽に、Ça va ? – Oui, ça va. Et toi ? – Oui, ça va bien, merci.

aller+ 国名

男性の国名 : le Japon, le Portugal, le Brésil, le Canada,

女性の国名 : la France, l'Angleterre, l'Allemagne, la Chine, la Corée

＊アメリカ合衆国 les États-Unis（英 the United States）は男性名詞複数形。

・「～の国へ行く」という場合、男性名詞の場合は前置詞は à を用い、冠詞をつけて à + le → au（⇨第 9 課）

Je vais au Japon / au Canada / au Portugal, etc.

＊アメリカ合衆国の場合もこれに準じて Je vais aux États-Unis.

・国名が女性名詞の場合、前置詞は en を用い、冠詞は付けない。

Je vais en France / en Angleterre / en Chine, etc.

疑問文の作り方

(1) イントネーションによる。

(2) 文頭に Est-ce que をつける。

＊ Est-ce que は次に母音が来るとエリジオンを起こす。例）Est-ce qu'elle va bien ?

(3) 倒置を用いる。

＊倒置をする場合、主語と動詞の順番を逆にし、間を -（trait d'union）でつなぐ。ただし、基本的には主語が代名詞のときにしか倒置はできない。

・たとえば、次はいずれも同じ意味の疑問文であるが、下に行くほど丁寧である。

(1) Tu as un stylo ?

(2) Est-ce que tu as un stylo ?

(3) As-tu un stylo ?

・疑問詞は（1）の疑問文では文末に、（2）（3）では文頭に置く。

(1) Tu vas où ?

(2) Où est-ce que tu vas ?

(3) Où vas-tu ?

練習1 ＜対話＞に関して、録音を聞き、正しい (vrai) か正しくない（faux）かを答えましょう。

♪ no.1-37

1) □ vrai □ faux　2) □ vrai □ faux　3) □ vrai □ faux　4) □ vrai □ faux

練習2 フランス語に訳しましょう。

1) あなたは元気ですか？はい、私は元気です。 ＿＿＿＿＿＿＿＿

2) 私たちはパリに行きます。 ＿＿＿＿＿＿＿＿

3) 彼らは日本に行きます。 ＿＿＿＿＿＿＿＿

4) 私はフランスに住んでいます。 ＿＿＿＿＿＿＿＿

練習3 次の文を、文頭に est-ce que をつけた疑問文と、倒置を用いた疑問文の 2 通りに書き改めましょう。

1) Tu vas au Japon ?

＿＿＿＿＿＿＿＿　＿＿＿＿＿＿＿＿

2) Tu habites où ?

＿＿＿＿＿＿＿＿　＿＿＿＿＿＿＿＿

3) Ils vont en France ?

＿＿＿＿＿＿＿＿　＿＿＿＿＿＿＿＿

4) Elles sont aux États-Unis ?

＿＿＿＿＿＿＿＿　＿＿＿＿＿＿＿＿

練習問題 A

1 **下線部に入る主語代名詞を、選択肢の中から選びましょう。**

1) ________ regardons la télé.（télé テレビ） ☐ nous ☐ vous ☐ je ☐ tu
2) ________ aime cette robe.（robe ワンピース） ☐ tu ☐ vous ☐ nous ☐ j'
3) ________ vais au Japon. ☐ je ☐ elles ☐ nous ☐ ils
4) ________ préparez une salade. ☐ elle ☐ je ☐ vous ☐ tu

2 **カッコ内の動詞を主語に従って直説法現在で活用し、全文を日本語に訳しましょう。**

1) Tu (　　　　) avec moi ? (aller)（avec（前置詞）～と一緒に）
2) Elle (　　　　) à Toulouse. (habiter)
3) Nous (　　　　) ensemble. (manger)（ensemble（副詞）一緒に、共に）
4) (　　　　)-vous la journée à Paris ? (passer)（passer（時を）過ごす；journée 日中、一日）
5) Ils (　　　　) cette chanson. (aimer)（chanson 歌）
6) Je (　　　　) le dimanche. (travailler)（dimanche 日曜日）

3 **次の例に倣（なら）って、書き改めましょう。**

（例）**Ce sont des livres. Ils sont à moi.** → （答）**Ce sont mes livres.**

1) C'est une voiture. Elle est à vous. ________
2) C'est un chat. Il est à moi. ________
3) C'est une cravate. Elle est à toi.（cravate ネクタイ） ________
4) Ce sont des chevaux. Ils sont à vous. ________
5) C'est un pantalon. Il est à lui.（pantalon ズボン） ________
6) Ce sont des crayons. Ils sont à elle.（crayon 鉛筆） ________

練習問題 B

1 **次の文の主語を変え、それに合わせて全文を書き改めましょう。**

1) Lui, il cherche ses affaires.（主語を je に）(affaires（複数で）持ち物、荷物）

2) Le lundi, tu oublies toujours tes devoirs.（主語を nous に）（lundi 月曜日 ; devoirs（複数で）宿題）

3) Est-ce que vous ne dansez pas le samedi ?（主語を elle に）(samedi 土曜日）

4) Mardi, je vais en Europe avec ma sœur.（主語を il に）(mardi [mardi] 火曜日 ; Europe ヨーロッパ）

5) Nous avons notre maison à Tokyo.（主語を tu に）

6) Moi, je ne mange pas de viande le vendredi.（主語を ils に）（vendredi 金曜日）

2 **録音を聞き、フランス語を書きとりましょう。**

♪ no. 1-38

1)（mercredi 水曜日）

2)（couper 切る）

3)

4)（Italie イタリア）

5)

6)（jeudi 木曜日）

曜日の表現

lundi 月曜日 ; mardi 火曜日 ; mercredi 水曜日 ; jeudi 木曜日 ; vendredi 金曜日 ; samedi 土曜日 ; dimanche 日曜日

13 課　第 2 群規則動詞 / 疑問形容詞 / 基数詞 1-20

例文

♪ no. 1-39

1. Je finis l'école à quatre heures.
2. Cet homme saisit sa chance.
3. Georges réussit les examens de fin d'année.
4. À Noël, nos parents réunissent la famille chez eux.
5. Tu choisis d'abord la chemise... Très bien, et maintenant, tu choisis la cravate !
6. Ce chien n'obéit pas à mes enfants.
7. Quel âge as-tu ? – J'ai vingt ans.
8. Quelle heure est-il ? – Il est dix heures cinq.
9. Quelle est votre profession ? – Je suis professeur.
10. À quelle heure finissez-vous votre travail ? – Assez tard, à neuf heures.

Aa 語彙　finir 終える ; homme 男、人 ; saisir つかむ ; réussir 成功する、合格する ; examen 試験 ; fin 終わり ; année 年 ; Noël クリスマス ; réunir 集める ; famille 家族 ; chez（前置詞）～の家で ; choisir 選ぶ ; d'abord（副詞）まずは、最初に ; chemise シャツ ; chien 犬 ; obéir à ～に従う ; âge 年齢 ; an 年、～歳 ; profession 職業 ; travail 仕事 ; assez 十分に、かなり ; tard 遅く

第 2 群規則動詞の活用

・不定形が ir で終わる動詞の多くは第 2 群規則動詞。ただし、-ir で終わる動詞の一部は、不規則活用をする（⇨第 14、15 課）。

・第 2 群規則動詞の直説法現在形の語幹は、不定形から r を除くことで作られる。

例）不定形 finir →語幹 fini-

・活用語尾

	単数	複数
1 人称	-s [無音]	-ssons [sɔ̃]
2 人称	-s [無音]	-ssez [se]
3 人称	-t [無音]	-ssent [s]

＊単数形の語尾は全て発音されない。3 人称複数形の語末の -ent は発音されないため、活用語尾 -ssent の発音は [s] となることに注意。

・活用語尾を語幹につけると直説法現在の活用が得られる。たとえば

♪ no. 1-40　　**finir 終わる、終える**

je	finis [ʒəfini]	nous	finissons [nufinisɔ̃]
tu	finis [tyfini]	vous	finissez [vufinise]
il	finit [ilfini]	ils	finissent [ilfinis]

疑問形容詞

・英語の what あるいは which に対応する形容詞。係ってゆく名詞の性数に合わせて変化するが、発音はいずれも [kɛl]。

	単数	複数
男性	**quel**	**quels**
女性	**quelle**	**quelles**

＊名詞の前に置かれて名詞を修飾する場合（例文 7·8）と単独で être を介して主語の属詞として用いられる場合（例文 9）がある。また、前置詞とともに使うこともできる（例文 10）。

基数詞 1-20

♪ no.1-41

1 un [œ̃] / une [yn]　2 deux [dø]　3 trois [trwɑ]　4 quatre [katr]
5 cinq [sɛ̃k]　6 six [sis]　7 sept [sɛt]　8 huit [ɥit]
9 neuf [nœf]　10 dix [dis]　11 onze [ɔ̃z]　12 douze [duz]
13 treize [trɛz]　14 quatorze [katɔrz]　15 quinze [kɛ̃z]　16 seize [sɛz]
17 dix-sept [dissɛt]　18 dix-huit [dizɥit]　19 dix-neuf [diznœf]　20 vingt [vɛ̃]

・名詞につけて数えるときには、発音に注意するべき点がある。

(1) six, huit, dix の発音は、子音で始まる語の前で最後の子音を落とし、それぞれ [si][ɥi][di] となる。
例）huit maisons [ɥimɛzɔ̃]

(2) deux, trois, six, dix は母音で始まる語の前でリエゾンし、[døz][trwaz][siz][diz] となる。
例）dix étudiants [dizetydiɑ̃]

(3) neuf は母音で始まる語の前でも基本的には [nœf] のままだが、ans, heures の前では [nœv] となる。
例）neuf étudiants [nœfetydiɑ̃]　neuf ans [nœvɑ̃]　neuf heures[nœvœr]

練習1　第 2 群規則動詞の直説法現在の活用を書き、発音しましょう。

♪ no.1-42

1) saisir

2) choisir

3) réussir

4) obéir

練習2　1 から 20 までの数に名詞 fleur, étudiant, heure をつけて、「花」「学生」「時間」を数えてみましょう。

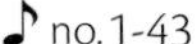

♪ no.1-43

14 課　partir 型の動詞 / 否定疑問文 / 基数詞 21-60

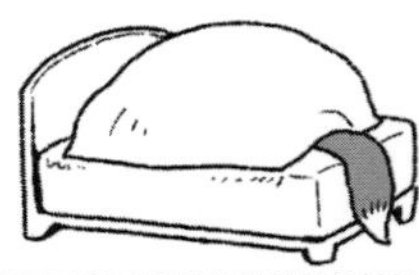

対話　隣どうしで練習しよう

♪ no.1-44

Léa : Tiens ! Tu dors encore ?

Jonathan : Mais... nous sommes quel jour ?

Léa : Nous sommes vendredi !

Jonathan : C'est vrai ? Il est quelle heure ?

Léa : Il est... 7h48.

Jonathan : Alors, ça va... Encore trois minutes...

Léa : Franchement tu exagères ! Tu ne pars pas ce matin ?

Jonathan : Si, je pars, mais je ne commence pas très tôt.

Léa : D'accord. Et tu pars à quelle heure ?

Jonathan : Il y a un train pour Paris à 9h57, je pars donc vers 9h45.

Aa 語彙　tiens（間投詞）おや、まあ ; dormir 眠る ; quel jour 何曜日…？ ; vrai（形容詞）本当の ; minute（時間の単位）分 ; franchement 率直に言って ; exagérer 誇張する（⇨第 18 課）; partir 出発する ; matin 朝、午前中 ; si（否定疑問文に答えて）いいえ ; tôt（副詞）早く ; train 列車 ; donc だから、それゆえ ; vers（前置詞）〜頃

partir 型の活用

♪ no.1-45　**partir** 出発する

je	pars [ʒəpar]	nous	partons [nupartɔ̃]
tu	pars [typar]	vous	partez [vuparte]
il	part [ilpar]	ils	partent [ilpart]

このとき、活用語尾は

	単数	複数
1 人称	-s [無音]	-ons [ɔ̃]
2 人称	-s [無音]	-ez [e]
3 人称	-t [無音]	-ent [無音]

＊活用語尾は多くの不規則活用に共通

＊同様の活用をする動詞に、dormir, servir, sortir 等

基数詞 21-60

♪ no.1-46

21 vingt et un (une) [vɛ̃teœ̃ (yn)]	22 vingt-deux	23 vingt-trois...	30 trente
31 trente et un (une)	32 trente-deux	33 trente-trois...	40 quarante
41 quarante et un (une)	42 quarante-deux	...	50 cinquante
51 cinquante et un (une)	52 cinquante-deux	...	60 soixante

＊それぞれ、1 の位が 1 になるときに、接続詞の et が挿入される。

否定疑問文への答え方

問いに答える「はい」「いいえ」に相当する単語は、oui と non です。ただし、疑問文が否定文の形になっているときは注意が必要です。

Est-ce que tu n'as pas d'amis ?「友達がいないのですか」という質問に対して、日本語で「友達がいない」と答えるときには「はい、友達はいません」と答えるでしょう。しかし、フランス語では、この場合は Non, je n'ai pas d'amis. と答えます。英語の否定疑問文への返答と同様、後続の文が否定形ならば non を用いるのです。

しかし、英語における応答と異なるのは、フランス語では「いいえ、友達はいます」という場合、« Si, j'ai des amis. » というように、oui を用いず、si を用いるという点です。即ち、si は相手に対して反論するための、強い主張を持った言葉で、否定疑問文への答えとしてのみ用いられます。日本語ではつねに「いいえ」と訳せばよいでしょう。

練習1 partir 型の動詞の直説法現在の活用を書きましょう。

1) dormir　眠る

2) servir　仕える

練習2 次の否定疑問文に「はい」「いいえ」でそれぞれ答えましょう。

1) Vous ne sortez pas ce soir ? (sortir 外出する)

2) Vous ne dormez pas bien ?

3) Tu n'as pas d'amis français ?

4) Vous ne partez pas à 9 heures et demie ? (demie 30 分)

5

15 課　動詞 venir / 数量の表現

-irで終わる動詞を覚えよう

対話　隣どうしで練習しよう

♪ no.1-47

L'agent : Excusez-moi, c'est pour un sondage.
Le client : Oui... il y a beaucoup de questions ?
L'agent : Non, non. Alors, combien de fois par semaine venez-vous ici ?
Le client : Je viens une fois par semaine.
L'agent : Avez-vous beaucoup de temps pour vous le soir ?
Le client : Non, j'ai trop de travail. Je n'ai pas assez de temps pour moi.
L'agent : Combien d'heures par jour travaillez-vous ?
Le client : En général, je travaille neuf heures par jour.
L'agent : Merci Monsieur.
Le client : Je vous en prie. Au revoir !

Aa **語彙** excusez-moi「すみません」（動詞 excuser「許す」の 2 人称複数命令形）; sondage アンケート調査; beaucoup（副詞）たくさん; combien（数量を問う疑問詞）どれだけの; fois（単位）〜回 ; par（前置詞）〜につき; semaine 週; venir 来る; ici ここ; temps 時間; trop（副詞）あまりにも; en général（副詞句）一般的に、およそ常に; je vous en prie（merci「ありがとう」に対する返礼）どういたしまして; au revoir さようなら

動詞 venir

♪ no.1-48　　**venir 来る、〜の出身だ**

je	**viens** [ʒ(ə)vjɛ̃]		nous	**venons**	[nuv(ə)nɔ̃]
tu	**viens** [tyvjɛ̃]		vous	**venez**	[vuv(ə)ne]
il	**vient** [ilvjɛ̃]		ils	**viennent** [ilvjɛn]	

＊ venir と同様の活用をする動詞に、接頭辞をつけた devenir「〜になる」, revenir「戻ってくる」等、また、「手に持つ」という意味の tenir や、それに接頭辞をつけた maintenir「維持する」, obtenir「獲得する」, soutenir「支える」等がある。

疑問文の倒置：第 1 群規則活用と avoir, aller の場合

・3 人称単数が母音字で終わる動詞（主に第 1 群規則活用、avoir および aller）の場合、発音しやすくするため、動詞と人称代名詞の間に -t- を挿入する。

finir	aimer	avoir	aller
Finit-il ?	Aime-t-il ?	A-t-il ?	Va-t-il ?
Finit-elle ?	Aime-t-elle ?	A-t-elle ?	Va-t-elle ?

数量の表現

・beaucoup, peu, trop 等の副詞が de を介して名詞に結びつくと、数量を表す。

Il y a	beaucoup peu trop	de	pommes. pain.	たくさんの ほんのわずかの あまりにも多くの	リンゴが パンが	ある。

＊このとき、de のあとの名詞は冠詞をとらない。

＊上の beaucoup や peu の位置に、疑問副詞 combien を入れることによって、数量を尋ねる表現を作ることができる。例）Combien de pommes y a-t-il ?

練習1 次の動詞の直説法現在形の活用を書きましょう。

1） devenir　～になる

2） tenir　手に持つ

練習2 日本語にあうように、（　）に適当な語を入れましょう。

1） Tu（　　　　　）d'où ?　君はどこ出身？

2） Ils（　　　　　）（　　　　　）Japon.　彼らは日本から来ました。

3） Avez-vous beaucoup（　　　　　）（　　　　　）chez vous ?

あなたの家にはたくさん馬がいますか。

4） A-t-il beaucoup（　　　　　）?　彼には友達がたくさんいますか。

練習3 例にならって、下線部を尋ねる倒置の疑問文を作りましょう。

（例）J'ai <u>un</u> frère. →（答）Combien de frères avez-vous ?

1） Elle a <u>deux</u> enfants.

2） Il fume <u>trois</u> paquets de cigarettes par jour.（fumer 煙草を吸う ; paquet 箱 : cigarettes 煙草）

3） Il y a <u>douze</u> œufs dans le frigo.

練習4 <対話>に関して、録音を聞き、正しい (vrai) か正しくない（faux）かを答えましょう。

♪ no. 1-49

1） ☐ vrai　☐ faux　　2） ☐ vrai　☐ faux

3） ☐ vrai　☐ faux　　4） ☐ vrai　☐ faux

練習問題 A

1 次の各問の下線部に入る代名詞を、選択肢の中から選びましょう。

1) ________ dormez bien en ces jours ?　☐ nous　☐ vous　☐ je　☐ tu

2) Sors- ________ souvent en ville ?　☐ tu　☐ il　☐ elle　☐ vous
(ville [vil] 街　※発音例外)

3) Viennent- ________ demain ? (demain 明日)　☐ je　☐ tu　☐ nous　☐ ils

4) ________ ne saisit pas bien le sens de la question. (sens 意味)
☐ elles　☐ elle　☐ je　☐ ils

2 カッコ内の動詞を主語に従って直説法現在で活用し、全文を日本語に訳しましょう。

1) Quand (　　　　　)-tu aux États-Unis ? (partir) (quand [kɑ̃] (疑問詞) いつ…)

2) Où est-ce que Paul (　　　　　) ? (aller)

3) Elles (　　　　　) à quelle heure ? (venir)

4) (　　　　　)-vous samedi ou dimanche ? (revenir) (revenir 再び来る)

3 倒置を用いた疑問文は est-ce que をつけた疑問文に、est-ce que をつけた疑問文は倒置を用いた疑問文に書き改め、全文を日本語に訳しましょう。

1) Viennent-ils de Tokyo ?

2) Choisissez-vous ce train ?

3) Est-ce qu'elle vient le vendredi ?

4) Est-ce qu'il va chez toi ?

練習問題 B

1 **次の計算の答えをフランス語で言いましょう。**

1) quinze + dix-sept

2) dix-neuf + vingt-deux

3) vingt-six + douze

4) trente et un + dix-huit

5) cinquante-huit – trois

6) soixante – treize

2 **次の応答をフランス語に訳しましょう。**

1) この電車は何時に出発しますか？ —12 時 36 分に出発します。

2) 卵はいくつ食べますか？ —2 つ食べます。

3) 日本にはいくつの都道府県がありますか？ —47 です。（préfecture 都道府県）

4) お子さんは何人いますか？ —男の子 1 人と女の子 1 人です。

—へえ。何歳ですか？ —息子は 5 歳で娘は 7 歳です。（fils 息子 ; fille 娘）

3 **録音を聞き、フランス語を書きとりましょう。**

♪ no. 1-50

1) （musique 音楽）

2) （euro ユーロ（貨幣単位））

3)

4) （heureux 幸せだ）

5)

6)

補足 2　e の読み方

発音の規則性

フランス語の発音は規則的なものです。

英語は綴りと発音との対応関係がきわめて複雑です。たとえば、on という語は [ɑn あるいは ɔːn] と発音されます。つまり、ここで o という字母は [ɑ/ɔː] という音に対応しているはずです。しかし、on という綴りの後に e の一文字を入れて one とした途端に、これは [wʌn] という発音になってしまう。one の o は [wʌ] という音を表すことになります。このほかにも、ちょっと考えてみるだけで、flower, book, to, so, son 等々、o の文字が表す発音は様々です。

英語の綴りに規則性がないとは言いませんが、その規則は複雑怪奇です。そもそも、みなさんは英単語を見て発音するとき、その規則を把握した上で発音しているのではない。単語を覚えるときは、綴りを丸のまま覚えて、その綴りに対応する発音を、こちらも丸のまま覚える、という手順でしょう。単独の o という字母がどんな音を表すのか、ということを一生懸命考えてみても、英語を発音する実際の助けにはなりません。

一方、フランス語は、発音と綴りが（わずかな例外はありますが）ほぼ一対一で対応しています。その対応関係は、第 1 課の終わりにまとめておきました。このルールさえ覚えておけば、フランス語の単語を読むためにはなんの困難もありません。初めて見た単語、意味の分からない単語でも、読むだけであれば簡単です。これはフランス語の（そして英語以外の多くの言語の）利点です。「フランス語が読みにくい」「どうしても英語のような読み方をしてしまう」という人がいれば、それは単なる習慣の問題です。アルファベットを見た瞬間に、「これは英語だぞ、英語風に読まなければ」と身構える、この精神の先入観を捨て去って、素直に綴字に向かうならば、フランス語の読み方はごくシンプルです。

e の発音

とは言え、一点だけ、まだ説明していない読字のルールがあります。そして、この一点は単に覚えるというだけではなく、ちょっと頭を使わなければいけないところなのです。すなわち、字母 e の読み方に関するルールです。

まず、確認しておきたいのですが、e の発音に、大きく分けて (1)「日本語のエに近い音」で読む、(2)「日本語のウに近い音あるいは無音」、の二通りがあることは既に学びました。当然、e という字母の本来の音は (1) の方なのですが、フランス語ではある種の e の発音が弱まってしまって、(2) の音になっているということです。

もう一つ確認ですが、e の上に何らかの記号をつけた文字 é è ê ë はつねに (1)、すなわち「エ」と読まれますので問題はありません。難しいのは、上に何もついていない e の文字です。

たとえば、英語とまったく同じ綴りの secret「秘密」という単語を見てみましょう。これはフランス語では [səcrɛ] と発音されます。おおざっぱにカタカナで転記すれば、「スクレ」というところでしょう。つまり、初めの e は (2)「ウ」で、後ろの e は (1)「エ」で読んでいるのです。（これをややこしいなんて言わないでください。英語の secret だって、初めの e を「エ」ではなく「イー」で読み、後ろの e は「イ」と「エ」の間の [ɪ] で読むという離れ業をしているのです。こちらの方が読み易いとしても、そこに習慣以外の理由はありません。）

さてここで、(1) となるか (2) となるかには、明確なルールがあります。しかしそのためにはまず、フランス語の音節の分け方を知らねばなりません。

音節の分け方

フランス語の音節は母音を中核に構成されます。すなわち、1 つの音節に母音は 1 つで、その前後に子音や半母音がつく場合がある、という構成です。たとえば、mai-son[mɛ-zɔ̃], main-te-nant[mɛ̃-t(ə)-nɑ̃], in-gé-nieur[ɛ̃-ʒe-njø] です。このとき、母音と母音に挟まれた子音が一つの場合、その子音は必ず後ろの母音につきます。つまり、mais-on とか in-gén-ieur にはなりません。

（oui[wi] や tra-vail[tra-vaj] などは ou-i や tra-va-il と分けそうになりますが oui の ou や travail の il は母音に付随して短く発音される音、即ち半母音という扱いになりますので、独立した 1 音節になりません。また、rose, heure なども発音自体は [roz][œr] となるので 1 音節ですが、綴字に関して見るときには ro-se, heu-re と区切って考えます。つまり、語末の e は発音されませんが、綴字上は 2 音節と数えておきます。）

さて、重要なのは子音が 2 つ重なったときの区切り目です。基本的には子音と子音の間で区切ります。たとえば、ques-tion, é-char-pe, pro-fes-seur, in-no-cen-ce となります。

ただし、例外的なのは r と l の扱いです。

r と l は流音と呼ばれ、他の子音の後に続けて発音されるときには、前の子音と合わせて 1 つの子音としてカウントされ、この 2 つを切り離さないことになっています。たとえば、pr-, tr-, cr-, pl-, bl- などです。したがって、contradiction は cont-ra-dic-tion ではなく、con-tra-dic-tion と音節分けされます。ただし、おなじ文字を続ける -rr- と -ll- は他の子音と同様、その真ん中で区切りますから注意しましょう。すなわち、irrégulier は ir-ré-gu-lier, illégal は il-lé-gal です。

練習 1 **次の語を音節に区切りましょう。**

(1) égocentrique　(2) contemporain　(3) communication　(4) important
(5) victoire　(6) intégration　(7) addition　(8) littérature

閉音節・開音節

音節分けさえできてしまえば、e の読み方は簡単に判断できます。**e の文字が含まれている音節が子音字で終わっていれば (1)** つまり「エ」に近い音で読まれ、**母音で終わっていれば（e の文字で終わっていれば (2)** つまり「ウ」あるいは「無音」ということになります。このとき、子音字で終わる音節を**閉音節**、母音字で終わる音節を**開音節**と言います。

たとえば、secret は se-cret と音節分けされます。cr は「子音字 (c)+ 流音 (r)」ですから、分離しないということに注意しましょう。すると、se- は e という母音字で終わる開音節、-cret は t という子音字で終わる閉音節ということが分かります。このとき、最後の t が読まれるかどうかということは問題にしません。あくまでも、筆記上、子音字があるかどうかということが重要なのです。

こうして、secret の第一音節は開音節だから「ウ」、第二音節は閉音節だから「エ」と読まれる、ということが、音節分けから導かれるわけです。

また、先程挙げた ro-se や heu-re などの語末の音節ですが、これは当然、常に e という母音で終わる音節ということになるので、開音節、従って発音は「ウまたは無音」ということになります。つまり、「語末の e は読まれない」というフランス語の発音の大原則と、この音節分けのルールには整合性があるのです。

初学者が混乱しやすい、« de / des », « le / les » 等の発音の区別も音節の開閉から説明することができます。de や le は開音節だから「ル」、des や les は閉音節だから「レ」なのです。

では、練習です！

練習2 次の語を音節に区切り、下線部の e が開音節にあるか閉音節にあるかを答えましょう。

(1) personne　(2) relativité　(3) performance　(4) seulement
(5) spectacle　(6) liberté

練習3 練習 2 の単語を発音しましょう。

フランス語正書法

この「開音節 / 閉音節」というルールは、初めは複雑なように見えますが、慣れてしまえばすぐに判断できるようになります。もちろん、実際に文章を読む際に、いちいち音節分けをしている暇はありません。« L'univers a sept secrets. » という文を目の前にして、「えーっと、univers の第三音節 -vers は閉音節だから『エ』、『ユニヴェール』かあ。それから、sept も閉音節だから『スット』ではなく『セット』だな。secrets は開音節のあとに閉音節だから『スクレ』だ！」などとやっていては日が暮れてしまいます。

結局のところ、単語ごとに発音を覚える必要があるのは、英語もフランス語も変わらないでしょう。しかしフランス語の明確なルールは、知らない単語を発音する際に非常に便利です。たとえば herméneutique「解釈学」などという単語は、日常生活でそうそう出会うものではないでしょうが、これも規則通りに発音すればいいので、読むだけならば簡単です。この、「規則を知って理性を働かせれば誰にでも読める」ということが、フランス語の正書法 orthographe の要諦であり、フランス文明の根本にも通じる精神なのです。

もう少し実際的なことに話を戻すと、音節のルールは、今後出て来るさまざまな変化形を理解する上でとても重要です。第 1 群規則動詞の例外（第 18 課）や形容詞の特殊な女性形（第 19 課）の習得の基礎となるのが、この綴字規則です。

発音から綴りへ

また、アクサン記号を過不足なく付けるためにも、この「開音節 / 閉音節」のルールを覚えていなければなりません。フランス語には英語と似た綴りの単語が多くありますが（歴史的にはこれらのほとんどはフランス語から英語に入ったのであって、その逆ではありません）、フランス語で綴る際には正しい位置にアクサン記号をふる必要があります。

たとえば、英語の element に相当するフランス語の綴りは élément です。「どうやら「エ」と読むところにはアクサンをふるらしいぞ」と推定してみると、今度はエと読むのにアクサンがふられない例に遭遇する。たとえば、direction や excellent の下線部の e にはアクサンはふらないのです。

なぜでしょうか？

答えはもうおわかりでしょう。これらの音節は綴り字上、閉音節なので、もともと「エ」と読まれるのであり、わざわざアクサンをふって「エ」という発音を示す必要はないのです。逆に言えば、élément を音節分けすれば é-lé-ment で、最初の 2 音節はいずれも開音節ですから、アクサンをとってしまえば「ウ」という発音になってしまいます。この「ウ」の発音を避け「エ」を保存するためにこそ、アクサン記号が用いられているのです。

それでは最後に、綴字の規則の確認のためにも、英語に類似の単語があるものを使ってアクサン記号の使い方を練習しましょう。

練習4 まず、録音を聞いてください。これらの語は次の単語のリストを順に読み上げたものです。ただし、これらの語には必要なアクサン記号がふられていません。そこで、発音に合致するよう、必要な箇所にアクサンを加え、フランス語の綴りとして完成させましょう。

♪ no.1-51

inegalite	perpetuelle	purete	creation	interessant	caractere	domestique
general	etrange	specifique	pretention	resistance	expression	complexe

16 課　devoir / vouloir / 動詞 + 不定形

例文

♪ no. 1-52

1. Je dois finir mes devoirs.
2. Vous ne devez pas rester ici !
3. Voulez-vous un dessert ?
4. Voulez-vous dîner chez nous ce soir ?
5. Mon mari ne veut pas aller en vacances à l'étranger.
6. J'aime regarder les gens dans la rue.
7. Les Français aiment parler de littérature.
8. Ma femme va chercher vos amis à l'aéroport.
9. Ces hommes vont soutenir votre projet.
10. Je viens de fumer mon dernier paquet.

Aa 語彙　devoir（動詞）～しなければならない；dessert デザート；vouloir ～したい、～が欲しい；dîner 夕食をとる；mari 夫；à l'étranger（副詞句）外国に；gens（つねに複数）人々；rue 道、道路（dans la rue）街中；parler de ～について話す；littérature 文学 ；aéroport 空港；projet 計画

動詞 devoir, vouloir

♪ no. 1-53　**devoir ～しなければならない**

je	dois [ʒədwa]		nous	devons	[nudəvɔ̃]
tu	dois [tydwa]		vous	devez	[vudəve]
il	doit [ildwa]		ils	doivent	[ildwav]

♪ no. 1-54　**vouloir ～が欲しい**

je	veux [ʒəvø]		nous	voulons	[nuvulɔ̃]
tu	veux [tyvø]		vous	voulez	[vuvule]
il	veut [ilvø]		ils	veulent	[ilvœl]

＊語尾変化は第 14 課の partir 型と同様。（ただし vouloir の活用では -s は -x に変化する。）
＊ devoir の否定文は、英語の must not と同様、「～してはならない」という禁止を表す。

近接未来

・aller の後ろに動詞の不定形を続けると、近い未来を表現する。
　＊ただし、aller+ 不定形には「～しに行く」を意味する用法もある。

近接過去

・ venir + de + 不定形で近い過去（「～したばかりだ」）を表す。
　＊ venir のあとに直接不定形を続けると、「～しに来る」の意味になる。例）Je viens fumer mon dernier paquet.

練習1 **録音を聞いて、フランス語を書きとりましょう。**

♪ no.1-55

1)

2)

3)

練習2 **「私は映画に行く（Je vais au cinéma）」という文に、次の各文の意味を加えて全文を書き改めましょう。**

1) （～しなければならない）

2) （～したい）

3) （～つもりだ）

4) （～したところだ）

練習3 **フランス語に訳しましょう。**

1) ポールは妹に赤いワンピースをあげるつもりだ。

2) あの猫はいつもご飯を食べにうちにやってくる。

3) 僕は今、外に出かけたい。

4) 私たちは毎週日曜日に教会に行かなければならない。（église 教会）

17課　savoir / pouvoir / 不定代名詞 on

対話　隣どうしで練習しよう

♪ no.1-56

Samuel : Tu sais bien nager, toi ?

Isabelle : Oui, pas mal. En plus, chez nous on passe toujours les vacances à la mer.

Samuel : C'est super !

Isabelle : Et toi ? Tu ne sais pas nager ?

Samuel : Si, si ! mais, en fait, je ne nage pas très bien.

Isabelle : C'est vrai ? Pourquoi ?

Samuel : Parce que nous, on va voir mon oncle en Australie.

Isabelle : Et alors ?

Samuel : On ne peut pas nager pendant les vacances...

Isabelle : C'est interdit ?

Samuel : Mais non ! En août, en Australie, c'est l'hiver !

Isabelle : Ah, mais oui !

Aa 語彙 savoir 知っている ; nager 泳ぐ ; mal（副詞）不適切に、不十分に（pas mal）悪くなく、かなり良く ; en plus そのうえ ; super （口語）すばらしい ; en fait 実は ; parce que なぜなら ; voir 見る、会う（⇨第21課）; oncle おじ ; pouvoir 〜できる ; pendant（前置詞）〜の間 ; interdit 禁止されている ; mais（oui, non, si の前で強調を表す）まったく、断然 ; août 8月 ; hiver 冬

代名詞 on

on は、3人称扱いの代名詞で、不定人称と呼ばれますが、その内容が明確に規定されないのが特徴です。たとえば、英語であれば they を使うような場合、フランス語では

On parle anglais en Australie.　オーストラリアでは英語が話されている。

というように表現します。日本語に訳すときには受動態（「話される」）のように訳すとうまくいくでしょう。あるいは、「(一般的に）誰もが」という意味で使われることもあります。

On peut fumer ici ?　　ここで喫煙できますか？

であれば、一般的な条件を尋ねる表現です。日本語は、主語を明示しないこの種の表現が得意です。逆に言うと、主語を明示せざるを得ないフランス語において、日本語のように主語を特定しないで話すために、便宜上入れるのがこの on だ、と考えることもできます。

また、口語で on はしばしば nous「私たち」の意味で用いられます。たとえば、

On ne veut pas aller à la mer.

は、« Nous ne voulons pas aller à la mer. » の意味になることが多いです。

nous の代わりに on を用いるのは、つねに複雑になってしまう複数人称 nous の活用形を避けて、単純に表現するためでもあります。たとえば、上の例で言えば、on ne veut pas のほうが nous ne voulons pas よりも短く、また、veut の発音は1人称と2人称単数の veux とも同じで、覚え易いですね。多くの動詞は、単数人称（je, tu, il）で発音が同じになりますから、on はとても便利です。

動詞 savoir

♪ no.1-57 **savoir ～を知っている**

je	sais [ʒəsɛ]	nous	savons [nusavɔ̃]
tu	sais [tysɛ]	vous	savez [vusave]
il	sait [ilsɛ]	ils	savent [ilsav]

・接続詞 que によって導かれる従属節を伴って、何らかの事態を知っている、という意味で使われる。
例）Je sais que tu as deux sœurs.
＊ que は英語の that と同様の接続詞だが、省略されることはない。
・後ろに間接疑問文を続けることもある。
例）Nous ne savons pas pourquoi Pascal ne vient pas ce soir.
Savez-vous si Pascal vient ce soir ? (si... ～かどうか)
・動詞の不定形を続けて、能力（「～する術を知っている」「～できる」）を表現する。

動詞 pouvoir

♪ no.1-58 **pouvoir ～することが出来る**

je	peux [ʒəpø]	nous	pouvons [nupuvɔ̃]
tu	peux [typø]	vous	pouvez [vupuve]
il	peut [ilpø]	ils	peuvent [ilpœv]

・savoir が個人的に習得した能力を問題とするのに対し、pouvoir は外在的な可能性（「～する条件が整っている」）を問題とする。
・英語の can と同様、許可を求めたり、依頼を表現する際にも用いる。
例）Je peux fumer ici ?　　Pouvez-vous revenir demain ?

6 活用の不規則な動詞を覚えよう

練習1 日本語に合うように、（　）に適当な語を入れましょう。

1) Tu (　　　　) quand on va partir ?　いつ出発するか知っている？
2) Je (　　　　) sortir ?　外出してもいいですか。
3) (　　　　) -tu finir ton travail tôt ?　早く仕事終わってくれる？
4) Il (　　　　) bien parler français.　彼はフランス語を上手に話すことができる。

練習2 フランス語に訳しましょう。

1) 明日は 10 時に来ていただけますか？ ____________
2) この子供はまだ話すことができない。(encore (否定文で) まだ)
____
3) 私には彼らがフランス語を話すかどうかわからない。 ____________
4) 彼は私がその男を愛していることを知っている。 ____________

18 課　例外的な第 1 群規則動詞（acheter / jeter / préférer）/ 基数詞 61-100

対話　隣どうしで練習しよう

♪ no.1-59

Patrice : Salut, Julie ! Mais on ne respire pas ici ; il y a trop de monde.

Julie : C'est normal. C'est les soldes d'été. Qu'est-ce que tu achètes ?

Patrice : Je vais peut-être acheter ces lunettes de soleil.

Julie : Oui ! Elles sont très jolies. Elles coûtent combien ?

Patrice : 98 euros. Et toi ? Qu'est-ce que tu achètes ?

Julie : Moi, j'achète des chaussures pour Juliette. Peut-être cette paire...

Patrice : Elles coûtent combien ?

Julie : Elles sont à 77 euros. Ce n'est pas cher.

Patrice : Ce n'est pas cher ? C'est très cher ! Et, tu sais si elles vont aller à ta fille ?

Julie : Tu as raison, j'appelle ma fille.

語彙 respirer 呼吸する ; monde 人々、世界 ; normal 普通だ、当たり前だ ; soldes セール、バーゲン ; été 夏 ; acheter 買う ; lunettes 眼鏡、(lunettes de soleil) サングラス ; soleil 太陽 ; coûter ～の値段がする ; chaussures 靴 ; paire (靴などの) 一対 ; aller à (人に) 似合う ; avoir raison 正しい ; appeler 電話をかける、呼ぶ

動詞 acheter, jeter, préférer

・第 1 群規則動詞のなかには、母音字 e を持つ音節に強勢（⇨ p. 20）がくるかどうかによって綴りと発音が変化するものがある。

♪ no.1-60　**acheter** [aʃ(ə)te] 買う

j'	achète [ʒaʃɛt]		nous	achetons [nuzaʃtɔ̃]
tu	achètes [tyaʃɛt]		vous	achetez [vuzaʃte]
il	achète [ilaʃɛt]		ils	achètent [ilzaʃɛt]

♪ no.1-61　**jeter** [ʒəte] 投げる

je	jette [ʒəʒɛt]		nous	jetons [nuʒətɔ̃]
tu	jettes [tyʒɛt]		vous	jetez [vuʒəte]
il	jette [ilʒɛt]		ils	jettent [ilʒɛt]

♪ no.1-62　**préférer** [prefere] 好む

je	préfère [ʒəprefɛr]		nous	préférons [nuprefərɔ̃]
tu	préfères [typrefɛr]		vous	préférez [vuprefere]
il	préfère [ilprefɛr]		ils	préfèrent [ilprefɛr]

＊一般的にフランス語では、最終音節の母音のあとに子音が置かれると、その母音は長く、口を開き気味に発音される。「エ」の発音に « è » (e accent grave) が用いられるのはこの場合で、単語の最終音節以外に使われる例は数語しかない。

動詞 payer, envoyer

・-yer で終わる第 1 群規則動詞では、後ろに不定形語尾 -er や活用語尾 -ons, -ez が来たときに発音される半母音 [j] が、他の箇所では消えるため、綴字にも y → i という変化が起こる。

♪ no.1-63 **payer** [peje] 払う

je	paie	[ʒəpɛ]	nous	payons	[nupejɔ̃]
tu	paies	[typɛ]	vous	payez	[vupeje]
il	paie	[ilpɛ]	ils	paient	[ilpɛ]

♪ no.1-64 **envoyer** [ɑ̃vwaje] 送る

j'	envoie	[ʒɑ̃vwa]	nous	envoyons	[nuzɑ̃vwajɔ̃]
tu	envoies	[tyɑ̃vwa]	vous	envoyez	[vuzɑ̃vwaje]
il	envoie	[ilɑ̃vwa]	ils	envoient	[ilzɑ̃vwa]

基数詞 61-100

♪ no.1-65

61 soixante et un (une)	62 soixante-deux ...	70 soixante-dix
71 soixante et onze	72 soixante-douze ...	80 quatre-vingts
81 quatre-vingt-un (une)	82 quatre-vingt-deux ...	90 quatre-vingt-dix
91 quatre-vingt-onze	92 quatre-vingt-douze ...	100 cent

練習1 次の動詞の直説法現在の活用を書きましょう。

1) lever　もちあげる（acheter と同型）

2) appeler　呼ぶ、電話する（jeter と同型）

練習2 次のカッコ内の動詞を主語に合わせて活用し、全文を日本語に訳しましょう。

1) Il (　　　　) trop de chaussures. (acheter)

2) Je (　　　　) le vin blanc au vin rouge. (préférer)（blanc 白い）

3) On (　　　　) ce chien Hachiko. (appeler)

4) J' (　　　　) un livre à ma fille. (envoyer)

練習3 フランス語に訳しましょう。

1) 僕が君の分を払うよ。

2) うちの両親は妹にお金を郵便で送っている。（par la poste 郵便で）

練習問題 A

1 **カッコ内の動詞を主語に合わせて活用し、全文を日本語に訳しましょう。**

1) Elle ne ( ) pas les papiers par terre. (jeter) （papier 紙）

2) Vous ( ) le thé ou le café ? (préférer) （café コーヒー）

3) C'est l'automne. Tu ( ) rentrer tôt. (devoir) （automne 秋 ; rentrer 帰る）

4) Nous ne ( ) pas travailler aujourd'hui. (vouloir) （aujourd'hui 今日）

5) Elle ( ) toujours ses vêtements chez Muji. (acheter)

6) Tu ne ( ) pas que les écoles commencent au printemps au Japon ? (savoir) （printemps 春）

2 **次のフランス語をカッコ内の指示に従って書き改めましょう。**

1) Tu exagères.（devoir の否定を使って禁止の文に）

2) Vous gardez cela.（pouvoir を使って依頼の文に）（garder とっておく、持ち続ける）

3) Je pars très tôt ce matin.（近接未来に）

4) Nous changeons nos habitudes.（近接未来に）（changer 変える ; habitude 習慣）

5) Elle range sa chambre.（近接過去に）

6) Ils achètent un livre intéressant.（近接過去に）

練習問題 B

1 **フランスで電話番号は、2 つずつ数字を区切って表記します。たとえば、「02.33.84.36.52」であれば、« zéro-deux, trente-trois, quatre-vingt-quatre, trente-six, cinquante-deux » と読まれます。« Quel est le numéro de .... » 「〇〇さんの電話番号はいくつですか」という問いに対して、下の電話帳から探し出し、番号を言ってください。(numéro 番号)**

Jacques Bernard	06.29.41.71.60	Julie Brasseur	06.34.65.84.66
Nicolas Fournier	03.08.49.41.53	Matéo Guesnard	05.33.54.90.78
Valentine Moulin	06.54.71.50.40	Jean-Louis Martin	07.44.75.75.09
Arnaud Petit	01.67.21.48.93	Franck Valence	02.38.46.71.60

2 **フランス語に訳しましょう。**

1) フランスではフランス語が話されています。

2) ポールに電話をかけてくれますか ?

3) 民衆は王に従おうとしない。(peuple 民衆 ; roi 王)

4) 私はどこに彼の財布があるのか知らない。

季節 (saison) の表現

printemps 春　été 夏　automne 秋　hiver 冬

＊前置詞:春以外の季節は en を用いて en été「夏に」en automne「秋に」en hiver「冬に」。「春に」は au printemps.

月 (mois) の表現

janvier	1 月	février	2 月	mars	3 月	avril	4 月
mai	5 月	juin	6 月	juillet	7 月	août	8 月
septembre	9 月	octobre	10 月	novembre	11 月	décembre	12 月

＊前置詞は en を用いる。en janvier「1 月に」等々。

19 課　疑問代名詞 / 形容詞の女性形

例文

♪ no. 1-66

1. Qu'est-ce que vous aimez faire comme sport ?
 – Je suis très sportive. Je fais souvent du vélo.
2. Que voulez-vous comme dessert ?
 – Une crêpe au miel. Je sais qu'elle est délicieuse chez vous.
3. Qu'est-ce qui arrive à ce pays ?
 – Depuis la dernière élection, il n'y a pas de premier ministre.
4. Qui vient aujourd'hui ? – Une vieille amie de mes parents.
5. Qui est-ce qui dit la vérité ? – C'est moi !
6. Qui est-ce que tu veux inviter ?
 – On invite Julie. Elle est douce, et gentille avec moi.
7. Qui cherchez-vous ?
 – Je cherche ma fille. Elle porte une jupe longue et une chemise blanche.
8. Qu'est-ce que c'est ?
 – C'est une écharpe. Elle est légère mais très chère.
9. Qui est Madame Becket ?
 – C'est une ancienne amie d'école. Maintenant, elle habite à Lyon.

Aa 語彙　faire する、作る ; sport スポーツ ; sportif スポーツ好きの ; vélo 自転車 ; crêpe クレープ ; miel 蜂蜜 ; délicieux 美味しい ; pays 国 ; élection 選挙 ; premier 最初の、第一の ; ministre 大臣、(premier ministre) 首相 ; vieux 古い ; dire 言う ; vérité 真実 ; inviter 招待する ; doux 優しい ; porter 着る、持つ ; jupe スカート ; écharpe スカーフ ; ancien 昔の

動詞 dire, faire

♪ no. 1-67　**dire 言う**

je	dis	nous	disons
tu	dis	vous	dites [dit]
il	dit	ils	disent

♪ no. 1-68　**faire する**

je	fais	nous	faisons [fəzɔ̃]
tu	fais	vous	faites [fɛt]
il	fait	ils	font

疑問代名詞

尋ねる対象の文法上の格によって、また、それが人であるかモノであるかによって使い分ける。

	主語	直接目的語	補語
誰？	**Qui** **Qui est-ce qui**	**Qui*** **Qui est-ce que**	**Qui***
何？	**Qu'est-ce qui**	**Que*** **Qu'est-ce que**	**Qu'est-ce que**

＊左の表で * をつけた表現では、主語と動詞の倒置が起こる。

形容詞の女性形

1) <原則>男性形に -e をつける。ただし、-e で終わる単語は変化させない。

vrai [vrɛ] → vraie [vrɛ]　grand [grɑ̃] → grande [grɑ̃d]　rouge → rouge

2) -er で終わる単語は、アクサン・グラーヴを付加して -ère とする。

dernier [dɛrnje] → dernière [dɛrnjɛr]

3) -f で終わる単語は、f を v に変えて -ve とする。sportif [spɔrtif] → sportive [spɔrtiv]

4) -eux で終わる単語は x を s にかえて -euse とする。délicieux [delisjø] → délicieuse [delisjøz]

5) <母音 +l, n, s, t >で終わる語は、語末の子音字を重ねて e をつける場合がある。

italien [italjɛ̃] → italienne [italjɛn]「イタリアの」　gentil [ʒɑ̃ti] → gentille [ʒɑ̃tij]
ancien [ɑ̃sjɛ̃] → ancienne [ɑ̃sjɛn]　bon [bɔ̃] → bonne [bɔn]
naturel [natyrɛl] → naturelle [natyrɛl]「自然の」, bas [bɑ] → basse [bɑs]「低い」

6) 特殊な女性形をもつもの。

long [lɔ̃] → longue [lɔ̃g]　doux [du] → douce [dus]　blanc [blɑ̃] → blanche [blɑ̃ʃ]
sec [sɛk] → sèche [sɛʃ]「乾いた」frais [frɛ] → fraîche [frɛʃ]「新鮮な、冷たい」
vieux [vjø] → vieille [vjɛj]* nouveau [nuvo] → nouvelle [nuvɛl]* beau [bo] → belle [bɛl]*
＊これらの語には、男性第 2 形という形があり、母音または無音の h から始まる男性名詞の前について、発音が女性形と同じになる綴りを用いる。例）vieil hôtel ; nouvel hôtel ; bel hôtel（男性第 2 形）。

練習1　各文の vin（ワイン）を bière（ビール）にして、全文を書き改めましょう。

1) Mon vin blanc est très bon et délicieux. ____________________

2) Ton vin italien est sec et frais. ____________________

3) Son nouveau vin est léger et doux. ____________________

練習2　フランス語に訳しましょう。

1) ポールに何をあげますか。____________________

2) 誰がここに残れますか。____________________

3) 大学では何を勉強しているのですか。____________________

4) あなたは誰ですか。____________________

7 形容詞を使いこなそう

20 課　比較級

対話　隣どうしで練習しよう

♪ no. 1-69

Inès : Papa, je ne comprends pas du tout ces exercices de maths.

Le père : Tu sais bien que ta mère est plus forte que moi.

Inès : Oui, peut-être, mais elle est moins patiente...

Le père : OK, je suis d'accord avec toi. Alors...

Inès : Voilà !

Le père : Oh là là ! Il y a plus de pages que l'année dernière... et moins d'images !

Inès : Oui, c'est difficile depuis que je suis au collège. Et on avance plus vite.

Le père : Humm... Tu connais Louis, mon frère... enfin... ton oncle ?

Inès : Oui, il habite à Genève.

Le père : Eh bien. Tu appelles Louis. Il peut mieux répondre à tes questions.

Aa 語彙 comprendre 理解する ; du tout（否定を伴って）全く～ない ; exercice 練習問題 ; maths（mathématiques の略）数学 ; plus, moins 比較表現（下記参照）; fort 強い、有能だ ; peut-être たぶん、おそらく ; patient 辛抱強い ; oh là là（間投詞）あら、まあ！; page 頁 ; image 図、挿絵 ; depuis que（接続詞）～の時以来 ; collège 中学校 ; avancer 進む ; vite 素早く ; connaître（人や場所を）知っている ; mieux bien の比較表現 ; répondre à ～に答える（⇨第 22 課）

動詞 prendre, connaître

♪ no. 1-70　**prendre とる**

je	prends	nous	prenons
tu	prends	vous	prenez
il	prend	ils	prennent

♪ no. 1-71　**connaître 知る**

je	connais	nous	connaissons
tu	connais	vous	connaissez
il	connaît	ils	connaissent

＊ connaître と savoir（⇨第 17 課）では意味と用法に違いがある。

- Je sais que tu as de la famille à Paris.
- Je connais très bien Paris, parce que j'ai de la famille là-bas.

＊ prendre と同様の活用をする動詞に、comprendre, apprendre 等。

比較級

・比較を表す副詞 (plus, aussi, moins) を形容詞あるいは副詞の前につけて表現する。

・比較する対照項を示す接続詞（英語の than に相当）は que を用いる。

より程度が高い（優等比較）	plus	＋形容詞・副詞＋que　～
同程度である（同等比較）	aussi	
より程度が低い（劣等比較）	moins	

Ces lunettes sont plus chères que ces chaussures.

＊ que のあとに人称代名詞が続くときには強勢形を用いる（« plus forte que moi »）。

・特殊な比較級をもつ形容詞・副詞

bon（よい）- meilleur（よりよい） bien（うまく）- mieux（よりうまく）

beaucoup（甚だ）- plus（さらに） peu（わずかに）- moins（より少なく）

数量の比較

・beaucoup de... や peu de... (⇨第 15 課) を比較級にする、と考える。

plus de より多くの～

moins de より少ない～

＊ただし、同等比較には autant「同じくらい」という語を用いる。（例）J'ai autant de patience que lui.）

練習1 次のカッコ内の動詞を主語に合わせて活用し、全文を日本語に訳しましょう。

1) Il ( ) un train à 8h et demie. (prendre)

2) Je ne ( ) pas cette chanson. (connaître)

練習2 日本語にあうように、( ) に適当な語を入れましょう。

1) Paul est ( ) grand ( ) Louis. ポールはルイよりも大きい。

2) Inès est ( ) grande ( ) elle. イネスは彼女と同じくらい大きい。

3) À Tokyo, il y a ( ) ( ) gens qu'à Paris. 東京にはパリより多くの人がいる。

4) Mon père chante ( ) que ( ). 私の父は私より歌が上手だ。

練習3 フランス語に訳しましょう。

1) フランス人は日本人よりも多くのパンを食べる。

2) 私は野菜よりも肉が好きだ。

3) 犬は猫ほど美しくない。

4) 私の兄は父と同じだけのネクタイを持っている。

7 形容詞を使いこなそう

21課　最上級

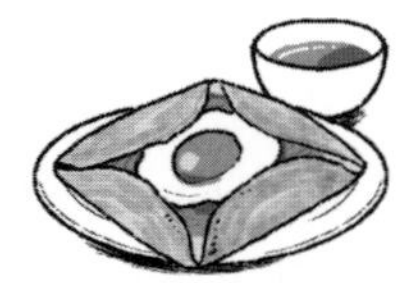

対話　隣どうしで練習しよう

♪ no.2-01

Hugo : On dîne ici ? C'est la meilleure crêperie de Tokyo.

Julie : Tu es sûr ? Je suis bretonne, donc très difficile pour les crêpes.

Hugo : Certes, ce n'est pas la plus connue des crêperies de Tokyo...

Julie : Alors...

Hugo : ... mais c'est la plus authentique ! Tu vas voir.

Julie : D'accord !... Ah, j'aime bien ces bols.

Hugo : Bien sûr, on sert ici de vrais cidres de Bretagne avec des bols de Quimper.

Julie : J'admets que ça commence bien !

Aa 語彙　meilleur bon の比較表現 ; crêperie クレープ店 ; sûr 確信している ; breton ブルターニュ人、ブルターニュ地方出身者 ; certes 確かに ; connu（connaître の過去分詞（⇨第 25 課）から）知られている、有名な ; authentique 正統的な ; bol 椀 ; bien sûr もちろん ; servir 給仕する ; cidre リンゴ酒、シードル ; admettre 認める

動詞 voir, mettre

♪ no.2-02　**voir 見る**

je	vois	nous	voyons
tu	vois	vous	voyez
il	voit	ils	voient

♪ no.2-03　**mettre 置く**

je	mets	nous	mettons
tu	mets	vous	mettez
il	met	ils	mettent

＊<対話>に現れる動詞 admettre「認める」は、基本動詞 mettre「置く」に接頭辞 ad- を付加した単語。他にも、permettre「許可する」、promettre「約束する」等。

最上級

・フランス語の最上級は、比較級に定冠詞をつけて作る。定冠詞の性数は形容詞と一致させ、比較の範囲（〜のなかで）は前置詞 de や dans のあとに置く。

　例）Paul est le plus jeune de sa famille. (jeune 若い)

・名詞に付加するときには、名詞に前置される場合と後置される場合がある。

　例）Le mont Fuji est la montagne la plus haute du Japon.

　Le mont Fuji est la plus haute montagne du Japon. (haut 高い ; montagne 山)

　＊後置されるときには定冠詞が二回繰り返されることになる。

・副詞にも定冠詞をつけるが、主語の性数にかかわらず常に le をつける。

　例）Catherine chante le mieux dans la classe. (classe クラス)

・定冠詞の代わりに所有形容詞を用いることもできる。

　例）Elle est mon plus grand amour. (amour 愛)

練習1 **次のカッコ内の動詞を主語に合わせて活用し、全文を日本語に訳しましょう。**

1) Qu'est-ce que tu (   ) ? (voir)

2) On (   ) le mont Fuji là-bas ? (voir)

3) Je (   ) mon sac sur l'étagère. (mettre)

4) Nous (   ) que ce vin est le meilleur. (admettre)

練習2 **日本語にあうように、(　) に適当な語を入れましょう。**

1) Il est (   ) étudiant (   ) (   ) amusant de la classe.
彼はクラスで一番面白い学生だ。

2) Ma mère parle (   ) (   ) (   ) ma famille.
私の母は家族で一番おしゃべりだ。

練習3 **フランス語に訳しましょう。**

1) あなたは最も難しい問題を考察している。（réfléchir sur ～についてよく考える［第 2 群規則動詞］）

2) フルーツのなかでは*、私はリンゴが一番好きだ。
＊複数名詞を比較の範囲とするときには、英語の among に相当する前置詞 parmi を用いる。

3) 僕が一番重いカバンを持つよ。

4) 彼の両親は、子供達が外出することを許さない。（permettre à［人］de 不定形［人］が～するのを許す）

練習問題 A

1 カッコ内の動詞を主語に合わせて活用し、全文を日本語に訳しましょう。

1) Que (　　　　　　　　) - tu dans la chambre ? (faire)

2) Qui (　　　　　　　　) un verre avec moi ? (prendre)

3) Qui (　　　　　　　　) le mieux Paris ? (connaître)

4) Qui (　　　　　　　　) dans la chambre voisine ? (pleurer 泣く ; voisin 隣の)

5) Qu'est-ce que vous ne (　　　　　　　　) pas ? (comprendre)

6) Qui est-ce que vous (　　　　　　　　) dimanche ? (voir)

7) Qui (　　　　　　　　) de la natation ? (faire) (natation 水泳)

8) Qu'est-ce qu'ils (　　　　　　　　) de ses dernières nouvelles ? (dire)
(nouvelles 便り、ニュース)

2 録音を聞き、フランス語の文を書きとりましょう。

♪ no.2-04

1)

2)

3)

4)

練習問題 B

1 （　）内に適当な比較・最上級の表現（1 語とは限らない）を入れましょう。

1) Paris est la ville (　　　　　　　　　　) peuplée de France. (peuplé 人口の多い)

2) Aujourd'hui, le monde est (　　　　　　　　　　) petit qu'avant. (avant 以前)

3) La France a (　　　　　　　　　　) de population que le Japon. (population 人口)

4) La vie est (　　　　　　　　　　) importante que l'argent. (vie 命 ; important 重要である)

5) Où sont les toilettes (　　　　　　　　　　) proches ? (toilettes トイレ ; proche 近い)

6) C'est l'un des (　　　　　　　　　　) pauvres pays du monde. (pauvre 貧しい)

2 フランス語に訳しましょう。

1) 彼の考えは私の考えよりも深い。(pensée 考え ; profond 深い)

2) これは私の人生で最良の瞬間だ。(moment 瞬間)

3) 私の娘は君よりも年上だ。(âgé 年上の、年をとった)

4) 私の夫は子供たちと同じだけの時間、眠る。

3 比較の表現を使いつつ、自分の家族を紹介するためのフランス語の文を 5 つ作りましょう。

(例) Nous sommes quatre dans ma famille. Ma mère est plus intelligente que mon père. Mais elle est moins patiente que lui. Nous avons aussi deux chats et un chien. Les chats sont plus calmes que le chien, mais le chien est plus gentil qu'eux.

22 課　直接目的補語代名詞 / 動詞 lire, entendre

例文

♪ no.2-05

1. J'aime mes parents et ils m'aiment.
2. Les frères de mon grand-père, je ne les connais guère.
3. Je viens d'acheter un livre très intéressant. Tu dois le lire tout de suite.
4. Le chien reconnaît la voix de son maître dès qu'il l'entend.
5. Benjamin dit à Sylvie qu'il ne veut plus la voir.
6. Une guerre va éclater. Mes fils, on va vous envoyer au front !
7. Nos enfants sont encore trop petits pour nous aider.
8. Et tes papiers ? – Tout va bien, je ne les oublie pas !

Aa 語彙　lire 読む ; tout de suite すぐに ; reconnaître 認識する ; maître 主人 ; dès que ～するとすぐに ; entendre 聞く ; guerre 戦争 ; éclater 破裂する、勃発する ; front 前線 ; aider 手助けする

動詞 lire, entendre

♪ no.2-06　**lire 読む**

je	lis	nous	lisons
tu	lis	vous	lisez
il	lit	ils	lisent

♪ no.2-07　**entendre 聞こえる**

j'	entends	nous	entendons
tu	entends	vous	entendez
il	entend	ils	entendent

＊ entendre には同型の動詞が多くある。descendre「降りる」、attendre「待つ」、perdre「失う」、répondre「答える」、vendre「売る」等々。

直接目的補語代名詞

	単数		複数	
	主語	直接目的補語	主語	直接目的補語
1 人称	**je**	**me(m')**	**nous**	**nous**
2 人称	**tu**	**te(t')**	**vous**	**vous**
3 人称	**il**	**le(l')**	**ils**	**les**
	elle	**la(l')**	**elles**	

＊関係する動詞の直前に置かれる。とくに、動詞が不定形になって他の動詞の後に置かれるときには注意が必要である。(*Je la vais voir demain. ではなく、Je vais la voir demain.)

＊単数人称は続く動詞が母音か無音の h で始まる場合には、エリジオンする。

＊否定の ne は主語のあと、目的語補語人称代名詞の前に置かれる。

否定の表現 ne plus, ne guère

フランス語の否定の表現は、ne と pas で動詞をはさむ、というのが大原則でした。このとき用いる否定の副詞 pas を別の副詞に代えることによって、否定に様々なニュアンスを加えることができます。ここではまず、2つの表現を学習しましょう。

まず、pas を plus に代えることで、「もはや〜ない」という意味になります。

Je ne suis pas un enfant.

「ぼくは子供じゃない」の pas を plus に代えるだけで、

Je ne suis plus un enfant.

「ぼくはもう子供じゃない」となるわけです。このとき、もともとあった pas をそのままにして、Je ne suis pas plus un enfant. としないように注意が必要です。また、plus は比較の表現でも使う語なので、混同しないようにしましょう。

pas を guère に代えると、「ほとんど〜ない」という意味です。「彼には金がない」

Il n'a pas d'argent.

の pas を guère に代えると、

Il n'a guère d'argent.

「彼にはほとんど金がない」という意味になります。つまりこの場合、「彼」はわずかであればお金を持っているのかもしれない、ということです。

練習1 次の entendre と同じ型の直説法現在の活用を書き、発音しましょう。

1) descendre　降りる

2) vendre　売る

練習2 次の質問に、人称代名詞を使って、否定と肯定で答えましょう。

例) **Est-ce que votre sœur chante cette chanson ?**　答) **– Oui, elle la chante. / – Non, elle ne la chante pas.**

1) Est-ce que tu achètes cette cravate ?

2) Tu ne m'aimes plus ?

3) Vos enfants rangent bien leur chambre ?

4) Tu ne lis pas ma lettre ? (lettre 手紙)

8 代名詞を使いこなそう

23 課　間接目的補語代名詞 / 動詞 écrire, recevoir

対話　隣どうしで練習しよう

♪ no.2-08

Georges : Je viens de recevoir une lettre de ma mère.
Danièle : C'est bien, on ne reçoit pas très souvent de lettres ces jours-ci.
Georges : Eh oui, on écrit des e-mails ; mais personne n'écrit plus de lettres.
Danièle : Mais pourquoi tu as l'air embarrassé ?
Georges : Le problème, c'est que ma mère m'écrit toujours la même chose.
Danièle : Qu'est-ce qu'elle te dit ?
Georges : Oh, elle ne me dit rien : ne pas trop manger, ne pas trop boire.
Danièle : Elle est inquiète pour toi, c'est tout.
Georges : Oui, tu as raison ; je vais lui écrire une petite carte pour lui dire que je vais bien.

Aa 語彙　recevoir 受け取る、受ける ; ces jours-ci 近頃 ; écrire 書く ; e-mail E メール ; avoir l'air+［形容詞］～の様子である ; embarrassé 困惑している ; problème 問題 ; même 同じ ; rien 何も ; boire 飲む、（とくにアルコール飲料を）飲む ; inquiet 心配している ; tout（名詞）全て、（形容詞）全ての ; carte カード、葉書

動詞 écrire, recevoir

♪ no.2-09　**écrire 書く**

j'	écris	nous	écrivons
tu	écris	vous	écrivez
il	écrit	ils	écrivent

♪ no.2-10　**recevoir 受けとる**

je	reçois	nous	recevons
tu	reçois	vous	recevez
il	reçoit	ils	reçoivent

間接目的補語代名詞

	単数		複数	
	主語	間接目的補語	主語	間接目的補語
1 人称	je	me(m')	nous	nous
2 人称	tu	te(t')	vous	vous
3 人称	il / elle	lui	ils / elles	leur

＊前置詞 à に先立たれた＜人＞の代わりになる。（〈モノ〉を受ける場合は y を用いる⇨ 第 24 課）
＊ 1 人称と 2 人称は、単数・複数ともに直接目的補語と形が同じ。

否定の表現・personne と rien

personne は＜人＞に関して、rien は＜モノ＞に関して用いられ、否定の ne と呼応して、それぞれ、「誰も〜ない」「何も〜ない」という意味になります。このとき、否定の副詞 pas は使われないので注意しましょう。たとえば、「私はパンを食べない」は

Je ne mange pas de pain.

ですが、「私は何も食べない」は

Je ne mange rien.

「誰もパンを食べない」は

Personne ne mange de pain.

です。Je ne mange pas rien. や Personne ne mange pas de pain. にならないようにしましょう。

この例でもわかりますが、rien と personne は主語にも目的語補語にもなります。両方一度に使うこともできますから、

Personne ne me donne rien.

「誰も、私に何もくれない」という表現も可能です。

練習1 次の質問に、人称代名詞を使って、否定と肯定で答えましょう。

1) Tu téléphones souvent à tes parents ?（téléphoner à...（人）に電話をかける）

2) Elle te donne ça ?

練習2 日本語の意味に合うように（　　）内に適当なフランス語を入れましょう。

A : Je (　　　　　) (　　　　　) une lettre (　　　　　) ma mère.
「いま母さんに手紙を書いたんだ。」

B : C'est bien, (　　　　　) (　　　　　) (　　　　　) très souvent de lettres.
「いいわねえ、手紙を書くこともあまり多くはないもの。」

A : Oui, on (　　　　　) (　　　　　) d'e-mails, mais (　　　　　) ne (　　　　　) plus de lettre.「そうだね、メールはたくさん受け取るけれど、誰も手紙は受け取らなくなっちゃったね。」

B : Qu'est-ce que tu (　　　　　) (　　　　　) ?「お母さんには何て書いてるの？」

A : Oh, je (　　　　　) (　　　　　) (　　　　　) (　　　　　) :
ne pas trop boire, ne pas trop manger...
「ああ、何も言ってないよ。飲みすぎないようにとか、食べすぎないようにとかね。」

24 課　代名詞 en, y

対話　隣どうしで練習しよう

♪ no.2-11

Pascale : Tarô, tu ne sais pas où est le miel ?

Tarô : Désolé, nous n'en avons plus ! Tu en veux sur tes tartines ?

Pascale : Ce n'est pas possible ! Du miel, on en a toujours besoin.

Tarô : Si tu aimes la confiture d'oranges, je pense qu'on en a encore dans la cave.

Pascale : C'est parfait. Mais pourquoi tu mets ça dans la cave ?

Tarô : Parce que mes parents en envoient toujours un carton.

Pascale : Alors, je descends...

Tarô : Non, ce n'est pas la peine ; je vais y aller.

Pascale : Merci, mon chéri ! Tu es trop gentil ce matin.

Aa **語彙** désolé（形容詞）残念だ（je suis désolé の略）ごめんなさい ; tartine（切られた）パン ; possible 可能である ; confiture ジャム ; orange オレンジ、みかん ; penser 考える ; cave 地下庫 ; parfait 完璧だ ; carton ボール箱 ; peine 苦労、（ce n'est pas la peine）それには及ばない、その必要はない ; chéri 愛しい人

代名詞 en

（1）de... を受ける。

Tu viens de la ville ?　– Oui, j'en viens.

Vous avez besoin d'argent ?　– Non, je n'en ai pas besoin.

Vous parlez de notre projet de vacances ?　– Non, on n'en parle pas.

（2）不定冠詞・部分冠詞や数量表現のついた名詞の代わりになる。

Avez-vous des stylos ?　– Oui, j'en ai(= j'ai des stylos).

Non, je n'en ai pas (= je n'ai pas de stylos).

Oui, j'en ai trois (= j'ai trois stylos).

Tu as des cigarettes ?　– Oui, j'en ai beaucoup (= j'ai beaucoup de cigarettes).

– Oui, j'en ai un paquet (= j'ai un paquet de cigarettes).

＊ Cf. Avez-vous mes stylos ? – Oui, je les ai.

（3）慣用表現

Je vous en prie.

Je n'en veux pas à mon père.

代名詞 y

（1）à... を受ける

Vous êtes à Tokyo ? – Oui, nous y sommes.

Tu réponds à la lettre de ta mère ? – Oui, j'y réponds.

＊ y は原則として<人>を受けられない。Cf. Tu réponds à ta mère ? – Oui, je lui réponds.

（2）前置詞 en, dans, sur ＋名詞を受け、場所を示す。

Il arrive en France ? – Oui, il y arrive ce matin.

（3）慣用表現

Il y a du beurre dans le frigo.

Ça y est !

On y va !

練習 1 **Tarô が使っている代名詞 y, en をもとの名詞にもどして文章を書き改めましょう。**

練習 2 **次の質問に、否定と肯定で答えましょう。そのとき、下線部を en か y で受けましょう。**

1) Elle va à Paris avec vous ?

2) Nous allons parler de foot ?

3) Tu manges du pain ?

4) Nous avons besoin d'un ordinateur pour finir ce travail ?

5) Tu joues souvent au volley-ball ? (jouer à（スポーツを）する)

6) Êtes-vous contente de votre situation ? (être content de ～に満足している ; situation 状況)

8 代名詞を使いこなそう

練習問題 A

1 次のカッコ内の動詞を主語に合わせて活用し、全文を日本語に訳しましょう。

1) Le journal, je ne le (   ) guère. (lire)

2) Ces légumes, ils ne les (   ) pas cher. (vendre)

3) Elles ne vous (   ) pas très bien ! (entendre)

4) Ma sœur t' (   ) à la maison. (attendre)

2 次の質問に、否定と肯定で答えましょう。その際に、下線部を代名詞で受けて答えましょう。

1) Est-ce que vous entendez <u>ma voix</u> ?

2) Vous n'avez pas <u>d'argent</u> ?

3) Tu as <u>mon billet</u> ? (billet 切符)

4) Vous vendez <u>ces chaussures</u> ?

5) Vous allez souvent <u>à Paris</u> ?

6) La Terre ne tourne pas <u>autour du Soleil</u> ? (tourner 回る ; autour de 〜のまわりを)

練習問題 B

1 フランス語に訳しましょう。

1) 平和より重要なものはない。(paix 平和)(なにごとも平和より重要ではない。)

2) 手紙は書きますか？　—はい、ときどき書きます。(de temps en temps ときどき)

3) 電話口では、僕は君が誰だかわからないよ。(au téléphone 電話口では)

4) 私は両親を誰よりも愛し、つねに彼らに従います。

2 録音を聞き、フランス語を書きとりましょう。(est 東 ; ouest 西 ; sud 南 ; nord 北)

♪ no.2-12

1)

2) (tante おば)

3) (anglais 英国の ; gare (鉄道の) 駅)

4) (allemand ドイツ語)

3 例に倣(なら)って言いましょう。

(例) Benjamin va au marché le dimanche, mais il n'y va pas le samedi. (marché 市場)

例	1	2	3	4
Benjamin	je	on	Danièle et Pascale	Georges
aller au marché	manger des pommes	voir les étoiles	faire des gâteaux	téléphoner à son amie
le dimanche (○)	en France (○)	à Quimper (○)	le week-end (○)	le matin (○)
le samedi (×)	au Japon (×)	à Paris (×)	en semaine (×)	le soir (×)

1)

2) (étoile 星)

3) (week-end 週末)

4)

8
代名詞を使いこなそう

補足3　フランス語の非人称表現

非人称表現とは

すでにいくつか出てきていますが、フランス語には非人称表現と呼ばれる一連の表現があります。たとえば、本書の初めのほうに出てきた il y a...「～がある」というのも、非人称表現の代表的な例です。

そもそも、「非人称」という日本語があまりわかりやすいものではありませんが、これはフランス語の impersonnel という形容詞の訳語です。実はこのフランス語も何が言いたいのかよくわからないところがあるのですが、要は、「実質上、人称に関わるものではない」という意味なのでしょう。

といっても、英語を勉強した人にとっては、何も新しいことがあるわけではありません。英語でも、「非人称」とか「形式主語の it」と呼ばれるものがありますね。たとえば、it rains「雨が降る」とか、it is... to（不定詞）というような構文とかがすぐに頭に思い浮かぶでしょう。フランス語で非人称と呼ばれる現象も、これとまったく同じです。ただ、英語の代名詞 it にかわって、フランス語では 3 人称単数男性の人称代名詞 il が使われる、ということさえ押さえておけば、戸惑うことはなにもないはずです。

天候や時刻を表す

英語の to rain という動詞と同様に、天候など自然現象に関するもので、非人称となる動詞がフランス語にもいくつかあります。本来、これらの動詞の主語として示しうるものはないのですが、英語やフランス語では主語を必ず示さなければならないので、とりあえず形式的に代名詞を置いておく、ということです。

つねに非人称で使われる動詞の代表的なものとして、pleuvoir「雨が降る」、neiger「雪が降る」くらいを覚えておけばいいでしょう。たとえば、

Il pleut aujourd'hui. 「今日は雨が降っている」
Il doit neiger cet après-midi. 「午後には雪が降るはずだ」

というように使います。これらの動詞は 3 人称単数としてしか用いられないので、活用表もその箇所しか書かれていません。

天気に関しては、動詞の faire を使った表現もあります。il fait beau「天気がいい」il fait mauvais「天気が悪い」というような表現がその代表例です。また、il fait jour と言えば「夜が明ける」、il fait nuit で「日が暮れる」というように、さまざまな自然現象を il fait... という構文で表現することができます。

また、これはすでに学習したことですが、英語と同様フランス語でも、時刻に関する表現は非人称の il と動詞 être を用いて、il est +（時刻）と言います。ここで確認しておきましょう。

非人称動詞 falloir

フランス語に特有の非人称表現に、falloir という動詞を使ったものがあります。これはもともと、「欠けている」「足りない」という意味だったのですが、今では「～が必要だ」という意味で使われる方が多くなっています。

Il faut une heure pour aller à l'école.「学校に行くのには 1 時間必要だ＝ 1 時間かかる」

というように使います。また、後ろに不定形を従えると「～しなければいけない」という意味になります。「言語を勉強するには忍耐強くなくてはならない」

Il faut être patient pour apprendre une langue.

というように用います。

もともと非人称ではない動詞の転化

また、本来は非人称ではない動詞を、非人称に転化して用いることもフランス語ではよくあります。たとえば、arriver「到着する」という動詞ですが、これはまた「～が起こる」という意味でも使われます。そして、こちらの意味で用いるときには、非人称の主語 il を冒頭に立てて、後ろに実質上の主語を置く、ということがよく行われます。たとえば、

Cette semaine, il arrive beaucoup d'accidents sur l'autoroute.

「今週は高速道路で多くの事故が起こっている。」というように使います。このとき、arriver のあとにくる名詞は、他動詞の目的語ではありません。自動詞 arriver の意味上の主語であることに注意してください。

このように非人称に転化しうる動詞は、基本的には自動詞です。代表的なものだけ挙げておきましょう。venir, sortir はそれぞれ、「～が来る」「～が出る」というように、非人称でない場合と変わらない意味で使われます。また、rester「～が残っている」、manquer「～が足りない」などは、非人称表現で使われる頻度の方が高い動詞です。

Il me reste encore du temps.　「まだ時間がある」
Il me manque de courage pour réussir.　「私には成功するためのやる気が欠けている」

形式主語の il

最後に、英語の it is... to... とまったく同じ表現がフランス語にもあることを確認しておきましょう。たとえば、

Il est difficile d'apprendre une langue.「言語を勉強するのは難しい」

というように、形式的に置かれた il の内実を、de 以下の不定形が示す、という形式の表現です。ただし、この表現に関しては、口語では注意が必要です。話されるフランス語では、il を指示代名詞の ce に置き換えることが非常にしばしば行われるのです。つまり、

C'est difficile d'apprendre une langue.

という表現の方がよりカジュアルに感じられる、ということです。意味は全く同じなのですが。
（なお、英語の it is ... that... のように、後ろに従属節を置いた il est... que... という表現もありますが、これもやはり接続法の説明が必要となる場合が多いので、もう少し先で学習することにしましょう。）

25 課　助動詞に avoir をとる直説法複合過去

例文

♪ no.2-13

1. Avez-vous déjà choisi ?
2. Le journaliste a rempli son verre d'eau avant de reprendre la parole.
3. Il a écrit des mots anglais sur mon cahier.
4. Cette nuit, j'ai dormi seulement trois heures à cause du bruit de la pluie et du vent.
5. J'ai continué à chercher mon portefeuille dans la maison, mais je n'ai pas pu le trouver.
6. Pour son anniversaire, nous avons offert une cravate à notre père.
7. Il y a une semaine, mes parents ont eu l'idée d'aller passer les vacances en Europe et ont voulu acheter leurs billets d'avion le moins cher possible. Ils ont longtemps cherché sur Internet mais ils n'ont pas pu prendre de décision.

Aa 語彙　déjà 既に ; journaliste 記者、ジャーナリスト ; remplir A de B　B で A を満たす ; avant de [不定形] ～する前に ; reprendre 再び得る、再開する ; parole 話、言葉 ; mot 単語 ; cahier ノート ; seulement ただ～だけ ; nuit 夜 ; bruit 物音 ; pluie 雨 ; vent 風 ; continuer à ～し続ける ; trouver 見つける ; anniversaire 記念日、誕生日 ; offrir 贈る ; avoir l'idée de　～しようと思い立つ ; avion 飛行機 ; décision 決断、決心

フランス語の過去時制

・フランス語のおもな過去時制には、本節で学ぶ複合過去、次の第 10 節で学ぶ半過去、それから、本書では扱わない単純過去の 3 つがある。

・複合過去の「複合」とは、助動詞 (être あるいは avoir) と過去分詞の 2 つの要素からなることを意味する。形としては英語の現在完了と同等だが、その用法には大きな差異がある。

複合過去の用法

(1) 完了（例文 1）・経験を表す。

(2) 過去の事柄に関し、何らかの出来事や行為が起こり、終わった、ということを表す。

＊複合過去だけで文章を綴る場合、A という事象が起こり、つぎに B という事象が起こり、次に C が・・・というように次々と出来事が起こって事態が変化してゆく。（例文 5・7）

過去分詞

(1) -er で終わる動詞（第 1 群規則動詞、aller）

-er →　-é : chanter → chanté, aimer → aimé, aller → allé, etc.

(2) -ir で終わる動詞（第 2 群規則動詞、partir 型）

-ir　→　-i　: finir → fini, partir → parti, etc.

＊ただし、venir → venu, ouvrir → ouvert, offrir → offert, mourir → mort（死ぬ）

(3) –oir, -re で終わる動詞は不規則。ただし、形には一定の傾向があり、最後は -é, -u の母音で終わるか、-s, -t の子音で終わるかである。

être → été　　　naître → né

avoir → eu*	lire → lu	rendre → rendu	savoir → su	connaître → connu
pouvoir → pu	devoir → dû**	entendre → entendu	recevoir → reçu	vouloir → voulu
falloir → fallu	courir → couru（走る）			
dire → dit	faire → fait	écrire → écrit	mettre → mis	prendre → pris

＊発音例外：[ø] ではなく [y]。
＊＊ de+le の du と区別するために dû と表記する。

助動詞 avoir を用いる複合過去の活用

♪ no.2-14

chanter

j'	ai	chanté	nous	avons	chanté
tu	as	chanté	vous	avez	chanté
il	a	chanté	ils	ont	chanté

否定形

je	n'ai	pas	chanté	nous	n'avons	pas	chanté
tu	n'as	pas	chanté	vous	n'avez	pas	chanté
il	n'a	pas	chanté	ils	n'ont	pas	chanté

倒置形

ai-je	chanté	avons-nous	chanté
as-tu	chanté	avez-vous	chanté
a-t-il	chanté	ont-ils	chanté

練習1 次の動詞を複合過去に活用し、否定形も書きましょう。

1) donner

2) écrire

3) faire

4) pouvoir

練習2 次の各文の時制を複合過去にし、書き改めましょう。

1) Je réponds tout de suite à ma mère. ______

2) Elle lit ce livre. ______

3) Nous chantons cette chanson. ______

4) Nous devons partir très tôt. ______

5) Elles ne mangent pas de pain. ______

6) Réussissez-vous l'examen ? ______

26 課　助動詞に être をとる直説法複合過去

対話　隣どうしで練習しよう

♪ no.2-15

Jeanne : Louise ! Louise ! Mais où est-elle donc partie ?!

Nathan : Louise ? Zoé est venue la chercher tout à l'heure.

Jeanne : Ah, c'est une camarade de classe... Et elles sont parties ?

Nathan : Oui, elles sont allées jouer au tennis ensemble.

Jeanne : Mais elle n'a pas encore fini ses devoirs !

Nathan : Bah, elle va le faire ce soir, non ?*

Jeanne : Tu sais bien qu'elle ne travaille jamais le soir !

Nathan : Mais les enfants doivent aussi pouvoir bouger.

Jeanne : Peut-être, mais elle ne fait pas ses devoirs depuis huit jours !

Aa 語彙 tout à l'heure 先程 ; camarade 仲間 ; tennis テニス ; jamais（ne とともに）決して〜ない、一度も〜ない ; bouger 体を動かす、活動する

* « elle va le faire » の le は « finir ses devoirs » を指す代名詞。（⇨ p. 123 付録 3）

助動詞 être を用いる複合過去の活用

・移動や状態の変化を表す少数の自動詞は助動詞として être をとる。

　＊ être ＋（他動詞の過去分詞）は英語と同様、受動態を表す。

aller → allé 行く	venir → venu 来る	revenir → revenu 戻る
devenir → devenu 〜になる	sortir → sorti 出る	partir → parti 出発する
entrer → entré 入る	rentrer → rentré 帰る	monter → monté 登る
descendre → descendu 降りる	arriver → arrivé 到着する	tomber → tombé 落ちる
rester → resté 留まる	naître → né 生まれる	mourir → mort 死ぬ

・助動詞 être を用いる複合過去では、過去分詞は形容詞と同様、主語に性数を一致させる。

♪ no.2-16

aller

je	suis	allé(e)	nous	sommes	allé(e)s
tu	es	allé(e)	vous	êtes	allé(e)(s)
il	est	allé	ils	sont	allés
elle	est	allée	elles	sont	allées

否定形									
je	ne	suis	pas	allé(e)	nous	ne	sommes	pas	allé(e)s
tu	n'	es	pas	allé(e)	vous	n'	êtes	pas	allé(e)(s)
il	n'	est	pas	allé	ils	ne	sont	pas	allés
elle	n'	est	pas	allée	elles	ne	sont	pas	allées

倒置形			
suis-je	allé(e)	sommes-nous	allé(e)s
es-tu	allé(e)	êtes-vous	allé(e)(s)
est-il	allé	sont-ils	allés
est-elle	allée	sont-elles	allées

練習1 次の動詞を複合過去に活用し、否定形も書きましょう。

1) sortir

2) mourir

練習2 次の各文の時制を複合過去にし、書き改めましょう。

1) Je sors de la salle. (salle ホール、部屋)

2) Elles montent à l'étage. (étage 階上)

3) Ma sœur devient professeure.

4) Tu entres par la fenêtre ? (fenêtre 窓)

5) L'avion descend au sol. (sol 地面)

6) Elle ne naît pas dans cette ville. (naître 生まれる)

9 複合過去を使おう

27 課　複合過去における過去分詞の一致

対話　隣どうしで練習しよう

♪ no.2-17

Patrice : Qu'est-ce qui t'est donc arrivé hier ? Je t'ai attendue longtemps !

Juliette: Je suis vraiment désolée. Il y a eu un problème.

Patrice : Mais pourquoi tu ne m'as pas appelé ?

Juliette : Parce que... hier, j'ai passé la journée chez mes parents...

Patrice : Oui, et alors ?

Juliette : Et bien, j'ai laissé chez moi mon portable, mon portefeuille, les clés...

Patrice : Ah c'est pour ça ! Je t'ai appelée plusieurs fois, mais tu ne m'as jamais répondu.

Juliette : La concierge n'est pas là le dimanche : je n'ai pas pu ouvrir la porte.

Patrice : Mais tu es quand même venue ? Je t'ai attendue jusqu'à 22h...

Juliette : C'est vrai ? Je suis désolée, je ne suis arrivée que vers 22h30...

Aa 語彙　arriver 起こる（ここで te は間接目的補語「〜の身の上に」）; hier 昨日 ; vraiment 本当に ; laisser 置いてくる ; portable 携帯電話 ; plusieurs いくつもの ; concierge 門番、管理人 ; ouvrir 開く ; quand même それでもやはり ; jusqu'à（前置詞）〜まで

過去分詞の一致

・複合過去で助動詞が avoir の場合にも、過去分詞が性数一致する場合がある。直接目的補語が過去分詞より先に現れるとき、過去分詞は直接目的補語に一致する。

・間接目的補語には一致しない。

Ma mère nous a appelés tout à l'heure.

Ma mère nous a téléphoné tout à l'heure.

限定・制限の表現 ne... que

否定の小辞 ne を用いた表現 ne... que は「…しかない」を表します。たとえば、

Il ne dit que cela.「彼はそれしか言わない。」

というように使います。ただし、que は限定する要素の直前に置かれることに注意が必要です。従って、

Il ne dit cela qu'à sa mère.

であれば、「彼はそれをお母さんにしか言わない」という意味です。ne... pas や ne... jamais とは区別して覚えましょう。

また、この限定の用法はときに単なる強調となり、

Je n'ai que du bonheur. (bonheur 幸福)

と言えば、「僕は幸せしか持っていない」というよりは、「僕はほんとうに幸せだ」という意味になることが多いでしょう。また ne... que は否定ではないので、動詞の直接目的補語の冠詞が変化する（⇨ 第 6 課）ことはありません。

Je n'ai pas de livres japonais.「私は日本語の本を持っていない。」

Je n'ai que des livres japonais.「私は日本語の本しか持っていない。」

なぜ一致するのか

ずいぶん不可解な規則ですが、これにも理由があります。もともと、フランス語の複合過去は、avoir「もつ」という動詞を、完了の表現に流用したことに始まっています。つまり、「私は一軒の家を買った（そして今その家を持っている）」ということを言うのに、「私は（私によって）買われた家を一軒持っている」J'ai une maison achetée. と表現しました。この場合、achetée は女性名詞 maison を修飾する形容詞です。したがって、e をつけて女性形 achetée となるのです。

さて、この種の表現で、名詞のあとで付加形容詞の役割を果たしていた過去分詞が、やがて名詞の前に移動してゆきます。この過去分詞の位置の変化が、avoir acheté という時制の表現として定着する過程そのものなのですが、それにともなって、過去分詞が直接目的補語に一致するという現象は消失します。

ところで、現在のフランス語の文法でも、いくつかの要因で直接目的補語が過去分詞の前に置かれることがあります。そのうちのひとつが、この課で見ている、「直接目的補語が代名詞となる場合」なのです。このように、直接目的補語→過去分詞という語順が現れたときのみ、いわば「先祖帰り」のようにして、過去分詞の一致が起こるのです。

もっとも、過去分詞の一致は極めて細かいルールです。規則の前に尻込みし、間違いを恐れて発話しないというのでは本末転倒。あまり細かいことを気にせず、どんどん使うことが語学上達の一番の早道です。ただ、複合過去に関して、過去分詞が直接目的補語に一致しているのを目にすることは意外によくあることですから、頭の隅に置いておきましょう。

練習1 **<対話>の文章の過去分詞に全て○をつけ、そのうち、直接目的補語に性数が一致している場合を示しましょう。**

練習2 **次の質問に、人称代名詞を使って、肯定と否定で答えましょう。**

（例） Tu as lu ce livre ?　答）– Oui, je l'ai lu. / – Non, je ne l'ai pas lu.

1） Avez-vous chanté cette chanson ?

2） Il a acheté cette maison ?

3） Tu as offert cette cravate à ton père ?

4） Elle a vu ses parents ?

練習問題 A

1 次の文章を複合過去に書き改め、全文を日本語に訳しましょう。

1) Tu peux continuer à chanter cette chanson.

2) Elles ne dorment pas bien à cause de leurs voisins.

3) Fais-tu tes devoirs ?

4) Pourquoi est-ce que tu ne viens pas ici ?

2 次の文を複合過去時制で書き改め、全文を日本語に訳しましょう。

Louise ne sort jamais de son village. Mais cet été, elle décide d'aller voir son oncle toute seule. Elle ne dit cela à personne. Elle prend le train pour Paris. Il faut une heure pour y arriver. À la gare, elle achète des fleurs. Cela ne coûte que cinq euros. Elle les offre à son oncle pour son anniversaire. (décider 決める ; village 村 ; seul ひとりで)

練習問題 B

1 日本語の意味に合うように、（　）内に適当なフランス語を入れましょう。

1) Tu (　　　　　　) (　　　　　　) Sarah à la (　　　　　　) de ce soir ? （fête パーティー）今夜のパーティーにサラは招待した？

2) Je n' (　　　　　　) (　　　　　　) (　　　　　　) sa question. 私は彼の質問がわからなかった。

3) Nous (　　　　　　) (　　　　　　) dans le frigo, mais nous (　　　　　　) trouvé (　　　　　　) trois œufs. 私たちは冷蔵庫の中を探したが、見つけたのは卵３つだけだった。

4) Je (　　　　　　) (　　　　　　) (　　　　　　) qu'hier. 私は昨日になるまで彼のことを知らなかった。

2 並び替えて意味の通る文章にし、全文を日本語に訳しましょう。

1) la / aller / il / une / pour / faut / à / heure / gare / ne / qu'

2) plus / frigo / reste / le / fromage / de / dans / il / ne（fromage チーズ）

3) Japon / pour / lire / est / ce / livre / de / il / comprendre / le / nécessaire （nécessaire 必要である）

4) a / classe / deux / y / étudiants / cette / dans / il / que / n'

9 複合過去を使おう

28 課　半過去（1）〈活用と用法〉

例文

♪ no.2-18

1. Le journaliste a rempli son verre d'eau, pendant que toute la salle le regardait.
2. Quand il a écrit des mots anglais sur mon cahier, je regardais son visage fermé.
3. Toute la nuit, la pluie et le vent faisaient un bruit extraordinaire.
4. Je cherchais mon portefeuille partout chez moi, quand tu as sonné à la porte.
5. Nous avons offert une cravate rouge à notre père, parce qu'il n'en avait pas de cette couleur.
6. Il y a une semaine, mes parents ont eu l'idée d'aller passer les vacances en Europe : ils en avaient assez de la chaleur de l'été au Japon. Mais il leur était difficile de trouver leurs billets d'avion, parce qu'on était déjà au début du mois d'août : quand il y avait des billets encore disponibles, on les vendait très cher.

Aa 語彙　tout 全ての ; visage 顔 ; fermé 閉じた (visage fermé) こわばった表情 ; extraordinaire 並外れた ; partout あちこち ; sonner 呼び鈴を鳴らす ; en avoir assez de ～にうんざりする ; chaleur 熱、暑さ ; début 初め ; disponible 利用可能な

半過去の活用形

・半過去の語尾は全ての動詞に共通で例外はない。全ての人称に <i> が現れる。

半過去の活用語尾

je	-ais [ɛ]	nous	-ions [jɔ̃]
tu	-ais [ɛ]	vous	-iez [je]
il	-ait [ɛ]	ils	-aient [ɛ]

♪ no.2-19　**aimer の半過去活用肯定形**

j'	aimais	nous	aimions
tu	aimais	vous	aimiez
il	aimait	ils	aimaient

否定形

je	n'aimais	pas	nous	n'aimions	pas
tu	n'aimais	pas	vous	n'aimiez	pas
il	n'aimait	pas	ils	n'aimaient	pas

半過去の語幹

・être を除く全ての動詞に関して、直説法現在の nous の活用から語尾 -ons を除いて作る。

aimer → nous aimons → aim- → j'aimais, tu aimais... nous aimions...
faire → nous faisons [fəzɔ̃] → fais- → je faisais [fəzɛ] , tu faisais [fəzɛ]...
prendre → nous prenons → pren- → je prenais, tu prenais... nous prenions...

・唯一の例外：être の半過去形の語幹は ét-。

j'étais	nous étions
tu étais	vous étiez
il était	ils étaient

形容詞 tout

・tout は特殊な形容詞で、冠詞や所有形容詞の前に置かれ、不規則な変化をする。（男・単 tout、男・複 tous、女・単 toute、女・複 toutes）

半過去の用法（1）

半過去の用法には様々なものがありますが、基本的な機能は「過去における現在」を表現することです。何か過去の出来事を語るとします。その出来事を構成する様々な事象があるとすれば、その事象を次々と述べてゆくのが複合過去の役割でした。一方、事象が連鎖して生起する流れのある時点で時間を停止して、その時点における「今」を叙述するのが半過去です。

例文４を読みましょう。ここで je cherchais は半過去、tu as sonné は複合過去です。「君がドアのベルを鳴らした」というのは一回きり起こった行為で、これは複合過去で表されます。一方、「私が家の中を探していた」というのは、「君がドアのベルを鳴らした」という行為が起こったとき、その「今」に継続中であった動作です。このように、過去のある時点において、継続中の動作を表すというのが半過去の用法の一つの典型です。

それでは、例文５はどうでしょうか。「私たちが赤いネクタイを贈った」が動作で、これが複合過去で書かれることは問題ないでしょう。一方、parce que 以下は、その動作が起こった背景を説明しているので、こちらの方は半過去を使わねばなりません。日本語でも「持っていなかった」と言う、この「持っている」「持っていない」のあたりに、半過去と共通のニュアンスを感じ取ることができます。

以上のように、半過去が複合過去と共に使われる例は、ある種のモデルケースとなります。複合過去で述べられた動作が、過去のある一時点を指定し、その時点に立ったときの「今」が半過去によって語られるわけです。

練習1 次の動詞の直説法半過去の活用を書きましょう。

1） choisir　　2） donner　　3） aller

4） finir　　5） voir　　6） être

練習2 次の各文の動詞を指定された時制に活用し、全文を日本語に訳しましょう。

1） Je (regarder : 半過去) la télé quand ma mère (rentrer : 複合過去) à la maison.

2） Ma sœur (vouloir : 複合過去) de l'eau parce qu'elle (avoir : 半過去) soif.

3） Mes parents (commencer : 半過去) à me comprendre, quand je (partir : 複合過去) de chez eux.

4） Mon frère (avoir : 半過去) huit ans quand je (naître : 複合過去).

29 課　半過去（2）〈過去の習慣〉

対話　隣どうしで練習しよう

♪ no.2-20

Jeanne : Cela fait longtemps que vous travaillez dans l'agriculture ?

Brice : Non. En fait, je suis né à Paris et j'y suis resté jusqu'à l'âge de 40 ans.

Jeanne : Alors, à Paris, quel était votre métier ?

Brice : Je travaillais dans une société d'import-export.

Jeanne : Ah, c'est très intéressant. Quel produit traitiez-vous ?

Brice : Je vendais surtout des vins français. Mes principaux clients étaient japonais.

Jeanne : Alors, vous voyagiez souvent, n'est-ce pas ?

Brice : Oui, j'allais au Japon quatre fois par an. Et j'allais parfois dans d'autres pays, comme la Corée, la Chine, ou Taiwan...

Jeanne : C'est merveilleux !

Aa 語彙 cela fait（時間）que ～してから（時間）だけ経つ ; agriculture 農業 ; métier 職業 ; société 社会、会社 ; import-export 輸出入 ; produit 製品 ; traiter 取り扱う ; surtout とくに ; principal（男性複数形 principaux）主要な ; client 客、クライアント ; voyager 旅行する ; autre 別の ; merveilleux すばらしい

半過去の用法（2）過去の習慣

・半過去は、過去のある期間に繰り返し行われた行為、あるいは習慣を表現することがある。（英語の would や used to の用法に対応する。）

現在形と半過去形

半過去は「過去における現在」を表す、という原則に立ち返って考えるならば、それが「過去における習慣」を表すということは、現在時制が「現在における習慣」を表すということと表裏一体です。

たとえば、現在時制で

Je vais parfois à Paris.

と言ったとき、この動詞 aller 現在形は、「まさに今、この時点でパリに向けて移動している」ということを言っているのではありません。この場合の「現在」は「今まさに私のいる時点」ではありません。もちろん、その厳密な「今」を含んではいますが、むしろ、それを中心として、ぼんやりとした広がりをもった時間の範囲と考えるべきです。その広がりのなかで、「パリに行く」機会がたびたびある、ということ、その状態を表現しているわけです。

半過去時制の基本は「過去における現在」です。つまり Brice が「私は 1 年に 4 回日本に行った」と言うとき、彼は自分がパリにいた時代を思い出し、そのどこか一点に身を置き直します。そして、当時の習慣、現在形で Je vais au Japon quatre fois par an. と表現されるような事態を、過去のものとして表現するために、半過去形を用いているのです。このような視点の移動が半過去時制の特徴であり、複合過去との最大の違いです。

練習1 次の各文の時制を半過去に書き改め、全文を日本語に訳しましょう。

1) Nous partons à l'école à huit heures.

2) Je dors huit heures par jour.

3) Tous les jeunes fument.

4) Tous mes amis ne connaissent pas Paris.

5) Il porte toujours des vêtements trop larges. (large ゆったりとした)

6) Il devient gros parce qu'il ne bouge pas.

練習2 <対話>の Brice に関する質問を聞き、フランス語で答えましょう。

♪ no.2-21

1)

2)

3)

4)

5)

6)

30課　半過去（3）〈時制の一致〉

対話　隣どうしで練習しよう

♪ no.2-22

Jeanne : Pourquoi vous avez décidé de changer de métier ?

Brice : D'abord, j'ai compris que ça devenait fatigant de toujours voyager...

Jeanne : Oui, c'est vrai, à partir d'un certain âge... mais pourquoi avez-vous choisi l'agriculture ?

Brice : C'était ma passion. Depuis mon enfance, j'aimais aller voir les marchés.

Jeanne : Pourtant, voir est une chose, faire en est une autre...

Brice : Oui, mais comme je travaillais dans l'exportation des vins, je connaissais un peu la réalité.

Jeanne : Qu'est-ce que vous voulez dire par la « réalité » ?

Brice : Je savais qu'on commençait très tôt le matin, qu'on travaillait sept jours sur sept, et qu'on n'avait même pas de vacances.

Aa 語彙　fatigant 骨の折れる ; à partir de（前置詞句）〜から ; passion 情熱、熱愛する事柄 ; enfance 子供時代 ; voir est une chose, faire en est une autre (chose) [en は chose を受ける]「見るのは一つの事柄であり、行うのはそれとは異なる事柄である＝見るのとするのでは大違い」; comme（理由・状況を示す接続詞）〜なので、〜のときに ; exportation 輸出 ; réalité 現実

半過去の用法（3）時制の一致

・フランス語でも英語と同様、間接話法を用いる際、主節の動詞の時制に従属節の時制を一致させる。主節が過去時制のときには、従属節中の時制がそれと同時であることを表すためには、半過去を用いる（過去における現在）。

（直接話法）Il m'a dit : « Je n'ai pas d'argent. »

（間接話法）Il m'a dit qu'il n'avait pas d'argent.

＊「過去における過去」については英語の過去完了と同様の形、フランス語では「大過去」と呼ばれる時制で表現する。

＊「過去における未来」は、「条件法」を用いる。（⇨第41課）

練習1 **次の各文の直接話法を間接話法に、間接話法を直接話法に書き改めましょう。**

1) J'ai dit à ma mère qu'elle était mariée.（marié 既婚の）

2) Elle m'a dit qu'elle ne savait pas la vérité.

3) On m'a appris : « Il te trompe. »（apprendre>appris 知らせる、教える ; 学ぶ ; tromper だます）

4) Cette dame nous a dit : « Rien n'est ouvert le dimanche. »（dame 婦人 ; ouvert 開いている）

練習2 **<対話>の Brice に関する質問を聞き、フランス語で答えましょう。**

♪ no.2-23

1)

2)

3)

4)

練習問題 A

1 **次の文の動詞を指定された時制で活用し、全文を日本語に訳しましょう。**

1) Nous (aller : 半過去) souvent à Paris pour voir notre oncle.

2) Je (venir : 半過去) ici tous les lundis.

3) Mon père (être : 半過去) directeur dans une société d'import-export quand il (arrêter : 複合過去) de travailler. (arrêter やめる)

4) Quand je (arriver : 複合過去) à Paris, il (être : 半過去) déjà minuit. (minuit 真夜中)

5) J' (quitter : 複合過去) ma chaise parce que je (commencer : 半過去) à avoir sommeil. (quitter 離れる ; chaise 椅子)

6) Quand on m' (offrir : 複合過去) ce sac, je n'en (connaître : 半過去) pas le prix. (prix 値段)

2 **フランス語に訳しましょう。**

1) 兄が帰って来たとき、私はテレビを見ていた。

2) 彼らは、自分たちの子供はまだ戦争に行くには若すぎると言った。

3) 母親が呼んだとき、ゾエはもうそこにいなかった。

4) 私は彼が家を買ったばかりだということを知っていた。

練習問題 B

1 **自然な意味になるように動詞を半過去か複合過去に活用させ、全文を日本語に訳しましょう。**

1) Sophie et Antoine (marcher) ensemble quand je les (voir). (marcher 歩く)

2) Je (prendre) une douche quand elles (rentrer) à la maison. (douche シャワー)

3) Il (dormir) encore quand la classe (commencer).

4) Il (faire) beau quand mes parents (arriver) à Paris. (faire beau 晴れる)

5) Quand elle (être) jeune, elle (apprendre) le français pendant 3 ans.

6) Xavier (voir) sa grand-mère tous les ans quand il (habiter) à Genève.

2 **主文の動詞を複合過去に変えて、文全体を書き改めましょう。**

1) Il me dit qu'il aime la musique.

2) J'écris à ma mère que mon père est très fatigué et que je suis triste. (fatigué 疲れている ; triste 悲しい)

3) Le professeur demande à ses élèves pourquoi ils ne travaillent pas. (élève 生徒 ; demander 尋ねる)

4) Mon frère me dit qu'il ne veut voir personne.

31 課　代名動詞 (1)〈再帰的用法、相互的用法〉

例文

♪ no.2-24

1. Je m'appelle Tarô ; je suis étudiant et je viens du Japon. Et toi ? Tu t'appelles comment ?
2. Chaque jour, je me lève à sept heures et je me couche à minuit. Mais comme j'ai du mal à m'endormir, je dors seulement trois ou quatre heures.
3. Vous devez vous laver les mains avant de vous mettre à table.
4. Il se regarde dans le miroir ; il se trouve très malade et ne se reconnaît plus. Il se dit qu'il doit se reposer.
5. Ils s'aiment mais ils ne peuvent pas habiter ensemble. Mais ils s'appellent très souvent et se donnent des nouvelles par e-mail.
6. On se retrouve sous le plus grand arbre de la ville, d'accord ?

Aa 語彙 s'appeler ～という名前だ（活用は 18 課を参照）; chaque 毎～、～ごとに ; se lever 起きる ; se coucher 寝る ; avoir du mal à ～するのに困難を抱えている ; s'endormir 眠りに落ちる ; se laver 自分の～を洗う ; se mettre ～に身を置く ; miroir 鏡 ; se trouver 自分を～だと思う（trouver は英語の find と同様、「あるものを…な状態で見いだす」という用法で、形容詞を属詞にとる）; malade 病気だ ; se reposer 休む ; s'appeler お互いに電話をかけ合う ; se retrouver 再会する ; sous（前置詞）～の下に ; arbre 木

代名動詞

・代名動詞は、動詞と**再帰代名詞**（「～自身」、英語の myself, yourself 等に相当）によって構成される。

代名動詞の活用

♪ no.2-25

se coucher 寝る

je	me	couche	nous	nous	couchons
tu	te	couches	vous	vous	couchez
il	se	couche	ils	se	couchent

＊再帰代名詞：1 人称・2 人称は単複ともに人称代名詞と同じ形だが、3 人称については、le lui les leur という人称代名詞の形ではなく、se という形を用いる。

＊不定形：活用表や辞書においては se とともに用いるが、実際に文中で用いるときには、再帰代名詞を主語の人称に合わせる（例文 3)。

＊否定形の ne は再帰代名詞の前に置く（例文 4)。

代名動詞の用法（1）再帰的用法

・動作の対象が自分自身になる場合（例文 1 ～ 4）。

appeler「名前を呼ぶ」→ s'appeler「自分自身の名前を～と呼ぶ」→「～という名前である」

lever「起こす」→ se lever「自分自身を起こす」→「起きる」

・再帰代名詞は直接目的補語である場合（s'appeler, se lever 等）と、間接目的補語（se dire, se laver）の場合がある。

＊ laver「洗う」という動詞のように、「人」を目的語にとって、その身体の部位を指示する場合、フランス語では身体の部位を直接目的補語、人を間接目的補語で表す。例）Marie lave les pieds à Paul.

代名動詞の用法（2）相互的用法

・代名動詞の主語が複数である場合、「お互いに」という交差した関係が、主語と目的語の間の再帰性のうちに含まれることがある。（例文 5・6）

・相互的用法だということをはっきりさせたいときには、「お互いに」を意味する l'un l'autre という表現や réciproquement という副詞とともに用いる。

練習1 **次の 2 つの文について、まず主語の人称を変えて全文を書きかえ、つぎにそれらを否定文にしましょう。**

1） Je me lève à 7 heures.（nous に）

2） Je me dis que je dois me reposer.（elle に）

練習2 **次の文のカッコ内の代名動詞を直説法現在で活用し、全文を日本語に訳しましょう。**

1） Je (　　　　　) peut-être, mais je pense que tu ne (　　　　　) pas assez. (se tromper, se reposer)（se tromper 間違える）

2） Avant de décider, je vais (　　　　　) le temps de réfléchir. (se donner)

3） Je ne (　　　　　) rien pour mon anniversaire. (s'acheter)

4） Mon mari et moi, on (　　　　　) très souvent mais on (　　　　　) l'un l'autre et surtout, on (　　　　　). (se critiquer、se respecter、s'aimer)（critiquer 批判する ; respecter 尊重する）

32課　代名動詞（2）〈受動的用法、本質的代名動詞〉

対話　隣どうしで練習しよう

♪ no.2-26

La Mère : Philippe, pourquoi tu as l'air si inquiet ?

Philippe : Ah, oui ? Ça se voit ? Non, ce n'est rien.

La Mère : Mais tu as l'air bizarre. Qu'est-ce qui se passe ?

Philippe : Tu sais que Papa a acheté un appareil-photo il y a quelque temps.

La Mère : Oui, je m'en souviens bien. Il s'agit d'un modèle très cher, disait-il.

Philippe : En fait, Je l'ai emprunté à Papa pour m'en servir pendant le voyage.

La Mère : Ah, ça, je ne savais pas ; je pensais qu'il ne voulait rien te prêter parce que tu casses tout !

Philippe : Non, ce n'est pas moi, ça s'est cassé tout seul !

La Mère : Un appareil-photo, ça ne se casse pas tout seul.

Philippe : Non, franchement, je ne m'attendais pas à ça ! Je ne savais pas que c'était aussi fragile !

Aa 語彙　se voir 見える、看て取れる ; bizarre 奇妙な ; se passer 起こる ; se souvenir de ～を思い出す、覚えている ; s'agir de（非人称主語 il とともに）～である、～のことだ ; emprunter 借りる ; se servir de ～を利用する ; prêter 貸す ; casser 壊す ; se casser 壊れる ; ça s'est cassé（複合過去）「それは壊れた」; seul（副詞）それ自身で、ひとりでに ; s'attendre à ～を予期する ; fragile 壊れやすい

代名動詞の用法（3）受動的用法

・再帰代名詞を用いることで、動詞が受け身の意味を持つことがある。

　＊基本的に、主語になれるのは＜人＞以外。

　＊代名動詞の受動的用法の多くは主語の一般的性質や属性を述べるものであり、可能性（「～され得る」）や、規範性（「～されるべき」）、自発性（「ひとりでに起こる」）を含意する。

代名動詞の用法（4）本質的代名動詞

・代名動詞には、なぜ再帰代名詞とともに用いられるのか、説明し難いものがある。これを「本質的代名動詞」と呼ぶ。ある種の成句表現として覚える必要がある。

A. 代名動詞となったときに著しく意味が変わるもの

例）passer – se passer　　attendre – s'attendre à　　aller – s'en aller（行ってしまう）

servir – se servir de　　agir – il s'agit de

B. 代名動詞としてしか使われないもの。

例）se souvenir de　　s'efforcer de

練習1 全文を日本語に訳しましょう。

1) Ça se boit ? – Non, c'est de la soupe ; ça ne se boit pas mais ça se mange.（soupe スープ）

2) Il se sert de tout pour devenir riche.

3) Tu t'en vas déjà ? Alors, moi aussi, je m'en vais.

4) Mes parents s'efforcent toujours de me comprendre.（s'efforcer de ～しようと努力する）

5) Je me souviens toujours de cette affaire.（affaire 事件）

6) Tout ne s'achète pas : la santé, l'amour, des amis...（santé 健康）

33 課　代名動詞（3）〈複合過去と過去分詞の一致〉

対話　隣どうしで練習しよう

♪ no.2-27

Julien : Qu'est-ce que tu as fait ce week-end ?

Lucie : Le matin, je suis allée au parc avec Marc et nous nous sommes promenés.

Julien : Et l'après-midi ?

Lucie : Nous avons fait les magasins. Je me suis offert trois paires de chaussures.

Julien : Encore ? C'est la quatrième fois en deux semaines...

Lucie : Je sais, mais c'est impossible de résister ! Bon, et toi ?

Julien : Oh, moi... j'ai rencontré une fille !

Lucie : Non, ce n'est pas possible ! C'est la quatrième fois...

Julien : Non, tu exagères ! J'étais dans une soirée et j'ai vu une fille toute seule.

Lucie : Ce n'est pas très original.

Julien : Ben non... Nous nous sommes regardés, nous nous sommes parlé, et voilà !

Aa 語彙　parc 公園 ; se promener 散歩をする ; après-midi 午後 ; magasin 店、(faire les magasins) ショッピングをする ; s'offrir 自分へのプレゼントにする ; impossible 不可能である ; résister 抵抗する ; rencontrer 出会う ; quatrième 4 番目の ; soirée パーティ ; original 個性的な

代名動詞の複合過去

・代名動詞の複合過去の助動詞は avoir ではなく、常に être をとる 。(Cf. Elle a couché son fils.)

♪ no.2-28

se coucher

je	me	suis	couché(e)	nous	nous	sommes	couché(e)s
tu	t'	es	couché(e)	vous	vous	êtes	couché(e)(s)
il	s'	est	couché	ils	se	sont	couchés
elle	s'	est	couchée	elles	se	sont	couchées

過去分詞の一致

se coucher の例において、過去分詞は主語に一致しています。このこと自体にさほど違和感はないでしょう。助動詞が être ですから、たとえば、« Elle est partie. » の場合のように、主語に一致しているようにも思えるからです。

ところが、代名動詞の複合過去において厄介なのは、この過去分詞の一致が起こる場合と起こらない場合がある、ということです。実は、代名動詞の過去分詞は、主語に一致しているのではありません。過去分詞は直接目的補語に一致する、と考えるため（⇨第 27 課）、再帰代名詞が間接目的補語のときには変化しないのです。以下、順を追って説明します。

avoirを助動詞とする複合過去における過去分詞の問題はすでに見ました。人称代名詞の直接目的補語に過去分詞の性数を一致させる、というルールです。確認しましょう。たとえば、promener「連れ歩く」という動詞を使う、J'ai promené mes chiens.「私は私の犬（複数）を散歩させた」という文があるとしましょう。このmes chiensを代名詞にかえると、

Je les ai promenés.

となります。過去分詞promenésはlesに合わせて男性複数形をとるわけです。

さて、再帰代名詞の過去分詞は、この場合と同様、直接目的補語に一致します。ですから、se promener（「自分を連れ歩く」→「散歩する」）という動詞を使うとき、

Nous nous sommes promenés.

promenésには複数形のsがつくわけです。

一方、過去分詞は直接目的補語に一致するのであって、間接目的補語は無関係です。思い出しましょう。たとえば、je leur ai dit「私は彼らに言った」のditですが、leur「彼らに」に合わせてsが付いたりはしませんね。

代名動詞の過去分詞にも同様のルールが当てはまります。したがって、se dire「自分に言う」→「独り言を言う、思う」の活用は、

je me suis dit	nous nous sommes dit
tu t'es dit	vous vous êtes dit
il s'est dit	ils se sont dit

というようになり、過去分詞は変化しません。

つまり、代名動詞の複合過去は、再帰代名詞が間接か、直接か、ということを知らなければ活用できません。ただしこの際、分類しにくいもの、すなわち、「受動的用法」と「本質的代名動詞」については、直接目的補語、つまり一致する、ということになっています。

さて、すでに述べた通り、口頭ではほとんど意識されないこの規則（過去分詞の一致）は、フランス語を母語とする人でさえも忘れがちです。実際のところ、あまりこだわる必要はありません。とはいえ、書かれた文例に当たれば「ハテ、このpromenésの最後のsはなんだろう？」というような疑問を抱くこともあるでしょう。頭のどこかに入れておいてください。

練習1 ＜対話＞中に現れる代名動詞に関して、再帰代名詞が直接目的補語なのか、間接目的補語なのかを答えましょう。

練習2 次の各文の時制を複合過去にし、書き改めましょう。

1) Elle se lève à quatre heures.

2) Mes parents s'aiment l'un l'autre.

3) Je me donne le temps de réfléchir.

4) Ma montre se casse. (montre 腕時計)

練習問題 A

1 **次の文の動詞を指定された時制で活用し、全文を日本語に訳しましょう。**

1) Le champagne est un vin qui (se boire : 現在) bien frais.

2) Ils (s'aimer : 複合過去) dès le premier regard. (regard 視線)

3) Tu (s'en aller : 近接未来) à quelle heure ?

4) On (se retrouver : 複合過去) le soir devant l'église.

5) Je (s'acheter : 複合過去) une nouvelle paire de chaussures.

6) Nous (se coucher : 現在) et nous (se lever : 現在) tard.

7) Elles (se souvenir : 複合過去) qu'elles ne pouvaient pas venir à la fête.

8) Je (se mettre : 近接未来) au travail dès que possible.

2 **フランス語に訳しましょう。**

1) 私たちは去年結婚しました。(se marier 結婚する)

2) 彼女はジュリーという名前だと言いました。

3) 僕の車を使っていいよ。

4) 人をばかにしてはいけない。(se moquer de ばかにする)

練習問題 B

1 **次の表現を 4 つ以上使って、« Qu'est-ce que tu fais le vendredi ? » と « Qu'est-ce que tu as fait hier ? » という二つの質問に答えましょう。**

[se réveiller à ... heures / se lever à ... heures / prendre le petit-déjeuner / arriver à l'université / étudier le français / se reposer / avoir ... cours / déjeuner avec ... [seul] / faire du sport / rentrer à la maison / regarder la télé / se laver les mains / prendre une douche / dîner avec ... [seul] / se promener avec]

（petit-déjeuner 朝食 ; cours 授業 ; déjeuner 昼食をとる）

2 **日本語の意味に合うように、動詞を適切な時制に活用させましょう。**

以前は銀行（banque）の従業員（employé）だった。毎日仕事ばかりだった。6 時に起きて真夜中に寝る毎日。いつも疲れていた。僕が仕事のことばかり考えるものだから、妻も子供も退屈していた（s'ennuyer）。ある日、鏡に映った自分の顔を見たら真っ青（pâle）だった。休まないといけないって思ったよ。

Avant, j'(être) employé de banque. Je (travailler) dur, sept jours sur sept. Je (se lever) à 6 heures et je (se coucher) à minuit. Je (se sentir) toujours fatigué. Comme je ne (penser) qu'à mon travail, ma femme et mon fils (s'ennuyer). Un jour, quand je (se regarder) dans le miroir, j' (être) tout pâle. Je (se dire) que je (devoir se reposer).

11 代名動詞を活用しよう

34 課　単純未来

例文

♪ no.2-29

1. Ce train partira à 14h10 et arrivera à Paris à 16h25.
2. Tu ne veux pas sortir avec nous ce soir ? On ira danser en boîte.
3. Il fera beau ce week-end, mais il y aura du vent ; ce ne sera pas facile de faire du vélo.
4. Je viendrai te chercher demain midi chez toi. Mais si tu as des problèmes, tu m'appelleras, d'accord ?
5. Nous n'aurons jamais les moyens de nous acheter une telle voiture !
6. Tu verras un jour que tu as tort ! Tu regretteras et alors ce sera trop tard !
7. « Tant que cette eau coulera doucement
Vers ce ruisseau qui borde la prairie,
Je t'aimerai », me répétait Sylvie ;
L'eau coule encore, elle a changé pourtant. (*Plaisir d'amour*)

Aa 語彙　facile 容易だ ; midi 正午 ; moyen 手段、(avoir les moyens de) ～するお金を持っている ; tel（おもに前置される形容詞）このような、そのような ; avoir tort 間違っている ; regretter 後悔する ; couler 流れる ; doucement やさしく ; ruisseau 小川 ; qui 先行詞が主語になる関係代名詞（⇨第 37 課）; border 縁飾りをする ; prairie 野原 ; répéter 繰り返し言う ; pourtant（副詞）しかしながら ; plaisir 喜び、快楽

単純未来の活用

♪ no.2-30

donner

je	donnerai	nous	donnerons
tu	donneras	vous	donnerez
il	donnera	ils	donneront

活用語尾

je	-rai	nous	-rons
tu	-ras	vous	-rez
il	-ra	ils	-ront

＊単純未来の活用の語幹は、ほとんどの場合、不定形から導かれる。フランス語の動詞の不定形は、つねに [r] の音を含むので、それがそのまま単純未来にも現れることになる。

＊活用語尾は全ての動詞に共通で、不定形語尾由来の r の音が特徴的に現れる。1・2 人称複数 (nous, vous) 以外では avoir の直説法現在の活用と関連がある。

語幹

1) 第 1 群規則動詞は現在形の 1 人称単数形がそのまま語幹となる

chanter → je chante → je chanterai, tu chanteras...

appeler → j'appelle → j'appellerai, tu appelleras...

2) ir 型の動詞は不定形から r を除いた形、-re 型の動詞は不定形から -re を除いた形が語幹

finir → je finirai, tu finiras...　　partir → je partirai, tu partiras..

attendre → j'attendrai, tu attendras...　　boire → je boirai, tu boiras...

3) 不規則なもの

avoir → j'aurai, tu auras... être → je serai, tu seras... aller → j'irai, tu iras...
devoir → je devrai, tu devras... faire → je ferai, tu feras... voir → je verrai, tu verras...
venir → je viendrai, tu viendras... savoir → je saurai, tu sauras...
pouvoir → je pourrai, tu pourras... vouloir → je voudrai, tu voudras...

練習1 次の動詞の直説法単純未来の活用を書き、発音しましょう。

1) choisir

2) connaître

3) s'en aller

4) sortir

5) étudier

6) revenir

練習2 次の動詞を直説法単純未来に活用し、全文を日本語に訳しましょう。

1) J' (　　　　　) deux semaines de vacances cet été. (avoir)

2) Nous (　　　　　) rentrer tôt ce soir. (devoir)

3) Le peuple n'(　　　　　) plus à son roi. (obéir)

4) Tu (　　　　　) là demain ? (être)

35 課　命令法

対話　隣どうしで練習しよう

♪ no.2-31

Véronique : Salut, Philippe ! Comment ça va ?

Philippe : Je vais bien et toi ?

Véronique : Très bien. C'était comment, tes vacances ? Raconte !

Philippe : C'était magnifique. J'ai rendu visite à mon ami japonais.

Véronique : Ah oui ! Rappelle-moi son nom... Il s'appelait... Taxi.. non, Thaksin...

Philippe : Non, non, arrête ! Il s'appelle Takéshi !

Véronique : Oui, c'est ça, Takéshi ! Tu ne l'as pas vu pendant longtemps ?

Philippe : Écoute, ça fait déjà dix ans. À l'époque, il était étudiant en économie politique à Paris.

Aa 語彙 raconter 話す ; magnifique すばらしい ; rendre visite à（人）を訪ねる ; rappeler 思い出させる ; nom 名前 ; écouter 聞く ; époque 時代、（à l'époque）その当時、昔 ; économie politique 経済学

命令法

♪ no.2-32

・フランス語の命令法（命令文）は英語と同様、主語を省いて動詞を言うことによって表現する。また、英語の let us..., let's のような勧誘の表現は、フランス語では 1 人称複数に対する命令とする。

・2 人称単数で、第 1 群規則動詞、aller, ouvrir などは s を抜いて表記する。

	chanter	**aller**	**finir**	**prendre**	**faire**
(tu)	chante	va	finis	prends	fais
(nous)	chantons	allons	finissons	prenons	faisons
(vous)	chantez	allez	finissez	prenez	faites

・以下の 4 つの動詞は、接続法（⇨動詞変化表）をもとにして命令法を作る。

	être	**avoir**	**savoir**	**vouloir**
(tu)	sois	aie	sache	veux
(nous)	soyons	ayons	sachons	voulons
(vous)	soyez	ayez	sachez	voulez / veuillez

命令法における代名詞

・命令法とともに人称代名詞や y, en といった代名詞を用いるときには、動詞の直後に置いてハイフン（trait d'union）でつなぐ。ただし、1 人称単数、2 人称単数の人称代名詞は強勢形 moi, toi を用いる。

例）Écoute-le.　　　Donnez-moi du sel.（sel 塩）
　　Allons-y.

＊代名動詞の命令法も同様。Ex. Réveille-toi. Réveillez-vous. Réveillons-nous.（se réveiller 目覚める）

否定命令

・「～するな」という否定の命令は、ne と pas で動詞を挟む。ただし、動詞と代名詞の倒置は起こらない。

例）Ne chantez pas.　　　Ne l'écoute pas.
　　Ne te lève pas.

練習　次の文のカッコ内の直説法（平叙文）を命令法に直し、対話を完成させましょう。

Véronique : Et qu'est-ce qu'il fait maintenant là-bas ?
Philippe : En fait, il a complètement changé : il prend la succession de son père.
Véronique : Et que font-ils, son père et lui ? (Tu me dis !)

Philippe : En fait, c'est une famille de pâtissiers ; ils font donc des gâteaux japonais traditionnels.
Véronique : Ah ! Je n'en ai jamais goûté !
Philippe : Justement, je t'ai apporté des gâteaux faits chez eux. (Tu goûtes) !

Véronique : Merci, tu es très gentil ! Mais c'est quoi... ? ce truc noir ?
Philippe : (Tu n'as pas peur), c'est du haricot rouge et une boule de riz dedans.

Véronique : Donc ça se mange !
Philippe : Mais bien sûr ! Mais, (nous nous lavons) d'abord les mains, on les mange avec les doigts !

(complètement 完全に ; prendre la succession de ～の後を継ぐ ; pâtissier 菓子職人 ; traditionnel 伝統的な ; goûter 味わう ; apporter 持ってくる ; fait（faire の過去分詞）作られた ; quoi（疑問詞 que の強勢形）何？ ; truc（俗語調）モノ、コト ; noir 黒い ; avoir peur 怖がる ; haricot rouge 赤いんげん、ここでは小豆のこと ; boule 玉、ボール ; riz 米 ; doigt 指)

36 課　現在分詞・ジェロンディフ

対話　隣どうしで練習しよう

♪ no.2-33

Véronique : Et pendant tout ton séjour, tu es resté avec ton ami japonais ?

Philippe : Oui, en fait, Takéshi habite dans la ville de Kyoto.

Véronique : C'est l'ancienne capitale, n'est-ce pas ?

Philippe : Tout à fait ! Donc, tout en logeant chez Takéshi, j'ai pu visiter des monuments historiques de Kyoto.

Véronique : Tu as donc beaucoup marché pour profiter de ton séjour.

Philippe : Oui, mais Takéshi m'a beaucoup aidé en me prêtant son vélo.

Véronique : Il était aussi en vacances, Takéshi ?

Philippe : Non, mais en prenant un jour de congé, il m'a accompagné jusqu'à Nara, et ça, toujours à vélo !

Véronique : Tout ça, c'est génial !

Aa 語彙 séjour 滞在 ; capitale 首都 ; tout à fait 本当に、（相手に対する同意を示す）まったくその通り ; loger 宿泊する ; visiter 訪れる ; monument（歴史的・公共的）建造物 ; historique 歴史的な ; profiter de ～から利益を得る ; congé 休暇 ; accompagner 同伴する

現在分詞

・一般的に、現在分詞を作るには、直説法現在 1 人称複数 nous の形から活用語尾 -ons を除き、現在分詞をつくる接尾辞 -ant を続ける。

aimer → nous aimons → aimant
finir → nous finissons → finissant
partir → nous partons → partant
prendre → nous prenons → prenant

＊以下の三つの動詞は例外。

être – étant　　avoir – ayant　　savoir – sachant

ジェロンディフ

・ジェロンディフ en + 現在分詞は、副詞句の役割を果たし、<同時性><手段><条件><対立・譲歩>などを表す。ジェロンディフの用法は「分詞構文」によく似ているが、口語表現においても頻繁に用いられる。

同時性	Elle m'a dit bonjour en souriant.（sourire 微笑む）
手段	En marchant tous les jours, on peut rester en bonne santé.
条件	En partant tout de suite, tu pourras arriver à l'heure.
対立・譲歩	Tout en étant très riche, il ne donne rien à personne.
原因・理由	Il s'est levé en voyant que sa femme pleurait.

＊原則として、ジェロンディフの意味上の主語は主文の主語と同じ。

練習1 **<対話>中のジェロンディフを全て抜き出し、それぞれの用法を「同時性」「手段」「条件」「対立」「譲歩」「原因・理由」に分類しましょう。**

練習2 **次の文の下線部をジェロンディフにしましょう。**

1) Quand je suis arrivée à la salle, j'ai vu le professeur entrer.

2) Il chante et il travaille en même temps.

3) Si tu cherches bien, tu trouveras la solution.

4) Quand tu rentreras, tu laisseras les clés sur la table ronde.（rond 丸い）

12 単純未来・命令法・ジェロンディフ

練習問題 A

1 次の文のカッコ内の動詞を直説法単純未来に活用し、全文を日本語に訳しましょう。

1) Vous (　　　　　) du week-end pour vous reposer. (profiter)

2) Pendant leur séjour à Paris, elles (　　　　　) dans un hôtel quatre étoiles. (séjourner 滞在する)

3) Je (　　　　　) ce travail quand je (　　　　　). (faire, pouvoir)

4) Nous (　　　　　) visiter tous les monuments de la ville. (aller)

5) Je pense qu'il y (　　　　　) pas mal de problèmes. (avoir) (pas mal de ～= beaucoup de ～)

6) Tu (　　　　　) chez toi la semaine prochaine. (être) (prochain 次の)

2 全文を日本語に訳しましょう。

1) En partant tôt ce matin, tu auras le temps de tout faire.

2) Elle fait ses devoirs tout en écoutant de la musique.

3) Je partirai en vacances lundi, j'espère qu'il fera beau.

4) En ayant mal aux pieds, je dois prendre un taxi pour aller à l'hôpital. (pied 足 ; taxi タクシー ; hôpital 病院)

練習問題 B

1 **次の文のカッコ内の直説法（平叙文）を命令法に直し、対話を完成させましょう。**

（母親と息子がコンサートに行く準備をしています。）

La mère : On va être en retard ! (Vous allez) ! (Tu te dépêches) un peu !

Le fils : Mais ! Je ne trouve pas ma chemise blanche.

La mère : Elle est dans ta chambre. (Tu vas voir) !

Le fils : (Tu attends)... Non, je ne la vois pas... (Tu viens m'aider), s'il te plaît.

La mère : Non, (tu te débrouilles tout seul.) (Tu regardes dans l'armoire). (armoire 戸棚)

Le fils : C'est bon ! (Tu ne cries pas comme ça...) Elle n'y est pas. (crier 叫ぶ)

La mère : Et bien, (Tu mets autre chose).

（息子が着て来たのはサッカーのユニフォームです…）

La mère : (Tu arrêtes) ! Tu ne vas pas sortir comme ça ?

Le fils : Quoi, c'est mon maillot de l'équipe de France.

La mère : (Tu remontes tout de suite) ! (Tu cherches encore.) Oh, on va être en retard !

Le fils : (Tu ne t'inquiètes pas comme ça) ! Le concert commence dans une heure. Je l'ai trouvée !

（息子はまた降りてきます。）

La mère : Ah, tu es magnifique ! (Tu me regardes.) Mais, (tu souris un peu) !

Le fils : C'est bon maman, (tu n'es pas si stressante), s'il te plaît.

La mère : Comment ça stressante ? Bon, (nous y allons) ! (nous nous dépêchons) !

(se dépêcher 急ぐ ; se débrouiller なんとかする ; maillot 運動着 ; équipe チーム ; s'inquiéter 心配する ; concert コンサート ; stressant ストレスを引き起こす)

37 課　関係代名詞 qui, que

例文

♪ no.2-34

1. On voit, devant la maison, une petite fille qui porte une jupe longue et une chemise blanche.
2. La paix qui régnait dans cette région pendant plus d'un siècle s'est brisée.
3. La diversité est une force qui transforme la société et qui la conduit vers le progrès.
4. Nous avons écouté avec beaucoup d'intérêt le projet que vous venez de présenter.
5. Mon père porte la cravate que nous lui avons offerte pour son anniversaire.
6. Ce qui se passe actuellement dans ce pays peut arriver à toutes les régions du monde.
7. Il y a tout ce que vous voulez aux Champs-Élysées.

Aa 語彙　régner 支配する ; région 地域 ; siècle 世紀、100 年間 ; se briser 壊される ; diversité 多様性 ; force 力 ; transformer 変化させる ; conduire 導く ; progrès 進歩 ; intérêt 興味 ; présenter 提出する、説明する ; actuellement 現在、目下

関係代名詞 qui

・関係代名詞は接続詞と代名詞を兼ね、2 つの文を 1 つに結び合わせる役割を果たす。先行詞が関係節内で主語の役割を果たすとき、qui という関係代名詞を用いる。（例文 1 ～ 3）

・関係代名詞の qui は英語で言えば、who にあたるものだが、フランス語の qui は先行詞が＜人＞なのか＜モノ＞なのかを区別せず、その両方に使える。

関係代名詞 que

・先行詞が関係節内で直接目的補語の役割を果たすときには、関係代名詞 que を用いる（例文 4・5）。先行詞は＜人＞でも＜モノ＞でも構わない。ただし、英語の関係代名詞 that とは異なり、フランス語では que を省略することができない。

＊関係代名詞 que を用いた関係節中で複合過去を用いるとき（例文 5）には、過去分詞より直接目的補語が先に現れるので、先行詞に過去分詞の性数を一致させる必要がある（⇨第 27 課）。

先行詞 ce

・指示代名詞 ce は関係代名詞とともに使われて、「～するもの」「～すること」というニュートラルな意味をもつ名詞として働く（例文 6・7）。したがって、フランス語の ce qui..., ce que... は、英語でいえば、先行詞を含む関係代名詞 what と同じ働きをする。

練習1 **録音を聞き、次のフランス語を書きとりましょう。**

♪ no.2-35

1) (juste 正しい)

2) (empêcher [人] de [人] が～するのを妨げる)

3)

4)

練習2 **次の 2 つの文を、関係代名詞 qui と que を用いて、2 通りにつなぎましょう。**

(例) **Je porte une chemise. Elle est rouge.** → (答) **Je porte une chemise qui est rouge.**
La chemise que je porte est rouge.

1) Je bois un thé. Il est trop chaud.

2) J'écoute un pianiste. Il joue très bien. (pianiste ピアニスト)

3) Vous achetez un livre. Il a l'air intéressant.

4) Tu as une montre. Elle coûte très cher.

38 課　関係代名詞 où, dont

対話　隣どうしで練習しよう

♪ no.2-36

Pauline : Allô ? Tu viens pas avec nous ? On va fêter l'anniversaire d'Émilie.

Hugo : Oui, super. On va où ?

Pauline : Justement, je t'appelle pour ça. Il y a le resto chinois dont tu m'as parlé.

Hugo : Le resto chinois... Ah, oui ! Le resto où on peut manger tout à 10 euros...

Pauline : C'est ça. C'est pas cher, non ?

Hugo : Non, mais c'est pas bon non plus ! Écoute. Il y a un autre resto dont la spécialité est la soupe pho.

Pauline : Oui, très bien. On fait comment pour y aller ?

Hugo : Tu verras, c'est facile. Tu te rappelles le café où on allait toujours ?

Pauline : Oui, peut-être...

Hugo : Eh bien, tu prends la rue qui est juste en face, le resto est cinquante mètres plus loin.

Pauline : OK, si je trouve pas, je t'appellerai.

Aa 語彙　fêter 祝う ; justement まさに ; resto（restaurant の略）レストラン ; chinois 中国の ; spécialité 名物 ; juste ちょうど ; en face 正面の ; mètre メートル ; loin 遠い

関係代名詞 où

・関係代名詞 où は場所と時を表す。「〜で」「〜のときに」の意味で、英語では when や where にあたる。（英文法ではこれらを「関係副詞」と呼ぶが、フランス語の文法ではふつう「関係代名詞」と呼ぶ。）

例）J'ai connu un resto où on mange très bien.

Souvenez-vous de ce jour où on s'est vus.

関係代名詞 dont

・dont は [de + 名詞] を置き換える関係代名詞で、英語で言えば [前置詞 + which](たとえば of which) を一語にまとめたような使い方をする。

例） « Hier, j'ai regardé un film. » + « J'ai oublié le titre du film. »（titre タイトル）

→ « Hier, j'ai regardé un film dont j'ai oublié le titre. »

« Je vais regarder un film » + « Le titre de ce film me rappelle une affaire de mon enfance. »

→ « Je vais regarder un film dont le titre me rappelle une affaire de mon enfance. »

« Tu ne veux pas regarder ce film ? » + « On parle souvent de ce film depuis un mois. »

→ « Tu ne veux pas regarder ce film dont on parle souvent depuis un mois ? »

« Il promène son chien tous les jours. » + « Il est très fier de ce chien. »

→ « Il promène son chien dont il est très fier tous les jours. »

13

関係代名詞を覚えよう

練習 1 録音を聞き、フランス語を書きとりましょう。

♪ no.2-37

1)

2)（là そこで、あそこで）

3)（invité 招待客）

4)（avoir envie de ～を欲しがる）

練習 2 次の 2 つの文を、関係代名詞 où あるいは dont を用いてつなげましょう。

1) Nous nous approchons d'une ville. La ville est Amiens.

2) J'habite dans un village. Il y a une très belle église du XIIe siècle dans ce village.（XIIe = douzième 12 番目の ; XIIe siècle 12 世紀）

3) C'est une histoire. Je me souviens très bien de cette histoire.

4) Elle travaille dans une société. Les employés sont tous japonais dans cette société.

39 課　強調表現 / 指示代名詞

対話　隣どうしで練習しよう

♪ no.2-38

Le père : Maryse ? Est-ce que c'est toi qui es allée à la cave ?

La fille : Oui, j'y suis allée avant-hier... mais pourquoi ?

Le père : Il manque des bouteilles de vin. Tu ne les as pas prises ?

La fille : Tu parles de quelles bouteilles ?

Le père : Celles que j'ai achetées il y a quinze jours.

La fille : Je crois que c'est Maman. Elle servait du vin à ceux qui sont venus hier soir.

Le père : Zut ! Je n'étais pas là !

La fille : Ils l'ont beaucoup aimé, et Maman disait qu'il n'était pas cher du tout.

Le père : Tu plaisantes ! Elle ne sait pas combien ça a coûté !

La fille : Bof ! C'est pour ça que je te dis toujours de faire attention à Maman : elle ne reconnaît pas une bouteille à l'étiquette.

Aa 語彙 avant-hier おととい ; manquer de ～が足りない ; bouteille 瓶 ; zut（間投詞）くそ、ちくしょう ! ; plaisanter ふざける、冗談を言う ; bof（無関心や軽蔑をあらわす間投詞）おやおや、まあね ; faire attention à ～に気をつける ; étiquette ラベル

強調構文

・基本的には英語と同じように、c'est... と接続詞 que を用いる。ただし、主語を強調するときには、c'est... qui... というように、先行詞を主語とする関係代名詞 qui を用いる。

例） J'ai commencé des études de droit à l'université cette année.

→ C'est moi* qui ai commencé des études de droit à l'université cette année.

＊人称代名詞は強勢形を用いる。

→ C'est des études de droit que j'ai commencées* à l'université cette année.

＊複合過去の直接目的補語に一致する。

→ C'est à l'université que j'ai commencé des études de droit cette année.

→ C'est cette année que j'ai commencé des études de droit à l'université.

指示代名詞 celui ceux celle celles

・既出の指示代名詞（ce や cela、ça（⇨第 8 課））は性数の変化がないが、既に現れた名詞に合わせて性数の変化をする指示代名詞もある。

男性単数	男性複数	女性単数	女性複数
celui	ceux	celle	celles

＊ celui 系統の指示代名詞は、単独で使うことはなく、必ず後ろにその代名詞を限定する表現が続く。

例）Quel sac aimez-vous ?　　« *J'aime celui. » は不可。

– J'aime celui que vous tenez à la main droite.

– J'aime celui de Roland. / – J'aime celui-ci. / – J'aime celui-là.

「～する人」を表す指示代名詞

celui 系統の代名詞は、関係代名詞の先行詞として、＜人＞を表すニュートラルな代名詞（「～する人」）となる。（ce qui..., ce que... ⇨第 37 課）

例）Tous ceux qui le connaissent aiment Jean.

Je commence à habiter avec celle que j'aime.

＊とくに性別を問題にせず、単に＜人＞とだけ言いたいときには、男性形 celui あるいは ceux で代表させることが一般的。（ジェンダーをより意識した celui ou celle qui..., ceux et celles qui..., celles et ceux qui... というような表現も存在する。）

練習1 次の文の下線の語をそれぞれ強調する文に書き改めましょう。

1) Paul viendra me voir demain.

2) Tu es venu chercher ma sœur hier soir ?

練習2 録音を聞き、フランス語を書きとりましょう。

♪ no.2-39

1)

2)

3)

4) （tuer 殺す）

練習問題 A

1 **適切な関係代名詞を入れ、全文を日本語に訳しましょう。**

1) Regarde la maison (　　　　) je n'aime pas la porte.

2) Regarde la maison (　　　　) mon père a achetée.

3) Regarde la maison (　　　　) on parlait beaucoup.

4) Regarde la maison (　　　　) est située à côté. (situé 位置する ; à côté となりに)

5) Regarde la maison (　　　　) la porte est bleue.

6) Regarde la maison (　　　　) mon père est né.

2 **次の 2 つの文を、関係代名詞を用いて 1 つの文にし、全文を日本語に訳しましょう。**

1) Le café est froid. Je bois ce café. (que)

2) Tu as une maison. Elle est très jolie. (qui)

3) C'est une histoire. Tu m'as parlé de cette histoire l'année dernière. (dont)

4) J'habite un village. Il y a un beau château dans ce village. (où) (château 城)

5) La femme porte une robe blanche. Elle est française. (qui)

6) Je ne connais pas le nom de ces oiseaux. En hiver, dans le nord du Japon, on trouve ces grands oiseaux blancs. (dont) (oiseau 鳥)

練習問題 B

1 （　　）内に適当な指示代名詞を入れ、全文を日本語に訳しましょう。

1） Regardez cette montagne, (　　　　　) qui a de la neige au sommet.（neige 雪；sommet 頂上）

2） (　　　　　) qui n'ont pas 20 ans ne peuvent pas boire d'alcool.（alcool アルコール）

3） Tu feras (　　　　　) que tu voudras.

4） (　　　　　) qui est devant toi n'est pas verte, elle est bleue.

2 フランス語に訳しましょう。

1） 彼らが今読んだ本はほんとうに興味深い。

2） それは父が妹に贈った靴です。

3） 君が語っている事件はおそろしい。

4） 私が住んでいる町はあまり大きくない。

5） それは僕の車じゃない、マリーのだよ。

6） ジョルジュの横にいるのは彼の彼女だよ。

7） それこそが、私の言いたかったことだ。

8） 僕が会いたいのは、彼ではなくて、君なんだ。

40 課 条件法（1）〈活用と用法〉

対話 隣どうしで練習しよう

♪ no.2-40

Élodie : On est en train de préparer la prochaine représentation.

Le père : Quelle pièce allez-vous jouer ?

Élodie : *Trois femmes et un médecin.*

Le père : Ah, c'est une belle comédie.

Élodie : Oui, tu connais ? Quel rôle choisirais-tu à ma place ?

Le père : Le rôle le plus intéressant, c'est celui du médecin.

Élodie : Mais il est toujours sur scène et il prend toujours la parole.

Le père : Tu crois que tu auras assez de temps pour te préparer ?

Élodie : Si j'avais beaucoup de temps, je n'hésiterais pas une seconde.

Le père : Oui, c'est sûr... mais si tu renonçais au dernier moment, je pourrais le jouer à ta place...

Élodie : Vraiment ?

Le père : Quand j'étais au collège, je jouais le même rôle.

Élodie : Oh là là, ça fait un siècle ! Je te remercie, mais je me débrouillerai seule !

Aa 語彙 être en train de ～している最中だ ; représentation 上演 ; pièce (pièce de théâtre「戯曲」の意) ; comédie 喜劇 ; rôle 役 ; à la place de ～の立場で ; scène 舞台 ; prendre la parole 話す ; hésiter ためらう ; seconde 秒 ; renoncer あきらめる ; remercier 感謝する

条件法

これまで示してきたフランス語の活用には、ほとんど全て直説法という名前がついていました。ここでは新たに、別の「法」である、条件法を学習します。条件法という言葉は難しく思われるかもしれませんが、とりあえずは、英文法でいう「仮定法」のようなものです。英語の仮定法とは、たとえば次のような文のことでしたね。

If I were a cat, I would sleep all day.「もし私が猫であったならば、一日中寝ているのに」

すなわち、現実とは異なる事態を仮定し、それに対する帰結を述べる形式です。このとき、英語では if 以下の仮定節に過去形を用い、帰結を示す主文には would や should という助動詞を用いるのでした。

フランス語の条件法も、基本的にはこれと同じです。ただし、フランス語で条件法と呼ぶのは、上の英文で言えば would sleep となっている部分の活用形のことです。

Si j'étais un chat, je dormirais toute la journée.

英語と同様、si 以下の仮定節には過去形（半過去形）が用いられていますね。一方、帰結の節の dormir「眠る」の活用形 dormirais が条件法現在と呼ばれる活用形です。

条件法現在の活用

・語幹は直説法単純未来と同じ、語尾変化は半過去の語尾変化の前に -r- を付けて作られる。

♪ no.2-41

条件法現在の活用語尾

je	–rais	nous	–rions
tu	–rais	vous	–riez
il	–rait	ils	–raient

donner

je	donnerais	nous	donnerions
tu	donnerais	vous	donneriez
il	donnerait	ils	donneraient

avoir

j'	aurais	nous	aurions
tu	aurais	vous	auriez
il	aurait	ils	auraient

vouloir

je	voudrais	nous	voudrions
tu	voudrais	vous	voudriez
il	voudrait	ils	voudraient

条件法現在の用法（1）非現実の仮定

・現在に関する非現実の仮定を表す。(Si + 直説法半過去, 条件法現在)

例）S'il faisait beau aujourd'hui, on irait à la mer.

＊未来に関する仮定で、事実になりうる事柄には条件法は用いない。例）S'il fait beau aujourd'hui, on va à la mer.

＊仮定には必ずしも接続詞 si が用いられるわけではない。例）Sans toi, je ne pourrais pas vivre.（sans ～なしで）

練習1 次の動詞の条件法現在の活用を書き、発音しましょう。

1） finir　　2） rendre　　3） boire

4） être　　5） savoir　　6） devoir

練習2 フランス語に訳しましょう。

1） もし私がお金持ちだったら、家を買うのに。

2） 僕なしでは、この会社はうまく機能しないだろう。（marcher うまくいく）

3） もしも私が鳥だったなら、あなたのもとに飛んでゆくのに。（voler 飛ぶ ; vers ～の方へ）

4） もし私があなただったら、もう飲まないだろう。

41 課　条件法（2）〈さまざまな用法〉

例文

♪ no.2-42

1. Imagine : on serait sur la plage, il y aurait du soleil, la mer... ce serait bien.
2. À ta place, je ne choisirais pas cette voiture. Elle est trop voyante. Et tu ne pourrais pas la garer. Tu devrais prendre un modèle plus petit.
3. J'ai vu un accident en venant ici ; il y aurait des morts selon la police.
4. Paul et Isabelle sont toujours ensemble. On dirait que ce sont deux âmes sœurs.
5. Je voudrais un café au lait, s'il vous plaît.
6. Est-ce que je pourrais avoir ce livre qui est derrière toi ?
7. Vous voudriez arriver vers quelle heure ?
8. J'aimerais bien passer les prochaines vacances en Corse.
9. On va prendre un verre, ça te dirait ?
10. Je leur ai dit que tu ne viendrais pas.

Aa 語彙　plage 海岸 ; voyant 目立つ ; garer 駐車する ; accident 事故 ; mort 死者 ; selon（前置詞）〜によれば ; police 警察 ; âme 魂 ; lait 乳、牛乳 ; derrière（前置詞）〜の後ろに ; Corse コルシカ島

条件法の用法（2）仮想・伝聞・推測

・暗黙の条件が付されたうえでの仮想の事柄。（例文 1・2）
・事実であるとはっきりしない事柄、伝聞。（例文 3）
・断定を避けた推測（例文 4）

条件法の用法（3）時制の一致

・間接話法で時制の一致が必要な際、「過去における未来」の表現として条件法が使われる。
（例文 10。Cf. Je leur ai dit : « Elle ne viendra pas. »）

条件法の用法（4）語気緩和

条件法のもつ「断定を避ける」という作用はまた、対人的なコミュニケーションにおいてもよく利用されます。一般的に、「語気緩和」と呼ばれる条件法です。

例文 2 の最後の文、« Tu devrais prendre un modèle plus petit. »「君はもっと小さな車種を買うべきだろう」。ここに使われている devrais というのは devoir の条件法です。これをもし、« Tu dois prendre... » というように、直説法現在で言ったとしたら、「〜すべきだ」というように、相手の義務として提示することになります。そんな押し付けがましいことは言いたくないな、ということで、« Tu devrais... » という表現をするわけです。これであれば「〜した方がいいんじゃない？」という提案として受け取ることができます。

語気緩和の条件法の代表的なものが、例文５に現れる je voudrais という表現です。 この教科書では扱うのが最後に近くなってしまいましたが、実は、これは「〜が欲しい」「〜したい」と言うときの、もっとも標準的な表現です。というのも、フランス語では、相手との関係において何かを望む、ということを表明するとき、直説法現在の je veux... という表現は露骨すぎるように感じられるからです。たとえば、Je veux un café, s'il vous plaît. というような粗野な表現は、きちんとした大人は決して使うことがありません。(敢えて訳すならば「コーヒーが飲みたい。くれ」という感じでしょうか。) お店で何かを注文するときや人に何かを頼むときには必ず、je voudrais... あるいは nous voudrions... と言いましょう。(逆に、たとえば「私は弁護士になりたい」Je veux être avocat. のような場合に条件法を使って、Je voudrais être avocat. と言うと、誰かに頼みごとをしているような、奇妙なニュアンスが生まれます。)

練習1 次の文の（　）内の動詞を条件法現在に活用し、全文を日本語に訳しましょう。

1) Est-ce que je (　　　　　) parler à Madame Bernard ? (pouvoir)

2) Nous (　　　　　) connaître vos nom, prénom, adresse et numéro de téléphone. (vouloir)
(prénom 名 ; adresse 住所)

3) Je pensais qu'on (　　　　　) un de ces jours, mais finalement, on ne s'est pas vus. (se rencontrer) (finalement 結局)

4) Elles (　　　　　) bien y aller avec eux. (aimer)

練習2 録音されたフランス語を聞き、書きとりましょう。

♪ no.2-43

1)

2)

3)

4)

5)

6)

練習問題 A

1 **次の文の（ ）内の動詞を条件法現在に活用し、全文を日本語に訳しましょう。**

1) Si vous vous dépêchiez, vous ( ) largement le temps ! (avoir)

2) Tu ( ) en parler à ta femme, ce ( ) mieux ! (devoir, être)

3) Vous ne ( ) pas boire autant d'alcool ! (devoir)

4) Si l'avion était moins cher, nous le ( ) plus souvent. (prendre)

5) Le Premier ministre ( ) annoncer de nouvelles mesures économiques aujourd'hui. (devoir) (annoncer 知らせる ; mesure 政策 ; économique 経済の)

6) À ta place, je ne ( ) pas de travail. (changer)

7) Je ( ) un café et deux croissants, s'il vous plaît. (vouloir) (croissant クロワッサン)

8) Si j'avais plus de temps, je ( ) finir mon travail. (pouvoir)

2 **主文の動詞を複合過去に変え、文全体を書き改めましょう。**

1) Je pense que ma mère viendra me voir.

2) Ma cousine me dit qu'elle se mariera. (cousin(e) いとこ)

3) Elle dit à ses parents qu'elle se lèvera à six heures.

4) Jacqueline lui dit qu'elle ira à l'étranger en avril.

練習問題 B

1 条件法を用いてフランス語に訳しましょう。

1） ベルナールさんとお話ししたいのですが、お願いします。

2） 世界の終わりが今日だとしたら、君は何を食べる？

3） そんなに食べるべきではないよ。

4） 大統領（président）の飛行機は今晩到着するということだ。

5） お腹が空いていたら、あなたと昼食をとる（déjeuner）のだけれど。

6） 彼らの立場だったら、あなたは何をしますか？

2 条件法を使って、同じ状況を説明する文を作りましょう。

1） Il y a des cours ; on ne va pas au cinéma.

2） Elle a beaucoup de choses à faire ; elle ne vient pas à la fête ce soir.

3） Ce dictionnaire est trop cher ; je ne l'achète pas. (dictionnaire 辞書)

4） Elle ne gagne pas deux mille euros par mois ; je n'arrête pas de travailler. (gagner 稼ぐ)

付録

1. エリジオン・リエゾン

（1）エリジオンする語

- 子音字 ＋ e で 1 音節となる語　je, me, te, ne, ce, que...
  ＊ただし、指示形容詞の ce は cet になる
- その他　la, si
  ＊ただし、si は il, ils が続く場合のみ

（2）リエゾンの規則

- -s, -x, -z で終わる単語は、[z] になる。　Je vous en prie. Vous êtes très important.
- -d, -t で終わる単語は、[t] になる。　C'est un grand hôtel.
- -n で終わる鼻母音は、[n] になる。　On a un enfant.

[必ずリエゾンする場合]

1）冠詞／形容詞／代名詞 ＋ 名詞　des amis, un grand arbre, mon école
2）動詞＋（目的補語人称代名詞）＋ y / en　Allez-y, prends-en.
3）est, sont の後　C'est à moi. Ils sont allés. Elle est absente.
4）主語人称代名詞＋（目的補語人称代名詞）＋（y / en）＋ 動詞
Vous êtes, Ils ont, Je vous écoute, Elles y vont.
5）1 音節の前置詞＋代名詞／冠詞　chez elle, dans une maison
＊それ以外の前置詞はしてもしなくてもよい　devant une maison
6）dont / quand / quant の後　dont on parle..., quand il est..., quant à moi...
7）成句　tout à l'heure, de plus en plus, petit à petit.

[リエゾンしない場合]

1）代名詞以外の名詞・固有名詞＋動詞　Paul est... Mes parents ont...
2）倒置した代名詞の後　Êtes-vous américain ?
3）単数名詞＋形容詞　un étudiant intelligent
＊複数名詞＋形容詞はリエゾンする場合がある。　les personnes âgées
4）et の後　une maison et une voiture
5）有音の h の前　des haricots

2. 曜日・季節・月の名称（まとめ）

lundi 月曜日 ; mardi 火曜日 ; mercredi 水曜日 ; jeudi 木曜日 ; vendredi 金曜日 ; samedi 土曜日 ; dimanche 日曜日

printemps 春　été 夏　automne 秋　hiver 冬

＊前置詞：春以外の季節は en を用いて en été「夏に」en automne「秋に」en hiver「冬に」。「春に」は au printemps.

janvier	1 月	février	2 月	mars	3 月	avril	4 月
mai	5 月	juin	6 月	juillet	7 月	août	8 月
septembre	9 月	octobre	10 月	novembre	11 月	décembre	12 月

＊前置詞は en を用いる。en janvier「1 月に」等々。

3. 代名詞 le の用法

直接目的補語人称代名詞の le と同形であるが、無変化の代名詞として le がある。（中性代名詞と呼ばれることもある。）

（1）不定法や節などを指す。

Nous pourrons sortir ce soir ? – Oui, nous le pourrons.
「今晩は外出できるかしら？」「うん、できるだろう。」

Il était marié, mais je ne le savais pas.「彼は結婚していたが、私は知らなかった。」

（2）形容詞や名詞に代わり、属詞となる。（無変化であることに注意）

Vous êtes tous étudiants ? – Oui, nous le sommes tous.
「きみたちはみんな学生？」「はい、みな学生です。」

4. 二つ以上の補語人称代名詞を用いる文

直接目的補語と間接目的補語の両方を代名詞で表現する場合、次のような語順になる。

（1）命令法の肯定文以外の場合

a）間接目的補語　　直接目的補語

間接目的補語		直接目的補語	
me / te / nous / vous	+	le / la / les	+ 動詞

b）直接目的補語　　間接目的補語

直接目的補語		間接目的補語	
le / la / les	+	lui / leur	+ 動詞

＊上記以外の組み合わせ（たとえば、1 人称 me を直接目的補語にし、3 人称 leur を間接目的補語にする、など）は存在しない。

J'ai acheté hier un chapeau rouge. Je te le donne.
「僕は昨日、赤い帽子を買ったんだ。きみにそれをあげるよ。」

C'est une histoire secrète. Ne la lui raconte pas.
「これは秘密の話だよ。彼（彼女）には言わないで。」

（2）命令法の肯定文

		直接補語		間接補語
動詞	–	le / la / les	–	moi＊ / toi＊ / lui / nous / vous / leur

＊1 人称と 2 人称の単数は強勢形 moi, toi を用いることに注意

C'est une chose importante. Dites-la-lui immédiatement.
「これは重要なことなんだ。すぐ彼（彼女）に言っておいてください。」

＊肯定命令文を代名詞 en, y とともに用いる場合も、動詞の命令形のあとにハイフンを挟んで代名詞を置く。このとき、2 人称単数で消えていた s が再び現れ、リエゾンを伴って発音される。

Tu vas. → Va.　　Tu y vas. → Vas-y.

Tu manges. → Mange.　　Tu en manges. → Manges-en.

INDEX

1. この索引では、本書に語彙として登場した約1070語が収められている。各単語末尾の（ ）内の数字は、本書で初出のページ数である。
2. 見出し語は、下記のようにレベル分けを行っている。

acheter ＝仏検5級レベル
addition ＝仏検4級レベル
admettre ＝その他

3. 見出し語の変化形は以下のとおりである。

（ ）内に女性形を示し、特殊な変化を取るものはイタリックにて示した。

見出し語	男性単数形	女性単数形	男性複数形	女性複数形
ami(e)	ami	amie	amis	amies
act*eur*(*trice*)	acteur	actrice	actrices	actrices
bateau, 男複 bateaux	bateau		bateaux	
anc*ien*(*ienne*)	ancien	ancienne	anciens	anciennes
beau (belle) , 男複 beaux	beau	belle	beaux	belles

品詞記号

名 男女同形名詞　名男 男性名詞　名女 女性名詞
固有男 固有名詞男性形　固有女 固有名詞女性形
代 代名詞　代男 代名詞男性形　代女 代名詞女性形
動 動詞　代動 代名動詞　形 形容詞　副 副詞　前 前置詞　冠詞 冠詞
間 間投詞　成句 成句　名句 名詞句　副句 副詞句
疑 疑問詞　接 接続詞　接句 接続詞句　前句 前置詞句　複 複数形

補助記号

（主語）（疑問）（指示）（関係）（定）（不定）（部分）（所有）（非人称）

B

C

INDEX

D

INDEX

L

M

INDEX

動詞変化表

I. aimer
II. arriver
III. être aimé(e)(s)
IV. se lever

1. avoir
2. être
3. parler
4. placer
5. manger
6. acheter
7. appeler
8. préférer
9. employer
10. envoyer
11. aller
12. finir
13. partir
14. courir
15. fuir
16. mourir
17. venir
18. ouvrir
19. entendre
20. mettre
21. battre
22. suivre
23. vivre
24. écrire
25. connaître
26. naître
27. conduire
28. suffire
29. lire
30. plaire
31. dire
32. faire
33. rire
34. croire
35. craindre
36. prendre
37. boire
38. voir
39. asseoir
40. recevoir
41. devoir
42. pouvoir
43. vouloir
44. savoir
45. valoir
46. falloir
47. pleuvoir

不定形・分詞形	直　説　法		
I. aimer aimant aimé ayant aimé （助動詞　avoir）	現　在 j' aime tu aimes il aime nous aimons vous aimez ils aiment	半 過 去 j' aimais tu aimais il aimait nous aimions vous aimiez ils aimaient	単 純 過 去 j' aimai tu aimas il aima nous aimâmes vous aimâtes ils aimèrent
命　令　法 aime aimons aimez	複 合 過 去 j' ai aimé tu as aimé il a aimé nous avons aimé vous avez aimé ils ont aimé	大 過 去 j' avais aimé tu avais aimé il avait aimé nous avions aimé vous aviez aimé ils avaient aimé	前 過 去 j' eus aimé tu eus aimé il eut aimé nous eûmes aimé vous eûtes aimé ils eurent aimé
II. arriver arrivant arrivé étant arrivé(e)(s) （助動詞　être）	複 合 過 去 je suis arrivé(e) tu es arrivé(e) il est arrivé elle est arrivée nous sommes arrivé(e)s vous êtes arrivé(e)(s) ils sont arrivés elles sont arrivées	大 過 去 j' étais arrivé(e) tu étais arrivé(e) il était arrivé elle était arrivée nous étions arrivé(e)s vous étiez arrivé(e)(s) ils étaient arrivés elles étaient arrivées	前 過 去 je fus arrivé(e) tu fus arrivé(e) il fut arrivé elle fut arrivée nous fûmes arrivé(e)s vous fûtes arrivé(e)(s) ils furent arrivés elles furent arrivées
III. être aimé(e)(s) 受動態 étant aimé(e)(s) ayant été aimé(e)(s)	現　在 je suis aimé(e) tu es aimé(e) il est aimé elle est aimée n. sommes aimé(e)s v. êtes aimé(e)(s) ils sont aimés elles sont aimées	半 過 去 j' étais aimé(e) tu étais aimé(e) il était aimé elle était aimée n. étions aimé(e)s v. étiez aimé(e)(s) ils étaient aimés elles étaient aimées	単 純 過 去 je fus aimé(e) tu fus aimé(e) il fut aimé elle fut aimé e n. fûmes aimé(e)s v. fûtes aimé(e)(s) ils furent aimés elles furent aimées
命　令　法 sois aimé(e) soyons aimé(e)s soyez aimé(e)(s)	複 合 過 去 j' ai été aimé(e) tu as été aimé(e) il a été aimé elle a été aimée n. avons été aimé(e)s v. avez été aimé(e)(s) ils ont été aimés elles ont été aimées	大 過 去 j' avais été aimé(e) tu avais été aimé(e) il avait été aimé elle avait été aimée n. avions été aimé(e)s v. aviez été aimé(e)(s) ils avaient été aimés elles avaient été aimées	前 過 去 j' eus été aimé(e) tu eus été aimé(e) il eut été aimé elle eut été aimée n. eûmes été aimé(e)s v. eûtes été aimé(e)(s) ils eurent été aimés elles eurent été aimées
IV. se lever 代名動詞 se levant s'étant levé(e)(s)	現　在 je me lève tu te lèves il se lève n. n. levons v. v. levez ils se lèvent	半 過 去 je me levais tu te levais il se levait n. n. levions v. v. leviez ils se levaient	単 純 過 去 je me levai tu te levas il se leva n. n. levâmes v. v. levâtes ils se levèrent
命　令　法 lève-toi levons-nous levez-vous	複 合 過 去 je me suis levé(e) tu t' es levé(e) il s' est levé elle s' est levée n. n. sommes levé(e)s v. v. êtes levé(e)(s) ils se sont levés elles se sont levées	大 過 去 j' m' étais levé(e) tu t' étais levé(e) il s' était levé elle s' était levée n. n. étions levé(e)s v. v. étiez levé(e)(s) ils s' étaient levés elles s' étaient levées	前 過 去 je me fus levé(e) tu te fus levé(e) il se fut levé elle se fut levée n. n. fûmes levé(e)s v. v. fûtes levé(e)(s) ils se furent levés elles se furent levées

直説法	条件法	接続法	
単純未来	**現在**	**現在**	**半過去**
j' aimerai	j' aimerais	j' aime	j' aimasse
tu aimeras	tu aimerais	tu aimes	tu aimasses
il aimera	il aimerait	il aime	il aimât
nous aimerons	nous aimerions	nous aimions	nous aimassions
vous aimerez	vous aimeriez	vous aimiez	vous aimassiez
ils aimeront	ils aimeraient	ils aiment	ils aimassent
前未来	**過去**	**過去**	**大過去**
j' aurai aimé	j' aurais aimé	j' aie aimé	j' eusse aimé
tu auras aimé	tu aurais aimé	tu aies aimé	tu eusses aimé
il aura aimé	il aurait aimé	il ait aimé	il eût aimé
nous aurons aimé	nous aurions aimé	nous ayons aimé	nous eussions aimé
vous aurez aimé	vous auriez aimé	vous ayez aimé	vous eussiez aimé
ils auront aimé	ils auraient aimé	ils aient aimé	ils eussent aimé
前未来	**過去**	**過去**	**大過去**
je serai arrivé(e)	je serais arrivé(e)	je sois arrivé(e)	je fusse arrivé(e)
tu seras arrivé(e)	tu serais arrivé(e)	tu sois arrivé(e)	tu fusses arrivé(e)
il sera arrivé	il serait arrivé	il soit arrivé	il fût arrivé
elle sera arrivée	elle serait arrivée	elle soit arrivée	elle fût arrivée
nous serons arrivé(e)s	nous serions arrivé(e)s	nous soyons arrivé(e)s	nous fussions arrivé(e)s
vous serez arrivé(e)(s)	vous seriez arrivé(e)(s)	vous soyez arrivé(e)(s)	vous fussiez arrivé(e)(s)
ils seront arrivés	ils seraient arrivés	ils soient arrivés	ils fussent arrivés
elles seront arrivées	elles seraient arrivées	elles soient arrivées	elles fussent arrivées
単純未来	**現在**	**現在**	**半過去**
je serai aimé(e)	je serais aimé(e)	je sois aimé(e)	je fusse aimé(e)
tu seras aimé(e)	tu serais aimé(e)	tu sois aimé(e)	tu fusses aimé(e)
il sera aimé	il serait aimé	il soit aimé	il fût aimé
elle sera aimée	elle serait aimée	elle soit aimée	elle fût aimée
n. serons aimé(e)s	n. serions aimé(e)s	n. soyons aimé(e)s	n. fussions aimé(e)s
v. serez aimé(e)(s)	v. seriez aimé(e)(s)	v. soyez aimé(e)(s)	v. fussiez aimé(e)(s)
ils seront aimés	ils seraient aimés	ils soient aimés	ils fussent aimés
elles seront aimées	elles seraient aimées	elles soient aimées	elles fussent aimées
前未来	**過去**	**過去**	**大過去**
j' aurai été aimé(e)	j' aurais été aimé(e)	j' aie été aimé(e)	j' eusse été aimé(e)
tu auras été aimé(e)	tu aurais été aimé(e)	tu aies été aimé(e)	tu eusses été aimé(e)
il aura été aimé	il aurait été aimé	il ait été aimé	il eût été aimé
elle aura été aimée	elle aurait été aimée	elle ait été aimée	elle eût été aimée
n. aurons été aimé(e)s	n. aurions été aimé(e)s	n. ayons été aimé(e)s	n. eussions été aimé(e)s
v. aurez été aimé(e)(s)	v. auriez été aimé(e)(s)	v. ayez été aimé(e)(s)	v. eussiez été aimé(e)(s)
ils auront été aimés	ils auraient été aimés	ils aient été aimés	ils eussent été aimés
elles auront été aimées	elles auraient été aimées	elles aient été aimées	elles eussent été aimées
単純未来	**現在**	**現在**	**半過去**
je me lèverai	je me lèverais	je me lève	je me levasse
tu te lèveras	tu te lèverais	tu te lèves	tu te levasses
il se lèvera	il se lèverait	il se lève	il se levât
n. n. lèverons	n. n. lèverions	n. n. levions	n. n. levassions
v. v. lèverez	v. v. lèveriez	v. v. leviez	v. v. levassiez
ils se lèveront	ils se lèveraient	ils se lèvent	ils se levassent
前未来	**過去**	**過去**	**大過去**
je me serai levé(e)	je me serais levé(e)	je me sois levé(e)	je me fusse levé(e)
tu te seras levé(e)	tu te serais levé(e)	tu te sois levé(e)	tu te fusses levé(e)
il se sera levé	il se serait levé	il se soit levé	il se fût levé
elle se sera levée	elle se serait levée	elle se soit levée	elle se fût levée
n. n. serons levé(e)s	n. n. serions levé(e)s	n. n. soyons levé(e)s	n. n. fussions levé(e)s
v. v. serez levé(e)(s)	v. v. seriez levé(e)(s)	v. v. soyez levé(e)(s)	v. v. fussiez levé(e)(s)
ils se seront levés	ils se seraient levés	ils se soient levés	ils se fussent levés
elles se seront levées	elles se seraient levées	elles se soient levées	elles se fussent levées

不 定 形 分 詞 形	直 説 法			
	現 在	半 過 去	単 純 過 去	単 純 未 来
1. avoir もつ ayant eu [y]	j' ai tu as il a n. avons v. avez ils ont	j' avais tu avais il avait n. avions v. aviez ils avaient	j' eus [y] tu eus il eut n. eûmes v. eûtes ils eurent	j' aurai tu auras il aura n. aurons v. aurez ils auront
2. être 在る étant été	je suis tu es il est n. sommes v. êtes ils sont	j' étais tu étais il était n. étions v. étiez ils étaient	je fus tu fus il fut n. fûmes v. fûtes ils furent	je serai tu seras il sera n. serons v. serez ils seront
3. parler 話す parlant parlé	je parle tu parles il parle n. parlons v. parlez ils parlent	je parlais tu parlais il parlait n. parlions v. parliez ils parlaient	je parlai tu parlas il parla n. parlâmes v. parlâtes ils parlèrent	je parlerai tu parleras il parlera n. parlerons v. parlerez ils parleront
4. placer 置く plaçant placé	je place tu places il place n. plaçons v. placez ils placent	je plaçais tu plaçais il plaçait n. placions v. placiez ils plaçaient	je plaçai tu plaças il plaça n. plaçâmes v. plaçâtes ils placèrent	je placerai tu placeras il placera n. placerons v. placerez ils placeront
5. manger 食べる mangeant mangé	je mange tu manges il mange n. mangeons v. mangez ils mangent	je mangeais tu mangeais il mangeait n. mangions v. mangiez ils mangeaient	je mangeai tu mangeas il mangea n. mangeâmes v. mangeâtes ils mangèrent	je mangerai tu mangeras il mangera n. mangerons v. mangerez ils mangeront
6. acheter 買う achetant acheté	j' achète tu achètes il achète n. achetons v. achetez ils achètent	j' achetais tu achetais il achetait n. achetions v. achetiez ils achetaient	j' achetai tu achetas il acheta n. achetâmes v. achetâtes ils achetèrent	j' achèterai tu achèteras il achètera n. achèterons v. achèterez ils achèteront
7. appeler 呼ぶ appelant appelé	j' appelle tu appelles il appelle n. appelons v. appelez ils appellent	j' appelais tu appelais il appelait n. appelions v. appeliez ils appelaient	j' appelai tu appelas il appela n. appelâmes v. appelâtes ils appelèrent	j' appellerai tu appelleras il appellera n. appellerons v. appellerez ils appelleront
8. préférer より好む préférant préféré	je préfère tu préfères il préfère n. préférons v. préférez ils préfèrent	je préférais tu préférais il préférait n. préférions v. préfériez ils préféraient	je préférai tu préféras il préféra n. préférâmes v. préférâtes ils préférèrent	je préférerai tu préféreras il préférera n. préférerons v. préférerez ils préféreront

条件法	接続法		命令法	同型活用の動詞
現在	現在	半過去	現在	(注意)
j' aurais tu aurais il aurait n. aurions v. auriez ils auraient	j' aie tu aies il ait n. ayons v. ayez ils aient	j' eusse tu eusses il eût n. eussions v. eussiez ils eussent	aie ayons ayez	
je serais tu serais il serait n. serions v. seriez ils seraient	je sois tu sois il soit n. soyons v. soyez ils soient	je fusse tu fusses il fût n. fussions v. fussiez ils fussent	sois soyons soyez	
je parlerais tu parlerais il parlerait n. parlerions v. parleriez ils parleraient	je parle tu parles il parle n. parlions v. parliez ils parlent	je parlasse tu parlasses il parlât n. parlassions v. parlassiez ils parlassent	parle parlons parlez	第1群規則動詞 (4型～10型をのぞく)
je placerais tu placerais il placerait n. placerions v. placeriez ils placeraient	je place tu places il place n. placions v. placiez ils placent	je plaçasse tu plaçasses il plaçât n. plaçassions v. plaçassiez ils plaçassent	place plaçons placez	—cer の動詞 annoncer, avancer, commencer, effacer, renoncer など. (a, o の前で c → ç)
je mangerais tu mangerais il mangerait n. mangerions v. mangeriez ils mangeraient	je mange tu manges il mange n. mangions v. mangiez ils mangent	je mangeasse tu mangeasses il mangeât n. mangeassions v. mangeassiez ils mangeassent	mange mangeons mangez	—ger の動詞 arranger, changer, charger, engager, nager, obliger など. (a, o の前で g → ge)
j' achèterais tu achèterais il achèterait n. achèterions v. achèteriez ils achèteraient	j' achète tu achètes il achète n. achetions v. achetiez ils achètent	j' achetasse tu achetasses il achetât n. achetassions v. achetassiez ils achetassent	achète achetons achetez	—e＋子音＋er の動詞 achever, lever, mener など. (7型をのぞく. e muet を含む音節の前で e → è)
j' appellerais tu appellerais il appellerait n. appellerions v. appelleriez ils appelleraient	j' appelle tu appelles il appelle n. appelions v. appeliez ils appellent	j' appelasse tu appelasses il appelât n. appelassions v. appelassiez ils appelassent	appelle appelons appelez	—eter, —eler の動詞 jeter, rappeler など. (6型のものもある. e muet の前で t, l を重ねる)
je préférerais tu préférerais il préférerait n. préférerions v. préféreriez ils préféreraient	je préfère tu préfères il préfère n. préférions v. préfériez ils préfèrent	je préférasse tu préférasses il préférât n. préférassions v. préférassiez ils préférassent	préfère préférons préférez	—é＋子音＋er の動詞 céder, espérer, opérer, répéter など. (e muet を含む語末音節の前で é → è)

不定形 分詞形	直説法			
	現在	半過去	単純過去	単純未来
9. employer 使う employant employé	j' emploie tu emploies il emploie n. employons v. employez ils emploient	j' employais tu employais il employait n. employions v. employiez ils employaient	j' employai tu employas il employa n. employâmes v. employâtes ils employèrent	j' emploierai tu emploieras il emploiera n. emploierons v. emploierez ils emploieront
10. envoyer 送る envoyant envoyé	j' envoie tu envoies il envoie n. envoyons v. envoyez ils envoient	j' envoyais tu envoyais il envoyait n. envoyions v. envoyiez ils envoyaient	j' envoyai tu envoyas il envoya n. envoyâmes v. envoyâtes ils envoyèrent	j' enverrai tu enverras il enverra n. enverrons v. enverrez ils enverront
11. aller 行く allant allé	je vais tu vas il va n. allons v. allez ils vont	j' allais tu allais il allait n. allions v. alliez ils allaient	j' allai tu allas il alla n. allâmes v. allâtes ils allèrent	j' irai tu iras il ira n. irons v. irez ils iront
12. finir 終える finissant fini	je finis tu finis il finit n. finissons v. finissez ils finissent	je finissais tu finissais il finissait n. finissions v. finissiez ils finissaient	je finis tu finis il finit n. finîmes v. finîtes ils finirent	je finirai tu finiras il finira n. finirons v. finirez ils finiront
13. partir 出発する partant parti	je pars tu pars il part n. partons v. partez ils partent	je partais tu partais il partait n. partions v. partiez ils partaient	je partis tu partis il partit n. partîmes v. partîtes ils partirent	je partirai tu partiras il partira n. partirons v. partirez ils partiront
14. courir 走る courant couru	je cours tu cours il court n. courons v. courez ils courent	je courais tu courais il courait n. courions v. couriez ils couraient	je courus tu courus il courut n. courûmes v. courûtes ils coururent	je courrai tu courras il courra n. courrons v. courrez ils courront
15. fuir 逃げる fuyant fui	je fuis tu fuis il fuit n. fuyons v. fuyez ils fuient	je fuyais tu fuyais il fuyait n. fuyions v. fuyiez ils fuyaient	je fuis tu fuis il fuit n. fuîmes v. fuîtes ils fuirent	je fuirai tu fuiras il fuira n. fuirons v. fuirez ils fuiront
16. mourir 死ぬ mourant mort	je meurs tu meurs il meurt n. mourons v. mourez ils meurent	je mourais tu mourais il mourait n. mourions v. mouriez ils mouraient	je mourus tu mourus il mourut n. mourûmes v. mourûtes ils moururent	je mourrai tu mourras il mourra n. mourrons v. mourrez ils mourront

条件法	接続法		命令法	同型活用の動詞 （注意）
現在	現在	半過去	現在	
j' emploierais tu emploierais il emploierait n. emploierions v. emploieriez ils emploieraient	j' emploie tu emploies il emploie n. employions v. employiez ils emploient	j' employasse tu employasses il employât n. employassions v. employassiez ils employassent	 emploie employons employez	—oyer, —uyer, —ayer の動詞 （e muet の前で y → i. —ayer は 3 型でもよい. また envoyer → 10）
j' enverrais tu enverrais il enverrait n. enverrions v. enverriez ils enverraient	j' envoie tu envoies il envoie n. envoyions v. envoyiez ils envoient	j' envoyasse tu envoyasses il envoyât n. envoyassions v. envoyassiez ils envoyassent	 envoie envoyons envoyez	renvoyer （未来，条・現のみ 9 型とことなる）
j' irais tu irais il irait n. irions v. iriez ils iraient	j' aille tu ailles il aille n. allions v. alliez ils aillent	j' allasse tu allasses il allât n. allassions v. allassiez ils allassent	 va allons allez	
je finirais tu finirais il finirait n. finirions v. finiriez ils finiraient	je finisse tu finisses il finisse n. finissions v. finissiez ils finissent	je finisse tu finisses il finît n. finissions v. finissiez ils finissent	 finis finissons finissez	第 2 群規則動詞
je partirais tu partirais il partirait n. partirions v. partiriez ils partiraient	je parte tu partes il parte n. partions v. partiez ils partent	je partisse tu partisses il partît n. partissions v. partissiez ils partissent	 pars partons partez	dormir, endormir, se repentir, sentir, servir, sortir
je courrais tu courrais il courrait n. courrions v. courriez ils courraient	je coure tu coures il coure n. courions v. couriez ils courent	je courusse tu courusses il courût n. courussions v. courussiez ils courussent	 cours courons courez	accourir, parcourir, secourir
je fuirais tu fuirais il fuirait n. fuirions v. fuiriez ils fuiraient	je fuie tu fuies il fuie n. fuyions v. fuyiez ils fuient	je fuisse tu fuisses il fuît n. fuissions v. fuissiez ils fuissent	 fuis fuyons fuyez	s'enfuir
je mourrais tu mourrais il mourrait n. mourrions v. mourriez ils mourraient	je meure tu meures il meure n. mourions v. mouriez ils meurent	je mourusse tu mourusses il mourût n. mourussions v. mourussiez ils mourussent	 meurs mourons mourez	

不　定　形 分　詞　形	直　　　説　　　法			
	現　　在	半 過 去	単純過去	単純未来
17. venir 来る venant venu	je viens tu viens il vient n. venons v. venez ils viennent	je venais tu venais il venait n. venions v. veniez ils venaient	je vins tu vins il vint n. vînmes v. vîntes ils vinrent	je viendrai tu viendras il viendra n. viendrons v. viendrez ils viendront
18. ouvrir あける ouvrant ouvert	j' ouvre tu ouvres il ouvre n. ouvrons v. ouvrez ils ouvrent	j' ouvrais tu ouvrais il ouvrait n. ouvrions v. ouvriez ils ouvraient	j' ouvris tu ouvris il ouvrit n. ouvrîmes v. ouvrîtes ils ouvrirent	j' ouvrirai tu ouvriras il ouvrira n. ouvrirons v. ouvrirez ils ouvriront
19. entendre 聞こえる entendant entendu(e)(s)	j' entends tu entends il entend n. entendons v. entendez ils entendent	j' entendais tu entendais il entendait n. entendions v. entendiez ils entendaient	j' entendis tu entendis il entendit n. entendîmes v. entendîtes ils entendirent	j' entendrai tu entendras il entendra n. entendrons v. entendrez ils entendront
20. mettre 置く mettant mis	je mets tu mets il met n. mettons v. mettez ils mettent	je mettais tu mettais il mettait n. mettions v. mettiez ils mettaient	je mis tu mis il mit n. mîmes v. mîtes ils mirent	je mettrai tu mettras il mettra n. mettrons v. mettrez ils mettront
21. battre 打つ battant battu	je bats tu bats il bat n. battons v. battez ils battent	je battais tu battais il battait n. battions v. battiez ils battaient	je battis tu battis il battit n. battîmes v. battîtes ils battirent	je battrai tu battras il battra n. battrons v. battrez ils battront
22. suivre ついて行く suivant suivi	je suis tu suis il suit n. suivons v. suivez ils suivent	je suivais tu suivais il suivait n. suivions v. suiviez ils suivaient	je suivis tu suivis il suivit n. suivîmes v. suivîtes ils suivirent	je suivrai tu suivras il suivra n. suivrons v. suivrez ils suivront
23. vivre 生きる vivant vécu	je vis tu vis il vit n. vivons v. vivez ils vivent	je vivais tu vivais il vivait n. vivions v. viviez ils vivaient	je vécus tu vécus il vécut n. vécûmes v. vécûtes ils vécurent	je vivrai tu vivras il vivra n. vivrons v. vivrez ils vivront
24. écrire 書く écrivant écrit	j' écris tu écris il écrit n. écrivons v. écrivez ils écrivent	j' écrivais tu écrivais il écrivait n. écrivions v. écriviez ils écrivaient	j' écrivis tu écrivis il écrivit n. écrivîmes v. écrivîtes ils écrivirent	j' écrirai tu écriras il écrira n. écrirons v. écrirez ils écriront

条件法	接続法		命令法	同型活用の動詞（注意）
現在	現在	半過去	現在	
je viendrais tu viendrais il viendrait n. viendrions v. viendriez ils viendraient	je vienne tu viennes il vienne n. venions v. veniez ils viennent	je vinsse tu vinsses il vînt n. vinssions v. vinssiez ils vinssent	 viens venons venez	convenir, devenir, provenir, revenir, se souvenir, tenir, appartenir, maintenir, obtenir, retenir, soutenir
j' ouvrirais tu ouvrirais il ouvrirait n. ouvririons v. ouvririez ils ouvriraient	j' ouvre tu ouvres il ouvre n. ouvrions v. ouvriez ils ouvrent	j' ouvrisse tu ouvrisses il ouvrît n. ouvrissions v. ouvrissiez ils ouvrissent	 ouvre ouvrons ouvrez	couvrir, découvrir, offrir, souffrir
j' entendrais tu entendrais il entendrait n. entendrions v. entendriez ils entendraient	j' entende tu entendes il entende n. entendions v. entendiez ils entendent	j' entendisse tu entendisses il entendît n. entendissions v. entendissiez ils entendissent	 entends entendons entendez	attendre, défendre, descendre, rendre, perdre, prétendre, répondre, tendre, vendre
je mettrais tu mettrais il mettrait n. mettrions v. mettriez ils mettraient	je mette tu mettes il mette n. mettions v. mettiez ils mettent	je misse tu misses il mît n. missions v. missiez ils missent	 mets mettons mettez	admettre, commettre, permettre, promettre, remettre, soumettre
je battrais tu battrais il battrait n. battrions v. battriez ils battraient	je batte tu battes il batte n. battions v. battiez ils battent	je battisse tu battisses il battît n. battissions v. battissiez ils battissent	 bats battons battez	abattre, combattre
je suivrais tu suivrais il suivrait n. suivrions v. suivriez ils suivraient	je suive tu suives il suive n. suivions v. suiviez ils suivent	je suivisse tu suivisses il suivît n. suivissions v. suivissiez ils suivissent	 suis suivons suivez	poursuivre
je vivrais tu vivrais il vivrait n. vivrions v. vivriez ils vivraient	je vive tu vives il vive n. vivions v. viviez ils vivent	je vécusse tu vécusses il vécût n. vécussions v. vécussiez ils vécussent	 vis vivons vivez	
j' écrirais tu écrirais il écrirait n. écririons v. écririez ils écriraient	j' écrive tu écrives il écrive n. écrivions v. écriviez ils écrivent	j' écrivisse tu écrivisses il écrivît n. écrivissions v. écrivissiez ils écrivissent	 écris écrivons écrivez	décrire, inscrire

不定形 分詞形	直説法			
	現在	半過去	単純過去	単純未来
25. connaître 知っている connaissant connu	je connais tu connais il connaît n. connaissons v. connaissez ils connaissent	je connaissais tu connaissais il connaissait n. connaissions v. connaissiez ils connaissaient	je connus tu connus il connut n. connûmes v. connûtes ils connurent	je connaîtrai tu connaîtras il connaîtra n. connaîtrons v. connaîtrez ils connaîtront
26. naître 生まれる naissant né	je nais tu nais il naît n. naissons v. naissez ils naissent	je naissais tu naissais il naissait n. naissions v. naissiez ils naissaient	je naquis tu naquis il naquit n. naquîmes v. naquîtes ils naquirent	je naîtrai tu naîtras il naîtra n. naîtrons v. naîtrez ils naîtront
27. conduire みちびく conduisant conduit	je conduis tu conduis il conduit n. conduisons v. conduisez ils conduisent	je conduisais tu conduisais il conduisait n. conduisions v. conduisiez ils conduisaient	je conduisis tu conduisis il conduisit n. conduisîmes v. conduisîtes ils conduisirent	je conduirai tu conduiras il conduira n. conduirons v. conduirez ils conduiront
28. suffire 足りる suffisant suffi	je suffis tu suffis il suffit n. suffisons v. suffisez ils suffisent	je suffisais tu suffisais il suffisait n. suffisions v. suffisiez ils suffisaient	je suffis tu suffis il suffit n. suffîmes v. suffîtes ils suffirent	je suffirai tu suffiras il suffira n. suffirons v. suffirez ils suffiront
29. lire 読む lisant lu	je lis tu lis il lit n. lisons v. lisez ils lisent	je lisais tu lisais il lisait n. lisions v. lisiez ils lisaient	je lus tu lus il lut n. lûmes v. lûtes ils lurent	je lirai tu liras il lira n. lirons v. lirez ils liront
30. plaire 気に入る plaisant plu	je plais tu plais il plaît n. plaisons v. plaisez ils plaisent	je plaisais tu plaisais il plaisait n. plaisions v. plaisiez ils plaisaient	je plus tu plus il plut n. plûmes v. plûtes ils plurent	je plairai tu plairas il plaira n. plairons v. plairez ils plairont
31. dire 言う disant dit	je dis tu dis il dit n. disons v. dites ils disent	je disais tu disais il disait n. disions v. disiez ils disaient	je dis tu dis il dit n. dîmes v. dîtes ils dirent	je dirai tu diras il dira n. dirons v. direz ils diront
32. faire する faisant [fzɑ̃] fait	je fais tu fais il fait n. faisons [fzɔ̃] v. faites ils font	je faisais [fzɛ] tu faisais il faisait n. faisions v. faisiez ils faisaient	je fis tu fis il fit n. fîmes v. fîtes ils firent	je ferai tu feras il fera n. ferons v. ferez ils feront

条件法	接続法		命令法	同型活用の動詞 (注意)
現在	現在	半過去	現在	
je connaîtrais tu connaîtrais il connaîtrait n. connaîtrions v. connaîtriez ils connaîtraient	je connaisse tu connaisses il connaisse n. connaissions v. connaissiez ils connaissent	je connusse tu connusses il connût n. connussions v. connussiez ils connussent	connais connaissons connaissez	reconnaître, paraître, apparaître, disparaître (t の前で i → î)
je naîtrais tu naîtrais il naîtrait n. naîtrions v. naîtriez ils naîtraient	je naisse tu naisses il naisse n. naissions v. naissiez ils naissent	je naquisse tu naquisses il naquît n. naquissions v. naquissiez ils naquissent	nais naissons naissez	renaître (t の前で i → î)
je conduirais tu conduirais il conduirait n. conduirions v. conduiriez ils conduiraient	je conduise tu conduises il conduise n. conduisions v. conduisiez ils conduisent	je conduisisse tu conduisisses il conduisît n. conduisissions v. conduisissiez ils conduisissent	conduis conduisons conduisez	introduire, produire, traduire, construire, détruire
je suffirais tu suffirais il suffirait n. suffirions v. suffiriez ils suffiraient	je suffise tu suffises il suffise n. suffisions v. suffisiez ils suffisent	je suffisse tu suffisses il suffît n. suffissions v. suffissiez ils suffissent	suffis suffisons suffisez	
je lirais tu lirais il lirait n. lirions v. liriez ils liraient	je lise tu lises il lise n. lisions v. lisiez ils lisent	je lusse tu lusses il lût n. lussions v. lussiez ils lussent	lis lisons lisez	élire, relire
je plairais tu plairais il plairait n. plairions v. plairiez ils plairaient	je plaise tu plaises il plaise n. plaisions v. plaisiez ils plaisent	je plusse tu plusses il plût n. plussions v. plussiez ils plussent	plais plaisons plaisez	déplaire, taire (ただし taire の直・現・3 人称単数 il tait)
je dirais tu dirais il dirait n. dirions v. diriez ils diraient	je dise tu dises il dise n. disions v. disiez ils disent	je disse tu disses il dît n. dissions v. dissiez ils dissent	dis disons dites	redire
je ferais tu ferais il ferait n. ferions v. feriez ils feraient	je fasse tu fasses il fasse n. fassions v. fassiez ils fassent	je fisse tu fisses il fît n. fissions v. fissiez ils fissent	fais faisons faites	défaire, refaire, satisfaire

不定形 分詞形	直説法			
	現在	半過去	単純過去	単純未来
33. rire 笑う riant ri	je ris tu ris il rit n. rions v. riez ils rient	je riais tu riais il riait n. riions v. riiez ils riaient	je ris tu ris il rit n. rîmes v. rîtes ils rirent	je rirai tu riras il rira n. rirons v. rirez ils riront
34. croire 信じる croyant cru	je crois tu crois il croit n. croyons v. croyez ils croient	je croyais tu croyais il croyait n. croyions v. croyiez ils croyaient	je crus tu crus il crut n. crûmes v. crûtes ils crurent	je croirai tu croiras il croira n. croirons v. croirez ils croiront
35. craindre おそれる craignant craint	je crains tu crains il craint n. craignons v. craignez ils craignent	je craignais tu craignais il craignait n. craignions v. craigniez ils craignaient	je craignis tu craignis il craignit n. craignîmes v. craignîtes ils craignirent	je craindrai tu craindras il craindra n. craindrons v. craindrez ils craindront
36. prendre とる prenant pris	je prends tu prends il prend n. prenons v. prenez ils prennent	je prenais tu prenais il prenait n. prenions v. preniez ils prenaient	je pris tu pris il prit n. prîmes v. prîtes ils prirent	je prendrai tu prendras il prendra n. prendrons v. prendrez ils prendront
37. boire 飲む buvant bu	je bois tu bois il boit n. buvons v. buvez ils boivent	je buvais tu buvais il buvait n. buvions v. buviez ils buvaient	je bus tu bus il but n. bûmes v. bûtes ils burent	je boirai tu boiras il boira n. boirons v. boirez ils boiront
38. voir 見る voyant vu	je vois tu vois il voit n. voyons v. voyez ils voient	je voyais tu voyais il voyait n. voyions v. voyiez ils voyaient	je vis tu vis il vit n. vîmes v. vîtes ils virent	je verrai tu verras il verra n. verrons v. verrez ils verront
39. asseoir 座らせる asseyant assoyant assis	j' assieds tu assieds il assied n. asseyons v. asseyez ils asseyent	j' asseyais tu asseyais il asseyait n. asseyions v. asseyiez ils asseyaient	j' assis tu assis il assit n. assîmes v. assîtes ils assirent	j' assiérai tu assiéras il assiéra n. assiérons v. assiérez ils assiéront
	j' assois tu assois il assoit n. assoyons v. assoyez ils assoient	j' assoyais tu assoyais il assoyait n. assoyions v. assoyiez ils assoyaient		j' assoirai tu assoiras il assoira n. assoirons v. assoirez ils assoiront

条件法	接続法		命令法	同型活用の動詞（注意）
現在	現在	半過去	現在	
je rirais tu rirais il rirait n. ririons v. ririez ils riraient	je rie tu ries il rie n. riions v. riiez ils rient	je risse tu risses il rît n. rissions v. rissiez ils rissent	 ris rions riez	sourire
je croirais tu croirais il croirait n. croirions v. croiriez ils croiraient	je croie tu croies il croie n. croyions v. croyiez ils croient	je crusse tu crusses il crût n. crussions v. crussiez ils crussent	 crois croyons croyez	
je craindrais tu craindrais il craindrait n. craindrions v. craindriez ils craindraient	je craigne tu craignes il craigne n. craignions v. craigniez ils craignent	je craignisse tu craignisses il craignît n. craignissions v. craignissiez ils craignissent	 crains craignons craignez	plaindre, atteindre, éteindre, peindre, joindre, rejoindre
je prendrais tu prendrais il prendrait n. prendrions v. prendriez ils prendraient	je prenne tu prennes il prenne n. prenions v. preniez ils prennent	je prisse tu prisses il prît n. prissions v. prissiez ils prissent	 prends prenons prenez	apprendre, comprendre, surprendre
je boirais tu boirais il boirait n. boirions v. boiriez ils boiraient	je boive tu boives il boive n. buvions v. buviez ils boivent	je busse tu busses il bût n. bussions v. bussiez ils bussent	 bois buvons buvez	
je verrais tu verrais il verrait n. verrions v. verriez ils verraient	je voie tu voies il voie n. voyions v. voyiez ils voient	je visse tu visses il vît n. vissions v. vissiez ils vissent	 vois voyons voyez	revoir
j' assiérais tu assiérais il assiérait n. assiérions v. assiériez ils assiéraient	j' asseye tu asseyes il asseye n. asseyions v. asseyiez ils asseyent	j' assisse tu assisses il assît n. assissions v. assissiez ils assissent	 assieds asseyons asseyez	（代名動詞 s'asseoir として用いられることが多い．下段は俗語調）
j' assoirais tu assoirais il assoirait n. assoirions v. assoiriez ils assoiraient	j' assoie tu assoies il assoie n. assoyions v. assoyiez ils assoient		 assois assoyons assoyez	

不 定 形 分 詞 形	直 説 法			
	現 在	半 過 去	単 純 過 去	単 純 未 来
40. recevoir 受取る recevant reçu	je reçois tu reçois il reçoit n. recevons v. recevez ils reçoivent	je recevais tu recevais il recevait n. recevions v. receviez ils recevaient	je reçus tu reçus il reçut n. reçûmes v. reçûtes ils reçurent	je recevrai tu recevras il recevra n. recevrons v. recevrez ils recevront
41. devoir ねばならぬ devant dû, due dus, dues	je dois tu dois il doit n. devons v. devez ils doivent	je devais tu devais il devait n. devions v. deviez ils devaient	je dus tu dus il dut n. dûmes v. dûtes ils durent	je devrai tu devras il devra n. devrons v. devrez ils devront
42. pouvoir できる pouvant pu	je peux (puis) tu peux il peut n. pouvons v. pouvez ils peuvent	je pouvais tu pouvais il pouvait n. pouvions v. pouviez ils pouvaient	je pus tu pus il put n. pûmes v. pûtes ils purent	je pourrai tu pourras il pourra n. pourrons v. pourrez ils pourront
43. vouloir のぞむ voulant voulu	je veux tu veux il veut n. voulons v. voulez ils veulent	je voulais tu voulais il voulait n. voulions v. vouliez ils voulaient	je voulus tu voulus il voulut n. voulûmes v. voulûtes ils voulurent	je voudrai tu voudras il voudra n. voudrons v. voudrez ils voudront
44. savoir 知っている sachant su	je sais tu sais il sait n. savons v. savez ils savent	je savais tu savais il savait n. savions v. saviez ils savaient	je sus tu sus il sut n. sûmes v. sûtes ils surent	je saurai tu sauras il saura n. saurons v. saurez ils sauront
45. valoir 価値がある valant valu	je vaux tu vaux il vaut n. valons v. valez ils valent	je valais tu valais il valait n. valions v. valiez ils valaient	je valus tu valus il valut n. valûmes v. valûtes ils valurent	je vaudrai tu vaudras il vaudra n. vaudrons v. vaudrez ils vaudront
46. falloir 必要である — fallu	il faut	il fallait	il fallut	il faudra
47. pleuvoir 雨が降る pleuvant plu	il pleut	il pleuvait	il plut	il pleuvra

条件法	接続法		命令法	同型活用の動詞 （注意）
現在	現在	半過去	現在	
je recevrais tu recevrais il recevrait n. recevrions v. recevriez ils recevraient	je reçoive tu reçoives il reçoive n. recevions v. receviez ils reçoivent	je reçusse tu reçusses il reçût n. reçussions v. reçussiez ils reçussent	 reçois recevons recevez	apercevoir, concevoir
je devrais tu devrais il devrait n. devrions v. devriez ils devraient	je doive tu doives il doive n. devions v. deviez ils doivent	je dusse tu dusses il dût n. dussions v. dussiez ils dussent		（過去分詞は du=de+le と区別するために男性単数のみ dû と綴る）
je pourrais tu pourrais il pourrait n. pourrions v. pourriez ils pourraient	je puisse tu puisses il puisse n. puissions v. puissiez ils puissent	je pusse tu pusses il pût n. pussions v. pussiez ils pussent		
je voudrais tu voudrais il voudrait n. voudrions v. voudriez ils voudraient	je veuille tu veuilles il veuille n. voulions v. vouliez ils veuillent	je voulusse tu voulusses il voulût n. voulussions v. voulussiez ils voulussent	 veuille veuillons veuillez	
je saurais tu saurais il saurait n. saurions v. sauriez ils sauraient	je sache tu saches il sache n. sachions v. sachiez ils sachent	je susse tu susses il sût n. sussions v. sussiez ils sussent	 sache sachons sachez	
je vaudrais tu vaudrais il vaudrait n. vaudrions v. vaudriez ils vaudraient	je vaille tu vailles il vaille n. valions v. valiez ils vaillent	je valusse tu valusses il valût n. valussions v. valussiez ils valussent		
il faudrait	il faille	il fallût		
il pleuvrait	il pleuve	il plût		

ピロット 1
すいすい初級フランス語

検印省略

© 2024年1月31日 初版発行

著 者 原 大地
ヴァンサン・デュランベルジェ
川村文重
御園敬介
渡名喜庸哲

発行者 小川洋一郎
発行所 株式会社 朝日出版社
101-0065 東京都千代田区西神田 3-3-5
電話直通 (03)3239-0271/72
振替口座 00140-2-46008
https://www.asahipress.com/

イラスト tama
本文レイアウト mi e ru
装 丁 mi e ru
組 版 有限会社ファースト
印 刷 図書印刷株式会社

乱丁、落丁本はお取り替えいたします。

ISBN978-4-255-35355-5 C1085

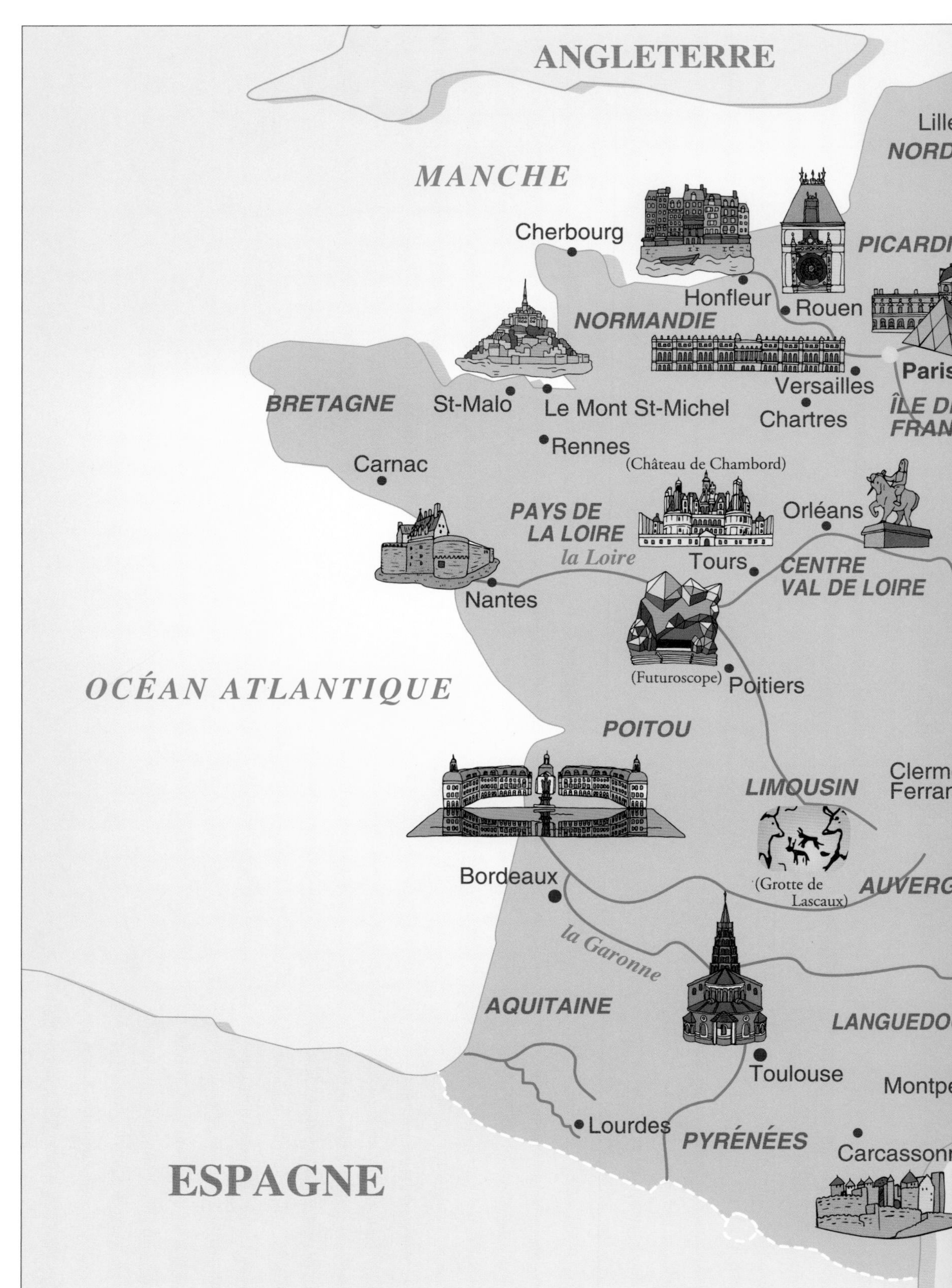
ANGLETERRE
MANCHE
Lille
NORD
PICARDI
Cherbourg
Honfleur
Rouen
NORMANDIE
Paris
Versailles
BRETAGNE
St-Malo
Le Mont St-Michel
Chartres
ÎLE DE
FRAN
Rennes
Carnac
(Château de Chambord)
PAYS DE
LA LOIRE
Orléans
la Loire
Tours
CENTRE
VAL DE LOIRE
Nantes
OCÉAN ATLANTIQUE
(Futuroscope)
Poitiers
POITOU
LIMOUSIN
Clerm
Ferran
Bordeaux
(Grotte de
Lascaux)
AUVERG
la Garonne
AQUITAINE
LANGUEDO
Toulouse
Montpe
Lourdes
PYRÉNÉES
Carcasson
ESPAGNE

アクティビティで学ぶスペイン語

初級から中級へ

Punto y Seguido

Curso de español
Nivel pre-intermedio

大森洋子
ホセファ・ビバンコス=エルナンデス
廣康好美

朝日出版社

音声ダウンロード

音声再生アプリ「リスニング・トレーナー」（無料）

朝日出版社開発のアプリ、「リスニング・トレーナー（リストレ）」を使えば、教科書の音声をスマホ、タブレットに簡単にダウンロードできます。どうぞご活用ください。

まずは「リストレ」アプリをダウンロード

» App Store はこちら

» Google Play はこちら

アプリ【リスニング・トレーナー】の使い方

① アプリを開き、**「コンテンツを追加」**をタップ

② QRコードをカメラで読み込む

③ QRコードが読み取れない場合は、画面上部に 55158 を入力し「Done」をタップします。

QRコードは(株)デンソーウェーブの登録商標です

「Web ストリーミング音声」

https://text.asahipress.com/free/spanish/puntoyseguido/index.html

◆ 本テキストの音声はCDでのご提供から音声アプリ「リスニング・トレーナー」（無料）とストリーミングでのご提供に変更いたしました。

◆ 本テキストにCDは付きません。

はじめに

この本は、初級（直説法現在形くらいまで）を終えた学生を対象に初級内容をしっかり復習しながら中級への学習へスムーズに進むことが出来るようになればと考えてつくられました。本のタイトル、“Punto y Seguido” はディクテーションのときに使う言葉です。ピリオドで文を終わりにした後、改行せずに新しい文を続けることを知らせるためのフレーズです。せっかくスペイン語の勉強を始めたのだから、初級をしっかりと身につけ、続けて中級の勉強へ移ってほしいという願いをこめました。

この本の特徴として、次のような点を挙げることができます。

1. 課の最初にディクテーションのための簡単な文章があります。音声を聞きながら段階を追って書き取り練習をし、聴解力、文章力の養成を目指していきます。
2. 発音上で注意する点を課毎にテーマにして音声を聞きながら理解を深めていきます。
3. 課毎の目標は文章表現をすることですが、読解、聴き取り、会話など様々なアクティビティを盛り込んでいます。
4. １課～５課の復習のための課では多くの学習者にとって理解の徹底しない事柄を取り上げ、練習問題を通して文法理解が深まるようになっています。巻末に文法説明がありますからそれを参照しながら文法の復習を行うことが可能です。

何事も基礎をしっかりと築くことでそれ以降の進行が順調に行くものです。スペイン語の学習も基礎をしっかりと固め、その上で中級の事柄を一つ一つ学んでいってほしいと考えています。この本が皆さんのスペイン語の学習に何らかの形でお役に立てば、著者としてこれ以上の喜びはありません。

なお最後になりましたが、感情を込めて生き生きとしたスペイン語でCDを吹き込んで下さった Juan Carlos Moyano López さん、故 Manuel Díez 先生の歌の使用を快くご承知下さった石崎優子先生、いつも辛抱強く適切なアドバイスと励ましを下さった朝日出版社の山田敏之さんに心から御礼を申し上げます。

著者一同

目　次

歌音源提供 — 石崎優子
装丁 — 盛武義和
イラスト — 山本百合子

CD-2

Unidad 0 ¿Por qué estudias español?

Para empezar

I なぜスペイン語を学習するのでしょうか。音声を聞いて空欄を埋めながら、その動機をもう一度考えてみましょう。

En todo el mundo muchas personas estudian ＿＿＿＿＿＿. Hay muy variadas razones. Unos quieren viajar para conocer la ＿＿＿＿＿＿, el arte o la música hispanos. Otros quieren hacer ＿＿＿＿＿＿ españoles o hispanoamericanos, o quieren ir a estudiar a alguno de los países de habla hispana. ＿＿＿＿＿＿ hay personas que estudian español porque trabajan o quieren trabajar en uno de estos ＿＿＿＿＿＿, porque tienen amigos o amigas que hablan español, o simplemente porque les ＿＿＿＿＿＿ la lengua española. Y tú, ¿por qué ＿＿＿＿＿＿ español?

II スペイン語圏の国々

1. スペイン語が話されている国々を挙げてみましょう。

México	Ecuador	Panamá	＿＿＿＿
＿＿＿＿	＿＿＿＿	＿＿＿＿	＿＿＿＿
＿＿＿＿	＿＿＿＿	＿＿＿＿	＿＿＿＿
＿＿＿＿	＿＿＿＿	＿＿＿＿	＿＿＿＿
＿＿＿＿	＿＿＿＿	＿＿＿＿	＿＿＿＿

2. 次の語の太字の部分と同じ音を含む都市名を地図で探しましょう。

Vene**z**uela
Ar**g**entina
Colombia
Boli**v**ia

3. スペイン語の発音について、スペイン語を知らない人に説明します。どんな特徴を挙げることができるかを考えましょう。

例 スペイン語の母音は日本語と同じように5つあるけれども…

Actividades 1

I-1 次の情報を参考にして表を完成させましょう。

PAÍS: México, Cuba, Colombia, Chile, España
¿DÓNDE?: Norteamérica, Centroamérica, Sudamérica, Europa
NÚMERO DE HABITANTES:
44 millones, 11 millones, 16 millones, 108 millones, 40 millones
LUGARES FAMOSOS:
Acapulco, Tenerife, Salamanca, Cuevas de Altamira, Cartagena de Indias, Guantánamo, Santiago de Chile, La Habana, Yucatán, Valparaíso, La Mancha, ruinas mayas
PERSONAS CONOCIDAS:
Diego Rivera, Gabriel García Márquez, Fernando Botero, Fidel Castro, Isabel Allende, Frida Khalo, Pablo Neruda, Federico García Lorca, Pablo Picasso.

	a) México	b) Cuba	c) Colombia	d) Chile	e) España
場所					
人口					
有名な場所					
有名な人物					

I-2 音声を聞いて確認しましょう。 CD-3

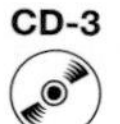

II-1 ペアになって会話しましょう。

A: ¿Adónde quieres ir?
B: Yo quiero ir a ______________.
A: ¿Por qué quieres ir a ______________?
B: Porque quiero ver ______________.
Porque quiero visitar ______________.
Porque me gusta ______________.

II-2 クラスでの統計を取ってみましょう。クラスで5人以上の人に同じ質問をしてみましょう。どこに行きたい人が多いでしょうか。理由が共通していますか、それとも違う理由でしょうか。

Actividades 2

I 📖 5人の自己紹介を読みましょう。

	Me llamo Naomi. Soy de Tokio. Escucho música a todas horas. La música me vuelve loca y ¡cómo no! también me gusta bailar.
	Soy Takeshi. Soy de Yokohama. Me gusta mucho ir de copas. Mis amigos me dicen que soy muy hablador y muy marchoso. Quiero tener amigos de países hispanos.
	Soy Mary. Soy de Los Ángeles. Me encantan los idiomas. También me gusta leer. Leo de todo: muchos autores contemporáneos pero también disfruto con las obras de Shakespeare o Cervantes.
	Soy Akemi. Soy de Chiba. Estudio Económicas en la universidad. Tengo muchas asignaturas obligatorias, sobre todo este año que estudio primero. Me gustan bastante pero son difíciles y casi no tengo tiempo libre.
	Soy Akio. Estudio Historia en la Universidad Gakusai, en el norte de Japón. Me interesa mucho la arqueología.

II スペイン語を学習する動機を上の5人について考えてみましょう。

a) Yo estoy estudiando español porque quiero vivir en España en el futuro y conocer la gente y su cultura.
b) Yo quiero estudiar español porque quiero aprender más canciones españolas e hispanoamericanas.
c) Yo estudio español porque quiero leer *Don Quijote* en español.
d) Yo estudio español porque quiero viajar por Hispanoamérica para visitar restos arqueológicos importantes de América.
e) Yo ahora tengo que estudiar español porque es un requisito para acabar la carrera.

III **Y tú, ¿por qué estudias español?** クラスのみんなのスペイン語学習動機を調査しましょう。

¡Ahora exprésate!

I 2ページの文章をもう一度読みながら、どんな学習動機があるかを考えましょう。

- **学習動機を提示するための表現は？**
- **他に考えられる学習動機は？**
  para el trabajo, por cuestiones profesionales...
- **学習動機が文で表される場合どのような表現になっているでしょうか。**
- **学習動機が名詞で表される場合どのような表現になっているでしょうか。**

II 自分の具体的な学習動機を考えて文章を作りましょう。

Yo quiero estudiar español porque...
para [por]...

¡Revisamos!

文章を見直しましょう。

A.（個人で）自分で書いた文章を、次の点に特に注意して見直しましょう。
- 主動詞は主語に合わせて活用しているか、時制に間違いはないか。
- 名詞の性、数の一致に間違いはないか。

B.（ペアで）相手の文章をみて、お互いにコメントをつけて返却しましょう。必要があれば辞書を利用しましょう。
- 意味が通じるか、また細かい点で気づいたことがあればメモをしておきましょう。

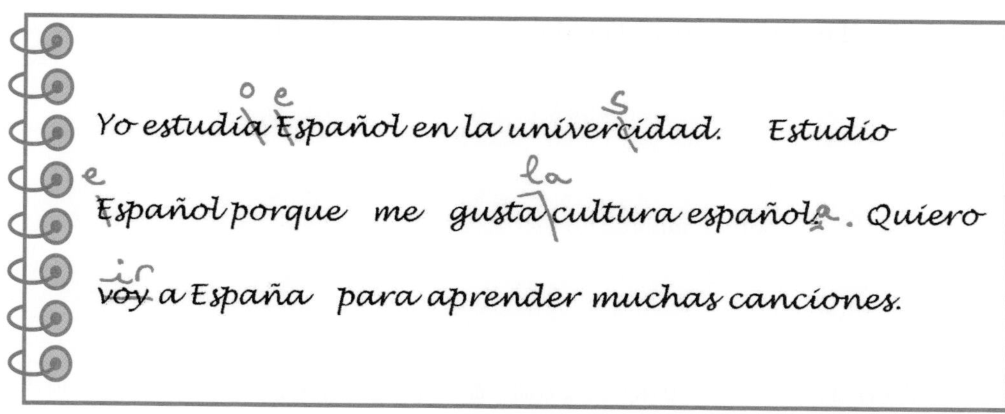

添削された文章をもう一度見て、書き直しましょう。

CD-4

Unidad 1 Presentación

Para empezar

I **Patricia** の自己紹介です。音声を聞いて空欄を埋めましょう。

¡Hola! Os voy a __________ un poco sobre mí. Me llamo Patricia. Tengo 25 __________. Soy española pero vivo en México desde hace unos meses porque estoy estudiando Psicología en la ___________. Toda mi familia vive en Murcia. Mi ___________ se llama Luis y es __________ en un hospital de la ciudad. Mi madre se llama Carmen; ahora no trabaja fuera de casa. Tengo dos ___________, un hermano y una hermana. Mi hermano se llama Pablo y es mayor que yo. Mi hermana, Ana, es menor que yo. Pablo es informático y ___________ en una empresa. Ana es ___________. Los dos van a venir a verme el mes que viene.

CD-5

II 音声を聞いて空欄を埋めましょう。

1) Salgo del __________ a las seis.
   ¿Qué horario tienes? — __________ de nueve a dos y de tres a seis.
2) ¿Me pasas ese __________? — ¿Cuál? — El que está __________ la mesa.
3) __________ hablas japonés muy bien y __________ hermana también.
4) ¿Dónde __________ tu chaqueta? — Allí.
   ¿Cuál es tu chaqueta? — La mía es __________.
5) En julio llueve mucho; unos 15 días al mes, por __________ medio.
   ¿Terminas la tarea? — Sí, la __________ ahora mismo.
6) __________ sin entender la explicación.
   Los grandes almacenes abren en horario __________ de diez a nueve.

1. **同音異義語**。同じ綴りで意味が異なる語。品詞等も異なる場合があるので、文の前後関係で意味を判断します。
2. **アクセント記号の有無以外は同じ綴りの語**。使い方や意味が異なります。アクセント記号は綴りの一部です。間違えないようにしましょう。

Actividades 1

I 友人や家族を紹介する文章です。それぞれの絵と関連付けましょう。

a) Me llamo Ramón, y tengo veinticinco años. Vivo en Sevilla. Tengo muchos amigos y amigas. Una de ellas se llama Elvira. Tiene treinta años. Elvira es muy alta y delgada. Es rubia y tiene el pelo largo y liso. Es muy guapa. Es informática. Es muy inteligente y simpatiquísima.

b) Esta es una foto de la familia de mi hermana. Este es el marido de mi hermana, Raúl, y esta es mi hermana Pilar. Está embarazada de seis meses. Esta es su hija, que tiene cinco años.

c) Estos son mis abuelos. Son muy mayores. Mi abuelo tiene 78 años y mi abuela 72. Ya tienen seis nietos. Mi abuelo es muy callado y siempre está en casa, pero mi abuela es muy activa y va de viaje de vez en cuando.

II 音声を聞きながら、絵を正しく直しましょう。 CD-6

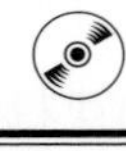

III 家族の写真、友人たちの写真を提示しながら、自分の家族、友達を紹介しましょう。

Ejercicios gramaticales

I (　　) 内に **ser, estar** のいずれかを適切な形にして入れ、質問—答えのペアを完成させましょう。

質問

1) ¿De dónde (　　) usted?
2) ¿(　　) vosotros mexicanos?
3) ¿Cuántos (　　) en tu familia?
4) ¿(　　) tú profesora?
5) ¿Dónde (　　) tus hermanos?
6) ¿Cómo (　　) usted?
7) ¿Alberto y Rosa (　　) hermanos?
8) ¿Qué hora (　　)?
9) ¿De quién (　　) este diccionario?
10) Buenos días, ¿(　　) la señora Vázquez?
11) ¿Dónde (　　) las islas Galápagos?
12) ¿Qué día (　　) hoy?

答え

(a) (　　) de María; aquí pone su nombre.
(b) No, (　　) colombianos.
(c) (　　) de Japón.
(d) (　　) muy bien, gracias.
(e) Ahora (　　) de viaje; (　　) en París.
(f) No, (　　) primos.
(g) Sí, (　　) profesora, y trabajo en una universidad.
(h) (　　) cinco en mi familia.
(i) Hoy (　　) domingo.
(j) No, en este momento no (　　) en casa.
(k) (　　) las dos y media.
(l) Creo que (　　) en el Pacífico.

II **ser** または **estar** のいずれかを選んで文を完成し，文の意味を確認しましょう。

1) Nosotras (somos — estamos) cansadas.
2) Algunos tulipanes (son — están) blancos.
3) Estos cristales (son — están) sucios.
4) Ana y Sergio (son — están) estudiantes.
5) ¡Qué guapa (eres — estás) con ese vestido, Pili!
6) La sopa (es — está) fría. Caliéntala un poco.
7) Francisco (es — está) muy guapo. Tiene unos ojos azules preciosos.
8) ¡Hola! ¡Cuánto tiempo! (Eres — Estás) muy delgado.
9) El examen (es — está) en el aula 10.
10) Tus amigos (son — están) en la Plaza de Oriente.

ser と estar の用法をまとめましょう。

ser を使うのは…

estar を使うのは…

Actividades 2

I-1 📖 **Rodríguez**一家を紹介した文章ですが、幾つかの間違いがあります。間違いを見つけて正しい文章にしましょう。

Son la familia Rodríguez: Miguel, Mercedes, sus hijos Javier y Maite, y la abuela Pilar, la madre de Mercedes, que vive con ellos. Vivimos todos juntos en Barcelona. Miguel es taxista y Mercedes son ama de casa. Miguel es alto y fuerte. Mercedes tiene cincuenta y ocho años. No es mucho alta, pero bastante delgada. Javier estudiar Informática y tiene veintidós años. Es muy simpático y muy aplicado. Maite tiene veinte años, y estudia Medicina. Es muy guapo e inteligente.

チェックポイントは…
1. 主語と動詞の一致は？
2. 形容詞は修飾する名詞に一致しているか否か。
3. 形容詞の程度を表すのは **mucho?** それとも…

I-2 正しい文章にして、書き直しましょう。

(　　　　　) la familia Rodríguez: Miguel, Mercedes, sus hijos Javier y Maite, y la abuela Pilar, la madre de Mercedes, que vive con ellos. (　　　　　) todos juntos en Barcelona. Miguel es taxista y Mercedes (　　　　　) ama de casa. Miguel es alto y fuerte. Mercedes tiene cincuenta y ocho años. No es (　　　　　) alta, pero bastante delgada. Javier (　　　　　) Informática y tiene veintidós años. Es muy simpático y muy aplicado. Maite tiene veinte años, y estudia Medicina. Es muy (　　　　　) e inteligente.

I-3 次の点に注意して内容を確認しましょう。

- 家族構成
- 家族のメンバーそれぞれの名前
- それぞれの人物について分かること

¡Ahora exprésate!

I スペインの語学学校の最初のクラスで、それぞれが自己紹介、家族や友人の紹介をすることになりました。原稿を書きましょう。

1. 言いたい内容を書き出し、適切な順番に並べましょう。

● **名前**

Me llamo...	Mi padre se llama...	Mi mejor amigo se llama...
Yo soy...	Mi hermana es...	

● **国籍、出身地、住んでいる場所**

Soy	(Es)	japonés, japonesa / coreano, coreana / chino, china...
Soy	(Es)	de Osaka / de Seúl / de Pekín...
Vivo	(Vive)	en Nueva York / en el sur de Japón / cerca de Tokio...

● **年齢**

Tengo ... años.　　Mi abuela tiene ... años.

● **容姿、性格**

Soy	(Es)	moreno, morena / delgado, delgada / alto, alta...
Soy	(Es)	inteligente / simpático, simpática / activo, activa...

● **身分、職業**

Estoy	(Está)	casado, casada / soltero, soltera...
Soy	(Es)	profesor, profesora / taxista / funcionario, funcionaria...
Trabajo	(Trabaja)	en un restaurante / en un banco...
Estudio	(Estudia)	Informática / Medicina / Económicas...

● **趣味など**

Viajo (Viaja) mucho. / Leo (Lee) mucho.

2. 自然に話す調子になるように、つなぎの言葉を工夫しましょう。
   y, pero...

¡Revisamos!

文章を見直しましょう。

A.（個人で）自分が書いた文章を次の点に注意して見直しましょう。

- 主語、動詞は一致しているか。
- ser や estar のあとの形容詞は主語の性と数に一致しているか。

B.（ペアで）相手の文章をみて、お互いにコメントをつけて返却しましょう。必要があれば辞書を利用しましょう。

- A で示されたチェック項目がしっかり直されているか。
- 意味が分かりにくい部分がないか。

Me llama Masako Katayama. Soy japonésa. Tengo cuatro familias. Mi madre se llama Yoko y tengo 54. Es delgado y alto. Tengo uno hermano y una hermana.

添削された文章をもう一度見て、書き直しましょう。

それぞれ実際に自己紹介をしてみましょう。

✓まとめ

文法

- □ ser の活用と用法
- □ estar の活用と用法
- □ 形容詞の性数変化
- □ 動詞の活用（規則）

表現・語彙

- □ 親族の呼び方　padre, madre, hermano, abuela...
- □ 容姿、性格を表す表現　alto, delgado, guapo, inteligente...

CD-7

Unidad 2 Mi horario

Para empezar

I **María** が自分の仕事のスケジュールについて話しています。音声を聞いて空欄を埋めましょう。

Me llamo María y soy enfermera en un ___________ muy grande. Mi horario varía mucho porque ___________ por turnos. Generalmente trabajo en el turno de día y ___________ a las ocho y media de la mañana y termino a las cuatro y media de la tarde. Pero cuando me toca el turno de ___________, entro a trabajar a las ___________ de la tarde y salgo a las once. Una vez a la ___________ tengo turno de medianoche, de once de la noche a ocho de la ___________. Tengo dos ___________ libres a la semana. Los días que no trabajo, a menudo salgo a ver alguna ___________ o a veces voy de ___________ con mi hermana o mis amigos.

CD-8

II 音声を聞いて、それぞれ平叙文であればピリオド、疑問文であれば疑問符（**¿ ?**)、感嘆文であれば感嘆符（**¡ !**) をつけましょう。

1) María es española
2) María es española
3) Qué calor
4) Estupendo
5) Vives en Madrid
6) Vives en Madrid
7) Dónde vives
8) Patricia estudia Psicología
9) Patricia estudia Psicología
10) Patricia estudia Psicología

1. **平叙文**は文末が下がる。
2. **疑問詞を伴わない疑問文**の場合には文末が上がる。
3. **疑問詞を伴う疑問文**の場合には文末が下がる場合と文末が上がる場合がある。
4. **感嘆文**は文末が下がる。

Actividades 1

I-1 誰の自己紹介でしょう。音声を聞いて名前と職業を書きましょう。 CD-9 

名前：＿＿＿＿＿＿＿＿ ＿＿＿＿＿＿＿＿ ＿＿＿＿＿＿＿＿ ＿＿＿＿＿＿＿＿

職業：＿＿＿＿＿＿＿＿ ＿＿＿＿＿＿＿＿ ＿＿＿＿＿＿＿＿ ＿＿＿＿＿＿＿＿

I-2 それぞれの人の趣味を予測して表現しましょう。

趣味

tocar el piano	navegar por Internet	ir al cine
jugar al fútbol	jugar al golf	pintar
cocinar		

頻度

casi todos los días	tres horas diarias	una vez cada quince días
los sábados por la mañana	cada dos meses	a menudo
los domingos	siempre	

例 Raúl siempre navega por Internet.

I-3 それぞれの人が趣味を語っています。音声を聞いて予測と一致したか確認しましょう。  CD-10 

I-4 予測が一致していなかった人について発表しましょう。

例 Yo pienso que Raúl siempre navega por Internet, pero de verdad él no navega por Internet. Juega al golf una vez cada dos meses.

Ejercicios gramaticales

I それぞれ動詞の形に合うように、主語代名詞 (**yo, tú** など) を入れましょう。またそれぞれの文の主語が単数の場合には複数に、複数の場合には単数にして文を作りましょう。

例 (Nosotros / Nosotras) vivimos en Tokio. → Yo vivo en Tokio.

1) ¿Cómo vas ( ) a la oficina? →
2) ( ) salgo a menudo los fines de semana. →
3) ¿Vais ( ) mucho al cine? →
4) ( ) empezamos a trabajar a las nueve. →
5) ¿A qué hora vuelves ( ) por la noche? →
6) Normalmente ( ) vuelvo a las seis. →
7) ( ) venimos a la universidad en autobús. →
8) ( ) juego muy mal al golf. →

II 余暇をどんなふうに過ごしているかのインタビューの会話です。

1. それぞれ空欄にわく内から動詞を補って会話を完成させましょう。

dormir	**cenar**	**practicar**	**preferir**	**jugar**
salir	**tener**			

1) Tú tocas la guitarra, ¿verdad? ¿Cuándo ________ normalmente?
—Bueno, ________ clase de guitarra los viernes por la noche y ________ en casa casi todos los días.
2) ¿________ (tú) a menudo los domingos?
—No, ________ estar en casa viendo la tele.
3) ¿Cuántas horas ________ (vosotros) al día?
—Yo siempre ________ siete horas, pero ella ________ más, ocho horas diarias.
4) ¡Ah, vosotros ________ al tenis!
—Sí, no nos gusta estar en casa; todos los domingos ________ algún deporte.
5) ¿________ (ustedes) fuera a menudo?
—Sí, toda la familia nos reunimos los sábados en casa de los abuelos y ________ a cenar fuera.

2. 例にならって余暇について質問する文を作りましょう。

例 ver la televisión → ¿Veis la televisión mucho? /¿Cuántas horas veis la televisión al día?

1. comer fuera 2. ir de compras 3. navegar por Internet

動詞現在形の活用を確認しましょう。不規則動詞のパターンなどを把握しましょう。

Actividades 2

I-1 📖 外国や外国人についてだれもが色々なイメージを持っていますね。そのイメージは正しいものでしょうか。次の文章を読んでどこの人たちのことかを考えましょう。

1) Los ________ comen mucho. ¡Es increíble la cantidad de hamburguesas que comen a la semana! Les gusta comer mucha carne y siempre beben una barbaridad de coca-cola.
2) Los ________ trabajan demasiado. No descansan ni un día. Salen de casa temprano, van al trabajo en trenes llenísimos de gente y por la tarde - o por la noche - siempre hacen horas extras y llegan a casa a las tantas. Es que les gusta trabajar.
3) Los ________ son muy tranquilos. A la hora de la comida descansan 2 ó 3 horas y hasta duermen la siesta. Son muy habladores y cuando empiezan a hablar no paran. Como las tiendas están cerradas los domingos, van de compras los días laborables.
4) Los ________ son muy serios. Nunca cuentan chistes y no saben divertirse. Empiezan a trabajar por la mañana muy temprano y se acuestan temprano también. Son muy amantes del orden y de ¡la cerveza!
5) Los ________ se ocupan mucho de su apariencia. Se visten muy elegantemente y las mujeres llevan ropa y bolsos de marca. Beben mucho vino y comen mucho queso.

I-2 📖 上で述べられたイメージに反論しています。それぞれどの国の人のコメントかを考えましょう。

a) Dicen que comemos mucha carne, pero yo soy vegetariana. Tengo muchos amigos vegetarianos también. Tampoco comemos tantas hamburguesas. A mí no me gusta nada el olor.
b) Dicen que somos tranquilos, pero yo trabajo en un bar y trabajo muchísimo. Nunca tengo tiempo para dormir la siesta.
c) Dicen que nos ocupamos mucho de nuestra apariencia y llevamos bolsos de marca pero en realidad son los turistas los que compran ropa y bolsos de marca. Hay muchas tiendas pero yo nunca compro nada.
d) Dicen que somos muy serios pero la sociedad funciona muy bien sin ningún problema. A mí no me gusta el desorden y así vivimos muy tranquilamente.

II **I-1** で述べられている日本人についての文章に、**I-2** にならって反論してみましょう。

2 dos

¡Ahora exprésate!

¿Qué horario tienes?
自分の仕事や余暇活動を紹介しましょう。

I スペインの大学生の **José** についての文章を読み、書いてあることを整理しましょう。

Me llamo José. Soy estudiante. Estudio Económicas en la universidad. Mi horario varía cada día. Los lunes, miércoles y viernes tengo clase de nueve a dos y luego me voy a casa a comer. Los miércoles vuelvo a la universidad por la tarde porque tengo clase de inglés de cinco a siete. Los martes y los jueves las clases empiezan a las diez y media y terminan a la una y media. Antes de los exámenes estudio en la biblioteca por la tarde. Tengo dos días libres a la semana. Los días que no tengo clase, a menudo salgo y voy de copas con mis amigos. A veces juego al tenis en una pista que está cerca de mi casa.

1. 書き出しはどのようになっているでしょうか。名前と職業は何でしょう。

2. 一週間の生活はどのように説明されていますか。

3. 休日はどのように過ごしていますか。

II 同じように、自分の大学生活・仕事や余暇活動を紹介する文章を作りましょう。

1. 名前を言いましょう。
   Me llamo...

2. 自分が何をしているか（何を勉強しているか）表現しましょう。
   Estudio...

3. どのくらい勉強しているか、授業がどのくらいあるかを表現しましょう。
   Tengo clase todos los días, y ...

4. 休日はどんなことをしているかを挙げましょう。
   Los sábados no tengo clase...

5. 1～4をつなげて文章を作りましょう。

¡Revisamos!

文章を見直しましょう。

A.（個人で）自分が書いた文章を次の点に注意して見直しましょう。

- 冠詞の性数は正しいか。
- 主語、動詞は一致しているか。
- 動詞の活用は正しいか。

B.（ペアで）相手の文章をみて、お互いにコメントをつけて返却しましょう。必要があれば辞書を利用しましょう。

- A.で示されたチェック項目がしっかり直されているか。
- 意味がわかりにくい部分がないか。

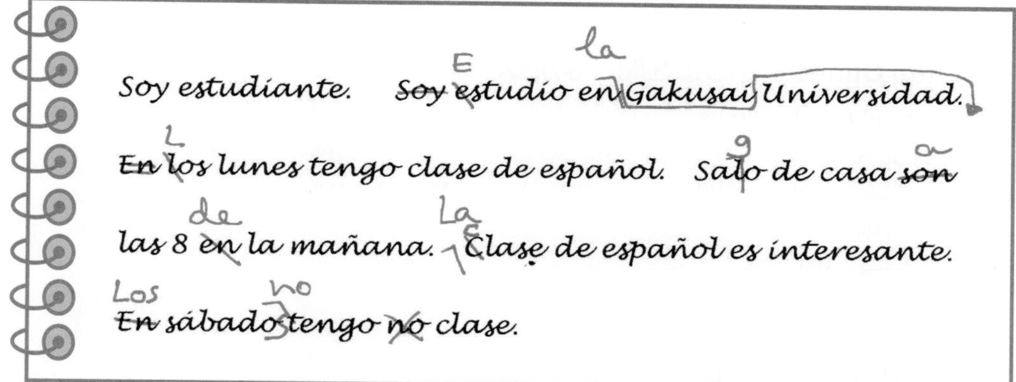

添削された文章をもう一度見て、書き直しましょう。

2
dos

✓ まとめ

文法

- □ 動詞の活用（現在）
- □ 基本的な動詞の用法

表現・語彙

- □ 趣味・活動を表す動詞　trabajar, hablar, tocar, jugar, salir, cenar...
- □ 曜日　lunes, martes, miércoles, jueves, viernes, sábado, domingo
- □ 頻度を表す表現　siempre, a menudo, a veces...

CD-11

Unidad 3 ¿Qué te parece?

Para empezar

I **Antonio** が読書について語っています。音声を聞いて空欄を埋めましょう。

¿Os gusta ＿＿＿＿＿＿? A mí sí. Me ＿＿＿＿＿＿ leer. Estoy muy ocupado pero no importa. Siempre ＿＿＿＿＿＿ tiempo para la lectura. Leo en cualquier sitio, en la parada del ＿＿＿＿＿＿, en el metro, en la cama, etc. etc. Generalmente leo ＿＿＿＿＿＿ históricas porque me gusta mucho la ＿＿＿＿＿＿, sobre todo la historia universal. Me gusta ＿＿＿＿＿＿ el porqué de cada cosa y sentirme como uno de los personajes importantes de la historia. Pero no me gustan nada las novelas de ＿＿＿＿＿＿ ficción. No sé por qué, pero me es muy ＿＿＿＿＿＿ imaginar una sociedad dentro de 100 años. ¡Para qué quieres ＿＿＿＿＿＿ cosas del futuro si en el pasado hay cosas tan ＿＿＿＿＿＿!

CD-12

II **El Conde Olinos** という歌を聞きながら、空欄を埋めて歌詞を完成させましょう。

Madrugaba el Conde Olinos	オリノス伯は早起きだった
mañanita de San Juan	聖ヨハネの日の早朝に
a dar ＿＿＿＿＿ a su caballo	馬に水をやるために
a las orillas del ＿＿＿＿＿,	海の岸辺で
a las ＿＿＿＿＿ del mar.	海の岸辺で
(Bis)	（繰り返し）
Mientras su ＿＿＿＿＿ bebe,	馬が水を飲んでいる間
canta un ＿＿＿＿＿ cantar.	美しい歌を歌う
Las ＿＿＿＿＿ que iban volando	飛んでいた鳥たちも
se paraban a escuchar,	歌を聞こうと羽を休めた
se paraban a ＿＿＿＿＿.	歌を聞こうとに羽を休めた
(Bis)	（繰り返し）
Bebe, mi caballo, bebe,	飲みなさい馬よ飲みなさい
＿＿＿＿＿ te me libre de ＿＿＿＿＿,	神がお前を不幸から守って下さるように
de los vientos de la tierra	地を吹く風と
y de las furias del mar,	荒れ狂う海から
y de las furias del mar.	荒れ狂う海から
(Bis)	（繰り返し）

語の境界がわからなくなる場合があるので注意しましょう。
文法の知識、語彙の知識を利用して聴き取りをしていくようにしましょう。

Actividades 1

I-1 好きな花はどれですか。絵を見ながら考えましょう。友人にどの花が好きか聞いて、クラスの中で好きな花の統計をとってみましょう。人気が一番なのはどれでしょう。人気がないのはどれでしょうか。

¿Qué flores te gustan más? —Me gustan más las rosas. (los tulipanes, las margaritas...)

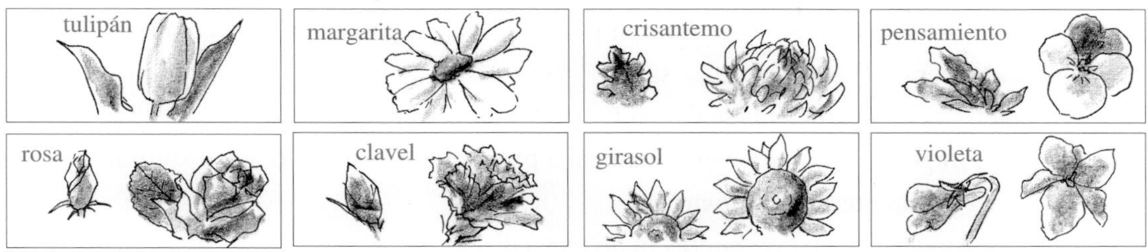

I-2 次の文章は、上の花のいずれかを選んだ人の特徴を表したものです。どの文章がどの花を選んだ人なのかを推測しましょう。

a) María es una persona impulsiva. Piensa con el corazón y es muy amiga de sus amigos. Trabaja mucho tiempo para ahorrar pero luego es capaz de gastarse todo el dinero de una vez en un capricho.

b) A Juan Alberto le gusta ser el centro de atención. Es atractivo y carismático. Le es muy fácil cautivar a la gente.

c) Juan es una persona tranquila. Es serio. Le gusta tener su cuarto muy ordenado siempre. Es responsable. Sus amigos y sus colegas saben que pueden confiar en él.

d) Sara es muy cariñosa. Es baja y siempre está sonriente. No habla mucho pero escucha muy atentamente a sus amigos.

I-3 なぜそう思ったか、スペイン語で表現しましょう。

Creo que a __________ le gustan las rosas porque las rosas son...

I-4 音声を聞いて自分の予測が一致していたかをチェックしましょう。 CD-13

1) Juan Alberto　　2) Sara　　3) Juan　　4) María

II-1 **Pilar** が自分の好みを話しています。どの花が好きなのかを推測しましょう。 CD-14

II-2 後半を聞いて**Pilar** について想像が当たっていたかどうか確かめましょう。 CD-15

Ejercicios gramaticales

I 空欄に適切な人称代名詞を補って文を完成させましょう。

1) A María y a mí no (　　　) gustan los exámenes.　— Pues a nadie (　　　) gustan los exámenes.
2) ¿A ti (　　　) gusta cocinar?　— No, no (　　　) gusta nada cocinar.
3) ¿A (　　　) os gusta leer?　— A mí sí (　　　) gusta, pero a mi hermano no (　　　) gusta nada leer.
4) ¿A ti qué (　　　) parece la idea?　— (　　　) parece estupenda.
5) ¿(　　　) importa a vosotros venir mañana a primera hora?　— No, en absoluto.
6) ¿A (　　　) le interesa la política?
   — Sí, por supuesto. Leo con interés la prensa a diario.
7) ¿No os gustan los pasteles?　— Sí, (　　　) encantan.

他にどのような動詞が **gustar** と同じように使われるかチェックしましょう。

II 好みについての質問です。それぞれの答えを下のわく内よりみつけましょう。

1) ¿Te gustan los perros, Carmen?
2) ¿Os gusta leer a Mario y a ti?
3) ¿Te gusta viajar, Carlos?
4) ¿Qué les gusta a ustedes hacer en vacaciones?
5) A muchos españoles les gusta hacer deporte. ¿Y a ti?
6) ¿Os gusta salir por la noche?

a) A mí me gusta nadar.　**b) A mí sí me gusta mucho, pero a él no le gusta nada.**
c) Sí, me gustan mucho.　**d) Nos gusta ir a la playa.**　**e) Sí, me encanta.**
f) No, no nos gusta nada, preferimos estar en casa viendo la tele.

III **María** と **Juan** が学校で勉強している科目の一部です。例にならって科目の好き嫌いについて表現してみましょう。

	Matemáticas	Arte	Química	Lengua	Historia
María	×	○	×	◎	◎
Juan	◎	×	◎	○	○

例　A Juan le gustan mucho las matemáticas, pero a María no le gustan nada.
　　A Juan le gustan mucho las matemáticas y la química.

Actividades 2

I-1 📖 1）から 4）の文章を読んで文章の後半を a）から d）の中からみつけましょう。

1) **(Belén)** Soy muy tímida. Tengo muy pocos amigos. No hablo mucho. Paso la mayor parte de mi tiempo libre en casa y leo libros o escucho música. Pero soy muy ordenada y no me gusta nada estar en una habitación en desorden.
2) **(Claudio)** Soy muy activo. Nunca estoy en casa. A veces juego al fútbol con mis compañeros y otras veces voy de excursión en bici. También soy muy hablador; siempre estoy con algunos de mis compañeros.
3) **(Juan Carlos)** Soy muy sociable y tengo bastante sentido del humor. Soy optimista. Siempre veo el lado bueno de las cosas. A veces me engañan, pues soy confiado.
4) **(Ricardo)** A veces me dicen que soy un poco antipático. La verdad es que prefiero estar solo. A menudo me molesta cómo se comportan los demás.

a) Me gusta mucho viajar. La próxima vez quiero viajar por Brasil.
b) No me gusta viajar. Me gusta mucho la gente ordenada y tranquila pero no me gusta nada la gente orgullosa.
c) Me gusta trabajar y hacer las cosas bien y con mucho cuidado. No me gusta dejar las cosas a medio hacer.
d) En el futuro quiero trabajar de recepcionista de un hotel porque me gusta mucho hablar con la gente.

I-2 📖 次は友達募集の文章です。上の4人の人のうちどの人が候補になるかを考えてみましょう。

¡Hola! Me llamo Shota. Soy ingeniero. Trabajo en una empresa constructora. Tengo mucho trabajo, pero cuando tengo vacaciones me gusta salir. Me gusta mucho esquiar y jugar al fútbol. En mi trabajo me llevo muy bien con mis compañeros. Una vez al mes organizamos partidos de fútbol y nos divertimos mucho. Siempre salgo por la noche los fines de semana a tomar algo con mi novia y nuestros amigos. Cuando puedo, voy a los conciertos de rock, pues a mí me gusta mucho la música rock. Espero tu carta.

II 4人を比較した文章を作りましょう。自分と比べてどうかを発表しましょう。

例 Claudio es más ________________ que yo.
Soy más sociable que ________________.

3 tres

¡Ahora exprésate!

Así soy yo.
友達を募集しましょう。

I かおりが作った文章です。書いてあることを整理しましょう。

¡Hola! Soy Kaori. Soy ayudante de investigación. Trabajo en un laboratorio farmacéutico. Tengo mucho trabajo, pero cuando tengo vacaciones me gusta salir. En particular, me gusta mucho viajar al extranjero y también por mi país. Soy una persona muy activa y me gustan las actividades con un poco de riesgo, como los safaris, el alpinismo, la bicicleta de montaña, el piragüismo y muchos deportes de aventura más. No me gusta nada pasarme las vacaciones tomando el sol en una playa. Siempre salgo por la noche los fines de semana a tomar algo con mi grupo de amigos. Vamos a menudo a los conciertos de rock, pues a mí me gusta mucho la música rock, pero también vamos al cine, a ver exposiciones y de vez en cuando al teatro. Espero tu carta.

1. 文章の目的は何でしょう。
2. 書き出しはどのようになっているでしょう。
3. 趣味、活動、性格などはどのような文で表されていますか。

II 実際に自分の友達募集のための文章を作りましょう。

1. 名前、職業などの自分の情報を与えましょう。　Yo me llamo... Soy....
2. 自分の生活状況について簡単に紹介しましょう。
   Yo tengo trabajo todos los días por la mañana y por la tarde normalmente estoy libre...
3. 趣味や嗜好について表現しましょう。
   - どんなことが好きかをあらわす文、活動をどのくらい行うかについての紹介。
     Me gusta hacer deporte, practico _______ tres veces a la semana.
   - その他の趣味。　También me gusta...
   - 自分の嗜好と自分の性格との関連付け。
     Soy muy golosa y muchas veces voy a la confitería para probar...
4. 文章の目的を文章の最初または最後に挿入しましょう。
5. 内容がそろったら、文章を組み立てましょう。

¡Revisamos!

文章を見直しましょう。

A.（**個人で**）自分が書いた文章を次の点に注意して見直しましょう。

- 冠詞の性数は正しいか。
- 主語、動詞は一致しているか。
- 動詞の活用は正しいか。

B.（**ペアで**）相手の文章をみて、お互いにコメントをつけて返却しましょう。必要あれば辞書を利用しましょう。

チェックポイント

- **A** で示されたチェック項目がしっかり直されているか。
- 意味がわかりにくい部分がないか。
- 文の前後関係でおかしい点はないかどうか。

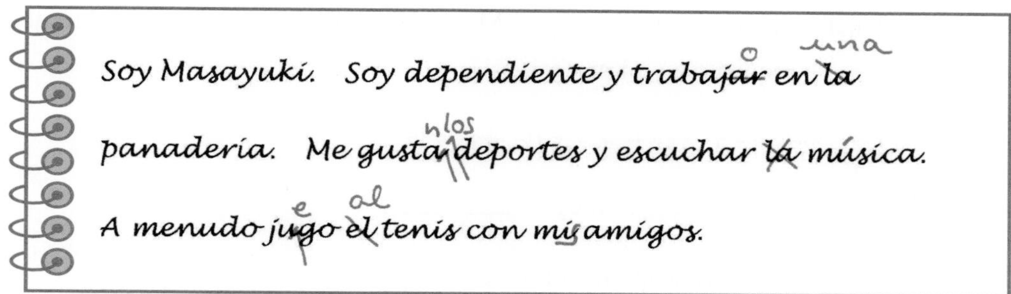

添削された文章をもう一度見て、書き直しましょう。

✓ まとめ

文法

- ☐ **gustar** 型の動詞の用法　encantar, interesar, importar...
- ☐ 間接目的人称代名詞　me, te, le, nos, os, les
- ☐ 前置詞の後ろに置かれる人称代名詞
- ☐ 比較表現
- ☐ 活動を表す動詞の用法

表現・語彙

- ☐ 好みや興味を表す動詞　gustar, encantar
- ☐ 自分の意見などを表す動詞　parecer
- ☐ 頻度を表す表現　generalmente, siempre, a menudo, muchas veces, una vez al mes...
- ☐ 性格などを表す表現　impulsivo, tímido, activo, sociable, antipático...
- ☐ 趣味・活動を表す動詞　leer, viajar, salir, esquiar, jugar...

CD-16

Unidad 4 Vida diaria

Para empezar

I **Raúl** が一日の生活について話しています。音声を聞いて空欄を埋めましょう。

Soy guarda jurado. Normalmente ____________ por la noche. Por lo tanto, mi vida diaria es muy ____________ de la del resto de la gente. Empiezo a trabajar a las siete de la ____________; a las once tomo un descanso de una hora para cenar. Después de ____________ continúo mi trabajo hasta las cinco de la ____________. Salgo del trabajo a las cinco y media y llego a ____________ a las seis. Voy al trabajo en coche y por regla general, a esa hora no hay mucho ____________. Desayuno en casa a las seis y media y me acuesto sobre las siete y media. Generalmente ____________ unas siete horas. Me levanto alrededor de las dos. Me ducho, me visto y ____________ a comer. Siempre ____________ fuera porque soy soltero. Después de descansar un poco, veo las noticias en la ____________ y hasta que no es la hora de entrar a trabajar, me gusta ir al gimnasio. Mantenerme en ____________ es algo que me gusta y además es un requisito en mi profesión.

CD-17

II 音声を聴いて、空欄に入る語を書き取りましょう。

1) Ese estudiante de ____________ es muy ____________.

2) En el ____________ de cocina aprendemos a cortar el pescado ____________.

3) Escribe la palabra "____________" con la ____________.

4) La Bella ____________ se despierta de ____________.

5) El empleado viene a ____________ al cliente que va a ____________ la cuenta.

6) ____________ abre la ____________.

7) Por ____________ es de calidad ____________.

8) ____________ en la ____________.

母音や子音の発音に注意しましょう。

1. 母音 **u** の発音。
2. 2重子音の発音。

Actividades 1

I-1 音声を聞いてそれぞれ何をしている人か考えましょう。 CD-18

a) __________ b) __________ c) __________ d) __________

I-2 後半を聞いて、答えを確認しましょう。 CD-19

	a)	b)	c)	d)
名前				
職業				

I-3 **I-1**、**I-2** で登場した4人のうちの1人が家族を紹介しています。どの人の家族か考え、家族構成と特徴をメモしましょう。

Me llamo Isabel. Mi padre es médico. Trabaja muchísimo y nunca está en casa. A veces se va por la mañana muy temprano. Dice que tiene una reunión en el hospital a las siete y media. Aun cuando está en casa, pasa muchas horas en su despacho leyendo. ¡Nunca me haré yo médico! Mi madre es ama de casa y también trabaja mucho. Mi hermano Miguel tiene diez años y va al colegio del barrio. Después del colegio se va corriendo a jugar al fútbol y nunca estudia.

Mi instituto está un poco lejos de casa, y por la mañana tengo que salir muy temprano. Este año tengo que estudiar mucho para prepararme para la selectividad.

I-4 家族の別のメンバーが朝の風景を紹介しています。誰が話しているでしょう。

En mi familia, mi madre se levanta más temprano porque mi padre tiene que salir de casa antes de las siete para asistir a la reunión en el hospital. Mi hermana se lava el pelo casi todas las mañanas, y se pasa horas en el baño. Yo tengo que esperar tanto que a veces no me da tiempo a tomar el desayuno que prepara mi madre.

II-1 **I** の家族と比べて自分や自分の家族はどうかを表現し、発表しましょう。

例 Claudia se levanta a las seis, pero yo me levanto más temprano, a las seis en punto.

II-2 クラスの結果をまとめてみましょう。

¿Quién se levanta más temprano?

¿Cuántos se lavan el pelo por las mañanas?

Ejercicios gramaticales

I 文を完成させましょう。

1. 空欄に再帰代名詞を補って文を完成させ、意味を確認しましょう。

1) Juana (　　　　) cuida mucho.
2) Para cocinar, (　　　　) ponemos un delantal.
3) Julia y Pedro (　　　　) pelean mucho.
4) ¿Vosotros (　　　　) ducháis antes de cenar?
5) Yo (　　　　) lavo el pelo cada dos días.
6) ¿Ustedes, los japoneses, (　　　　) quitan los zapatos al entrar en casa?
7) (　　　　) voy a estudiar a los Estados Unidos.
8) Adiós. ¡(　　　　) vemos!
9) Desde aquel día Raúl y Antonio no (　　　　) hablan.
10) (　　　　) conocemos desde hace mucho tiempo.
11) Yo (　　　　) visto después de desayunar.
12) ¿Tu padre (　　　　) afeita todos los días?
13) Tú (　　　　) sientas aquí, a mi lado.
14) (　　　　) quieren mucho Teresa y Alfredo, ¿no?

2. 下線部に(　　)内の動詞を適切な形にして入れ、文を完成させましょう。

Yo (levantarse) _____ ________ antes que mi marido, a las siete menos cuarto y después (ducharse) _____ ________. A las siete y media (levantarse) _____ ________ mi marido. Mientras él (ducharse) _____ ________ y (afeitarse) _____ ________, yo preparo el desayuno. Desayunamos juntos, yo (lavarse) _____ ________ los dientes, (peinarse) _____ ________ y nos vamos a trabajar.

再帰動詞の用法を確認しましょう。

II **1)** から **6)** を **a)** から **f)** とそれぞれ結んで文を完成させましょう。

1) Si le pides un favor,	•	•	a) te lo hará.
2) Si se entera de la buena noticia,	•	•	b) te perdonará.
3) Si le exiges tanto,	•	•	c) se enfadará.
4) Si le pides perdón,	•	•	d) se alegrará.
5) Si no lo invitas,	•	•	e) no podrá hacerlo.
6) Si la haces hablar en público,	•	•	f) se pondrá nerviosa.

hará, perdonará, enfadará, alegrará, podrá, pondrá は未来形です。
直説法未来の形を確認しましょう。(活用、用法などは巻末文法編 4.2, 4.3参照)

Actividades 2

I-1 2人の女性の生活についての文章です。どんな生活をしているか確認しましょう。

1) Soy arquitecta. Durante la semana trabajo bastante; todos los días desde las ocho y media hasta las cuatro y media. A veces tengo trabajo extra y me quedo en la oficina hasta las ocho. Mis hijos siempre se quejan. Bueno, yo no cocino mucho durante la semana; suelo comprar algunos platos preparados. Tampoco tengo suficiente tiempo para limpiar y lavar la ropa.

2) Soy ama de casa. Todos los días trabajo sin cesar; cuido a mis hijos, paso la aspiradora por todas las habitaciones, lavo la ropa y después voy a hacer la compra. No tengo ni un minuto para ver la tele ni leer. Me gusta mucho jugar al tenis pero es imposible salir dejando a mis hijos solos en casa.

I-2 週末の過ごし方について書いてあります。それぞれどちらの人のものでしょうか。

a) Mañana es sábado y mi marido se quedará en casa con mis hijos, por lo que saldré con unas amigas a jugar al tenis. No sé si jugaré bien, pues hace ya años que no juego al tenis. Después iremos a un restaurante para comer. ¡Me va a parecer mentira!

b) Este fin de semana limpiaré la casa, pasaré la aspiradora por todas las habitaciones, haré la colada y... ¡Ah!, lo más importante, tengo que sacar la ropa de verano. Ya pronto empezará a hacer calor.

II **Margarita** が明日の予定を話しています。(　　) 内の動詞を未来形にして文章を完成させましょう。

Mañana (tener) ________ todo el día libre. Estos son mis planes. (Visitar) ________ a mis abuelos que viven en Segovia. (Ir) ________ con mi prima. Yo (levantarse) ________ a las seis, y (salir) ________ de casa a las seis y media. Mi prima y yo (encontrarse) ________ en la estación de autobuses. (Tomar, nosotras) ________ el autobús de las ocho y media y (llegar) ________ a Segovia a las diez. Mis abuelos nos (recoger) ________ en la estación. Por la mañana nosotras (ayudar) ________ a mi abuela a hacer la comida. (Comer) ________ todos juntos a eso de las dos y media y después de la comida, (dar) ________ un paseo y (visitar) ________ algunos lugares interesantes de Segovia. No (poder, nosotras) ________ pasar la noche allí porque el domingo yo tengo otro compromiso, así que (tomar, nosotras) ________ el autobús de las siete y (llegar) ________ a casa a eso de las nueve y media de la noche.

¡Ahora exprésate!

Mañana no tendrás clase y tendrás todo el día libre. ¿Qué harás mañana?
明日は授業もアルバイトもないとしたらどんな一日を過ごしますか。

I 次の文章は１人の学生のプランです。書いてあることを整理しましょう。

No tengo clase mañana porque el profesor está de viaje, así que tendré un día totalmente libre. ¿Qué hago yo todo el día?

Pienso dormir hasta muy tarde. Me levantaré a las diez y media y desayunaré tranquilamente. En lugar del café con leche y la tostada de siempre, saldré y me tomaré un chocolate con churros en el bar de la esquina. Leeré el periódico y luego haré la limpieza de mi habitación. Después iré de compras porque quiero comprar ropa de verano. A la vuelta compraré una pizza y cerveza y comeré en casa viendo la televisión. Como mi madre trabaja todos los días, yo prepararé la cena. Todavía no sé lo que voy a preparar. Buscaré algunas recetas en Internet y lo decidiré. Intentaré estudiar un poco por la noche y me acostaré sobre las once y media.

No tengo grandes planes, pero será un día estupendo por ser un día libre inesperado.

1. 書いてある内容を順に書きだしましょう。
2. どのようなつなぎのことばが使われていますか。
3. 書き出しはどのような文でしょうか。
4. 締めくくりの文章に注目しましょう。

II **I** を参考にしながら、明日は授業もアルバイトもないとしたらどんな一日を過ごすかをテーマに文章を作りましょう。

1. やりたいこと、もし理由があればそれもメモしておきましょう。
2. それぞれの文をつなげるにはどんな接続語句が適切なのか考えましょう。
3. 書き出しの文を考えましょう。１日をどんな日にするかをはっきりさせましょう。(趣味の充実、のんびりする、仕事の補足—宿題、レポートのために時間を費やすなど)
4. まとめの文を考えましょう。その日の１日の評価を予測しましょう。(楽しい、大変など)
5. 文章を完成させましょう。

¡Revisamos!

文章を見直しましょう。

A.（個人で）自分で書いた文章を次の点に特に注意して見直しましょう。

- 冠詞の性数は正しいか。
- 主語、動詞は一致しているか。
- 未来形の動詞の活用が正しいか。
- 再帰動詞が正しく使えているか。

B.（ペアで）相手の文章をみてお互いにコメントをつけて返却しましょう。必要があれば辞書を利用しましょう。

- A で示されたチェック項目がしっかり直されているか。
- 意味がわかりにくい部分がないか。
- 文の前後関係でおかしい点はないか。

Mañana yo no tendrá clase porque será fiesta. Levantaré tarde. Quiero me levantar las once. Iré a comer con mis amigos. Comeremos en una restaurante italiana.

添削された文章をもう一度見て、書き直しましょう。

✓まとめ

文法

- □ 再帰動詞の用法（どのような場合に再帰動詞を使うのか、再帰代名詞を伴った表現と伴わない表現の違いが理解できているか）
- □ 未来形の活用

表現・語彙

- □ 日常生活を表す動詞
  despertarse, levantarse, acostarse, ducharse, lavarse los dientes, ponerse, quitarse...
- □ 時刻・時間帯を表す表現　a las nueve de la mañana, por la mañana...
- □ 趣味活動を表す動詞など　ver la tele, jugar, leer, salir...
- □ 時間の前後関係を表す語句・接続語句　después, hasta que, ya, pronto, y...

4 cuatro

CD-20

Unidad 5 Llevar una vida sana

Para empezar

I 健康的な生活についてのアドバイスです。音声を聞いて空欄を埋めましょう。

¿Tú llevas una vida sana? Aquí tienes algunas sugerencias para mantenerte sano. Primero, practica algún __________. Haz alguna forma de ejercicio físico; unas tres veces a la __________ será suficiente. Si fumas, deja de __________ lo antes posible. No seas selectivo con los alimentos. Sigue una dieta equilibrada. Come un poco de todo, reduce el consumo de grasas y aumenta la cantidad de __________ y verduras que tomas. Y ¿bebes __________? ¿Cuánta bebes? Bebe dos litros de agua al día y modera la cantidad de alcohol que consumes a la semana. La __________ mental es también muy __________. Sal y diviértete con las cosas que te guste __________. Lleva una vida __________ dentro de lo posible y mantén una actitud positiva hacia la vida y los __________ que puedan surgir.

CD-21

II 次の文にはアクセント記号が書いてありません。音声を聞いてアクセント記号が必要な部分にアクセント記号をつけましょう。

1) ¿Donde esta el libro? — Esta sobre la mesa.

2) Hay muchos jovenes en este salon.

3) ¡Rapido! Se va el autobus.

4) Coge el telefono.

5) Tu hablas muy bien el portugues.

6) ¿Como se escribe tu nombre en caracteres chinos?

7) A mi me gusta mi barrio. ¿A ti te gusta el tuyo?

8) Mi tia Maria vive sola en Madrid.

9) Esta es la universidad donde yo hago la carrera de Educacion Infantil.

10) Tengo que hacer regimen para adelgazar.

アクセントの決まりを確認しましょう。

1. -n, -s, 母音で終る語は後ろから 2 番目の音節が強く発音される。

2. -n, -s 以外の子音で終る語は 1 番後ろの音節が強く発音される。

3. 1. 2. に反する語はアクセント記号で表される。

＊ 2 重母音（**i, u** を含む 2 つの母音の組み合わせ）はひとつの音節を作ることに注意。

＊ アクセント記号を使って，同じ綴りの別の語を区別する場合がある。
él と **el, tú** と **tu, dónde**（疑問詞）と **donde**（関係詞）など（原則として文の中で強く発音される語にアクセント記号をつける）

Actividades 1

I-1 音声を聞いて適切な絵と結びつけましょう。 CD-22

I-2 それぞれの人に適切なアドバイスを選びましょう。音声で確認しましょう。どれかをチェックしましょう。 CD-23

a) Tienes que desayunar más.

b) Tienes que beber menos y fumar mucho menos.

c) Debes tomarte una aspirina enseguida.

d) Debes relajarte antes de acostarte.

e) Hay que comer verduras también.

I-3 **I-2** のアドバイスが命令形になっています。わく内の語を空欄に入れましょう。

a) ____________ más.
b) ____________ menos y ____________ mucho menos.
c) ____________ una aspirina.
d) ____________ antes de acostarte.
e) ____________ verduras también.

bebe
fuma
tómate
relájate
desayuna
come

II-1 ペアで会話しましょう。自分の困っていること、問題点などを挙げましょう。

例 Me cuesta mucho levantarme temprano.
Tengo demasiadas cosas que hacer.　Yo siempre pierdo el tren.
Quiero adelgazar.　No puedo dormir.　Quiero dejar de fumar.

II-2 友人にアドバイスをしましょう。

例 Tienes que dormir más horas.
– Tienes que salir de casa más pronto.
– Tienes que comer más verduras en vez de carne.
– Acuéstate y levántate a la misma hora todos los días.
– Tienes que hacer un esfuerzo y ayudarte con parches de nicotina.

Ejercicios gramaticales

I イタリック体の語は動詞の肯定命令形です。不定詞を書きましょう。

1) *Tómate* estas pastillas. →
2) *Escribe* una carta a tu amigo. →
3) *Cierra* todas las ventanas. →
4) *Abre* la boca, por favor. →
5) *Enciende* la luz, que no veo nada. →
6) *Vuelve* a casa pronto. →
7) *Acuéstate* temprano. →
8) *Repite* el título, por favor. →
9) *Sigue* recto y después *gira* a la derecha. →
10) *Ayuda* a tu madre. →

II イタリック体の語は動詞の肯定命令形です。わく内から不定詞を探しましょう。

1) Aquí hay mucho tráfico. *Ten* cuidado.
2) Va a empezar el fútbol *Pon* la tele.
3) ¿Quieres caramelos? *Ven* aquí.
4) Se te hace tarde. *Sal* ahora mismo.
5) Primero *haz* la tarea y después vamos a salir a cenar.
6 *Ve* enseguida al hospital.
7) ¡Venga! *Di* la verdad.

ir	**hacer**	**venir**	**decir**	**salir**	**tener**	**poner**

III 例にならって、(　　) 内の動詞を **tú** の肯定命令形にして文を完成させましょう。

例 Tú hablas muy deprisa; (hablar) *habla* más despacio.

1) (Comerte) ＿＿＿＿＿ este pastel, que está muy bueno.
2) Hace calor. (abrir) ＿＿＿＿＿ la ventana, por favor.
3) ¿No quieres galletas? (coger) ＿＿＿＿＿ unas cuantas.
4) ¿Te gustan las obras de este autor? (Leer) ＿＿＿＿＿ esta novela.
5) (Levantarte) ＿＿＿＿＿ a las cinco y media mañana.
6) (Llamar) ＿＿＿＿＿ a tu amigo para decírselo.
7) (Escuchar) ＿＿＿＿＿ a tus padres.
8) (Preparar) ＿＿＿＿＿ tú el desayuno, por favor.

tú の肯定命令形をチェックしましょう。
不規則な動詞を除いて直説法現在 3 人称単数形と同じ形。目的人称代名詞、再帰代名詞は動詞の後ろにくっつけて 1 語のようにする。

Actividades 2

I-1 📖 **Ahora haz estas diez cosas para...** 次の文を読んで、どんな悩みを持つ人へのアドバイスかを考えましょう。

- Aprende 10 palabras al día.
- Lleva siempre el diccionario contigo.
- Escribe la conjugación de los verbos diez veces cada una.
- Lee el libro de texto en voz alta.
- Intenta conocer y relacionarte con personas de países de habla hispana.
- Lee libros en español.
- Ve películas en español.
- Haz el mayor número posible de ejercicios gramaticales.
- Asiste a todas las clases.
- Repasa el libro de texto todos los días.

I-2 📖 あなたの考えが正しかったかどうか、次の文章を読んで確認しましょう。

A mí me gusta mucho el español y quiero vivir en el futuro en un país de habla hispana: España, Argentina, México, en cualquier país. Me fascina conocer culturas diferentes. Me encanta escuchar canciones en español. Pero el problema es que no se me da bien estudiar idiomas. Me cuesta mucho memorizar las palabras. Y aunque las aprendo, se me olvidan enseguida. No entiendo la gramática. Me parecen muy complicadas las reglas. ¿Tienes alguna sugerencia?

II-1 ✍ 次の悩みを持っている人にはどんなアドバイスが出来るかを考えましょう。

1) No, no quiero salir hoy. No me apetece, de verdad. Ya sabes, acabo de romper con José y no puedo dejar de pensar en él. No voy a pasarlo bien.

2) ¡Mira ese todoterreno que venden ahí! ¡Qué chulo! Pero cuesta mucho. Tengo que ahorrar mucho para poder comprarlo, pero no sé por qué, no me queda nada de dinero a fin de mes.

3) ¡Qué guapo! Sí, ese chico es amigo de Juan. Se llama Luis. ¡Cómo baila! No sé si tiene novia; no creo, porque siempre va por ahí con Juan. ¿Pero qué hago para hablar con él? No tengo su número de teléfono y me da mucha vergüenza preguntárselo a Juan.

II-2 👂 音声を聞いて誰に向けてのアドバイスかを確認しましょう。 CD-24

a) b) c)

¡Ahora exprésate!

Vamos a dar consejos.
困っている人にアドバイスしましょう。

I 次の２つの文章を読み、内容を整理しましょう。

A Yo intento llegar temprano para asistir a la primera clase, pero haga lo que haga siempre llego tarde a clase y me pierdo la mitad de la clase. A veces, incluso falto a algún examen. Si sigo así, suspenderé el curso.

B Quiero viajar por Estados Unidos este verano pero no sé cómo prepararme. ¿Tengo que aprender algo de inglés? Quiero visitar Los Ángeles, San Francisco, etc. ¿Qué billete tengo que reservar? ¿Qué tiempo hará allí en esa época del año?

1. 問題点を考えましょう。

2. なぜそれが問題なのでしょう。

II どちらか１つを選んでアドバイスする文章をつくりましょう。

A を選択した場合

1. 問題点を避けるための行動を考え、動詞を挙げましょう。
2. それぞれアドバイスの文章を **tú** の肯定命令形で表しましょう。
3. 実行可能なもの（不可欠なもの）から順に並べて文章をつくりましょう。
4. 必要であればそれぞれつなぎの語（**y, pero, después, al final** など）を利用しましょう。
5. 文章を完成させましょう。

B を選択した場合

1. 聞きたいと思われる情報を整理しましょう。
2. それぞれがどのような表現になるかを整理しましょう。
   （**es mejor, es importante... / tener que, deber... / tú** の肯定命令形）
3. １つ１つを文にしましょう。
4. それぞれを関連性ある文を前後にしながら、１つの文章にしましょう。
5. 必要であればつなぎの語（**y, pero, después, al final...**）を利用しましょう。
6. 文章を完成させましょう。

¡Revisamos!

文章を見直しましょう。

A. （個人で）自分が書いた文章を次の点に特に注意して見直しましょう。

- 冠詞の性数は正しいか。
- 主語、動詞は一致しているか。
- ２人称単数 tú の肯定命令形は正しいか。
- 目的代名詞が使われている場合に代名詞の位置は正しいか。
- 再帰動詞が使われている場合に再帰代名詞の位置は正しいか。
- その他の箇所で文法上の規則が守られているか。

B. （ペアで）相手の文章を見て、お互いにコメントをつけて返却しましょう。必要があれば辞書を利用しましょう。

- A で示されたチェック項目がしっかり直されているか。
- 意味がわかりにくい部分がないか。
- 文の前後関係でおかしい点はないか。

Para poder levantarte temprano, tienes que acostar te
temprano. No debes ~~*te quedas*~~ quedarte *viendo la tele hasta*
~~*mucho*~~ muy *tarde. Cene* a *poco y relájate antes de acostarte.*

添削された文章をもう一度見て、書き直しましょう。

✓まとめ

文法

- □ ２人称単数 **tú** の肯定命令形（規則活用、不規則活用）
- □ 再帰動詞の２人称単数 **tú** の肯定命令形
- □ **tener que +** 動詞の不定詞、**deber +** 動詞の不定詞などの動詞句とその意味
- □ 目的人称代名詞、２人称単数 **tú** の肯定命令形での位置

表現・語彙

- □ アドバイスをするための表現　Tienes que...　Debes...　Haz ...
- □ 健康生活に関する表現　ejercicio físico, alimento, alcohol, salud, fumar...

5 cinco

CD-25

Unidad 6 ¿Qué has hecho hoy?

Para empezar

I **Beatriz** の日記です。音声を聞いて空欄を埋めましょう。

Viernes, 28 de ________.

¡Mañana es un gran día! Vamos a invitar a unos ________ a casa a comer. La verdad es que después de la mudanza no hemos invitado a nadie a casa ________. Haré un estofado de ternera porque no es muy difícil de hacer y normalmente me sale muy bien. Y una ________ española para picar, pues me ha dicho mi amiga Juana que mi tortilla es para chuparse los ________. Hoy hemos ido al supermercado de la calle Quintana y hemos comprado dos docenas de ________ y verduras. Pero la ________ no, porque me gusta más la carnicería de la esquina. La compraré ________. Me gustaría hacer una tarta de manzana también pero no voy a tener ________.

CD-26

II

1. 音声を聞いて空欄を埋めましょう。
   1) ¿Has invitado a Antonio? — Sí, ______ he invitado.
   2) Faltan cuatro botellas de agua. ¿ ______ compras? — Sí, ______ compro.
   3) ¿Qué pasa con la tortilla? ¿______ has terminado ya?
      — No, no ______ he terminado todavía.
   4) ¿Y los vasos? ¿______ has sacado? — Sí, ______ he sacado.
   5) ¿Usamos las servilletas de papel? — Sí, ______ usamos.
   6) Miguel no ha llegado todavía. ¿______ has llamado? — No, no ______ he llamado.
   7) ¿______ gusta a Juana tu tortilla? — Sí, ________ gusta mucho.
   8) ¿Le has dado a Miguel tu número de teléfono?
      — No, no ______ ______ he dado. ______ ______ daré.

CD-27

2. 目的人称代名詞は弱く発音されます。次の文を聞いて同じように弱く発音される語にしるしをつけましょう。
   1) Yo voy a la universidad todos los días.
   2) Conozco a una chica polaca.
   3) ¿De dónde venís vosotros?
   4) Aquí hay un diccionario, pero no es mi diccionario de español.
   5) Ésta es la bicicleta que quiero comprar.

> **文中で弱く発音される語（弱勢語）に注意しましょう。**
> 1. **目的人称代名詞**は文中では弱く発音される。（動詞と 1 語のように発音）
> 2. **前置詞、所有形容詞前置形、定冠詞**などは弱く発音される。

Actividades 1

CD-28

I-1 Beatriz と Carlos がパーティの準備の買い物をするためにスーパーマーケットにでかけました。音声を聞いて、２人が買う品物に○をつけましょう。

pan **huevos** **cebollas** **carne** **patatas** **zanahorias**

I-2 まず空欄にわく内から語を選んで入れ、次にそれを買った（買わなかった）理由と関連付けましょう。

1) Han mirado las ____________, pero no las han comprado,
2) Han comprado dos docenas de ____________,
3) Han comprado ____________,
4) No han comprado ____________,
5) Han comprado ____________ al final,

zanahorias
patatas
huevos
cebollas
carne

a) porque están bien.
b) porque ese tipo no vale para la tortilla.
c) porque están baratas.
d) para hacer tortillas.
e) porque quiere ir a la carnicería de la esquina.

網掛けの動詞に注意しましょう。現在完了を学びましょう。

II 下の a) b) c)から当てはまる表現を選び、精肉店での会話を完成させましょう。

Dependiente: ¿Quién es el siguiente?
Beatriz: ________________________________
Dependiente: Sí. Uno y medio de ternera... ¿En filetes?
Beatriz: ________________________________
Dependiente: ¿Así?
Beatriz: Bien.
Dependiente: ________________________________
Beatriz: No, nada más.

a) Yo. Un kilo y medio de ternera... bueno, esta. ¿Doce euros el kilo?
b) ¿Algo más?
c) No, en trocitos.

Gramática

I 直説法現在完了　現在と関係させて過去のことを述べる場合に用いる。

1. 活用→haber の現在＋動詞の過去分詞

	-ar	-er	-ir
不定詞	**comprar**	**tener**	**salir**
yo	he comprado	he tenido	he salido
tú	has comprado	has tenido	has salido
usted, él, ella	ha comprado	ha tenido	ha salido
nosotros, nosotras	hemos comprado	hemos tenido	hemos salido
vosotros, vosotras	habéis comprado	habéis tenido	habéis salido
ustedes, ellos, ellas	han comprado	han tenido	han salido

・過去分詞： -ar 動詞は -ar を -ado に、-er, -ir 動詞は -er, -ir を -ido に変える。

★不規則な過去分詞は文法編 6.1 参照

2. 用法

1) 現在と関連させて過去のことを述べる。

Hoy no ha habido clase.

Esta semana ha sido muy dura.

2) 現在までに行われたかどうか、経験を述べる。

¿Has leído alguna novela española?　—Sí, he leído el *Quijote*.

3) 行為が完了したか否かを述べる。

¿Has hecho la tarea?　—No, todavía no la he hecho.

II 可能形　過去から見た未来や、婉曲な表現で用いる。

1. 活用：太字部分は未来形語基

	未来形	可能形
hablar	**hablar**é...	hablaría, hablarías, hablaría, hablaríamos, hablaríais, hablarían
comer	**comer**é...	comería, comerías, comería, comeríamos, comeríais, comerían
vivir	**vivir**é...	viviría, vivirías, viviría, viviríamos, viviríais, vivirían
hacer	**har**é...	haría, harías, haría, haríamos, haríais, harían
poder	**podr**é...	podría, podrías, podría, podríamos, podríais, podrían
venir	**vendr**é...	vendría, vendrías, vendría, vendríamos, vendríais, vendrían

2. 用法

1) 過去から見た未来を表す。

Dijo* que vendría.　* decirの点過去　(彼·彼女·あなたが) 言った

2) より間接的に、婉曲表現で使われる。

¿Podría hablar con el señor Rodríguez?

Me gustaría hablar con usted.

Ejercicios gramaticales

I (　　) 内の動詞を現在完了にして会話を完成させましょう。

Lola: ¡Hola, Beatriz! ¿Qué tal?
Beatriz: Muy bien. ¿Y tú, Lola? No nos vemos estos días.
Lola: (Yo, estar) ________ muy ocupada esta semana y no (tener) ________ tiempo para nada.
Beatriz: Yo tampoco (parar) ________. Nosotros nos (mudar) ________ de casa. (Ser) ________ una semana muy dura. Oye, quiero ver la última película de Almodóvar. ¿Te apetece ir conmigo si no la (ver, tú) ________ todavía?
Lola: Yo tampoco la (ver) ________ todavía. ¿Qué tal mañana?
Beatriz: Lo siento. Mañana tengo otro compromiso. ¿Qué te parece el viernes?
Lola: De acuerdo. Hasta entonces.

II 日本についてどれだけ知っているかを尋ねる文を **tú** および **usted** を主語にして作りましょう。

1) ¿(comer) ____________ sushi alguna vez?
2) ¿(visitar) ____________ Kioto?
3) ¿(ver) ____________ kabuki alguna vez?
4) ¿(estar) ____________ en Nikko?
5) ¿(beber) ____________ sake alguna vez?
6) ¿(ir) ____________ a Kokugikan para ver sumo?

III Para Luis hoy ha sido un día terrible... 例にならって文を作りましょう。

1) No encuentra la agenda. (perderla) → La ha perdido.
2) El ordenador no funciona. (estropearse) →
3) Tiene mucho sueño. (no dormir mucho) →
4) Le falta dinero para comer. (gastar mucho dinero por la mañana) →
5) Su profesor está enfadado. (no hacer la tarea) →

IV Carlos ha tenido un día duro... 順番に並び替えて文章を作りましょう。

-tener cinco clases　-desayunar　-llegar a casa a las once de la noche
-levantarse a las cinco de la mañana　-salir de casa a las seis y media
-salir muy tarde de la universidad

V 例にならって、どのような生活をしたいかを表す文を作りましょう。

例 A mí no me gusta nada esa vida. Yo me levantaría a las ocho.

Actividades 2 - A

I どんな機械を買ったのでしょう。

¡He comprado un aparato estupendo! Tengo muchas cintas pero hasta ahora no he podido convertirlas en CD porque no tengo ningún programa en mi ordenador para eso. Además me han dicho que esos programas son muy complicados. Pero he probado este aparato y es facilísimo. No he tenido que leer ni siquiera el manual.

II-1 どんな新しい機械があったら生活は便利になるか考えてみましょう。次の特徴はどの品物のものでしょうか。

1) Esta máquina lava, aclara, seca y dobla la ropa.
2) Esta máquina reconoce la voz del dueño, sabe llevar una conversación sencilla. A veces se equivoca.
3) Esta máquina limpia la casa automáticamente con solo pulsar un botón. Aspira todas las cosas que están en el suelo.
4) Esta máquina insiste hasta que te levantas. En primer lugar, suena. Si no te levantas, te da unos golpecitos. Por último, puede echarte agua fría a la cara.
5) Esta máquina entiende español pero no entiende japonés. Te trae lo que le pides. Solo distingue la forma de las cosas.

II-2 4人組でそれぞれ1つを購入したと仮定して、使い勝手などについて講評してみましょう。

例 He usado este aparato. Es estupendo. Cuando salgo de casa, lo enciendo, y después cuando vuelvo, la habitación ya está limpia.

II-3 講評を聞きながら、質問をしてみましょう。

A: ¿Cómo hacemos para limpiar el suelo de toda la casa?

B: Bueno, la he probado con todas las puertas abiertas; unas veces ha pasado de una habitación a otra, pero en general no ha funcionado bien.

Actividades 2 - B

I-1 それぞれが以下のひとつの店に行ったことがあると仮定し、自分がよく食べるものについて話しましょう。

例 Yo voy muchas veces a la Pastelería doña Paula. Me gustan mucho sus cruasanes.

Pastelería doña Paula

¡Siempre recién sacados del horno!

cruasán　palmera de chocolate
magdalena　milhojas　tarta de queso
tarta de manzana　pastas variadas

Burger Ken

¡Calidad grantizada!
¡Aquí encontraréis las mejores hamburguesas de la ciudad!

hamburguesa　hamburguesa con queso　alitas de pollo　ensalada mixta　tarta de manzana　cerveza café

I-2 行ったことのないお店について、相手に試したことがあるものについて聞いてみましょう。以下の会話を参考に会話を作りましょう。

A: ¿Has estado en la pastelería doña Paula?
B: No, no he estado nunca. ¿Cómo es?
A: Pues a mí me gusta mucho.
B: Me gustan los cruasanes. ¿Los hacen buenos allí?
A: Sí, los he probado una vez y no están mal.
He probado algunas pastas y son buenísimas. Me gustaría probarlas todas.

II-1 自分がよく行く店にあるもののリストをスペイン語で作り、同じような会話を作りましょう。

II-2 2人で1つのお店を選び、そのお店を紹介する文章を作りましょう。

¡Ahora exprésate!

¿Qué has hecho hoy en clase?
今日の学習を記録しましょう。

I **Beatriz** の日記を読み、書いてあることを整理しましょう。

Hoy hemos invitado a unos amigos a casa. Hace un rato que se han ido. No ha podido venir Juana porque ha tenido que ir al colegio de los niños y Miguel ha llegado media hora tarde por el atasco en la calle Príncipe. ¡Y el vino de La Rioja! ¡Qué rico! Lo ha traído Juan. El estofado ha salido bastante bien y a todos les ha gustado mi tortilla. Lo hemos pasado estupendamente. He sacado muchas fotos y ahora voy a enviárselas a todos. Seguro que les gustarán. Tenemos que repetirlo.

1. 述べられている事柄を箇条書きにしましょう。
2. 目的人称代名詞がどこで使われているかをチェックしましょう。

II 今日の学習記録を作りましょう。

1. 今日授業でやったことを挙げましょう。

escuchar la explicación de la gramática, hacer un dictado, hacer una actividad de comprensión auditiva, hacer ejercicios gramaticales, escribir unas líneas en español sobre..., aprender...

今日学んだこと：文法、表現・語彙…

2. 授業の流れに沿って、行った活動順に並べてみましょう。最後に、今日学んだことをまとめとして書きとめましょう。

3. 授業活動として反省点があればそれを今後に生かしましょう。
   - 動詞は現在完了にして文章にしましょう。
   - 繰り返し用いられる名詞を避けるために代名詞をうまく利用しましょう。
   - 下線部のような文と文をつなぐ表現を使いましょう。

   Hoy a primera hora hemos tenido clase de español. Primero hemos hecho un dictado y luego, ejercicios gramaticales. Hemos aprendido el uso del pretérito perfecto. Pero todavía es un poco difícil para mí, así que tengo que repasarlo en casa. Al final...

¡Revisamos!

文章を見直しましょう。

A.（個人で）自分が書いた文章を次の点に特に注意して見直しましょう。

- 冠詞の性数は正しいか。
- 主語、動詞は一致しているか。
- 現在完了の活用は正しいか。（**haber** の部分の活用と過去分詞）
- 不規則の過去分詞は正しいか。

B.（ペアで）相手の文章を見て、お互いにコメントをつけて返却しましょう。必要があれば辞書を利用しましょう。

- A で示されたチェック項目がしっかり直されているか。
- 意味がわかりにくい部分がないか。
- 自分が書いた内容とおおむね一致しているか、もし異なる点があればそれはどこか、どうしてか。

Hoy en la clase de español he ~~aprendo~~ aprendido el uso del pretérito perfecto. La profesora ha~~n~~ explicado la gramática. Luego hemos ~~hacido~~ hecho ejercicios.

添削された文章をもう一度見て、書き直しましょう。

✓まとめ

文法

- □ 現在完了の活用と用法
- □ 不規則な過去分詞
- □ 目的人称代名詞の用法
- □ 可能形の活用と用法

表現・語彙

- □ 食べ物の名前　patata, cebolla, carne, huevo...
- □ 活動を表す動詞　comprar, hablar, estudiar, abrir, decir, ver...
- □ 家にあるもの　aspiradora, contestador, despertador, lavadora...

CD-29

Unidad 7 ¿Cómo fue?

Para empezar

I 毎日のように私たちの食卓にのぼるトマトですが、どこから来たのでしょうか。音声を聞いて空欄を埋めましょう。

¿Os gustan los tomates? Este ＿＿＿＿＿ tan común hoy en día en los platos de todos los países tiene una ＿＿＿＿＿ relativamente reciente. Se dice que empezaron a cultivar el tomate en las ＿＿＿＿＿ altas de la costa occidental de Suramérica, territorio correspondiente al actual Perú, antes del imperio inca. Y luego pasó a Centroamérica y los mayas también lo cultivaron para su consumo. De ＿＿＿＿＿ su ＿＿＿＿＿ se extendió al resto de ＿＿＿＿＿ con la llegada de los españoles que lo introdujeron en los países que iban conquistando. Dicen que en el ＿＿＿＿＿ asiático entró a través de ＿＿＿＿＿, antigua colonia ＿＿＿＿＿.

En el siglo XVI los ＿＿＿＿＿ llevaron el tomate a ＿＿＿＿＿ donde el clima mediterráneo resultó idóneo para su cultivo. En ＿＿＿＿＿ fueron cultivados los de color amarillo; de ＿＿＿＿＿ viene el nombre "pomodoro", que significa "manzana dorada", En ＿＿＿＿＿ fueron conocidos como "pomme d'amour" o ＿＿＿＿＿ de amor.

CD-30

II 空欄にあてはまる動詞を音声を聞き取って書きましょう。

1) ＿＿＿＿＿ español todos los días.
   Mi amigo ＿＿＿＿＿ Derecho en la universidad.

2) Ayer ＿＿＿＿＿ en un restaurante español que me gustó mucho.
   Hoy ＿＿＿＿＿ en un restaurante español que me gusta mucho.

3) De 1989 a 2003 ＿＿＿＿＿ en México.
   Ahora ＿＿＿＿＿ en Japón.

4) La construcción de este edificio ＿＿＿＿＿ en marzo y ＿＿＿＿＿ en agosto.
   Yo ＿＿＿＿＿ a hacer los deberes ahora mismo y los ＿＿＿＿＿ enseguida.

5) Mi profesor me ＿＿＿＿＿ leer esta novela.
   Se ＿＿＿＿＿ este artículo.

> 動詞の活用形はアクセント記号の位置によって表す時制、人称が変わってしまうので注意しましょう。

Actividades 1

I-1 それぞれのものが日本に最初に入ったのがいつかを説明しています。何のことを言っているか想像して絵の中から選びましょう。

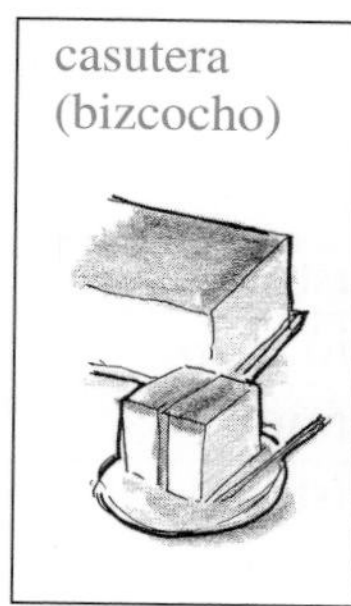
casutera (bizcocho)

café

hamburguesa

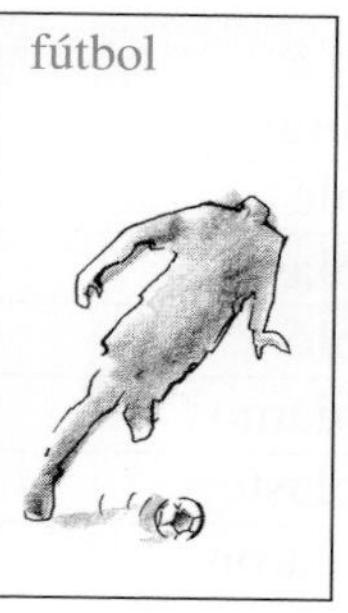
fútbol

tomate

helado

1) En la era Edo — **entró** en Japón como planta decorativa.
   En la era Meiji — **llegó** de nuevo de Europa y de América como alimento.
2) En la era Edo — una delegación del gobierno lo **probó** por primera vez en San Francisco.
   A principios de la era Meiji — se **fabricó** por primera vez en Japón.
3) A principios de la era Meiji — un coronel inglés lo **introdujo**.
   En la era Taisho — se **difundió**.
4) Después de la Segunda Guerra Mundial — **empezaron** a hacerlas en Nagasaki, siguiendo las recetas de los soldados americanos.
   En 1971 — **abrió** la primera tienda.
5) A finales del siglo XVIII — los holandeses lo **trajeron** a Japón.
   A finales de la era Edo — **empezaron** a importar una pequeña cantidad.
6) En el siglo XVI — los portugueses lo **trajeron** a Japón.

I-2 予想が正しかったかどうか音声を聞いて確かめましょう。 CD-31

a)　　b)　　c)　　d)　　e)　　f)

I-3 網がけの動詞は点過去に活用しています。主語が単数か複数かに分類して書きましょう。

単数　probó, fabricó...
複数　empezaron...

出来事が起こったことを表す点過去の時制を学びましょう。

siete 7

Gramática

I 直説法点過去　過去の出来事を表す場合に用いられる。

1. 規則活用

	-ar	-er	-ir
不定詞	**hablar**	**comer**	**escribir**
yo	hablé	comí	escribí
tú	hablaste	comiste	escribiste
usted, él, ella	habló	comió	escribió
nosotros, nosotras	hablamos	comimos	escribimos
vosotros, vosotras	hablasteis	comisteis	escribisteis
ustedes, ellos, ellas	hablaron	comieron	escribieron

a) **llegar, tocar, empezar** などは 1 人称単数形の形に注意。(文法編 7. 1 1) 参照)

b) **leer, creer, oír** などの3人称形は **él leyó, ellos leyeron, él creyó, ellos creyeron** のように **i** の代わりに **y** が現れる。

2. 語根母音変化動詞 → 現在形で語根母音変化する動詞のうちの **-ir** 動詞に注意する。(文法編 7. 1 3) 参照)

repetir ⇒ él rep*i*tió, ellos rep*i*tieron　　**servir** ⇒ él s*i*rvió, ellos s*i*rvieron

3. 不規則活用 (活用形は文法編 7. 1 4) 参照)

1) 共通語尾 → | -e　-iste　-o　-imos　-isteis　-ieron |

andar → anduv-　**caber** → cup-　**poder** → pud-　**poner** → pus-
saber → sup-　**tener** → tuv-　**estar** → estuv-　**haber** → hub-
yo pude, tú pudiste, él pudo, nosotros pudimos, vosotros pudisteis, ellos pudieron
hacer → hic-　**venir** → vin-　**querer** → quis-
yo hice, tú hiciste, él hizo, nosotros hicimos, vosotros hicisteis, ellos hicieron

2) 共通語尾 → | -e　-iste　-o　-imos　-isteis　**-eron** |　＊3 人称複数形に注意

decir → dij-　**traer** → traj-　**traducir** → traduj-
yo dije, tú dijiste, él dijo, nosotros dijimos, vosotros dijisteis, ellos dij**eron**

3) その他

- **ser, ir** はどちらも同じ活用形
  yo fui, tú fuiste, él fue, nosotros fuimos, vosotros fuisteis, ellos fueron
- **dar** は **-ir** 動詞規則語尾をとる
  yo di, tú diste, él dio, nosotros dimos, vosotros disteis, ellos dieron

II 過去を表す副詞表現

ayer, anteayer, anoche, hace＋期間を表す表現
la semana pasada, el mes pasado, el año pasado...

Ejercicios gramaticales

I **Ana** が **Cristina** に日曜日に何をしたかを尋ねています。

1.（　）内の動詞を点過去にして会話を完成させましょう。

1) ¿A qué hora ________ (tú) el domingo pasado? (levantarse)
—________ a las diez de la mañana.
2) ¿Qué ________ (tú) por la mañana? (hacer)
—Por la mañana ________ toda la casa. (limpiar)
3) ¿________ (tú) en casa? (comer)
—No, ________ en un restaurante con mi familia.
4) ¿________ la película de la tele a las seis de la tarde? (ver)
— No, por la tarde ________ que estudiar para el examen del lunes. (tener)
5) ¿No ________ por la noche, entonces? (salir)
—No, ________ a las nueve y media, y ________ una novela un rato. (cenar, leer)
6) ¿________ muy tarde? (acostarse)
—No, ________ a las once y media.

2. **Cristina** の答えに基づいて、**Cristina** の日曜日についてレポートを作りましょう。

例 El domingo pasado Cristina se levantó a las diez y por la mañana ....

II 例にならって文を書き換えましょう。

例 No entendemos nada de la conferencia.
⇒ Ayer *no entendimos nada de la conferencia.*

1) Pierde su cartera. ⇒ Anteayer ________
2) Como paella. ⇒ En aquella comida ________
3) Venden el coche. ⇒ El mes pasado ________
4) Este verano hace mucho calor. ⇒ El verano pasado ________
5) Te digo la verdad. ⇒ En aquella ocasión ________
6) Salgo con Teresa. ⇒ Anoche ________
7) Te invitan a la cena. ⇒ Ayer ________

III 次の（　）内の動詞を点過去にして文を完成させましょう。

1) Su último disco (tener) ________ mucho éxito.
2) Ayer yo (estar) ________ todo el día en la biblioteca.
3) ¿Vosotros también (ir) ________ con ellos al cine?
4) Ayer (ser) ________ mi cumpleaños.
5) ¿Cuándo (saber) ________ tú la noticia?
6) Anoche María (hacer) ________ una fiesta de despedida.

Actividades 2 - A

I それぞれのことを初めてしたのはいつですか。友人に聞いてあなたのものと比べましょう。わく内の表現を参考にしましょう。

1) ¿Cuándo compraste tu primer móvil?
2) ¿Cuándo empezaste a utilizar el ordenador?
3) ¿Cuándo ganaste dinero por primera vez?
4) ¿Cuándo empezaste a tomar café?
5) ¿Cuándo viajaste solo con tus amigos por primera vez?

en el año 19XX	**en la primavera de 20XX**	**en diciembre de 20XX**
hace XX años	**a los XX años**	

II スペインのバレンシア地方の小さな村では毎年8月に **la Tomatina** と呼ばれるお祭りが行われます。このお祭りに行ってきた人の文章を読んで質問に答えましょう。

El verano pasado fui a España por primera vez. Me gustan mucho las fiestas locales y fui a un pueblo pequeño de Valencia, que se llama Buñol, para ver la famosa Tomatina. A las once más o menos llegaron los camiones llenos de tomates y la gente empezó a tirarse los tomates a la vez. ¡Increíble el jaleo que se formó! Yo también tiré unos cuantos tomates; es que no pude resistir la tentación. ¡Qué divertido! Me lo pasé realmente bien. Después de una hora, con el ruido de un cohete, terminó de repente la batalla, y luego no tardaron nada en limpiarlo todo.

1) ¿Cuándo fue a España?
2) ¿Por qué fue a ver la Tomatina?
3) ¿Le gustó?
4) ¿Cómo se lo pasó?

Actividades 2 - B

La Tomatina はどのようにして始まったのでしょうか。

I-1 2人組になりひとりがA、もう一人がB を読みましょう。下の年表を埋めるために足りない情報をお互いに質問しあいましょう。

	¿Quién la organizó? ¿Quién preparó los tomates?...	¿Fue autorizada o prohibida?
1945		
1946		
1950		
1957		
1959		
1975 - 1980		
1980		

A

En 1945 durante un desfile de gigantes y cabezudos, unos jóvenes empezaron una pelea y cogieron tomates de los puestos del mercado y los utilizaron como arma. Al año siguiente, organizaron lo mismo, llevándose los tomates de casa. Con el paso de los años la fiesta fue evolucionando y añadieron otras costumbres. Entre 1975 y 1980 la fiesta fue organizada por una asociación del pueblo que se encargaba de llevar los tomates, ya que antes, cada participante los traía de su propia casa. Desde 1980 el ayuntamiento es el que provee los tomates.

B

En 1945 para acabar la pelea de tomates entre los jóvenes del pueblo tuvo que intervenir la policía. Pero ellos se dieron cuenta de que lo habían pasado muy bien lanzándose tomates y al año siguiente organizaron lo mismo y de nuevo acabó con la intervención de la policía. En 1950 el ayuntamiento por fin dio permiso a que se celebrara este tipo de fiesta, pero al año siguiente se opuso otra vez. En 1957 otra vez volvieron a prohibirla bajo penas de cárcel. En 1959 la Tomatina fue autorizada definitivamente y establecieron la norma de empezar y terminar la tirada con el lanzamiento de un cohete.

I-2 AとBの情報をまとめて１つの文章を書きましょう。

I-3 音声を聞いて完成した文章を確認しましょう。 CD-32

7 siete

¡Ahora exprésate!

La fiesta del pueblo
お祭りや行事について説明しましょう。

I **La Tomatina** についての簡単な説明を読み、書いてあることを整理しましょう。

En el municipio valenciano de Buñol se celebra cada año una fiesta muy curiosa. En esa fiesta los participantes se arrojan tomates los unos a los otros. El origen de la Tomatina se remonta al año 1945, cuando unos jóvenes empezaron una pelea y cogieron tomates de los puestos cercanos y los utilizaron como arma. Durante los primeros años la policía tuvo que intervenir para acabar la pelea. Con el paso de los años la fiesta fue evolucionando y añadieron otras costumbres. En 1959, por fin la Tomatina fue autorizada y desde 1980 el ayuntamiento es el que provee los tomates.

1. 述べられている事柄を箇条書きにしましょう。

2. 最初に書かれていることは何でしょう。

3. 起源の説明のためにどのような表現が使われていますか。

4. 時を表すためにどのような表現が使われていますか。

II 自分の町のお祭りや行事の由来についてインターネットなどで調べ、それを紹介する文章を書きましょう。

1. まず年表を作りましょう。

2. 大切な出来事をメモしましょう。

3. 年表に記載された出来事を表す語彙を調べましょう。

4. 年号順に並べて文章を作りましょう。

5. ひとつの文章としてまとめるために必要なつなぎの言葉があれば利用しましょう。

¡Revisamos!

文章を見直しましょう。

A.（個人で）自分が書いた文章を次の点に特に注意して見直しましょう。
- 正しい動詞が使われているか。
- 動詞の時制は正しいか。
- 点過去の活用と用法が正しいか。

B.（ペアで）相手の文章を見て、お互いにコメントをつけて返却しましょう。必要があれば辞書を利用しましょう。
- A で示されたチェック項目がしっかり直されているか。
- 意味がわかりにくい部分はないか。
- 時系列にそって出来事が述べられているか。

En mí pueblo se celebra Awaodori en verano.

Awaodori ~~hay~~ tiene 400 años de historia. En la ~~E~~ e ra Edo

~~empieza~~ empezó como baile religios~~a~~o en ~~la~~ los templos. Pero

desde hace 20 años ~~son~~ es muy famosa esta fiesta.

添削された文章をもう一度見て、書き直しましょう。

☑まとめ

文法

- □ 点過去の活用（規則）
- □ 点過去の活用（不規則）
- □ 点過去の用法

表現・語彙

- □ 過去を表す表現　en el año 1998, en 1998, en la era Edo, en el siglo XX...
- □ 出来事・活動を表す動詞　llevar, entrar, introducir, traer, empezar, extenderse...
- □ 伝聞を表す表現　Dicen que..., Se dice que......

CD-33

Unidad 8 Antes y ahora

Para empezar

I 子供のころどのようなおもちゃで遊んでいましたか。音声を聞いて空欄を埋めましょう。

Cuando era niño me __________ un animalito de peluche. Era un burro y me gustó __________. Le puse de __________ Palpo y poco a poco me hice muy ______ de ______. ______ hablaba con él, dormía con él, y a veces me lo llevaba al __________ escondido en mi mochila. Cuando tenía siete años mi padre me regaló un tamagochi que se convirtió en mi __________ favorito. Era una maquinita redonda de cinco centímetros de diámetro. El mío era de __________ naranja. Al principio me ______ que era muy sencillo y aburrido, pero enseguida me __________ cuenta de que era muy __________. Mi mascota era niña y se llamaba Eli. Yo le daba de comer, jugaba con ella cuando se ponía de mal humor, le enseñaba cosas y la veía crecer. También podía comunicarse con las mascotas de mis __________. Casi lloré cuando se __________ Eli.

Aunque me olvidé de mi tamagochi pronto y no sé __________ está ahora, Palpo sigue todavía conmigo. Está muy sucio y medio roto, pero ______ el mejor recuerdo de mi infancia.

CD-34

II 音声を聞いて空欄を埋めましょう。

1) Cuando fuiste a su casa, ¿estaba allí su madre?
   ¿__________ fuiste a su casa a verlo?

2) Dicen que hace buen tiempo en primavera.
   ¿__________ dijo Juan?

3) ¿Cómo te gusta la carne, muy hecha o medio hecha?
   La carne salió __________ te gusta a ti.
   Dime __________ lo has hecho.
   __________ una manzana.

4) ¿Dónde lo ponemos?
   Este es el pueblo __________ yo vivía de pequeño.
   No sé __________ está mi juguete.
   ¿__________ va Vicente? A __________ va la gente.

同音の別の語を区別するために、アクセント記号の働きに注意しましょう。
1. 疑問詞として働くときは、強く発音される－アクセント記号を忘れずに。
2. 接続詞、関係詞として働くときは、弱く発音される。

Actividades 1

I-1 新しい物が色々作られて生活はずいぶん便利になりました。次の文章は何について話ているか考え、空欄に当てはまる語句を絵から選びましょう。

1) Ya no tengo que fregar los platos. Desde que tengo (　　　　　) solo tengo que enjuagar los platos ligeramente antes de meterlos y me los deja impecables.
2) Ahora podemos usar todo tipo de transporte público con una sola (　　　　　).
3) Ahora, gracias a (　　　　), podemos comprar cualquier cosa y obtener toda la información que necesitamos sin salir de casa.
4) Ahora no tenemos que esperar a llegar a casa, ni usar un teléfono público para comunicarnos con los amigos y familiares. Casi todo el mundo tiene (　　　　　) y muchos ya ni hablan por teléfono; simplemente envían un mensaje de texto.

Internet

lavavajillas

móvil

tarjeta con chip

I-2 それがなかった頃はどんなだったでしょうか。それぞれ該当する文章を選びましょう。

a) Antes lavaba los platos siempre a mano. Tenía que lavarlos con agua caliente y mis manos se quedaban muy secas y ásperas en invierno. Tardaba mucho y a veces lo dejaba para más tarde y se acumulaban los platos en el fregadero. (　　　　　)
b) Cuando mi mujer y yo éramos novios, llamarla por teléfono era una de mis pesadillas. Su padre era muy estricto y si cogía él el teléfono, me hacía un montón de preguntas. Además, si hablábamos más de un cuarto de hora, se quejaban mis padres. (　　　　　)
c) Antes cuando necesitábamos información de cualquier tipo, teníamos que ir a la biblioteca a consultar libros, enciclopedias, etc. Para comprar cualquier cosa era necesario ir a una tienda. (　　　　　)
d) Antes utilizar el transporte público en ciudades grandes era muy complicado. Para cada medio de transporte hacía falta comprar un billete diferente. Los turistas tenían muchos problemas para saber cuánto costaba cada viaje. (　　　　　)

I-3 音声を聞いて確かめましょう。 CD-35

a)　　　　b)　　　　c)　　　　d)

I-4 次の形と同じ時制を表す動詞を **I-1**, **I-2** の文中から選んで書き出しましょう。

- 現在　tengo, podemos...
- 線過去　lavaba, cogía...

線過去は、過去の出来事を表すのではなく、出来事が起こっている時の状況・状態を描写するのに用いる形です。線過去の用法を学びましょう。

8 ocho

Gramática

I 直説法線過去

過去に何かが起こった時の状況を表す。

1. 活用

1) 規則活用

	-ar	-er	-ir
不定詞	**hablar**	**comer**	**vivir**
yo	hablaba	comía	vivía
tú	hablabas	comías	vivías
usted, él, ella	hablaba	comía	vivía
nosotros, nosotras	hablábamos	comíamos	vivíamos
vosotros, vosotras	hablabais	comíais	vivíais
ustedes, ellos, ellas	hablaban	comían	vivían

2) 不規則活用（**ir, ser, ver** のみ）

	ir	ser	ver
yo	iba	era	veía
tú	ibas	eras	veías
usted, él, ella	iba	era	veía
nosotros, nosotras	íbamos	éramos	veíamos
vosotros, vosotras	ibais	erais	veíais
ustedes, ellos, ellas	iban	eran	veían

2. 用法

1) 過去のある出来事が起こったときの状況・状態、過去の習慣的な行為を表す。
Ayer a las cinco yo estudiaba en la biblioteca.
¿Dónde estabas cuando ocurrió el terremoto ayer?
Cuando yo era pequeña, todos los días jugaba al tenis.
En el colegio a mí no me gustaban nada las matemáticas.
Antes veía mucho a mis abuelos, pero ahora no puedo.

2) 過去に存在したものの形状・性質などを述べる。
El ayuntamiento antes estaba al lado de este edificio.
Mi primer móvil era muy grande y pesaba bastante.

II 直説法過去完了　→ **haber** の線過去＋過去分詞

過去のある時点ですでに完了した出来事を表す。

Cuando llegué a la estación, ya había salido el tren.

Ejercicios gramaticales

I (　　) 内の動詞を線過去にしましょう。

1) Ahora no estudio en la biblioteca, pero antes sí (estudiar) ________ mucho en la biblioteca porque en mi casa no (haber) ________ despacho.
2) Ahora no ando mucho, voy en coche a todas partes, pero antes (andar) ________ bastante porque no (tener) ________ coche.
3) Ahora no veo casi nada sin gafas, pero antes (ver) ________ bien sin gafas.
4) Ahora no voy al cine casi nunca. Antes (ir) ________ al cine dos veces al mes.
5) Últimamente comes muy poco, ¿no? Antes (comer) ________ mucho siempre.
6) Mi profesor ya no es tan estricto con los alumnos. Antes (ser) ________ mucho más estricto.
7) (Soler) ________ tener un gato, pero donde vivimos ahora no podemos tener animales.
8) Hace dos años conocí a mi novio. Entonces él (tener) ________ el pelo largo.
9) No fui a la fiesta porque (estar) ________ cansada y (tener) ________ dolor de cabeza.
10) El coche que (tener) ________ mi padre hace diez años (ser) ________ un todoterreno precioso.

II 次の文章に動詞 **(haber, estar, ser, tener)** を補って文章を完成させましょう。

Cuando yo ________ pequeña, mis padres ________ una casa de campo. La casa ________ a unos tres kilómetros de la playa. ________ una casa de dos plantas. Al entrar ________ un salón muy grande. La cocina ________ al lado del salón. Los dormitorios y el cuarto de baño ________ arriba. También ________ un jardín muy grande y allí ________ muchas plantas. Detrás de la casa ________ un aparcamiento.

III **Juan** の子供のときの作文が見つかりました。

> Me encanta el fútbol. Siempre juego al fútbol con mis amigos en el recreo. Pero es muy poco tiempo y enseguida tenemos que volver al aula. Los martes juego al fútbol con mi equipo. Los viernes tengo natación. Me gusta nadar también. El estilo que más me gusta es el crol. Soy muy rápido corriendo también. Me gustan también las clases de arte. Me gusta un poco el Conocimiento del Medio, pero no me gustan nada las Matemáticas.

この作文をもとに彼は小さいときどんなだったかを書きましょう。

例 A Juan le encantaba el fútbol cuando era pequeño.

Actividades 2 - A

CD-36

Sergio と Pilar は何人かの友人を 2 時 30 分に昼食に招待しました。

I-1 今1時45分です。2人のあわてた様子を想像しながら会話を聞きましょう。

I-2 感情をこめて会話を読みましょう。

A las dos menos cuarto

Sergio: ¡Oye, Pili! ¿Dónde está el mantel?
Pilar: Mira en el segundo cajón del armario.
Sergio: Segundo cajón... No, aquí están las sábanas.
Pilar: ¡Ese armario, no! El del salón. ¡Ay! no me queda café.
Sergio: ¿Voy yo a comprarlo?
Pilar: Sí, por favor. Yo tengo que hacer todavía la tortilla. Tampoco he hecho la ensalada. ¿Tenemos suficientes latas de cerveza?
Sergio: No sé, pero hay vino, ¿no?
Pilar: Bueno. Saca los cubiertos también.
Sergio: Espera, voy a comprar el café primero.
Pilar: Ah, sí, es verdad. Y un poco más de pan. ¿Qué hora es?
Sergio: Las dos menos cuarto.
Pilar: ¡Menos cuarto! El autoservicio cierra a la una y media.
Sergio: Voy a "El Sol" porque no cierran a mediodía.
Pilar: Sí, pero tienes que ir en coche.

II 今７時です。お客さん達が帰った後で、**Pilar** が準備がいかに大変だったかを話しています。空欄に動詞を補いましょう。

A las siete de la tarde

Mira, ¡qué apuro! Hoy invitamos a comer a unos compañeros de trabajo de Sergio, pero la verdad es que pensé que no podía terminar de preparar la comida. A las dos menos cuarto yo todavía ______________ que hacer la tortilla y la ensalada. Sergio no ______________ el mantel porque buscaba en otro armario. Luego me di cuenta de que no ______________ café. Sergio tuvo que ir a comprar café y pan pero el autoservicio ______________ cerrado así que tuvo que ir al supermercado en coche.

Actividades 2 - B

これまでに受け取ったプレゼントについて話をしましょう。

I-1 それぞれが、今まで一番気にいったプレゼントについて話しましょう。

例 El regalo que más me ha gustado en mi vida fue un caballito que me regaló mi tío por mi cumpleaños...

El regalo que más me ha gustado en mi vida...

① 何ですか　fue ______________________

② 誰のプレゼントですか　que me regaló ______________________

③ いつ　______________________

① muñeca, figura de dinosaurio, figura de un personaje de la tele, videojuegos, pistola, caballito, tirachinas, puzzle...
② mi padre, mi madre, mi tío, un amigo...
③ por mi cumpleaños, por Navidad, en la Navidad de 19XX, cuando tenía XX años...

・どのような大きさ、形、色、特徴でしたか。

・なぜ印象に残りましたか。

・今はどこにありますか。

I-2 どんなプレゼントが人気あったのかをクラスの統計を取ってみましょう。

II グループで会話しましょう。

1) 印象に残ったプレゼントが同種類のものだった人同士でグループを作りましょう。

2) 具体的にプレゼントがどんなだったかを質問し合いましょう。
　・大きさは？
　・色は？
　・特徴は？

3) お互いにどのような差異があるかを比較して表現しましょう。

¡Ahora exprésate!

Mi regalo favorito
印象に残ったプレゼントを紹介しましょう。

I 子供のころもらったプレゼントについての文章を読み、書いてあることを整理しましょう。

El regalo que más me ha gustado en mi vida fue el globo terráqueo que me regalaron mis padres cuando tenía ocho años. Era muy grande y la base era de color dorado. Yo vivía en un pueblo pequeño con mis padres y mi hermano. Era una niña muy tranquila, un poco tímida y hablaba poco. Había en casa libros con fotos de muchos países y me gustaba mirarlos. Me gustó mucho el regalo porque me encantaba imaginar cosas que pasaban en los países lejanos. Tenía ganas de conocer a los niños de esos países. El globo todavía está encima de una estantería en casa de mis padres. Yo vivo ahora sola porque estoy estudiando inglés en la universidad.

1. 文章はどのような表現で始まっているでしょうか。

2. いつ、なぜもらったプレゼントで、それはどのようなものですか。

3. なぜそのプレゼントが印象に残っているのでしょうか。

4. それは今どこにありますか。

II 今までもらったプレゼントで印象に残っているものについて文章を作りましょう。次の問いを参考にしましょう。

1. ¿Qué te regalaron?
2. ¿Cuándo te lo regalaron?
3. ¿Qué hacías tú en esa época?
4. ¿Cómo era ese regalo?
5. ¿Por qué te gustó?
6. ¿Todavía lo tienes?

III 内容を整理して、文章を完成させましょう。

¡Revisamos!

文章を見直しましょう。

A.（個人で）自分が書いた文章を次の点に特に注意して見直しましょう。

- 点過去の活用・用法は正しいか。
- 線過去の活用・用法は正しいか。

B.（ペアで）相手の文章をみて、お互いにコメントをつけて返却しましょう。必要あれば辞書を利用しましょう。

- A で示されたチェック項目がしっかり直されているか。
- 意味がわかりにくい部分はないか。
- なぜそのプレゼントが好きかがわかる文章になっているか。

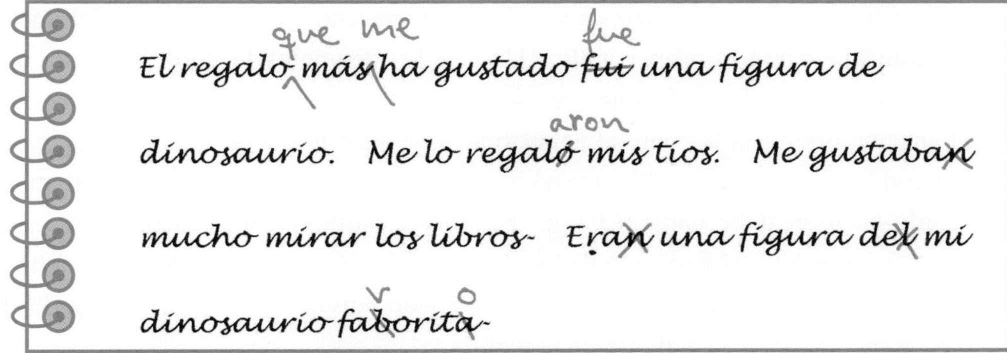

添削された文章をもう一度見て、書き直しましょう。

✓まとめ

文法

□ 線過去の活用

ser - era　hablar - hablaba　dormir - dormía　tener - tenía

□ 線過去の用法

Yo hablaba con él.

Era una máquina redonda.

Pensé que no podía terminar.

No había café.

表現・語彙

□ 頻度などを表す表現

poco a poco, enseguida, a veces, casi...

□ 形状・様態などを表す表現

redondo, sencillo, complicado, aburrido, interesante, caliente, seco...

8 ocho

CD-37

Unidad 9 Había una vez

Para empezar

I 日本の昔話をスペイン語で語りましょう。音声を聞いて空欄を埋めましょう。

Los dos ancianos

Hace mucho tiempo vivían dos ＿＿＿＿＿ en un pueblo. Los dos tenían un bulto en la mejilla pero uno era muy optimista y no se preocupaba ＿＿＿＿＿ por eso, y el otro se acomplejaba de su defecto. Un día el anciano optimista fue a cortar leña al ＿＿＿＿＿ y como estaba muy cansado se ＿＿＿＿＿ debajo de un árbol. Cuando se despertó vio que unos demonios ＿＿＿＿＿ celebrando una fiesta. Estaban armando un gran alboroto cantando, bebiendo y bailando. El anciano optimista ＿＿＿＿＿ mucho miedo al principio pero luego, al ver a los demonios tan alegremente bailando, salió a bailar con ellos. A los demonios les pareció muy interesante y les gustó mucho el ＿＿＿＿＿ del anciano. Bailaron hasta que cantó el primer gallo. Uno de los demonios le dijo: "ven esta noche también. Te quito este bulto y si vienes esta noche te lo ＿＿＿＿＿".

El anciano optimista le contó al anciano acomplejado lo que le ＿＿＿＿＿ pasado. Él lo miró con ＿＿＿＿＿ y le dijo que quería ir él en su lugar esa noche. Pero al anciano acomplejado no le gustaba nada el baile. Empezó a bailar y cantar pero los demonios se ＿＿＿＿＿ mucho. Al final uno de los demonios le dijo: "te voy a devolver el bulto y vete inmediatamente". Así que el anciano acomplejado volvió a ＿＿＿＿＿ con dos bultos, uno en la mejilla derecha y el otro en la mejilla ＿＿＿＿＿.

CD-38

II 音声を聞いて空欄を埋めましょう。

1) Mi libro no es ＿＿＿＿＿, es ＿＿＿＿＿.
2) ＿＿＿＿＿ está ＿＿＿＿＿ catálogo del viaje.
3) Aquí tengo ＿＿＿＿＿ diccionario de español.
4) Ésta es ＿＿＿＿＿ casa.
5) ＿＿＿＿＿ de mis ambiciones es trabajar ＿＿＿＿＿ la ONU.
6) ＿＿＿＿＿ ha llegado un paquete.
7) ¿Se te ＿＿＿＿＿ decírselo?
8) ＿＿＿＿＿ las mañanas escuchamos la radio.
9) ＿＿＿＿＿ voy al gimnasio, siempre lo veo.
10) ¿＿＿＿＿＿ quieres ir?

強勢語と弱勢語
1. 動詞、名詞、形容詞、副詞、接続詞、不定冠詞などは強勢語。
2. 前置詞、目的人称代名詞、所有詞前置形、定冠詞などは弱勢語。

Actividades 1

I-1 📖 シンデレラの物語です。それぞれにの絵にあった文を選びましょう。

a) Un día el Rey celebró un gran baile para buscar novia al Príncipe e invitó a todas las jóvenes del reino.

b) De pronto apareció su Hada Madrina y tocándola con su varita mágica transformó sus harapos en un vestido maravilloso.

c) Al baile fueron las hijas de la madrastra de Cenicienta pero ella no pudo ir.

d) Al entrar Cenicienta en el salón todos se sorprendieron de su belleza y el Príncipe bailó toda la noche con ella.

I-2 📖 以下の文章を読んで次の点に注意しながら内容を確認し、必要があれば絵を描き加えましょう。

1) 4コマのストーリー展開に関係する文に下線を引きましょう。
2) 登場人物の様子、周りの状況に関係する文に波線を引きましょう。

Había una vez una joven muy bella que vivía con su madrastra y las dos hijas de ésta que eran muy feas y orgullosas; tanto ellas como la madrastra no querían a la joven y se burlaban de ella. Ella hacía los trabajos más duros de la casa y todos la llamaban Cenicienta porque sus vestidos estaban siempre llenos de ceniza.

Un día el Rey celebró un gran baile para buscar novia al Príncipe e invitó a todas las jóvenes del reino. Al baile fueron las hijas de la madrastra de Cenicienta pero ella no pudo ir porque tenía que quedarse haciendo las tareas de la casa y además, no tenía ningún vestido para ir al baile.

El día del baile cuando Cenicienta sollozaba sola en casa, de pronto apareció su Hada Madrina y tocándola con su varita mágica transformó sus harapos en un vestido maravilloso; le dijo que podía ir al baile, pero si no volvía antes de las doce, los vestidos desaparecerían.

En la sala había mucha gente bailando, pero al entrar Cenicienta en el salón todos se sorprendieron de su belleza y el Príncipe bailó toda la noche con ella.

線過去と点過去の使い分けを学びましょう。

Gramática

I 点過去と線過去の使い分け

点過去は、過去に起こったことをひとつの出来事として伝える際に使用する。線過去は、その出来事が起こったときの、状況などを描写する場合に用いる。

1. 出来事と状況

1) 出来事は点過去

Un día nosotros decidimos ir a la playa. Salimos a las diez de la mañana. Mi hermano condujo. Llegamos a las once. Nos bañamos y tomamos el sol, y conocimos allí a una chica muy guapa. Después comimos en un bar con ella y pasamos muy bien la tarde juntos.

2) 状況は線過去

Era un día maravilloso. Hacía sol y bastante calor. La playa estaba llena de gente. La chica tenía el pelo rubio y largo. Era muy esbelta. Llevaba un vestido rojo. La comida estaba muy rica. Ella era muy simpática.

⇒ 1) + 2) Un día de excursión

El otro día nosotros decidimos ir a la playa porque hacía sol y bastante calor. Salimos a las diez de la mañana. ...

2. 習慣とひとつの出来事

1) 習慣は線過去

2) ひとつの出来事は点過去

- Cuando era joven, yo iba a la escuela a pie todos los días. Un día me caí y me rompí una pierna, y tuve que estar en el hospital durante un mes.
- Juan y yo siempre éramos inseparables, siempre nos sentábamos juntos, pero un día nos peleamos y nos sentamos separados a partir de aquel día.

3. 出来事のとらえ方

1) 出来事をひとつの完了したことととらえる場合は点過去

2) ある過去の時点に起こっていることとしてとらえる場合は線過去

Estuve un año en México.

Cuando ocurrió el terremoto, yo estaba en México.

(→ 地震の起こったときの一瞬を切り取って、そのときにメキシコにいたことを表す。)

Cuando yo era joven, no había ordenadores.

Mientras cenaba, ocurrió un terremoto.

cf. Mientras yo preparé la comida, él limpió la casa.

Cuando llegué a casa, los niños estaban viendo la tele.

Ejercicios gramaticales

I それぞれ空欄に（　　）内の動詞を適切な形にして入れましょう。

例　a) Ayer hizo buen tiempo.
　　b) Ayer fuimos de excursión.
　　c) **Ayer (ir) *fuimos* de excursión** porque (hacer) *hacía* buen tiempo.

1) a) La semana pasada yo me encontré mal.
   b) No asistí a clase.
   c) **La semana pasada yo no (asistir) ________ a clase,** porque (encontrarse) ________ mal.
2) a) Anoche pusieron una película muy interesante en la tele.
   b) Anoche yo me quedé en casa.
   c) Anoche, como (poner) ________ una película muy interesante en la tele, **yo (quedarse) ________ en casa.**
3) a) Ayer fue sábado.
   b) Ayer no hubo clase.
   c) Ayer, como (ser) ________ sábado, **no (haber) ________ clase.**
4) a) El domingo pasado Juan no estuvo en casa.
   b) El domingo pasado yo no pude ver a Juan.
   c) **El domingo pasado yo (ir) ________ a ver a Juan,** pero, como no (estar) ________ en casa, **no (poder) ________ verlo.**

II（　　）内の動詞を点過去、線過去の適切な形にしましょう。

1) Cuando (llamar, tú) ________ al móvil, yo (estar) ________ esperando el autobús en la parada.
2) Mi padre (estar) ________ de viaje en Francia tres meses el año pasado.
3) Cuando (ocurrir) ________ el accidente, yo (tener) ________ seis años.
4) El otro día (salir, nosotros) ________ de la oficina, cuando, de pronto, un señor (acercarse) ________ a nosotros.
5) La última vez que nos (visitar, ellos) ________, nos (traer) ________ un ramo de flores.
6) Ayer (quedarse, nosotros) ________ en casa, porque (llover) ________ a cántaros.
7) Anoche no (comer, yo) ________ nada, porque no (tener) ________ hambre.
8) Cuando mi sobrino (casarse) ________, yo (estar) ________ en España.
9) (Ser) ________ las cinco de la tarde.
10) La comida que nos (preparar, ellos) ________ era tan abundante que no (poder) ________ terminármela.

Actividades 2 - A

小学生の Borja 君は学校の遠足で動物園に行きました。

CD-39

I-1 音声を聞いて空欄に動詞を点過去で記入しましょう。

El 25 de mayo ________ de excursión con el colegio al parque zoológico. ________ a las seis y media. ________ al colegio. ________ en el autobús. ________ al parque zoológico. ________ en el parque y primero ________ los monos. Luego ________ los elefantes.

A la hora de la comida ________ un bocadillo con mi mejor amigo, Jaime. ________ en autobús al colegio. ________ a casa a las tres. Lo ________ muy bien.

I-2 **Borja** 君は先生にアドバイスされて、いろいろな状況を加えて作文を書き直すことにしました。(　　) 内の動詞を線過去に活用させ空欄に入れましょう。

- (Estar) *Estaba* muy nervioso.
- Los autobuses (estar) ________ ya esperando.
- En el autobús (haber) ________ televisión, pero (estar) ________ apagada.
- (Haber) ________ mucha gente haciendo cola para sacar entradas.
- El mono más grande (comer) ________ plátanos pero no les (dar) ________ a sus amigos.
- Los elefantes (moverse) ________ muy despacio.
- Yo (tener) ________ mucha hambre y el bocadillo (estar) ________ muy bueno.
- Algunos de mis amigos (dormir) ________ pero yo (cantar) ________ con Jaime.

I-3 I-2 の文を加えて、作文を書き直しましょう。

CD-40

I-4 音声を聞いて自分の文章と比較しましょう。

Actividades 2 - B

秋子がどのような人生を送っているかを想像しましょう。

I-1 起こったことを整理しながら読みましょう。

Akiko Yamada nació en 1950. Fue a la escuela primaria del barrio. A los 9 años su familia se trasladó a Tokio. Al principio tuvo problemas para hacer amigos. Al terminar el bachillerato, entró en la universidad para hacer la carrera de Literatura Japonesa. Jugando al tenis en la universidad conoció a su futuro marido, Hiroshi. Al terminar la carrera se colocó en una empresa. Y dos años más tarde se casaron. En 1980 tuvieron un hijo, y tres años más tarde nació una hija. Los dos niños entraron en la universidad y empezó a trabajar otra vez.

I-2 次の点については、コメントされていません。想像して加えてみましょう。
またそれ以降の人生についても内容を書き加えましょう。

- 兄弟はいましたか。
- 小さいころどこに住んでいましたか。どんなところでしたか。
- 小学校時代は何が好きでしたか。
- 両親は何をしていましたか。
- なぜ東京に引越しをしたのですか。
- 友人ができなかったのはなぜですか。
- 大学で日本文学を勉強したのはなぜですか。
- 本当は何を勉強したかったのですか。
- ひろしはどのような人でしたか。
- どのような会社に就職しましたか。
- 子供の名前は何ですか。
- 子供たちは何を勉強したがっていましたか。
- 新しく働き始めた会社はどのようなところですか。

I-3 完成した文章をクラスで発表しあい、コメントしましょう。

I-4 モデルの文章を聞きましょう。 CD-41 

¡Ahora exprésate!

Cuéntame lo que pasó.
最近自分の周りに起こった印象深い出来事を報告しましょう。

I 物語を読み、書いてあることを整理しましょう。

En un país muy lejano vivía una princesa muy hermosa que se llamaba Blancanieves. Vivía en el castillo con la reina, su madrastra, que era muy malvada y vanidosa. Lo único que quería la reina era ser la mujer más bella del reino y todos los días le preguntaba a su espejo mágico quién era la mujer más hermosa del reino; el espejo siempre le contestaba que ella era la más hermosa de todas las mujeres. Pasaron los años y un día el espejo le contestó que Blancanieves era la más hermosa ahora. La reina se enfadó mucho y quiso deshacerse de Blancanieves. Un cazador se la llevó al bosque para matarla y traer el corazón de Blancanieves a la reina como prueba de que la había matado. Pero el cazador sintió lástima y la dejó libre en el bosque. Le llevó a la reina el corazón de un jabalí.

1. よく知られている物語ですが、何の話ですか。
2. 物語の書き出しはどのような文でしょうか。
3. 登場人物は誰で、どのような人たちでしょう。
4. 何が起こりましたか。それはなぜ起こったのでしょうか。

II 最近自分の周りに起こった印象深い出来事について文章を作りましょう。

1. いつ、どこで起こった出来事か、時系列に沿って整理しましょう。

どこで	
最初に何が起こったか	
次に何が起こったか	
最後にどうなったか	

2. その場の状況について、そこに現れる人々の様子などを思い出しましょう。
3. 使う動詞の形に注意しながら、文章を作りましょう。

¡Revisamos!

文章を見直しましょう。

A.（個人で）自分が書いた文章を次の点に特に注意して見直しましょう。

- 点過去の時制が正しく使われているか。
- 線過去の時制が正しく使われているか。
- 文のつなぎのことばが適切に加えられているか。

B.（ペアで）相手の文章をみて、お互いにコメントをつけて返却しましょう。必要があれば辞書を利用しましょう。

- A で示されたチェック項目がしっかり直されているか。
- 意味がわかりにくい部分はないか。
- 何が起こったかがわかり、そのときの状況を思い浮かべることができるか。

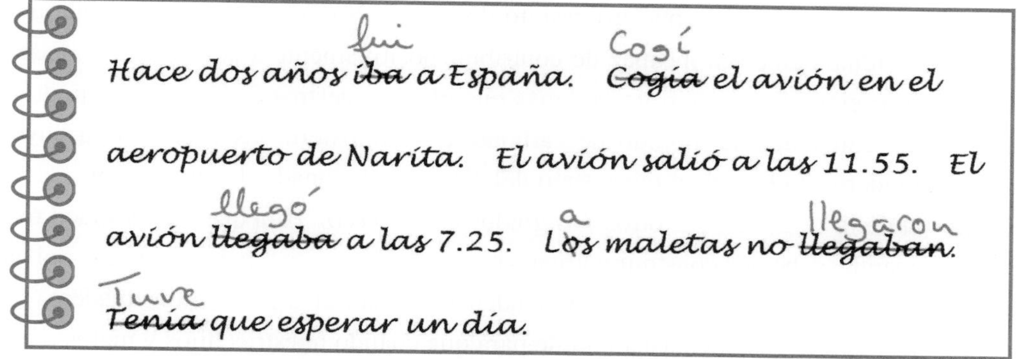

添削された文章をもう一度見て、書き直しましょう。

☑ まとめ

文法

□ 点過去・線過去の使い分け

Como estaba muy cansado,　（状況）
se durmió debajo de un árbol.　（出来事）
Hace mucho tiempo vivía un anciano en un pueblo.　（状況）
Un día el anciano fue a cortar leña.　（出来事）

表現・語彙

□ 物語の書き出しの表現　hace mucho tiempo, había una vez...

□ 時や出来事の順番を表す表現　cuando..., al principio, un día, al final...

□ 人の容姿や性格を表す表現

acomplejado, optimista, hermoso, feo, orgulloso, malvado, vanidoso...

9 nueve

CD-42

Unidad 10 Conservemos nuestro medio ambiente

Para empezar

I 私たちはいつも環境問題に心を配って生活しているでしょうか。音声を聞いて空欄を埋めましょう。

Últimamente es difícil leer el __________ o ver la televisión sin que la frase "calentamiento global" aparezca repetidas veces. Todos lo hemos notado: la __________ de la Tierra ha subido y el cambio __________ es una realidad. Los científicos no creen que este aumento de la temperatura pueda continuar sin repercutir gravemente en el ________ del planeta. Si el deshielo de los glaciares continuara al presente ________, el nivel del mar aumentaría tanto que las poblaciones en las costas __________ bajo el agua.

La comunidad científica internacional aconseja a todos los __________ que pongan en marcha planes para detener el calentamiento global. Pero es muy importante también que todos __________ aportemos nuestro granito de arena. No es ________ que cada uno de nosotros individualmente sea incapaz de contribuir positivamente a la __________ de este problema. Por ejemplo, si ahorráramos más energía en nuestros __________, podríamos ________ las emisiones de dióxido de carbono a la atmósfera, las cuales contribuyen al efecto invernadero. Subamos el termostato del aire acondicionado dos grados en ________ y bajemos el de la __________ otros dos grados en invierno. Para que sea más fácil reducir el gasto de energía, debemos construir edificios y casas __________ más eficientes. Salvemos la selva tropical para que los ________ nos ayuden a combatir el ________ invernadero.

Quizá ________ sea demasiado tarde para que cuando nuestros hijos y nietos crezcan, puedan disfrutar de este planeta como lo hemos hecho nosotros. ¡Ojalá sea ________!

CD-43

II イントネーションに注意して発音しましょう。

1) Salvemos la selva tropical.
2) ¿Cómo ahorramos más energía en nuestros hogares?
3) ¿Subirá más la temperatura de la Tierra?
4) No es verdad que seamos incapaces de contribuir a la resolución de este problema.
5) Si el deshielo de los glaciares continuara, el nivel del mar aumentaría
6) Cuando nuestros hijos crezcan, disfrutarán de este planeta como nosotros.
7) ¡Ojalá sea así!

イントネーションに注意しましょう。

1. **平叙文、疑問文、感嘆文**のイントネーションの区別。
2. **文中で si, cuando, que** などで**始まる節**のイントネーション。

Actividades 1

I-1 夫婦の会話です。音声を聞いて絵と結び付けましょう。 CD-44

I-2 それぞれにどんなアドバイスが必要かを考え、わく内から選びましょう。

> **No dejes las luces encendidas.**
> **No tiréis la basura en cualquier sitio.**
> **No cojas el coche para distancias cortas.**
> **Lleva siempre una bolsa cuando vayas al supermercado.**

CD-45

I-3 実際にどんなアドバイスをしたか、音声で確認しましょう。 

1) 2) 3) 4)

CD-46

I-4 貰ったアドバイスについて報告をしています。誰の報告か考えましょう。

1) El supermercado de la calle Quintana ha empezado a cobrar cinco céntimos por las bolsas de plástico y ahora me da rabia ir a comprar ahí. Pero mi marido dice que lleve siempre una bolsa cuando vaya al supermercado.
2) No me gusta andar mucho. Tenemos coche y es más cómodo ir a cualquier sitio en coche. Pero mi mujer dice que no lo coja para ir a un sitio al que se pueda ir andando. Tenemos que conservar el medio ambiente.
3) Mi padre me dice que yo siempre dejo las luces encendidas y se enfada mucho. Me dice que apague las luces siempre cuando salga del servicio. Dice que ahorremos energía.
4) El otro día fuimos de excursión. Tomamos unas cervezas pero no había papelera para tirar las latas. Yo quería dejarlas por ahí, pero Antonio dijo que no. Dice que es importante que cada uno de nosotros recicle las cosas que se puedan reciclar. Así que nos las llevamos a casa.

網掛けの部分の動詞の形に注意しましょう。接続法現在形について学びましょう。

Gramática

I 接続法現在

1. 規則活用

直説法現在１人称単数を基本に、基本母音（**-ar→e, -er, -ir→a**）と人称変化の語尾を加える。

	-ar		**-er**		**-ir**	
不定詞	**hablar**		**comer**		**vivir**	
直・現在１人称単数	hablo		como		vivo	
yo	**hable**	e	**coma**	a	**viva**	a
tú	**hables**	e+s	**comas**	a+s	**vivas**	a+s
usted, él, ella	**hable**	e	**coma**	a	**viva**	a
nosotros, nosotras	**hablemos**	e+mos	**comamos**	a+mos	**vivamos**	a+mos
vosotros, vosotras	**habléis**	e+is	**comáis**	a+is	**viváis**	a+is
ustedes, ellos, ellas	**hablen**	e+n	**coman**	a+n	**vivan**	a+n

2. 語根母音変化動詞（特に **-ir** 動詞に注意、母音変化部分の人称に注意が必要）

pensar ⇒ p*ie*nse, p*ie*nses, p*ie*nse, pensemos, penséis, p*ie*nsen
volver ⇒ v*ue*lva, v*ue*lvas, v*ue*lva, volvamos, volváis, v*ue*lvan
dormir ⇒ d*ue*rma, d*ue*rmas, d*ue*rma, d*u*rmamos, d*u*rmáis, d*ue*rman
sentir ⇒ s*ie*nta, s*ie*ntas, s*ie*nta, s*i*ntamos, s*i*ntáis, s*ie*ntan
seguir ⇒ s*i*ga, s*i*gas, s*i*ga, s*i*gamos, s*i*gáis, s*i*gan

3. 不規則動詞（括弧内は直説法現在１人称単数）

tener (tengo) ⇒ tenga, tengas, tenga, tengamos, tengáis, tengan
poner (pongo) ⇒ ponga, pongas, ponga, pongamos pongáis, pongan
hacer (hago) ⇒ haga, hagas, haga, hagamos, hagáis, hagan
conocer (conozco) ⇒ conozca, conozcas, conozca, conozcamos, conozcáis, conozcan
ver (veo) ⇒ vea, veas, vea, veamos, veáis, vean
caer (caigo) ⇒ caiga, caigas, caiga, caigamos, caigáis, caigan
traer (traigo) ⇒ traiga, traigas, traiga, traigamos, traigáis, traigan
oír (oigo) ⇒ oiga, oigas, oiga, oigamos, oigáis, oigan
salir (salgo) ⇒ salga, salgas, salga, salgamos, salgáis, salgan
decir (digo) ⇒ diga, digas, diga, digamos, digáis, digan
caber (quepo) ⇒ quepa, quepas, quepa, quepamos, quepáis, quepan

・直説法１人称単数形から作れない不規則動詞

estar ⇒ esté, estés, esté, estemos, estéis, estén
ser ⇒ sea, seas, sea, seamos, seáis, sean
dar ⇒ dé, des, dé, demos, deis, den
saber ⇒ sepa, sepas, sepa, sepamos, sepáis, sepan
haber ⇒ haya, hayas, haya, hayamos, hayáis, hayan

★用法については　文法編 10. 2 参照

Ejercicios gramaticales

I 次の（　　）内の動詞を接続法現在にしましょう。

1.

1) Yo no quiero estudiar Derecho. —Yo quiero que tú (estudiar) ＿＿＿＿＿ Derecho.
2) Es importante respetar a los mayores.
   —Sí, es necesario que tú (respetar) ＿＿＿＿＿ a los mayores.
3) Yo creo que ellos tienen razón. —Pues yo no creo que ellos (tener) ＿＿＿＿＿ razón.
4) Mi madre les dice a los niños que (lavarse) ＿＿＿＿＿ los dientes después de comer.
5) A mi padre le encanta que (jugar, nosotros) ＿＿＿＿＿ al fútbol.
6) Es posible que algún día tú (ser) ＿＿＿＿＿ un científico famoso.
7) Te agradezco mucho que me (decir, tú) ＿＿＿＿＿ eso.
8) Es increíble que la señora (mentir) ＿＿＿＿＿.

名詞節の中に現れる接続法を確認しましょう。

2.

1) Te llamaré cuando (poder, yo) ＿＿＿＿＿.
2) Cuando (salir, yo) ＿＿＿＿＿ del trabajo, me iré a casa.
3) Voy a ir a verlo en cuanto (tomar) ＿＿＿＿＿ una decisión definitiva.
4) Cuando (ser, vosotros) ＿＿＿＿＿ mayores, podréis salir de noche.
5) Quiero irme antes de que (llegar) ＿＿＿＿＿ Antonio.
6) Me ha traído un nuevo CD para que yo lo (escuchar) ＿＿＿＿＿.
7) Yo me voy sin que la niña (darse) ＿＿＿＿＿ cuenta de ello.
8) La llamo para que (empezar) ＿＿＿＿＿ a preparar la cena.

副詞節の中に現れる接続法を確認しましょう。

3.

1) María quiere aprender otra lengua y todavía no ha decidido cuál: bueno, una lengua que (ser) ＿＿＿＿＿ fácil de aprender, por supuesto.
2) Quiero vivir en una casa que (tener) ＿＿＿＿＿ una terraza.
3) ¿Conoces a alguna chica que (vivir) ＿＿＿＿＿ en Okinawa?
4) Hoy voy a preparar una comida que te (gustar) ＿＿＿＿＿ mucho. Dime lo que quieres comer.
5) Voy a poner el cuadro donde (decir, tú) ＿＿＿＿＿. Así que, por favor, decídete.
6) Yo quiero casarme con un hombre que (saber) ＿＿＿＿＿ cómo tratar a una mujer.

形容詞節の中に現れる接続法を確認しましょう。

Actividades 2 - A

22世紀の世界を予想しましょう。

I-1 文を読んで、もっともであると思う文については◎、そうかも知れないと思う場合には○、可能性があるかも知れないと思う場合には△、そんなことはないと思う場合には×をつけましょう。

En el siglo XXII

Todos los recursos energéticos no renovables se agotarán.	
Habrá un exceso de población en el mundo.	
Estallarán grandes guerras entre naciones.	
Se extinguirán cientos de especies de animales.	
Viajaremos libremente a la Luna.	
Se despoblarán las selvas.	
Aumentarán las grandes epidemias.	
Podremos vivir en otros planetas.	
Los robots harán la mayoría de las tareas domésticas.	
Desaparecerán los coches y habrá otro medio de transporte.	

I-2 自分の意見を次の表現を使って表してみましょう。

· Es muy probable que...
· Es probable que...
· Es posible que..
· No creo que...

I-3 クラスで意見を述べ合いましょう。

· Yo estoy de acuerdo contigo.
· Yo también creo que...
· Sí, puede ser.
· No sé.
· Yo no lo creo.
· No, ¡qué va! Es imposible.

Actividades 2 - B

新しい家族が出来たらどんな家に住みたいですか。

I-1 まず自分の理想の家を思い浮かべ、下の内容を参考にしてスペイン語で表現してみましょう。

・マンションか家か
・地域は（駅に近い、遠い、周りにあるもの）
・どんな家か（大きさ、部屋数）

Quiero vivir

en un piso. en una casa de dos plantas. en un chalé.

Quiero vivir en una zona

tranquila.
bien comunicada.
donde haya mucha naturaleza alrededor.
donde haya muchas tiendas cerca.
que no esté lejos del centro.

Quiero vivir en una casa

grande.
con jardín.
que esté cerca de la estación.
que esté cerca del mar.
que tenga más de 150 metros cuadrados.
que tenga más de 4 dormitorios.

Quiero vivir en una casa

con jardín para que los niños jueguen con sus amigos.
cerca del mar para que podamos dar paseos por la playa.
en el centro para que mi marido no tarde mucho en llegar al trabajo.

I-2 理想の家は家族の人数などによって変わりますか。次の表現に続けて書いてみましょう。

Cuando me case,
Cuando tenga un hijo,
Cuando tenga una familia grande,
Mientras que sea joven,

I-3 発表しましょう。クラスの中ではどのような家が好評でしょうか。

Cuando tenga familia, quiero vivir en una casa que...
Yo quiero vivir en una zona en la que...

¡Ahora exprésate!

Para un futuro mejor
身の回りのことについて問題提起しましょう。

I 環境問題について述べている文章を読み、書いてあることを整理しましょう。

Últimamente es difícil leer el periódico o ver la televisión sin que le frase "calentamiento global" aparezca repetidas veces. Todos lo hemos notado: la temperatura de la Tierra ha subido y el cambio climático es una realidad. Si el deshielo de los glaciares continuara al presente ritmo, el nivel del mar aumentaría tanto que las poblaciones en las costas desaparecerían bajo el agua.

La comunidad científica internacional aconseja a todos los gobiernos que pongan en marcha planes para detener el calentamiento global. No es verdad que cada uno de nosotros individualmente sea incapaz de contribuir positivamente a la resolución de este problema. Subamos el termostato del aire acondicionado dos grados en verano y bajemos el de la calefacción otros dos grados en invierno. Salvemos la selva tropical para que los árboles nos ayuden a combatir el efecto invernadero.

Quizá no sea demasiado tarde para que cuando nuestros hijos y nietos crezcan, puedan disfrutar de este planeta como lo hemos hecho nosotros. ¡Ojalá sea así!

1. 問題にしていることは何ですか。
2. それがそのままだとどのような状態になるでしょう。
3. 現在具体的な解決策は提示されていますか。
4. 筆者は私達は何をすべきだと言っていますか。
5. 最終的には問題は解決されるのでしょうか。

II 現在自分の気になる身の回りのことについて問題にし、文章を作りましょう。

1. 問題は何か、自分はどう感じているでしょう。
2. この状態が続いて良いと思いますか。
3. ～したほうがいい、～することを勧める、～のような器具・機械、また環境が必要だといった具体的なアドバイスを考えましょう。
4. そうすれば我々が～したとき、我々の子供が大きくなったとき、～だろう、といった予測をしましょう。
5. 文と文の間に必要なつなぎの言葉があれば補いましょう。

¡Revisamos!

文章を見直しましょう。

A.（個人で）自分が書いた文章を次の点に特に注意して見直しましょう。

- 接続法が使われるべきところで接続法が使われているか。
- 直説法が使われるべきところで直説法が使われているか。
- 文のつなぎの言葉が適切に加えられているか。

B.（ペアで）相手の文章をみて、お互いにコメントをつけて返却しましょう。

- A で示されたチェック項目がしっかり直されているか。
- 文章の意味がわかりにくい部分がないか。
- 論理的におかしいところがないか。
- 説得力のある提案がされているか。

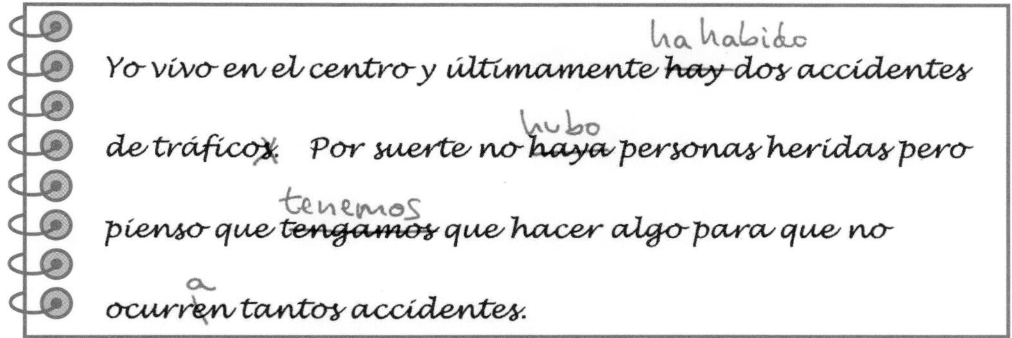

添削された文章をもう一度見て、書き直しましょう。

✓まとめ

文法

□ 接続法現在の活用
□ 接続法の基本的な用法（名詞節・副詞節・形容詞節の中での用法）

表現・語彙

□ 環境問題を語る上で必要な表現

calentamiento global, temperatura de la Tierra, cambio climático, aumento de la temperatura, planeta, deshielo de los glaciares, nivel del mar, comunidad científica internacional, ahorrar energía, dióxido de carbono, efecto invernadero, gasto de energía, selva tropical...

文法編

Unidad 1

1.1 ser の用法

1) （＋名詞）物や概念の定義を述べる、正体を明かす、種類分けなどを表す。

El perro es un animal doméstico.
El tulipán es una flor.
Aquel señor es mi profesor de inglés.
Aquel bolso es el mío.
El señor Rodríguez es un médico mundialmente famoso.

2) （＋名詞）身分・職業・国籍などを表す。

Rodolfo es médico.
Somos estudiantes.

3) （＋形容詞）物・人の種類分けの際に関与する性質などを表す。 ☞ 1.2 2)

La Tierra es redonda.
Mi dormitorio es pequeño.
Mi coche es blanco.

4) **ser de**

a) (＋場所を表す名詞) 出身・産地などを表す。

¿De dónde eres? — Soy de Madrid.
Estos vinos son de España.

b) （＋人・機関などを表す名詞）所属・所有関係を表す。

Estos libros son de mi padre.
Este ordenador es del instituto.

c) （＋材質を表す名詞）材質を表す。

Este anillo es de plata.
¿De qué es esta blusa? — Es de seda.

5) 時間・日付などを表す。

¿Qué hora es? — Son las dos y media.
Hoy es el tres de diciembre.
Mañana es lunes.

★ **ser** は行事などが主語になると「行われる」の意味を持つ。

La conferencia es hoy a las cinco de la tarde.

1.2 estar の用法

1) 話題にしている人・物の所在を表す。 ☞ 1.3 haber

Mi padre está en Madrid.
¿Dónde está el diccionario? — Está encima de la mesa.
La escuela está a unos diez minutos de aquí.

★ 時間・空間や抽象概念を表す場合もある。

Estamos en primavera.

Estás en lo cierto.

2) (＋形容詞、副詞・副詞句)人・物が置かれている状態、また話者から見たそのものの印象などを表す。 ☞ 1.1 ser 3)

¿Cómo estás? — Estoy bien, gracias.

Estamos muy asustados.

Oye, este televisor está roto.

¡Qué guapa estás! — Es que ahora voy a salir con mi novio.

Mi hermano está de profesor en esa escuela.

El jefe está de mal humor.

1.3 haber の用法

ある場所などを思い浮かべて、物・人の存在を表す。この意味では常に 3 人称単数形が用いられる。

（現在形は **hay**） ☞ 1.2 1)

Hay gazpacho en la nevera.

En esta biblioteca hay muchos libros.

Aquí hay estudiantes muy aplicados.

¿Qué hay en la caja? — Hay unas llaves, ¿no?

Hoy no hay clase.

Unidad 2

2.1 直説法現在の活用

1) 規則活用

不定詞	**hablar**	**comer**	**vivir**
yo	hablo	como	vivo
tú	hablas	comes	vives
usted, él, ella	habla	come	vive
nosotros, nosotras	hablamos	comemos	vivimos
vosotros, vosotras	habláis	coméis	vivís
ustedes, ellos, ellas	hablan	comen	viven

2) 語根母音変化動詞

a) 語尾だけでなく、語根の部分（語尾をとった部分）に現れている母音が変化しながら活用していくタイプの動詞

- 語根母音変化のタイプは (**e → ie, o → ue, e → i u → ue**)
- 1人称複数と2人称複数を除いた人称で語根母音が変化する。
- 語尾変化はそれぞれ **-ar** 動詞、**-er** 動詞、**-ir** 動詞の規則変化と同じ。

不定詞	**-ar (pensar)**	**-er (poder)**	**-ir (servir)**
yo	p*ie*nso	p*ue*do	s*i*rvo
tú	p*ie*nsas	p*ue*des	s*i*rves
usted, él, ella	p*ie*nsa	p*ue*de	s*i*rve
nosotros, nosotras	pensamos	podemos	servimos
vosotros, vosotras	pensáis	podéis	servís
ustedes, ellos, ellas	p*ie*nsan	p*ue*den	s*i*rven

変化タイプによる動詞例

	e→ie	**o→ue**	**e→i**	**u→ue**
-ar	pensar, comenzar, empezar, despertar	contar, costar, encontrar, volar	なし	jugar のみ
-er	entender, perder, querer, atender	volver, poder, devolver, mover	なし	なし
-ir	sentir, preferir	dormir, morir	pedir, servir, seguir, repetir	なし

b) 語根が母音で終わる **-ir** 動詞は語根と活用語尾の間に **y** が入る。(**huir, construir** など)

	yo	tú	usted, él, ella	nosotros, nosotras	vosotros, vosotras	ustedes, ellos, ellas
construir	constru*y*o	constru*y*es	constru*y*e	construimos	construís	constru*y*en

3) 1人称のみ不規則な動詞

	yo	tú	usted, él, ella	nosotros, nosotras	vosotros, vosotras	ustedes, ellos, ellas
hacer	*hago*	haces	hace	hacemos	hacéis	hacen
poner	*pongo*	pones	pone	ponemos	ponéis	ponen
salir	*salgo*	sales	sale	salimos	salís	salen
traer	*traigo*	traes	trae	traemos	traéis	traen
caer	*caigo*	caes	cae	caemos	caéis	caen
ver	*veo*	ves	ve	vemos	veis	ven
dar	*doy*	das	da	damos	dais	dan
saber	*sé*	sabes	sabe	sabemos	sabéis	saben
caber	*quepo*	cabes	cabe	cabemos	cabéis	caben

不定詞が **-ecer, -ocer, -ucir** で終わる動詞は1人称単数の活用語尾が **-zco** になる。(**parecer, agradecer, conocer , conducir, introducir, traducir, producir** など)

	yo	tú	usted, él, ella	nosotros, nosotras	vosotros, vosotras	ustedes, ellos, ellas
conocer	*conozco*	conoces	conoce	conocemos	conocéis	conocen
conducir	*conduzco*	conduces	conduce	conducimos	conducís	conducen

4) 混合タイプ（**tener, venir, oír, decir, oír** など）

	yo	tú	usted, él, ella	nosotros, nosotras	vosotros, vosotras	ustedes, ellos, ellas
tener	*tengo*	t*ie*nes	t*ie*ne	tenemos	tenéis	t*ie*nen
venir	*vengo*	v*ie*nes	v*ie*ne	venimos	venís	v*ie*nen
decir	*digo*	d*i*ces	d*i*ce	decimos	decís	d*i*cen
oír	*oigo*	o*y*es	o*y*e	oímos	oís	o*y*en

5) 完全な不規則動詞（**ser, ir, estar**）

	yo	tú	usted, él, ella	nosotros, nosotras	vosotros, vosotras	ustedes, ellos, ellas
ser	*soy*	*eres*	*es*	*somos*	*sois*	*son*
ir	*voy*	*vas*	*va*	*vamos*	*vais*	*van*
estar	*estoy*	*estás*	*está*	estamos	estáis	*están*

2.2 直説法現在の用法

1) 物・人の普遍的性質・普遍的真理を表す。

Es una casa antigua y tiene dos plantas.

Esta máquina no funciona bien.

Dos y cuatro son seis.

2) 現在の習慣的行為を表す。

Yo duermo ocho horas diarias.

Mis padres viven en Madrid.

3) 現在行われている行為・現在の状態を表す。

Mi hermana ve una película en la tele.

Pepe tiene mucha fiebre.

El banco está abierto desde las nueve hasta las tres de la tarde.

★ 現在行われていることを強調して表す場合には現在進行形（**estar** の現在＋現在分詞）が用いられる。☞ 11.2 現在分詞

¿Qué estás haciendo aquí?

4) 確定的な未来の出来事を表す。☞ 4.2 直説法未来

Mi padre vuelve mañana de viaje.

El lunes no hay clase.
El mes que viene mi hermana cumple 20 años.

5) 指示・強い調子の命令を表す。
Bueno, sigues todo recto hasta la tercera calle, y giras a la derecha.
Primero, apagas la tele y luego te vas a tu cuarto a estudiar.

Unidad 3

3.1 gustar 型動詞

1) 物に対して好き嫌いを述べる動詞を用いる場合、その対象物（好き嫌いなどの感情などを生じさせるもの一何を好きか）が主語となり（動詞の後ろに置かれることが多い）。その感情・感覚の主体となる人（誰が好きか）が間接目的語で表される。間接目的人称代名詞を伴う。

(a mí)	**me**	gusta	el fútbol la comida española el café escuchar música leer y escribir
(a ti)	**te**		
(a usted, a él, a ella)	**le**		
(a nosotros, a nosotras)	**nos**		
(a vosotros, a vosotras)	**os**		
(a ustedes, a ellos, a ellas)	**les**		
		gustan	las flores los zapatos negros las novelas policíacas

A mí me gusta el fútbol. ¿A ti te gusta?
A mi madre le gusta cocinar.
A Juan no le gusta nada la comida japonesa.

・強調・対比の意を表したい場合には **a +** 人（または目的人称代名詞強形）が現れる。

2) このようなタイプの動詞には **gustar** のほかに **apetecer, encantar, interesar, molestar, doler** などがある。
¿Te apetece salir?
A mis hijos les encanta el béisbol.
¿A ti te interesa la historia de este país?
¿Te duele la cabeza?

3) **parecer** は、形容詞または副詞を伴う。
Esta película me parece interesante.

3.2 間接目的人称代名詞

「...に」を表す目的語として現れる人称代名詞。通常弱形が用いられるが、強形を伴って強調表現を作る（強形だけが使われることはない）。また 3 人称で指している人・物をはっきりさせるために強形を用いることもある。

弱形	強形	弱形	強形
me	a mí	nos	a nosotros, a nosotras
te	a ti	os	a vosotros, a vosotras
le (se)	a él, a ella, a usted	les (se)	a ellos, a ellas, a ustedes

★**se** は直接目的人称代名詞3人称とともに用いられる場合の 3 人称形。☞ 3.4 直接目的人称代名詞・間接目的人称代名詞

Te doy estos caramelos.

¿Me enseñas las fotos?

¿Le regalo un ramo de flores a Carmen?

3.3 直接目的人称代名詞

他動詞の目的語「...を」として現れる人称代名詞、通常弱形が用いられる。強形は常に弱形とともに用いられ強調表現を作る。強形だけが用いられることはない。弱形代名詞は活用している動詞のすぐ前に置かれ、動詞と 1 つの単位をなすが、動詞とは別個に書かれる。

弱形	強形	弱形	強形
me	a mí	nos	a nosotros, a nosotras
te	a ti	os	a vosotros, a vosotras
lo, la	a él, a ella, a usted	los, las	a ellos, a ellas, a ustedes

★**lo, los** の代わりに、彼（ら）をあなた（方）を表す場合に **le, les** が使われることがある。

★**lo, la, los, las** が物を指す場合はその文法性・数によって使い分ける。

★すでに述べられた事柄を指す場合には中性代名詞 **lo** が用いられる。

Yo te conozco. Eres hermana de Juan, ¿no?

¿No me recordáis vosotros?

Juan quiere a María pero María no lo quiere a él.

Yo no la conozco a usted.

Yo leo este libro. ¿Lo lees tú también?

Te lo digo en serio.

3.4 直接目的人称代名詞・間接目的人称代名詞

間接目的人称代名詞、直接目的人称代名詞がともに現れる場合には、間接目的語、直接目的語の順となる。

Te doy estos libros. → Te los doy.

¿Me enseñas estas fotos? → ¿Me las enseñas?

★間接目的人称代名詞 3 人称形 **le, les** は直接目的人称代名詞 3 人称の代名詞とともに用いられる場合には **se** となる。

Le doy estos diccionarios. → Se los doy.

★動詞が不定詞・現在分詞の場合にはその動詞の直後に付加され１語となるが、動詞句内で使われる場合主動詞の前に置かれることもある。

¿Puedes ayudarme? = ¿Me puedes ayudar?

¿Quieres visitarla? = ¿La quieres visitar?

Quiero regalarte este reloj para tu cumpleaños.

= Te quiero regalar este reloj para tu cumpleaños.

Quiero regalártelo para tu cumpleaños.

= Te lo quiero regalar para tu cumpleaños.

3.5 前置詞の後ろに置かれる人称代名詞

１人称単数、２人称単数を除いては主語人称代名詞（**él, ella, usted, nosotros...**）と同一形。

a (de, para, por...) mí *conmigo**	a (de, para, por, con...) nosotros, nosotras
a (de, para, por...) ti *contigo**	a (de, para, por, con...) vosotros, vosotras
a (de, para, por, con...) usted a (de, para, por, con...) él a (de, para, por, con...) ella **再帰形** a sí *consigo*	a (de, para, por, con...) ustedes a (de, para, por, con...) ellos a (de, para, por, con...) ellas a sí *consigo*

★**con** は１人称単数、２人称単数の人称代名詞、また再帰代名詞３人称と用いられる場合は **conmigo, contigo, consigo** となるので注意。

★前置詞の後ろに置かれる **él, ella, ellos, ellas** は物を指すこともできる。

★**entre, según** の後ろは **mí, ti,** ではなく、**yo, tú** が用いられる。

Tengo una sorpresa para ti.

Hoy por mí, mañana por ti.

Hay un cajón en la mesa. En él guardo todas mis cosas.

Ellos están enfadados conmigo.

3.6 比較

1) 同等比較

tan + 形容詞（副詞） **como** + 比較対象

Mi habitación es tan grande como la tuya.

2) 優等比較

más + 形容詞（副詞） **que** + 比較対象

Mi habitación es más bonita que la tuya.

劣等比較

menos + 形容詞（副詞） **que** + 比較対象

Mi habitación es menos bonita que la tuya.

= Mi habitación no es tan bonita como la tuya.

3) 最上級

定冠詞（所有詞前置形）＋ **más** ＋ 形容詞 ＋ **de** ＋ 比較範囲

Este libro es el más interesante de todos estos.

4) 不規則な比較形

a) **mucho** (↔ poco)

① 形容詞 **mucho**（たくさんの）の不規則な比較形

・形容詞 **mucho** の同等比較は **tanto** が使われる。

tanto ＋ 名詞 ＋ **como** ＋ 比較対象

★**tanto** はここでは形容詞なので名詞の性数に一致する。

Yo leo tantas novelas como mi padre.

Yo no bebo tanta cerveza como mi padre.

・形容詞 **mucho** の優等比較は **más** が使われる。

más ＋ 名詞 ＋ **que** ＋ 比較対象

Yo leo más novelas que mi padre.

★**más** の語尾変化はないが、**mucho** を伴うときに、**mucho** が語尾変化する。

Yo leo muchas más novelas que mi padre.

★劣等比較は **más** の代わりに **menos** を用いる。

② 副詞 **mucho**（たくさん、よく）の不規則な比較形

・同等比較

tanto como ＋ 比較対象　＊tanto はここでは副詞なので語尾変化なし。

Ella estudia tanto como yo.

・優等比較

más que ＋ 比較対象　＊más は副詞なので語尾変化なし。

Ella estudia más que yo.

★劣等比較は **más** の代わりに **menos** を用いる。

b) **grande** (↔ pequeño)

特に「年上」の意味のときに不規則の比較形が用いられる。

mayor ＋ **que** ＋ 比較対象　＊性に関して語尾変化しないが、単数複数で変化する。

Juan es mayor que yo.

★**pequeño** の不規則の比較形は **menor**：**menor** ＋ **que** ＋ 比較対象（より小さい、より年下の）

c) **bueno** (↔ malo), **bien** (↔ mal)

① 形容詞 **bueno** の不規則な比較形

mejor ＋ **que** ＋ 比較対象　＊性に関して語尾変化しないが、単数複数で変化する。

Este libro es mejor que aquel.

★ **malo** の不規則の比較形は **peor**：**peor** ＋**que** ＋ 比較対象（より悪い）

② 副詞 **bien** の不規則な比較形

mejor ＋ **que** ＋ 比較対象　　＊mejor, peor はここでは副詞なので語尾変化なし。

Juan canta mejor que yo.

★ **mal** の不規則の比較形は **peor**：**peor** ＋**que** ＋ 比較対象（より下手に）

Unidad 4

4.1 再帰動詞の活用

再帰代名詞を伴って活用し、ひとつの意味をもつ動詞

不定詞	**levantarse**	**acostarse**	**ducharse**
yo	me levanto	me acuesto	me ducho
tú	te levantas	te acuestas	te duchas
él, ella, usted	se levanta	se acuesta	se ducha
nosotros, nosotras	nos levantamos	nos acostamos	nos duchamos
vosotros, vosotras	os levantáis	os acostáis	os ducháis
ellos, ellas, ustedes	se levantan	se acuestan	se duchan

4.2 再帰動詞の用法

1) 基本的意味

a) 自分自身を～する（a sí mismo を用いて意味を強調することがある）

Yo me miro en el espejo.

Yo me odio a mí mismo (a mí misma).

★ 複数になると、「互いに～する」の意味を持ち、この場合 **unos a otros, mutuamente** などをを伴うことがある）

Nos escribimos.

Ellos se quieren.

b) 他動詞を自動詞化する。

sentar 据える、座らせる ⇒ sentarse 座る

acercar 近づける ⇒ acercarse 近づく

despertar 目を覚まさせる ⇒ despertarse 目を覚ます

alegrar 喜ばせる ⇒ alegrarse 喜ぶ

c) 自分の体（の一部）を～する

lavarse las manos [la cara, el pelo, los dientes...]

cf. lavar las manos a... …の手を洗う

afeitarse, peinarse, ducharse, bañarse

ponerse ... …を着る　　quitarse... …を脱ぐ

2) 自動詞につけられて特殊のニュアンスを付加する再帰代名詞

ir 行く ⇒ irse 行ってしまう、立ち去る

quedar 残る ⇒ quedarse 居残る

★再帰代名詞を伴った形のみが用いられる動詞

arrepentirse, quejarse, jactarse などは再帰代名詞を伴わない形は使われない。

3) 再帰受身（**se** + 動詞の3人称単数形・複数形）

他動詞の3人称と **se** が用いられると受身の意味を持つ。

Aquí se venden vestidos de talla grande.

Se alquilan bicicletas.

La iglesia se construyó en el siglo pasado.

★受動態は「**ser** + 動詞の過去分詞 + **por** + 動作主」で表すこともできるが、この形は、現在形や線過去で動詞の時制やタイプによってその使用が制限される。☞ **11.3** 過去分詞

4) 無人称の **se**（**se** + 動詞の3人称単数形）

無人称表現として、一般的な事柄を表す場合に用いられることが多い。

Aquí se puede entrar sin permiso.

En mi pueblo se respeta mucho a los mayores.

★ 3人称複数形や **la gente** などを主語とした表現では、発話者を含まないが、この無人称表現では発話者を含むこともある。

¿Se puede? — Sí, adelante.

4.3 直説法未来の活用

1) 規則活用

動詞の不定詞に活用語尾 (**-é, -ás, -á, -emos, -éis, -án**) をつける。**-ar, -er, -ir** 動詞ともに同じ語尾が使われる。

不定詞	**hablar**	**comer**	**vivir**
yo	hablaré	comeré	viviré
tú	hablarás	comerás	vivirás
usted, él, ella	hablará	comerá	vivirá
nosotros, nosotras	hablaremos	comeremos	viviremos
vosotros, vosotras	hablaréis	comeréis	viviréis
ustedes, ellos, ellas	hablarán	comerán	vivirán

2) 不規則活用

以下の不規則動詞は、括弧内を基本に活用語尾をつける。

poder (podr-) **hacer** (har-) **saber** (sabr-) **decir** (dir-) **haber** (habr-)
caber (cabr-) **querer** (querr-) **tener** (tendr-) **venir** (vendr-) **poner** (pondr-)
salir (saldr-) **valer** (valdr-)

	yo	tú	usted, él, ella	nosotros, nosotras	vosotros, vosotras	ustedes, ellos, ellas
poder	podré	podrás	podrá	podremos	podréis	podrán
hacer	haré	harás	hará	haremos	haréis	harán
saber	sabré	sabrás	sabrá	sabremos	sabréis	sabrán
decir	diré	dirás	dirá	diremos	diréis	dirán
haber	habré	habrás	habrá	habremos	habréis	habrán
caber	cabré	cabrás	cabrá	cabremos	cabréis	cabrán
querer	querré	querrás	querrá	querremos	querréis	querrán
tener	tendré	tendrás	tendrá	tendremos	tendréis	tendrán
venir	vendré	vendrás	vendrá	vendremos	vendréis	vendrán
poner	pondré	pondrás	pondrá	pondremos	pondréis	pondrán
salir	saldré	saldrás	saldrá	saldremos	saldréis	saldrán
valer	valdré	valdrás	valdrá	valdremos	valdréis	valdrán

4.4 直説法未来の用法

1) 未来の出来事・意図について述べる。
Mañana no habrá clase.
Mañana vendrá tu amigo.
Iré a España este verano.

2) 現在の出来事についての推測を述べる
A esta hora estarán muy ocupados.
¿Cómo se llama su hijo? — No sé, pero se llamará Enrique, como su padre.

Unidad 5

5.1 肯定命令

5.1.1 活用

1) **tú** で話す相手、**vosotros** で話す相手に対する命令

a) **tú**の命令は、直説法現在 3 人称単数と同一形。

不定詞	**hablar**	**comer**	**escribir**
直説法現在 3 人称単数	habla	come	escribe
肯定命令 **tú**	habla	come	escribe

★**tú** の命令形が不規則な動詞
decir ⇒ di　hacer ⇒ haz　ir ⇒ ve　poner ⇒ pon
salir ⇒ sal　ser ⇒ sé　tener ⇒ ten　venir ⇒ ven
これらの複合語も同じ命令形　proponer ⇒ propón　mantener ⇒ mantén

b) **vosotros** の命令は、動詞語尾の **-r** を**-d** にする。

不定詞	**hablar**	**comer**	**escribir**
肯定命令 **vosotros**	hablad	comed	escribid

2) **usted** で話す相手、**ustedes** で話す相手に対する命令

直説法現在 1 人称単数形をもとにし、**-ar** 動詞は語尾を **e, -er, -ir** 動詞は語尾を **-a** にして、**usted** の命令形を作る。それに **-n** を加えた形が **ustedes** の命令形になる。

不定詞	**hablar**	**comer**	**escribir**	**pensar**	**repetir**	**poner**
直説法現在 1 人称単数	hablo	como	escribo	pienso	repito	pongo
肯定命令 **usted**	hable	coma	escriba	piense	repita	ponga
肯定命令 **ustedes**	hablen	coman	escriban	piensen	repitan	pongan

★直説法現在 1 人称単数形をもとに肯定命令形が作れない動詞

estar ⇒ esté (usted)　estén (ustedes)

saber ⇒ sepa, sepan　　ir ⇒ vaya, vayan　　ser ⇒ sea, sean

5.1.2 目的人称代名詞、再帰代名詞の位置

動詞が肯定命令形の場合、目的人称代名詞や再帰代名詞は動詞の後ろに置かれ、動詞と 1 語をなす。

Son las siete y media. Levántate ya.

¿Quieres estas manzanas? Pues, cógelas.

★**vosotros** の肯定命令が再帰代名詞 **os** を伴う場合には、語尾の **-d** が脱落する。

Levantaos.　＊ただし **ir** は例外。(Idos. / Iros.)

5.2 否定命令

5.2.1 活用

肯定命令 **usted, ustedes** と同じ要領で作るが、**tú** には語尾 **-s** が、**vosotros** には語尾 **-is** が付加される。語根母音変化動詞 **-ar, -er** 動詞は **vosotros** の場合に語根母音変化はない。**-ir** 動詞は語根母音 **-o** が **-u, -e** が **-i** になるので注意する。

不定詞	**hablar**	**comer**	**escribir**	**pensar**	**repetir**	**poner**
直説法現在 1 人称単数	hablo	como	escribo	p*ie*nso	rep*i*to	pongo
否定命令 **tú**	no hables	no comas	no escribas	no p*ie*nses	no rep*i*tas	no pongas
否定命令 **usted**	no hable	no coma	no escriba	no p*ie*nse	no rep*i*ta	no ponga
否定命令 **vosotros**	no habléis	no comáis	no escribáis	no penséis	no rep*i*táis	no pongáis
否定命令 **ustedes**	no hablen	no coman	no escriban	no p*ie*nsen	nore rep*i*tan	no pongan

5.2.2 目的人称代名詞、再帰代名詞の位置

否定命令の場合には目的人称代名詞、再帰代名詞は動詞のすぐ前に置かれる。(活用している動詞の場合と同じ)

No lo tomes en serio.
No te acuestes tarde.
No te enfades.

5.3 命令形の用法

命令形は主に次の場合に用いる。

- 指示を与える　　Siga derecho hasta la tercera calle, y gire a la derecha.
- お願いする　　Échame una mano, por favor.
- 命令する　　Salid ahora mismo de aquí.
- 忠告を与える　　¿Tienes dolor de cabeza? Pues échate un poco.
  No comas mucha carne. Come más verdura.
- 誘う　　Ahora voy a casa de Pablo. Ven conmigo.
- 許可を与える　　¿Se puede? —Sí, pasa, pasa.
- 禁止　　No le digas la verdad.

Unidad 6

6.1 直説法現在完了の活用

1) **haber** の現在+動詞の過去分詞

yo	**he**	comprado
tú	**has**	preguntado
usted, él, ella	**ha**	comido
nosotros, nosotras	**hemos**	tenido
vosotros, vosotras	**habéis**	salido
ustedes, ellos, ellas	**han**	ido

2) 動詞の過去分詞

-ar 動詞 **-ar ⇒ -ado**	**-er, -ir 動詞** **-er, -ir ⇒ -ido**	**不規則な過去分詞**	
hablar ⇒ hablado	**comer** ⇒ comido	**abrir** ⇒ abierto	**resolver** ⇒ resuelto
estudiar ⇒ estudiado	**vivir** ⇒ vivido	**cubrir** ⇒ cubierto	**romper** ⇒ roto
estar ⇒ estado	**tener** ⇒ tenido	**decir** ⇒ dicho	**ver** ⇒ visto
trabajar ⇒ trabajado	**salir** ⇒ salido	**escribir** ⇒ escrito	**volver** ⇒ vuelto
	ir ⇒ ido	**hacer** ⇒ hecho	**poner** ⇒ puesto
		morir ⇒ muerto	

6.2 直説法現在完了の用法

1) 完了した出来事を現在の一部と関連付けて表す。
   ¿Conoces ese lugar? — Sí, he ido varias veces.

¿Tienes el llavero? — No, lo he dejado en el coche.
¿Cómo está tu hermana? — Pues, ha mejorado mucho.

2) すでに完了したことを現在という時間空間の中で捉えて表す。
Hoy he trabajado bastante.
Este mes ha llovido mucho.
Este año he escrito tres novelas.

★ 未来のある時点で完了していることを確定的に表すことがある。
¿Cómo va el trabajo? — Casi terminado. En una hora lo hemos terminado.
¿Te podrás despertar a las cinco mañana? ¿Tendrás sueño?
— No, con cinco horas he dormido bastante.

★ 確定性が欠ける場合には未来完了形が用いられる。
En una hora lo habremos terminado.

6.3 可能形の活用

未来形を基本とし **-ía** の形＋人称変化語尾。

	未来形	可能形
hablar	**hablaré...**	hablaría, hablarías, hablaría, hablaríamos, hablaríais, hablarían
comer	**comeré...**	comería, comerías, comería, comeríamos, comeríais, comerían
vivir	**viviré...**	viviría, vivirías, viviría, viviríamos, viviríais, vivirían
hacer	**haré...**	haría, harías, haría, haríamos, haríais, harían
poder	**podré...**	podría, podrías, podría, podríamos, podríais, podrían
venir	**vendré...**	vendría, vendrías, vendría, vendríamos, vendríais, vendrían

★ 完了形は habría habrías habría... ＋動詞の過去分詞

6.4 可能形の用法

1) 過去における推量・推測を表す。
En aquel momento sería la una de la noche.
Perderían el tren, y por eso, no vinieron ayer.

2) 仮定を表す。
Yo, en tu lugar, iría al hospital.
Yo no usaría esa palabra.
Eres muy fuerte. Serías muy bueno como jugador de fútbol.

Unidad 7

7.1 直説法点過去の活用

1) 規則活用

語尾は、**-ar** 動詞タイプと **-er, -ir** 動詞タイプの 2 つとなる。

不定詞	**hablar**	**comer**	**vivir**
yo	hablé	comí	viví
tú	hablaste	comiste	viviste
usted, él, ella	habló	comió	vivió
nosotros, nosotras	hablamos	comimos	vivimos
vosotros, vosotras	hablasteis	comisteis	vivisteis
ustedes, ellos, ellas	hablaron	comieron	vivieron

★正字法上注意を要する動詞

1人称単数で、綴り字に注意が必要。

llegar ⇒ yo llegué　　tocar ⇒ yo toqué　　empezar ⇒ yo empecé

averiguar ⇒ yo averigüé

2) 母音＋ **-er, -ir** 動詞では3人称は **-ió, -ieron** が **-yó, -yeron** となるので注意する。

不定詞	**leer**	**oír**	**huir**
yo	leí	oí	huí
tú	leíste	oíste	huiste
usted, él, ella	leyó	oyó	huyó
nosotros, nosotras	leímos	oímos	huimos
vosotros, vosotras	leísteis	oísteis	huisteis
ustedes, ellos, ellas	leyeron	oyeron	huyeron

3) 語根母音変化動詞

語根母音変化動詞は点過去の活用の場合には、**-ir** 動詞のみ語根母音の変化が現れる。

母音変化の現れる人称は 3 人称。変化のタイプは母音 **e** が **i**、母音 **o** が **u** となる。

不定詞	**sentir**	**repetir**	**dormir**
yo	sentí	repetí	dormí
tú	sentiste	repetiste	dormiste
usted, él, ella	s*i*ntió	rep*i*tió	d*u*rmió
nosotros, nosotras	sentimos	repetimos	dormimos
vosotros, vosotras	sentisteis	repetisteis	dormisteis
ustedes, ellos, ellas	s*i*ntieron	rep*i*tieron	d*u*rmieron

★その他の該当動詞　preferir, sugerir, pedir, morir, servir, seguir

4) 不規則動詞

a) 活用語尾が **-e, -iste, -o, -imos, -isteis, -ieron** になる動詞

tener (tuv-), estar (estuv-), andar (anduv-), caber (cup-), poder (pud-), saber (sup-), poner (pus-), querer (quis-), venir (vin-), hacer (hic-)

hacer（3 人称単数：hubo）

	yo	tú	usted, él, ella	nosotros, nosotras	vosotros, vosotras	ustedes, ellos, ellas
tener	tuve	tuviste	tuvo	tuvimos	tuvisteis	tuvieron
estar	estuve	estuviste	estuvo	estuvimos	estuvisteis	estuvieron
andar	anduve	anduviste	anduvo	anduvimos	anduvisteis	anduvieron
poder	pude	pudiste	pudo	pudimos	pudisteis	pudieron
saber	supe	supiste	supo	supimos	supisteis	supieron
poner	puse	pusiste	puso	pusimos	pusisteis	pusieron
caber	cupe	cupiste	cupo	cupimos	cupisteis	cupieron
querer	quise	quisiste	quiso	quisimos	quisisteis	quisieron
venir	vine	viniste	vino	vinimos	vinisteis	vinieron
hacer	hice	hiciste	hizo	hicimos	hicisteis	hicieron

b) 活用語尾が **-e, -iste, -o, -imos, -isteis, -eron** になる動詞

・**decir, traer** など語根部分に **j** がある動詞　decir (dij-),　traer (traj-)

・**-ducir** で終る動詞　producir (produj-),　conducir (conduj-)

	yo	tú	usted, él, ella	nosotros, nosotras	vosotros, vosotras	ustedes, ellos, ellas
decir	dije	dijiste	dijo	dijimos	dijisteis	dijeron
traer	traje	trajiste	trajo	trajimos	trajisteis	trajeron
producir	produje	produjiste	produjo	produjimos	produjisteis	produjeron

c) 完全な不規則動詞

	yo	tú	usted, él, ella	nosotros, nosotras	vosotros, vosotras	ustedes, ellos, ellas
dar	di	diste	dio	dimos	disteis	dieron
ser	fui	fuiste	fue	fuimos	fuisteis	fueron
ir	fui	fuiste	fue	fuimos	fuisteis	fueron

★**ser** と **ir** は点過去は同一の活用形が使われる。

7.2 直説法点過去の用法

過去の出来事をひとつのまとまった出来事として表現する。

☞ 6.2 現在完了、8.2 線過去

El verano pasado yo estuve en Madrid.
¿Qué te dijeron el otro día?
Anoche no pude dormir bien.

7.3 過去とともに用いる副詞

点過去は過去に起こった出来事を表すために、過去に言及する副詞とともに用いられることが多い。

ayer, anteayer, anoche, hace..., la semana pasada, el mes pasado, el año pasado, en el año 1999...

Unidad 8

8.1 直説法線過去の活用

1) **規則活用**

-ar 動詞タイプの活用語尾 (-aba) と **-er, -ir** 動詞タイプの活用語尾 (ía) の2タイプとなる。

-ar, -er, -ir の代わりに **-aba, -ía** をつけ、人称変化語尾をつける。

不定詞	**hablar**	**comer**	**vivir**
yo	hablaba	comía	vivía
tú	hablabas	comías	vivías
usted, él, ella	hablaba	comía	vivía
nosotros, nosotras	hablábamos	comíamos	vivíamos
vosotros, vosotras	hablabais	comíais	vivíais
ustedes, ellos, ellas	hablaban	comían	vivían

2) 不規則活用

ir, ser, ver の 3 つのみ

不定詞	**ir**	**ser**	**ver**
yo	iba	era	veía
tú	ibas	eras	veías
usted, él, ella	iba	era	veía
nosotros, nosotras	íbamos	éramos	veíamos
vosotros, vosotras	ibais	erais	veíais
ustedes, ellos, ellas	iban	eran	veían

8.2 直説法線過去の用法

1) 基本的意味

現在形が、発話時点の状況・状態などを述べるのに対し、その基準点（発話時点）を過去にスライドさせて述べる際に用いる過去形。

Llueve mucho. → Llovía mucho entonces.

Yo estudio todos los días. → Antes yo estudiaba todos los días.

Mi novio es un chico muy guapo. → Mi primer novio era muy guapo.

2) その他の用法

a) 物・人の過去のある時点での性質などを述べる。

Es una casa muy buena. Tiene tres habitaciones, un salón y una cocina.

Mi piso anterior era muy pequeño. Tenía una habitación y una cocina.

b) 過去のある時点での規則的な出来事・習慣を述べる。

Me encantan los animales. Tengo tres perros y un gato en casa. Yo les doy de comer todos los días.

Cuando era pequeña, me encantaban los animales. Tenía tres perros y un gato en casa. Yo les daba de comer todos los días.

c) 過去のある時点（瞬時的行為時）での状況を述べる。

Cuando llegué a casa, mi marido estaba acostado en el sofá con la televisión encendida.

A las dos y media yo hablaba con los amigos en un bar.

8.3 直説法過去完了の活用

haber の線過去＋動詞の過去分詞

yo	**había**	comprado
tú	**habías**	preguntado
usted, él, ella	**había**	comido
nosotros, nosotras	**habíamos**	tenido
vosotros, vosotras	**habíais**	salido
ustedes, ellos, ellas	**habían**	ido

★ 不規則の過去分詞 ☞ 6.1 2) 過去分詞

8.4 直説法過去完了の用法

過去のある時点ですでに起こってしまっていること、経験していることを表す。

Cuando llegué a la estación, el tren ya había salido.

Por aquel entonces ya se había enterado.

Unidad 9

9.1 点過去・線過去使い分け

1) ある時点の状況を描写する場合には線過去、ある出来事をひとつのまとまりとして捉えて述べる場合には点過去。

Ayer a las nueve yo todavía estaba en la oficina.

Ayer yo estuve en la oficina hasta las diez.

2) 過去のひとつの出来事の全ての過程を表す場合には点過去、ある一部分のみを表す場合には線過去。

Me comí la manzana en un santiamén.

Cuando yo lo vi, estaba comiéndose una manzana.

Ana estuvo aprendiendo flamenco diez años.

Ana iba a clase de flamenco en aquellos años.

3) 過去のある時点でもの・人の性質・特徴を思い出して表す場合には線過去、動的に捉え、過程として表すと点過去。

El chico que conocí ayer era muy guapo.

La fiesta del domingo pasado fue estupenda.

4) 過去の規則的な出来事・習慣を表す場合には線過去。

Yo, de pequeño, era muy travieso. Siempre me regañaban mis padres.

5) 物語を構成する場合に、線過去を用いるとある時点での状況を描写する。点過去を用いると何らかの行為があったことを伝え、次のステップへとつなげ、物語を展開させる。

Ayer, yo caminaba tranquilamente por el camino porque iba a casa de mis abuelos para llevarles un pastel, y de pronto, en el camino, un desconocido se puso enfrente de mí. Yo estaba muerto de miedo y huí corriendo; y al final encontré una cabina de teléfono y llamé a la policía...

9.2 点過去・線過去・現在完了

1) 話を展開している時点において行為・状態が終っていないと捉える場合には線過去、話の展開している時点において完結したと捉える行為・状態は点過去・または現在完了で表す。

2) 話自体を現在の時間空間の中で展開させる場合には現在完了、過去の時間空間として捉える場合には点過去が用いられる。

9.3 間接話法・直接話法

ある人の発話を伝える場合に間接話法が用いられる。間接話法を用いる際に代名詞、発話時点と関連付けられる副詞（**hoy, ayer** など）にも注意しなくてはならないが、主動詞 **decir** が過去で用いられる場合に、時制の一致に注意しなくてはならない。

1) 時制の一致

主動詞が現在形の場合は発話時点と同一なので、**que** 以下の動詞の時制に影響はない。主動詞が過去になるとその過去の時点が基準点となり、直接話法で現在で表されたことは線過去、過去で表されたことは過去完了が用いられる。

Juan dice: “yo soy médico”. → Juan dice que es médico.

Juan dijo: “yo soy médico”. → Juan dijo que era médico.

Juan dice: “comí en un restaurante con mis amigos”.

→ Juan dice que comió en un restaurante con sus amigos.

Juan dijo: “comí en un restaurante con mis amigos”.

→ Juan dijo que había comido en un restaurante con sus amigos”.

★発話内容が命令などの場合には主動詞が **decir** の他に **mandar, ordenar** などの命令を表す動詞が使われ、que 以下は接続法の動詞が使われる。 ☞ **10.2** 接続法

Unidad 10

10.1 接続法現在の活用

直説法現在形 1 人称を基本に語幹に基本母音と人称変化語尾を加える。

基本母音　　**-ar** ⇒ e,　　**-er, -ir** ⇒ a

人称変化語尾　yo (なし)　tú (-s)　usted, él, ella (なし),
nosotros, nosotras (-mos)　vosotros, vosotras (-is)　ustedes, ellos, ellas (-n)

1) 規則活用

	-ar	-er	-ir
不定詞	**hablar**	**comer**	**vivir**
yo	hable	coma	viva
tú	hables	comas	vivas
usted, él, ella	hable	coma	viva
nosotros, nosotras	hablemos	comamos	vivamos
vosotros, vosotras	habléis	comáis	viváis
ustedes, ellos, ellas	hablen	coman	vivan

★**llegar, tocar, rechazar** などの場合は綴り字の注意が必要。

	yo	tú	usted, él, ella	nosotros, nosotras	vosotros, vosotras	ustedes, ellos, ellas
llegar	llegue	llegues	llegue	lleguemos	lleguéis	lleguen
tocar	toque	toques	toque	toquemos	toquéis	toquen
rechazar	rechace	rechaces	rechace	rechacemos	rechacéis	rechacen

2) 語根母音変化動詞

-ar 動詞、**-er** 動詞は規則活用に準じる（語根母音の変化は直説法現在形の変化と同一）。

-ir 動詞は注意が必要：語尾変化は規則活用に準じる。語根母音変化は直説法現在形の変化 (**e→ie, e→i, o→-ue**) に加えて、1 人称複数・2 人称複数で **e** が **i** に **o** が **u** に変化する。

不定詞	**sentir**	**repetir**	**dormir**
yo	s*ie*nta	rep*i*ta	d*ue*rma
tú	s*ie*ntas	rep*i*tas	d*ue*rmas
usted, él, ella	s*ie*nta	rep*i*ta	d*ue*rma
nosotros, nosotras	s*i*ntamos	rep*i*tamos	d*u*rmamos
vosotros, vosotras	s*i*ntáis	rep*i*táis	d*u*rmáis
ustedes, ellos, ellas	s*ie*ntan	rep*i*tan	d*ue*rman

3) 不規則動詞

a) 直説法現在形 1 人称単数を基本とする動詞（語尾変化は 1 ）と同じ）

	yo	tú	usted, él, ella	nosotros, nosotras	vosotros, vosotras	ustedes, ellos, ellas
caber	quepa	quepas	quepa	quepamos	quepáis	quepan
caer	caiga	caigas	caiga	caigamos	caigáis	caigan
conocer	conozca	conozcas	conozca	conozcamos	conozcáis	conozcan
hacer	haga	hagas	haga	hagamos	hagáis	hagan
poner	ponga	pongas	ponga	pongamos	pongáis	pongan
salir	salga	salgas	salga	salgamos	salgáis	salgan
tener	tenga	tengas	tenga	tengamos	tengáis	tengan
traer	traiga	traigas	traiga	traigamos	traigáis	traigan
venir	venga	vengas	venga	vengamos	vengáis	vengan
ver	vea	veas	vea	veamos	veáis	vean

b) 直説法現在１人称単数形を基本としない動詞（語尾変化は１）と同じ）

	yo	tú	usted, él, ella	nosotros, nosotras	vosotros, vosotras	ustedes, ellos, ellas
dar	dé	des	dé	demos	deis	den
estar	esté	estés	esté	estemos	estéis	estén
haber	haya	hayas	haya	hayamos	hayáis	hayan
ir	vaya	vayas	vaya	vayamos	vayáis	vayan
saber	sepa	sepas	sepa	sepamos	sepáis	sepan
ser	sea	seas	sea	seamos	seáis	sean

★完了形は **haya hayas haya...** + 動詞の過去分詞

10.2 接続法の用法

10.2.1 名詞節の中で使われる接続法

主張のときは直説法で表すが、主張ではなく何らかの評価の対象となる事態を表す場合に接続法が用いられる。

1) 何らかの主張（名詞節部分）を否定する場合、その主張部分は接続法で表される。
   No creo que ellos *puedan* terminar esta tarea en un día.
   No es verdad que ellos se *vayan* a divorciar.
2) 何らかの事態（名詞節部分）を評価する場合　その事態について自分の気持ちを表明する場合、その事態を表す部分は接続法で表される。
   Es increíble que ella *se porte* así.
   Es lógico que él no te *diga* la verdad.
   Es posible que ellos no *vengan* hoy.
   Yo te agradezco que me *hayan* ayudado todos tus amigos.
   Siento mucho que ellos no *puedan* asistir a la reunión.
   A mis padres les encanta que su hijo *juegue* al fútbol con los amigos.
3) 何らかの事態（名詞節部分）を希望する（指示する、アドバイスする）場合、その事態を表す部分は接続法で表される。

Yo quiero que todos *estén* en casa hoy.　cf. Yo quiero estar en casa.
Te aconsejo que *vayas* al médico cuanto antes.　cf. Te aconsejo ir... .
Te pido que me *devuelvas* el libro que te presté hace un mes.
Te digo que *termines* la tarea cuanto antes.

10.2.2 副詞節の中で使われる接続法

1) 目的を表す場合

・**para que, a fin de que, con la intención de que** などに導かれる節
節内の動詞は接続法で表される。
Te regalo este libro para que lo *leas*.
He venido aquí para que me *expliquen* la situación.
Te llamo para que *sepas* que mañana habrá un examen de inglés.

★目的を表す句を構成する動詞の主語が主節の主語と同一の場合には動詞は不定詞となる。
Estudio español para trabajar en España.

2) 時を表す場合

・**cuando, en cuanto, tan pronto como, después de que, siempre que, desde que, hasta que** に導かれる節
習慣的なこと、すでに起こったことに言及する場合には直説法、これからの行為に言及する場合は接続法で表される。
Le contaré todo cuando *llegue* a casa.
　cf. Tomo unas pastillas cuando me duele la cabeza.
No te muevas hasta que yo *vuelva*.
Tienes que estar en cama hasta que te *dé* permiso el médico para levantarte.
　cf. Insistió hasta que me convencí de que tenía razón.
Podrás hacer todo lo que *quieras* una vez que termines la carrera.
　cf. Siempre que viaja me trae algún recuerdo.

・**antes de que** に導かれる節
主節で表されることから見てまだはっきりしない事態を表すため常に接続法になる。
Él se fue antes de que yo se lo *explicara* todo.
No puedes irte antes de que te *den* permiso.

3) 譲歩を表す場合

・**aunque, a pesar de que, pese a que** に導かれる節
譲歩節で述べることが発話者及び聞き手にとって新しい情報である場合（その内容を相手に伝える意図がある場合）には直説法が用いられるが、発話者及び聞き手にとってすでに知っていることがらである場合、また仮定として表す場合には接続法が用い

られる。

Aunque *vivas* cerca de la escuela, siempre llegas tarde.

cf. Aunque vivo aquí en Tokio, paso mucho tiempo en Hokkaido.

Aunque no me *guste* mucho el pescado, en ese restaurante haré una excepción.

Aunque mañana no *haga* sol, iremos de excursión.

4) 条件節

・**si** に導かれる節

可能性のありそうな条件を表す場合には直説法（不可能な現実と反対の仮定をする場合には接続法過去 ☞ **10.4** 2) 接続法過去・過去完了の用法

Si llueve mañana, me quedaré en casa.

Si viene Juan, dígale que espere hasta que yo vuelva.

Si tienes problemas, puedes venir a consultarme en cualquier momento.

・**en caso de que, con tal de que, a no ser que, salvo que** に導かれる節

節内の動詞は接続法で表される。

En caso de que no *puedas* venir, avísamelo lo antes posible.

Mañana yo estaré con los niños salvo que *surja* algún problema.

Te presto mi diccionario con tal de que no lo *ensucies*.

Iré al cine, siempre que *tenga* tiempo.

10.2.3 形容詞節のなかで使われる接続法

1) 先行詞で表されているものが発話者・聞き手にとって特定できる場合には関係節内の動詞は直説法、先行詞で表されているものの存在がはっきりしない場合には接続法で表される。

En este grupo hay tres chicos que hablan español.

¿Hay alguien que *sepa* italiano en esta clase?

Este verano queremos ir de vacaciones donde no *haya* muchos turistas.

¿Tienes algún libro de recetas que *tenga* muchas fotos?

2) 先行詞が否定される場合、否定語が含まれている場合には関係節内の動詞は接続法で表される。

Aquí no hay nadie que *sepa* coreano.

Hay pocos libros que les *interesen* a los alumnos.

No dice nada que *sea* útil para mi trabajo.

3) 関係節が普遍的な事柄に関わるような場合に関係節内の動詞は直説法が用いられる。

Quien bien te quiere, te hará llorar.

4) 動詞が繰り返されて譲歩節を作るような場合動詞は接続法で表される。

Pase lo que *pase*, lo terminaré.

No me dicen nada, *haga* lo que *haga*.

10.2.4 独立文に現れる接続法

1) 蓋然性を表す場合

a) **quizás, tal vez, probablemente, posiblemente** など

可能性が高い場合には直説法、可能性が低くなると接続法が用いられる（現在の口語では直説法が用いる傾向が広がっているが、特に未来に言及する場合には接続法が用いられる）。

Quizá mañana no *venga* Juan.

Tal vez *estés* enfadado.

★**quizás, tal vez** が動詞の後ろに置かれると動詞は直説法になりやすい。

Marcos está, quizás, peor de lo que parece.

María es, tal vez, más joven que yo.

b) **a lo mejor** は常に直説法の動詞と用いられる。

La niña está mal; a lo mejor tiene fiebre.

★**puede que +** 接続法で「おそらく...である」を表す。

2) **ojalá**

実現の難しいことの願望を表す副詞：実現性の程度によって接続法現在・過去が用いられる。

Ojalá me *den* permiso de vacaciones en esa temporada.

Ojalá *pudiera* verte ahora mismo.

★実現が難しくかなわなかったことを表す場合には接続法過去完了が用いられる

Ojalá me *hubiera dicho* la verdad antes.

★**Ojalá que +** 接続法が用いられることもある。

3) **que +** 接続法 で願望を表す。

Que *sean* todos felices.

Que no os *pase* nada.

Que *tengáis* suerte.

10.3 接続法過去の活用

接続法過去は直説法点過去 3 人称複数形を基にして作る。直説法点過去 3 人称複数語尾 **-ron** を **-ra**（または **-se**）にし、人称語尾をつけると接続法過去となる。

	-ar	-er	-ir
不定詞	**hablar**	**comer**	**vivir**
yo	habl*ara* / *-se*	com*iera* / *-se*	viv*iera* / *-se*
tú	habl*aras* / *-ses*	com*ieras* / *-ses*	viv*ieras* / *-ses*
usted, él, ella	habl*ara* / *-se*	com*iera* / *-se*	viv*iera* / *-se*
nosotros, nosotras	habl*áramos* / *-semos*	com*iéramos* / *-semos*	viv*iéramos* / *-semos*
vosotros, vosotras	habl*arais* / *-seis*	com*ierais* / *-seis*	viv*ierais* / *-seis*
ustedes, ellos, ellas	habl*aran* / *-sen*	com*ieran* / *-sen*	viv*ieran* / *-sen*

全ての動詞がこの要領で活用する。

★ 完了形は **hubiera / hubiese　hubieras / hubieses　hubiera / hubiese... +** 動詞の過去分詞

10.4 接続法過去・過去完了の用法

1) 接続法過去の用法は接続法現在の用法に準じる。従属節が接続法を用いる環境の場合に、主節の動詞が過去形であれば従属節接続法過去が用いられる。

No quiero que *entre*. → No quise que *entrara*.

Me gusta que me *quiera*. → Me gustaría que me *quisiera*.

Siento mucho que *hayas tenido* un accidente.

→ Sentí mucho que *hubieras tenido* un accidente.

2) 接続法過去・過去完了を用いる表現

a) 仮定法

・**si +** 接続法過去（条件節）＋可能形（帰結節）：現実に反する仮定を表す。

Si *tuviera* más dinero, me compraría un buen piso.

Si me *dieran* unos días de descanso, iría a España.

Si me *dijeras* la verdad, te perdonaría.

・**si +** 接続法過去完了（条件節）＋可能完了形（帰結節）：過去の事実に反する仮定を表す。

Si *hubiera tenido* más tiempo ayer, te habría ayudado.

Si no *hubiera llovido* el domingo pasado, habríamos ido de excursión.

・**si +** 接続法過去完了（条件節）＋可能形（帰結節）：過去の事実に反する仮定を表すが現在に言及する。

Si *hubieras seguido* mis consejos, ahora no tendrías tantos problemas.

Si no *hubieras bebido* tanto anoche, no te dolería la cabeza ahora.

b) **como si +** 接続法過去：まるで〜かのように

Tú te portas como si no *pasara* nada.

Te preguntarán muchas cosas, pero haz como si no *supieras* nada.

Él conoce el barrio muy bien, como si *hubiera vivido* aquí mucho tiempo.

11. 動詞不定形

11.1 不定詞

1) 不定詞は、動詞の原形（**-ar, -er, -ir** で終わる形）で、名詞的な働きをする。

Es imposible leer estos libros en un día.

Querer es poder.

2) 不定詞を用いた動詞句

a) 義務を表す動詞句

・**deber +** 不定詞：何かをする義務・必要性を表す。

Debéis respetar más a los mayores.

· **haber** の3人称単数 **que** + 不定詞：無人称的に使われる。一般的な義務・必要性を表す。

Hay que descansar un día a la semana para estar bien.

· **tener que** + 不定詞：状況から判断しての必要性を表す。

Como mi padre está enfermo, yo tengo que trabajar.

b) **poder** + 不定詞：行為の可能性などを表す。

¿Puedes acompañarme al hospital mañana por la mañana?

¿Puedo usar este ordenador?

★能力について表す場合は **saber** + 不定詞　¿Sabes nadar?

c) **querer** + 不定詞：願望を表す。

Mañana quiero salir con Juan.

Queremos viajar por Europa.

★願望とする事態の主語が主動詞と異なる場合には **querer que** + 接続法になる。

☞ 10.2 接続法現在の用法

Quiero que vengas a verme.

d) **ir a** + 不定詞：未来に行うこと、意図などを表す。

Mañana vamos a comer en un restaurante chino.

Miguel iba a venir, pero al final su padre no se lo permitió y no pudo venir.

★**ir** の線過去を使うと、行おうとしたが出来なかったことを表す際に用いられる。

Hola, Julia; yo iba a llamarte.

★**pensar** + 不定詞も同じように意図を表すことが出来るが、**ir a** + 不定詞のほうがその意図性がはっきりしている。

e) **deber de** + 不定詞：蓋然性、推量を表す。

Ya deben de estar de vuelta los chicos.

Es muy mayor; debe de tener más de setenta años.

11.2 現在分詞

1) 現在分詞は動詞に副詞的な働きを持たせる。

2) 現在分詞形

a) **ar** 動詞は **-ar** に代えて **-ando, -er, -ir** 動詞は **-er, -ir** に代えて **-iendo** をつける。

hablar ⇒ hablando　comer ⇒ comiendo　vivir ⇒ viviendo

b) 母音で終る **-er, -ir** 動詞の場合は **-iendo** ではなく **-yendo**

leer ⇒ leyendo　caer ⇒ cayendo　oír ⇒ oyendo

c) 語根母音変化動詞のうち **-ir** 動詞に語根母音に変化が生じる（語根母音が **-e** の場合は **i** に, **o** の場合は **-u** に変化)。

sentir ⇒ s*i*ntiendo　repetir ⇒ rep*i*tiendo　dormir ⇒ d*u*rmiendo

decir ⇒ d*i*ciendo　venir ⇒ v*i*niendo

d) 不規則な現在分詞

poder ⇒ p*u*diendo　　ir ⇒ yendo

3) 現在分詞の用法

a) **estar +** 現在分詞で進行形を作る。

Los niños están jugando en el jardín.

Ayer a esta hora yo estaba trabajando en la oficina.

Ayer yo estuve trabajando toda la tarde.

★**estar** の代わりに、**seguir, andar, ir, venir** などで進行形を作る場合がある。

Ellos van trabajando en el mismo equipo.

Este tema lo vengo investigando desde hace mucho tiempo.

b) 分詞構文を作る。

Ella siempre estudia oyendo música.

Viajando por todo el mundo, él tiene muchos amigos de diferentes países.

11.3 過去分詞

1) 過去分詞は動詞に形容詞的な働きを持たせる。

2) 過去分詞の形

a) **-ar** 動詞は **-ar** に代えて **-ado, -er, -ir** 動詞は **-er, -ir** に代えて **-ido** をつけて過去分詞を作る。

hablar ⇒ hablado　　comer ⇒ comido　　vivir ⇒ vivido

b) 主な不規則な過去分詞

abrir ⇒ abierto　cubrir ⇒ cubierto　decir ⇒ dicho　escribir ⇒ escrito

hacer ⇒ hecho　morir ⇒ muerto　poner ⇒ puesto　resolver ⇒ resuelto

romper ⇒ roto　ver ⇒ visto　volver ⇒ vuelto

3) 過去分詞の用法

a) **haber +** 過去分詞で完了形を作る。

Yo he viajado por España varias veces.

Cuando llegamos a casa, se había acostado el niño.

Mañana a esta hora habremos terminado todos estos trabajos.

Sin tu ayuda, ellos no habrían obtenido el premio.

b) **ser +** 過去分詞で受動態を作る（過去分詞は主語の性・数に一致する）。

Este edificio fue construido en el siglo pasado.

Este ensayo fue escrito por un investigador alemán.

★**ser +** 過去分詞による受動態はあまり使用されず、**se** を使った再帰受動態が用いられることが多い。

c) 受身的な意味（～された）、状態・完了の意味を持つ形容詞として用いられる。

Es una novela publicada hace bastantes años.

Ellos están enfadados.

Los niños están dormidos.

12. 関係詞

12.1 関係代名詞

1) **que**

もっとも一般的な関係代名詞。先行詞は人・物どちらでもよい。

Tengo una tía que es médica.

¿Has leído el libro que te presté ayer?

Vi a una amiga, que estaba con su novio.

2) **el que, la que, los que, las que**

a) 前置詞を伴っている場合に用いられる。先行詞の性・数によって、冠詞（**el, la, los, las**）は変化する。

Ésta es la novela de la que nos habló el profesor.

b) 先行詞が省略されている場合に用いられる。

¿Te gustan estas flores? Te regalo las que te gusten más.

3) **lo que**

先行詞を含んで「…であること」を表す。

No entiendo lo que quieres decir.

4) **quien, quienes**

a) 先行詞が人で、前置詞を伴う場合に用いられることがある。

Éste es el profesor de quien te hablamos ayer.

b) 先行詞を含んで、「…する人」を表す。

A quien madruga, Dios le ayuda.

Quien quiera preguntar, que levante la mano, por favor.

5) **el cual, la cual, los cuales, las cuales**

より文語的。制限用法で用いられる場合は前置詞を伴う。（特に 2 音節以上の前置詞を伴う場合に que に代わって用いられることが多い。）

Me regalaron una muñequita, la cual todavía tengo guardada en mi armario.

En aquella casa antigua había una ventana muy grande desde la cual se veía el mar.

12.2 関係副詞

Ésta es la universidad donde estudiamos la carrera ya hace muchísimos años.

¡Qué bien! Me encanta la forma como canta.

¡Qué guapo! Me gusta mucho la forma como viste.

アクティビティで学ぶスペイン語
初級から中級へ

検印
省略

© 2008年1月 15日	初版発行
2021年3月 30日	第２刷発行
2024年1月 30日	第２版発行

著　者　大森洋子
ホセファ・ビバンコス-エルナンデス
廣康好美

発行者　原　雅久
発行所　株式会社　朝日出版社
101-0065　東京都千代田区西神田3-3-5
電話　03-3239-0271/72
振替口座　00140-2-46008
http://www.asahipress.com/
組版　クロス・コンサルティング／印刷　図書印刷

乱丁、落丁本はお取り替えいたします。
ISBN 978-4-255-55158-6 C1087